„Wenn der Mensch horcht, spricht Gott
und wenn der Mensch gehorcht, handelt Gott;
und wenn Gott handelt,
geschehen Wunder
und werden Menschen und Völker neu!"

Dr. Frank Buchmann, der Begründer der
Moralischen Aufrüstung

Dr. med. Siegfried Ernst

Mit Gott im Rückspiegel

Erinnerungen aus der Zeit des Krieges
und der Nachkriegszeit

Gerhard Hess Verlag

Impressum

© 1998 by Gerhard Hess Verlag
Postfach 20 05, 89010 Ulm
Satz und Layout: Peter Pioch
Druck: Ebner Ulm
Fotos: Dr. med. Siegfried Ernst
Alle Rechte vorbehalten

ISBN 3-87336-270-8

Gewidmet meiner Frau, Kindern und Enkelkindern

Für die Mithilfe bei der Gestaltung des Buches möchte ich Herrn Peter Pioch herzlich danken. Ebenso meinem Bruder Hans Ernst, für die finanzielle Unterstützung.

Inhaltsverzeichnis

Vorbemerkung

Ein Bericht aus meinem Leben von Dr. med. Siegfried Ernst
Am Anfang dieser Geschichte soll der 91. Psalm stehen, der mich immer begleitete und dessen Wahrheit ich dabei oft dramatisch erlebte:

Wer unter dem Schirm des Höchsten sitzt
und unter dem Schatten des Allmächtigen bleibt,
der spricht zu dem HERRN:
Meine Zuversicht und meine Burg,
mein Gott, auf den ich hoffe!
Denn Er errettet Dich vom Stricke des Jägers
und von der verderblichen Pest
Er wird Dich mit Seinen Fittichen decken und
Zuflucht wirst Du haben unter seinen Flügeln!
Seine Wahrheit ist Schirm und Schild,
daß Du nicht erschrecken mußt vor dem Grauen der Nacht,
vor den Pfeilen, die des Tages fliegen,
vor der Pestilenz, die im Finstern schleicht,
vor der Seuche, die am Mittag Verderben bringt.
Wenn auch tausend fallen zu Deiner Seiten
und zehntausend zu Deiner Rechten,
so wird es doch Dich nicht treffen!
Ja, Du wirst es mit eigenen Augen sehen und schauen,
wie den Gottlosen vergolten wird!
Denn der HERR ist Deine Zuversicht;
der Höchste ist Deine Zuflucht!
Es wird Dir kein Übel begegnen,
und keine Plage wird sich Deinem Hause nahen!
Denn er hat seinen Engeln befohlen über dir, daß sie Dich behüten
auf allen Deinen Wegen, daß sie Dich auf den Händen tragen
und Du Deinen Fuß nicht an einen Stein stoßest!
Über Löwen und Ottern wirst Du gehen
und junge Löwen und Drachen niedertreten.
Er liebt Mich, darum will ich ihn erretten.
Er kennt Meinen Namen, darum will Ich ihn schützen,
Er ruft Mich an, darum will Ich ihn erhören.
Ich bin bei ihm in der Not;
ich will ihn herausreißen und zu Ehren bringen!
Ich will ihn sättigen mit langem Leben
und will ihm zeigen Mein Heil!

Ich möchte meine Leserinnen und Leser bitten diesen Bericht als Dank des Verfassers für die Erfahrung der lebendigen Wahrheit dieses dreitausendjährigen Psalms zu verstehen. Er hat nur einen Sinn, wenn es mir gelingen würde, auch andere dadurch zu ermutigen, jene Hand zu fassen und festzuhalten, die mich und viele andere so unglaublich führte und bewahrte.

4

Vorwort

Es erscheint vielleicht manchem etwas merkwürdig, wenn jemand, der nach einer schweren Krankheit, einem eigentlich unheilbaren Krebs darangeht, ausgerechnet die Frage nach der Führung Gottes im menschlichen Leben zu behandeln. Denn mancher wird ihn fragen, wo ist denn bei einer solchen Krankheit nun die Führung Gottes zu sehen und sind deshalb nicht alle anderen Geschichten, von denen du berichtest, ebenso rätselhaft und fragwürdig, auch wenn Du sie entsprechend dem Maßstab der „absoluten Ehrlichkeit" berichtest, wie die Erfahrung einer solchen Katastrophe?

Ich selbst sehe darin allerdings keinen Widerspruch, da wir als Menschen niemals Gott verantwortlich machen können für Schicksale und Ereignisse in unserem Leben, die deshalb eintreten, weil wir zu wenig auf die Führung und Inspiration Gottes geachtet haben und weil wir seine Warnzeichen überfuhren. Man kann nicht Gott für einen Unfall verantwortlich machen, wenn man die Warnsignale nicht beachtet. Der Bericht will auch keine großen theologischen Probleme erörtern, sondern will ganz einfach und schlicht Erlebnisse und Geschehnisse weitergeben, von denen der Betroffene glaubt, etwas von jener Hand in seinem Leben gespürt zu haben, die meine damals siebenjährige Enkelin Stephanie so schön auf einer Zeichnung mir nach meiner Krebsoperation vor 20 Jahren ins Krankenhaus schickte: **Die Hand Gottes**.

Ulm, im August 1998

Eine Vorbemerkung

Heute wird der Versuch gemacht mit einer sogenannten „Wehrmachts-ausstellung" **Die** deutsche Wehrmacht des 2. Weltkrieges als „Verbrecherorga-nisation" darzustellen. Es gibt keinen Zweifel, daß in einem totalen Krieg, in dem es um die Existenz des ganzen Volkes geht, die Leidenschaften auf das äu-ßerste hochgepeitscht werden, daß es dabei auch Verbrechen gibt und daß ver-brecherische Charaktere sich auswirken können. Noch mehr aber kommt es zu Leistungen höchster Opferbereitschaft und Tapferkeit, die in allen anderen Völ-kern selbstverständlich gewürdigt werden, die noch eine Ehre und die Liebe zu ihrem Vaterland kennen.

Nachdem ich dreimal aus weltanschaulichen Gründen (1943, 1944 und 1945) bei der Wehrmacht strafversetzt wurde und nur durch Wunder an Bewahrung nicht liquidiert wurde, habe ich keinerlei Grund, die Wehrmacht zu glorifizie-ren. Aber gerade durch diese ständigen Strafversetzungen, Abkommandierun-gen, Verwundung und Erkrankungen lernte ich insgesamt 25 Einheiten kennen und kann mir deshalb ein Urteil erlauben über die geistige und moralische Qua-lität dieser unserer damaligen Wehrmacht bei der Infanterie, der Artillerie, den Panzerjägern, Divisionsnachschubeinheiten, auf Hauptverbandplätzen, Feldla-zaretten, Kriegslazaretten, Reservekriegslazaretten, Reservelazaretten, Sanitäts-ersatzabteilungen usw.. Durch meine ständigen Kontakte mit Freunden im Ausland und dem Besuch der Tagungen der Oxfordgruppe und Moralischen Aufrüstung hatte ich gelernt, auch die politischen Probleme von beiden Seiten her zu sehen und den Maßstab der absoluten Ehrlichkeit an meine eigenen Aus-sagen anzulegen. Dies bitte ich die Leser dieser „Bekenntnisse" zu bedenken.

Es beginnt - als Student im 3. Reich

Einleitung

Wenn ich mich heute frage: Was hat mich festgehalten am Glauben meines Vaters, meines Großvaters, meiner Urgroßmutter und unserer Vorfahren durch ein ganzes Leben und durch alle Schicksalsschläge und Wirren hindurch, so sind es letzen Endes vor allem auch konkrete Erfahrungen, die ich an meinen Eltern erlebte und in meiner Jugend sah. Es ist die Tatsache, daß ich auch selbst dann solche Erfahrungen machte. Auf einen Satz von Dr. Frank Buchmann, dem Begründer der Moralischen Aufrüstung, gebracht, heißt das: „Wenn der Mensch horcht, spricht Gott und wenn der Mensch gehorcht, handelt Gott; und wenn Gott handelt, geschehen Wunder und werden Menschen und Völker neu!"

Schon als Kind erzählte mir meine Mutter davon, wie ich mit zwei Jahren heftige kruppartige Kehlkopfkrämpfe bekam, so daß sie sich nächte- und tagelang nicht mehr zu helfen wußte und fürchten mußte, mich mit zwei Jahren wieder zu verlieren. Am Abend bevor der Kehlkopfschnitt durchgeführt werden sollte, um mich vor dem Ersticken zu retten, übergab sie mich als ihr Kind und sich selbst Gott in einem Gebet, und war wirklich bereit, mich völlig loszulassen. Am anderen Tag waren die Krämpfe verschwunden und für sie war es immer eine Gebetsheilung gewesen. Die Mutter hatte eine wunderbare Gabe, uns Kindern Geschichten zu erzählen, vor allem jene von Christoph v. Schmidt oder auch Geschichten des Neuen und Alten Testaments und dadurch wurde mein Interesse frühzeitig auch an der Bibel geweckt. Bereits in der zweiten Schulklasse konnte ich ganze Abschnitte etwa aus dem Lukas-Evangelium auswendig, was mir später eine große Hilfe geworden ist. Sehr gut erinnere ich mich an die Konfirmation. Wir waren damals die ersten Konfirmanden in der neugebauten Martin-Luther-Kirche in der Ulmer Weststadt, nachdem wir zuvor mit der Mutter zusammen und mit anderen Kindern aus der Nachbarschaft immer wieder Basare gemacht hatten, um Geld für diesen Bau zu sammeln und dabei auch Theaterstücke aufführten. Als ich dann mit 14 Jahren in dieser Kirche konfirmiert wurde, war das Bekenntnis, das wir am Altar vor unserem damaligen Stadtpfarrer Sauter sprachen: „Herr Jesus, Dir lebe ich, Dir leid ich, Dir sterb ich, Dein bin ich auf ewig" keine leere Phrase. Es bedeutete in gewisser Beziehung durchaus eine Entscheidung, die ich treffen wollte. Ich hatte das große Glück, dann in den Schülerbibelkreis in Ulm zu kommen. Der damalige sog. BK war eine evang. Jugendbewegung im Sinne der gesamten deutschen Jugendbewegung, wo wir viel auf Fahrt gingen, viele Geländespiele machten und gemeinsam lebten. Insbesondere waren es die Ferienfahrten in die Haslachmühle bei Ravensburg, in der alten Baracke, in der wir jeweils immer ca. 120 aus dem ganzen Lande bei den einzelnen Ferienfahrten zusammen waren, die mich stark in den Jahren nach der Konfirmation geprägt haben. Hier verdanke ich meinem alten Freund Dr. Manfred Müller, den wir als „Ami" bezeichneten, ganz besonders viel. Jene Bibelstunden und Andachten neben den verschiedenen Erlebnissen der gemeinsamen Fahrt, des gemeinsamen Spiels, des gemeinsamen Sports erfaßten viele von uns und prägten uns fürs Leben. Daneben bedeutete der Tennissport für mich eine ausgesprochene Quelle der Freude und des Spasses; ich gründete damals im Tennisclub Ulm/Neu-Ulm eine Jugendabteilung und wir brachten es dann zur besten Jugendmannschaft Württembergs. Wir schlugen 1933 etwa die Stuttgarter Jugendmannschaften in den Turnieren. Für die Schule blieb nicht immer allzuviel Zeit übrig und ich begnügte mich im wesentlichen damit, einen Platz unter den zehn Ersten innezuhaben, war zufrieden mit Note „befriedigend" und begann erst kurz vor dem Abitur etwas intensiver zu arbeiten. Das Abitur bereitete keine Schwierigkeiten und danach gings in den Reichsarbeitsdienst nach Schloß Mochental bei Ehingen. Das war zunächst eine harte Prüfung für uns Abiturienten, weil wir zusammengewürfelt wurden mit all denen, die man im Jahr 1933/34 von der Straße weggeholt hatte, weil sie aus irgendwelchen Gründen arbeitslos waren. So waren hier auch Vorbestrafte, Zuhälter und alle möglichen anderen merkwürdigen Typen mit in diesem Arbeitsdienst und wir Abiturienten mußten uns hart, manchmal mit Brachialgewalt, durchkämpfen. Ich kam von dort in den Erntedienst nach Osterstetten zu unseren lieben Freunden Schmidt auf ihren großen Hof und durfte dann mithelfen. Ich bekam allerdings nach einigen Tagen eine schwere Angina mit einer Herzmuskelentzündung und war dann für die nächsten zwei Monate nicht mehr arbeitsfähig. Nach dem Arbeitsdienst fuhr ich gespannt nach Tübingen, denn ich hatte mir immer vorgenommen, Medizin zu studieren. Hier begann zunächst eine große „Keilerei" der damals noch kräftigen und aktiven Korporationen um uns junge Studenten, die schließlich damit endete, daß ich in der Tübinger Normannia als Fux eintrat, die damals eine Burschenschaft war. Das bedeutete natürlich, daß ich mich entschied, auch scharf Schläger- und notfalls auch schwere Säbel zu fechten, und daß wir in diesem Bund eine echte kämpferische Gemeinschaft wurden. Eine ganze Reihe von meinen alten Freunden waren mit eingetreten, so besonders meine Freunde Heiner Häring und Wolfram Sauter, und wir versuchten dann in den kommenden Semestern unsere Vorstellungen von dem, was wir als Ideal des Student-Seins ansahen, zu verwirklichen. In meinem zweiten Semester begegnete ich der Oxford-Gruppe, die mein weiteres Leben außerordentlich stark prägte. Meine Schwester Helene, die immer wieder versucht hatte, mich dafür zu werben, hatte eingesehen, daß sie selbst überhaupt nichts machen konnte und hatte sich deswegen hinter einen Stiftsrepetenten gesteckt. Dieser, mein Freund Hans Stroh, lud einen meiner Konfüxe und mich ein, an Pfingsten 1935 mit ihm an den Vierwaldstätter See zu fahren, um eine Tagung der Oxford-Gruppe zu besuchen. Wir beide erklärten, wir hätten nicht so viel Geld als Studenten und er meinte, er wolle sehen, ob er eins bekomme. Wir gingen hinaus und ich sagte zu meinem Freund: „Du, ich glaub, der betet für das Geld"! Tatsächlich am anderen Morgen hatte er die zusätzlichen Finanzen, die wir brauchten, um dorthin zu reisen. Ich selbst fuhr mehr wegen des Erlebnis des Vierwaldstätter Sees und des Bürgenstocks dorthin als wegen der Tagung. Dennoch war mir so etwas noch nicht begegnet. In einem feudalen Hotel eine so moderne Gesellschaft ohne schwarze Röcke und ohne die üblichen prinzipiellen Gesichter, die ich so von der evangelischen Kirche her kannte. Die Tagung wurde geleitet von Professor Theophil Spörri und Prof. Emil Brunner, zwei bekannten Wissenschaftlern der Universität Zürich, die uns die Grundgedanken dieser Gruppe klarmachten: Das Horchen auf Gott in der Stille, die vier absoluten moralischen Maßstäbe, den Austausch und die ständige Lebensbereinigung aus der Bereitschaft, Gott im menschlichen Leben regieren zu lassen und Ihm in der Gesellschaft die Priorität zu geben. Dazu kam eine große Studentengruppe, die mir sehr gut gefiel durch ihre Offenheit und Ehrlichkeit, mit der sie alle ihre Probleme, auch ihre sexuellen Schwierigkeiten, untereinander austauschten und sich gegenseitig zu helfen versuchten. Nach zwei Tagen war meine bisherige selbstsichere Haltung des Diskutierens über religiöse Fragen und des Problematisierens wie verschwunden und ich fand, daß ich eine Entscheidung notwendig hatte, von jetzt ab unter einem anderen obersten Gesichtspunkt zu leben. Denn bis dahin hatte Gott nur die Funktion des Gartenzauns am Abgrund in meinem Leben. Er war dazu da, auf mich aufzupassen, daß es mir nicht allzu schlecht ging. An die Möglichkeit, daß ich mein Leben eigentlich ausliefern und ganz von ihm her führen lassen könne, habe ich ernsthaft nie gedacht. Es leuchtete mir aber ein, die logische Folge von Gottes Existenz sei, daß er einen Plan für mein Leben und das meines Volkes habe, und daß es an meiner Bereitschaft zu horchen und zu gehorchen liege, ob sich dieser Plan verwirkliche, und ob ich den wirklichen Sinn meines Lebens so finden könne. Ich sagte mir: Du hast schon so Vieles probiert, warum sollst du das nicht auch ausprobieren. Wenn es stimmt, was sie sagen, ist es das interessanteste und wichtigste Experiment, das du machen kannst - Gott zu finden .- Wenn es nicht stimmt, dann ist alles genauso wie es bisher gewesen ist. Deshalb war ich bereit, mich einmal hinzusetzen und den Versuch zu machen, indem ich vier Zettel Papier nahm, auf jeden einen absoluten Maßstab schrieb: Absolute Ehrlichkeit, absolute Reinheit, absolute Selbstlosigkeit, absolute Liebe, und in der Stille mein Leben durchprüfte, was mit diesen Maßstäben bisher nicht übereinstimmte. Dabei kamen mir eine ganze Reihe von Versagern in den Kopf. Bundesbrüder, die ich beleidigt hatte, einen, den ich verachtete, einen anderen ehemaligen Klassenkameraden, den ich beschimpft und beleidigt hatte, das Verhältnis zu meinem Vater, dem ich oft den Wagen heimlich entführt hatte, um mit meiner Freundin spazieren zu fahren, die Ausreden, die ich benützte, Unwahrheiten, Briefmarken, die ich mit sieben Jahren einer Klassenkameradin gestohlen hatte und von denen ich genau wußte, wo sie in meinem Album waren. Es war eine ganze Reihe solcher Dinge in meinem bisherigen Leben, die nicht in Ordnung waren. Aber ich legte dann die Blätter zur Seite. Denn hier Ordnung zu schaffen erschien mir doch zu schwierig, bis ich vier Wochen später plötzlich in eine Krise geriet, in der ich mich dann doch entschloß, dieses Experiment zu machen und das wieder gutzumachen, was wieder gut zu machen war, bzw. diejenigen, die ich beleidigt oder angelogen hatte, um Entschuldigung zu bitten und ihnen die Wahrheit zu sagen. So ging ich zu meinem Vater und erzählte ihm alles, was bisher bei mir nicht in Ordnung war. Aber er sagte nichts. Als ich meiner ehemaligen Schulfreundin ihre Briefmarken zurückschickte mit einem Entschuldigungbrief, war dies der Beginn einer neuen Beziehung zu ihr und ihrem Mann, die später dazu führte, daß ich ihm, der ein begeisterter Nationalsozialist war und von daher zunächst das Christentum abgelehnt hatte, kurz vor seinem Tod noch ein letztes Zeugnis von Christus geben konnte. Zum Glück hatte ich einige gute Freunde in Tübingen, die auf demselben Weg waren. Das war einmal unser englischer Theologiestudent Charly Duthie und dann unser Studienassessor Hans Losch, die morgens um 6.00 Uhr in die Neckarhalde kamen, um mit mir stille Zeit zu halten. Ich bewundere heute noch die Treue, gerade von meinem Freund Hans Losch, wie er jeden Morgen erschien, obwohl sich doch zunächst eigentlich bei mir dadurch nicht sehr viel ereignete. Wir veranstalteten Wochenenden. Ich erinnere mich noch gut, wie ich das erste Mal aufgefordert wurde, in Herrenberg in der Kirche zu sprechen. Ich hatte mich bis dahin immer vor allen Reden gedrückt und meinem Vater erklärt, daß ich nicht reden könne. Er hätte gerne gehabt, daß ich in die Seminare nach Maulbronn oder Blaubeuren gegangen wäre, um wie mein Großvater Theologie zu studieren. Selbst als Vorstand in der Tanzstunde drückte ich mich vor der Rede am Kränzchen und ließ sie den Vorstand der anderen Tanzstunde halten. Ein Problem wurde mir die Frage des Fechtens, denn ich war als Tübinger Normanne Mitglied einer schlagenden Burschenschaft und hatte deshalb vier scharfe Partien zu fechten. In meiner dritten Partie mußte ich gegen einen Angehörigen der Burschenschaft Roigl antreten, der Harms hieß. Er wurde dabei aber abgeführt, weil er den Kopf unter meinen harten Hieben wegzog. Dieses sog. „Kneifen" fürchteten wir dabei mehr als scharfe Hiebe. Eine solche Erziehung zur Härte hatte natürlich den Vorteil, daß wir lernen mußten, den „Kopf hinzuhalten". Der große Nachteil war allerdings der, daß die Waffenstudenten dann als Offiziere in den beiden Weltkriegen mit die größten Verluste hatten, weil sie es als ehrenrührig empfanden, wenn es einmal richtiger gewesen wäre, in einer aussichtslosen Lage zurückzuweichen anstatt sich erschiessen zu lassen. So fiel auch mein Schwiegervater Theodor Keppler, (der auch Stuttgarter Ghibelline (Burschenschaft) war), als Leutnant im September 1914 in den Argonnen. Als Fechtwart meiner Korporation mußte ich dann in meinem dritten Semester wegen Ehrenhändeln zwischen uns und der Turnerschaft Eberhardina für den Bund eine sog. Chargenpartie schwere Säbel fechten. Mein Gegner war der damals in Tübingen gefürchtetste Säbelfechter, Bosselmann, der im Semester vorher allein fünf schwere Säbelpartien gefochten hatte, während dies meine erste solche Partie war. Am Morgen stand in den Losungen der Brüdergemeine der Satz: „Ich werde Dich auch in diesem Punkte ansehen!" Ich bezog ihn wohl nicht zu Unrecht auf mich und den Kampf von einenviertel Stunden unter den Augen vieler damals führenden Tübinger Studenten. Das überlegene Abschneiden in dieser Partie gab mir eine stärkere Position in der damaligen Tübinger Studentenschaft als ein hervorragendes Examen und führte dazu, daß ich zum Fachschaftsleiter der Vorklinikerschaft gewählt wurde. Mit der NS Ideologie kam ich schon 1934 in scharfen Konflikt im sog. Kirchenkampf und dann 1936, als wir uns als Korporation weigerten, uns in eine NS Kameradschaft umwandeln zu lassen, dann 1938 und 1939, als ich zwei Strafverfahren wegen meiner Betätigung für die Oxford-Gruppe bekam, die mich aber nicht davon abhielten, mich weiter für diese Bewegung einzusetzen. Diese harten und an die berufliche Existenz gehenden Kämpfe möchte ich noch in einer anderen Schrift darstellen unter dem Titel „Student im Dritten Reich", da ich mich hier auf meine Erlebnisse im Krieg bechränken möchte.

Gott im Chaos
Erinnerungen aus dem Krieg
1. September 1939

Wir saßen mit unserer Examensgruppe am Morgen des 1. September 1939 in der Universitätsaugenklinik in Tübingen und warteten auf unseren verehrten und beliebten Professor Stock, um uns in Augenheilkunde, unserem dritten Fach (von 14 Prüfungsfächern) im medizinischen Staatsexamen prüfen zu lassen. Da wurde um 8.15 Uhr das Radio eingeschaltet zur Übertragung einer Rede Adolf Hitlers an das Deutsche Volk! „Seit heute morgen wird zurückgeschossen!..." klang es mit schneidender Schärfe aus dem Rundfunkgerät und es traf uns alle wie ein Keulenschlag, obwohl wir eine solche Entwicklung erwartet hatten. „Kinder, Kinder, das bedeutet nichts Gutes!" „ich weiß, was das heißt, ich hab es schon einmal mitgemacht!" sagte unser „Papa Stock", der wirklich väterliche Freund und Lehrer, und keine Hand rührte sich etwa zum Beifall für die Rede Hitlers. Kein Wort der Zustimmung, keine heilige Entschlossenheit wie im August 1914, als die begeisterten Menschen auf die Straße gingen und sich umarmten. Es war das eingetreten, was ich im Sommer 1937 in Rostock dem dortigen Rektor der Universität, Hautkliniker, einem fanatischen NS-Anhänger, erklärt hatte, als er uns zwingen wollte, nach dem sechsten Studiensemester zur Wehrmacht zu gehen, um dort eineinhalb Jahre Dienst zu machen. Mein Vater hatte auf meinen Wunsch beim Ulmer Wehrersatzkomnmandeur, Oberst Hauser, angefragt, ob es wahr sei, daß die Freistellung zum Studium nicht mehr bis zum Staatsexamen erfolgen könne, wie der Rostocker Rektor behauptete, und der Oberst hatte uns einen Durchschlag seines Schreibens an den Rektor gesandt, aus dem klar hervorging, daß eine Zurückstellung möglich war. Triumphierend traten wir 6 Tübinger Medizinstudenten mit diesem Schreiben in das Rektorat und ich erklärte dem verärgerten Rektor, der uns mit nationalistischen Phrasen zum sofortigen Eintritt in die Wehrmacht bewegen wollte: „Magnifizenz! Ich bin als Arzt für die deutsche Wehrmacht viel wertvoller, als als Medizinstudent und Sanitätsgefreiter! Ich leiste meine Dienstzeit im Kriege ab!" Und so kam es dann auch!

Oxford Gruppe und NS Sicherheitsdienst

Seit diesem Sommersemester 1937 in Rostock wußte ich, daß wir ständig unter Überwachung durch den SD (Sicherheitsdienst) standen wegen unserer Mitarbeit bei der „Oxford Gruppe", jener christlichen Erneuerungsbewegung, die der Deutschamerikaner D. Frank Buchman 1921 ins Leben gerufen hatte und die ich 1935 am Vierwaldstättersee und im Juli 1936 in Oxford kennenlernte. Wir waren drei deutsche Studenten, die damals für vierzehn Tage nach Oxford eingeladen worden waren zu einer großen Hausparty und einem anschließenden 8-tägigen „Training" mit Frank Buchmann im College „Lady Margret Hall". Der stud. theol. Werner Lindenberg, mein Klassenkamerad stud. theol. Eberhard Stammler, damals Hauptamtsleiter und theol. Fachschaftsleiter an der Univ. Tübingen und ich selbst. Wir kehrten als entschlossene Anhänger der Oxford Gruppe nach Tübingen zurück und gingen mit Wochenendtagungen und vielen Begegnungen mit unseren Mitstudenten an die Arbeit. Nach einem Semester waren wir bereits 50 und ein Professor behauptete: „Diese Studenten beeinflussen die Hälfte der Studentenschaft mit ihren Ideen!" Ich selbst war von Januar 1936 - Januar 1937 Fachschaftsleiter der Tübinger Vorklinikerschaft (ein studentisches Amt, kein Parteiamt) und benützte dieses Amt auch dazu, um meinen Einfluß im Sinne der Oxford Gruppe zu verstärken. Das geschah vor allem durch die Veranstaltung von Fachschaftsfesten, die sich durch ihren Geist und ihr Niveau auch bei den Professoren größter Beliebtheit erfreuten. Auch in Rostock machten die Medizinstudenten Fachschaftsfeste - allerdings ohne echte Unterhaltungsprogramme, zu denen ihnen der Witz fehlte - und gemeinsame Ausflüge. Dabei saß ich beim ersten Fest neben dem Anatomen Professor Neubert. Als er hörte, daß ich aus Tübingen komme, zog er einen Brief seines Tübinger Freundes, des Anatomieprofessors Dr. Wetzel, aus der Tasche, in dem dieser begeistert von unserem letzten Fachschaftsfest berichtete. Als ich ihm dann sagte, daß ich der verantwortliche Organisator des Festes war, hatte ich natürlich sofort sein Vertrauen.

Vier Wochen später, am 5.5.37, 5 Uhr 5 gab es dann einen Medizinerausflug nach Bad Doberan.

In meiner stillen Zeit am Morgen hatte ich mir aufgeschrieben, ich solle mich wieder neben den Anatomieprofessor setzen. Unterwegs verlor ich meine Schlägernadel aus der Krawatte. So mußte ich zurück und sie suchen. Als ich dann in dem Freiluftcafé eintraf, waren alle Plätze besetzt, nur noch einer war neben dem Professor frei. Ich setzte mich neben ihn. Er drehte sich mir zu und sagte: „Ach, da muß ich Sie nachher etwas fragen! - Aber das könnte ich ja eigentlich gleich tun! Sie könnten mir sicher helfen! Da ist eine Gruppe von Studenten nach Rostock gekommen, die im letzten Semester in Tübingen viel Aufsehens von sich machten. Sie gehören zu einer internationalen religiösen Vereinigung. Und die müßte man überwachen! Sie kennen doch die Tübinger Studenten, die hierher kamen! Könnten Sie mir dabei helfen?!" „Ist das vielleicht die Oxford Gruppe?" fragte ich zurück. „Ja, so heißt sie, glaub ich. Kennen Sie die?" „Ja sehr gut!" antwortete ich. „Gehören Sie etwa selbst dazu?" fragte er. „Ja" meinte ich. Peinliche Pause! Er hatte versucht, den Bock zum Gärtner zu machen. „Da muß ich Ihnen berichten, was diese Gruppe ist und was sie will"! unterbrach ich schließlich das verdutzte Schweigen. Wir gingen auf unserem weiteren Ausflug den anderen voraus und ich berichtete ihm über zwei Stunden lang, was das Wesen und die Ziele dieser Arbeit seien, was die Begegnung mit Frank Buchman und seiner Mannschaft für mich, für meine Familie und meine Freunde bedeutete, und wie sich dadurch Entscheidendes in meinem Leben verändert hatte: Daß sie für unser Volk und die Welt lebenswichtig sei, wenn es nicht zu einer Katastrophe kommen solle! Am Ende fragte er mich in seinen persönlichsten Lebensschwierigkeiten um meine Meinung. Ich aber wußte von da an, daß wir überwacht wurden, denn er war ja, wie Professor Wetzel in Tübingen, der für die Universität verantwortliche Mann des Sicherheitsdienstes. Trotzdem bin ich dann im April 1938 wegen des Besuches einer Ostertagung der Moralischen Aufrüstung (Oxford Gruppe) in Caux zusammen mit meinem Freund Siegfried Häußler mit einem strengen Verweis und Amtsunwürdigkeit bestraft worden „wegen völligen Mangels an nationalsozialistischer Gesinnung", und obwohl ich eigentlich von der Universität hätte entfernt werden müssen, machten wir mit unseren Tagungen und unserer Arbeit unentwegt weiter. Im Juni 1939 bekam ich dann das zweite Verfahren, weil wir wieder auf der schwäbischen Alb (Boslerhaus) eine Tagung mit 30 Studenten, darunter NS Kameradschaftsführern und SS Angehörigen, abhielten und viele von ihnen gewonnen wurden, die dann teilweise im Kriege fielen. Zum Glück konnte ich mich am Semesterschluß am 16. Juli 1939 exmatrikulieren, weil ich meine 10 Studiensemester voll hatte, und entzog mich so der Jurisdiktion der Tübinger und Stuttgarter Studentenführung. Denn wir waren tief überzeugt, daß die Botschaft der Moralischen Aufrüstung für uns Deutsche und unsere damaligen Führer lebenswichtig war, wenn nicht alle Opfer und aller Idealismus letzten Endes uns alle ins Verderben stürzen sollten, weil der antichristliche Aufstand gegen Gott, in den sich die NS Bewegung und ihre Führer immer mehr verwandelten, mit seiner titanischen Hybris Zorn und Strafe Gottes herausforderten. „Ihr müßt Eure Führer ändern! Deutschland braucht Führer, die sich von Gott führen lassen, wenn Europa gerettet werden soll!" Dies war die Botschaft, die Frank Buchman uns jungen Studenten mitgegeben hatte und von der wir selbst überzeugt waren. Wir benützten deshalb jede sich bietende Gelegenheit auch den Führern, die wir erreichen konnten, von der Notwendigkeit absoluter moralischer Maßstäbe im persönlichen und politischen Leben und von der Voraussetzung wirklicher Führerschaft durch das Annehmen der Führung Gottes zu berichten.

Da wir für unser Volk das Beste wollten, hatten wir nichts zu verbergen und kein schlechtes Gewissen, offen zu reden. Denn wir handelten und kämpften nicht aus Haß gegen die Nationalsozialisten und unsere damaligen Führer, sondern aus einer tieferen Liebe zu unserem Volk und dem Wunsch, auch unseren Führern eine größere Schau zu geben und sie positiv zu ändern statt sie zu vernichten. Diese Haltung änderte sich allerdings im Lauf der Zeit in dem Maße als die Katastrophe, in die sie uns führten, unvermeidlich und schließlich nach der „Reichskristallnacht" und dem Einmarsch in Prag irreversibel wurde.

Faust IV. Teil - Der Geist des 21. Jahrhunderts

Am sichtbarsten kam der radikale weltanschauliche Gegensatz bereits nach der „Kristallnacht" in jenem Theaterstück zum Ausdruck, das wir am 28. Februar 1939 im Auditorium Maximum der Universität beim Rektoratsfest vor der gesamten Führerschaft von Staat, Partei und Universitäten von Württemberg-Hohenzollern unter dem Titel: „Faust Vierter Teil, Der Geist des 21. Jahrhunderts", aufführten, im Anschluß an die „Grundlagen des 19. Jahrhunderts von Chamberlain und dem „Mytus des 20. Jahrhunderts" von Alfred Rosenberg." (In dem wir die gesamte Ideologie des Nationalsozialismus in ihrer inneren Hohlheit charakterisierten und lächerlich machten). Aber der Haß mancher NS Führer kam auch auf dem Titelphoto des „Mitteilungsblattes der Tübinger Studentenführung" vom 23.5.39 zum Ausdruck. Auf diesem Photo war der Reichsstudentenführer Dr. Scheel, der württembergische Gauleiter Wilhelm Murr, der Tübinger NS Kreisleiter und der Tübinger Studentenführer abgebildet, wie sie ein neues Kameradschaftshaus einweihten.

Zufällig stand ich im Hintergrund an einer etwas höheren Stelle, so daß mein Gesicht in der oberen rechten Ecke des Bildes erkennbar war. Auf Befehl des damaligen Gaustudentenführers und Sicherheitsdienstführers, Reinhold Bäßler, mußte dann erst mein Gesicht ausretuschiert werden, ehe das Bild veröffentlicht werden durfte, denn „es wäre eine Schande für die Universität Tübingen, wenn das Gesicht eines Mannes der Oxford Gruppe zusammen mit diesen nationalsozialistischen Führern gezeigt würde".

Die Gesichtszerstörung war aber zu allen Zeiten die Methode, einen Menschen zur „Unperson" zu machen, ehe man ihn liquidierte.

In dem Verfahren gegen mich im April 1938 hatte mir Reinhold Bäßler, mein ehemaliger Bundesbruder und Sekundant bei einer schweren Säbelpartie im November 1935, als Gaustudentenführer erklärt: „Ich bin für Deinen Ausschluß! Ihr seid die größten Staatsfeinde! Ihr schimpft zwar nicht, wie die Leute der Bekennenden Kirche, aber ihr gewinnt unsere besten Idealisten. Der Kirche nehmen wir die Jugend weg, dann stirbt sie von selbst! Ihr aber seid gefährlicher!"

Daß ich damals nicht ausgeschlossen wurde und dann auch meinen Studienplatz in Tübingen nicht verloren habe, war vor allem einem anderen Bundesbruder zu verdanken, der in der damaligen Hierarchie über Reinhold Bäßler stand, dem Sicherheitsdienstführer Württemberg - Hohenzollern und frühere Gaustudentenführer Eugen Steimle, der seine Hand über mich hielt. Ich war im November 1934 als Fux der damaligen Burschenschaft Normannia beigetreten. Einer der Normannen, der mich „gekeilt" hatte, war der schon 1931 in Tübingen gewählte Führer der Studentenschaft, Eugen Steimle. Er war seit dieser Zeit Mitglied der NSDAP und ein Mann mit großen Fähigkeiten und entsprechendem Ansehen unter den Studenten. Als hervorragender Säbelfechter war er gefürchtet und er mochte mich als Bundesbruder gerne. Ich hatte weltanschaulich eine Art Narrenfreiheit bei ihm! „Weißt Du, wenn wir noch einige hunderttausend junge Leute deiner Art hätten, könnte uns das nicht gleichgültig sein! Denn wenn wir heute im Osten zu entsprechend harten Maßnahmen gezwungen wären, würdet Ihr sagen: Das dürft Ihr nicht! Und darum können wir Euch nicht brauchen!" sagte er mir. Natürlich wußte er über all unsere Schritte Bescheid. Wenn wir über die Grenze gingen, wurde dies sofort der Zentrale des SD in Stuttgart gemeldet. Ich machte auch ihm gegenüber nie ein Hehl aus meiner Überzeugung und spielte mit offenen Karten, was er respektierte.

Nach dem Kriege fand man in einem Tresor eines Gebäudes in Straßburg, in dem der deutsche Sicherheitsdienst arbeitete, eine 125 Seiten lange Beurteilung der Oxford Gruppe durch den NS Sicherheitsdienst, der die gesamte Tätigkeit im Reich und die verantwortlichen Personen genau beschrieb und die Oxford Gruppe als die für den Nationalsozialismus gefährlichste christliche Bewegung bezeichnete. Aber obwohl wir an der Universität Tübingen, an der Technischen Hochschule in Stuttgart und der Lehrerbildungshochschule in Eßlingen am erfolgreichsten gewirkt hatten, wurde diese Arbeit in dem Bericht mit keinem Wort erwähnt. Eugen Steimle, bei dem ja alle Nachrichten aus Württemberg Hohenzollern in dieser Zeit zusammenliefen, hatte sie nicht weitergegeben und uns dadurch geschützt.

Anfang August 1939 war ich als letzter deutscher Teilnehmer auf einer internationalen Tagung der Moralischen Aufrüstung im Ausland bei einem internationalen Jugendlager in Schwarzsee bei Freiburg in der Schweiz. Wir waren etwa 500 junge Leute, vor allem Studenten, hauptsächlich Schweizer und Holländer, aber auch 6 Engländer. Der drohende Weltkrieg veränderte die Tagung. Man konzentrierte sich weniger, wie sonst, auf die grundlegende Änderung und Wandlung von Menschen, als auf die Erhaltung des äusseren Friedens. Man überlegte fieberhaft, was man tun könne, um eine Katastrophe zu verhindern. Und man schickte deshalb, so wie heute in Stuttgart, Basel usw. Friedensappelle und Resolutionen an alle möglichen Regierungen und Politiker. Ich war totunglücklich darüber und sagte meinen Freunden: „Hitler will den Krieg, wir können ihn nicht mehr verhindern. Wir sollten statt solcher Resolutionen uns lieber gemeinsam innerlich auf den Krieg vorbereiten!" Die anwesenden jungen Engländer sahen die Lage am realistischsten. „Was sollen wir tun, wenn Hitler in Polen einmarschiert und es dann möglicherweise Krieg mit England gibt?" war unsere Frage als Freunde: „Dann werden wir ohne Haß kämpfen!" sagten sie. Einen der jungen Holländer, Ab van der Woude aus Amsterdam, mit dem ich viel zusammen war, und Dick van Tetterode, ebenfalls von dort, traf ich im Sommer 1942 in Amsterdam wieder, als ich selbst als Assistenzarzt beim Divisionsnachschubführer der 167. Inf. Division aus Rußland für acht Monate zur „Auffrischung" nach Holland verlegt worden war. Wir kamen immer wieder zum Austausch und zur gemeinsamen Stille zusammen. Wir taten das bewußt, obwohl ich deutscher Sanitätsoffizier war und gleichzeitig von meinem damals engsten holländischen Freund, Jürgen ten Have, der Inhaber einer bekannten Buchhandlung in der Amsterdamer Hauptgeschäftsstraße, der Calwerstraat, war, wußte, daß er im holländischen Untergrund arbeitete, Flugblätter gegen die deutsche Besatzung in seinem Keller druckte und teilweise mit meinem Wehrmachtsrad (nachdem ihm die deutsche Polizei sein eigenes weggenommen hatte) jüdische Familien, die er versteckt hatte, mit Essen versorgte. Für uns war dies eine entscheidende Erfahrung. Sie bewies uns, daß das Bridgebuilder-Lied, das Brückenbauerlied der Oxford Gruppe, das wir vor dem Krieg überall gemeinsam in vielen Sprachen gesungen hatten, keine leere Phrase war, sondern selbst eine diesen furchtbaren Krieg überspannende Realität blieb:

Fest auf Felsengrunde
baun wir auf zum Bunde,
Gottes Plan
treibt uns an
führt uns jede Stunde
Und Hand streckt sich zu Hand,
Volk an Volk halten wir stand,
So baun wir zusammen,
die Welt zu umspannen
Brücken von Mann zu Mann,
die niemand sprengen kann!

Nach einigen Tagen in Schwarzsee fuhr ich mit David Lancashire, einem meiner englischen Freunde, der ein kleines Auto hatte, nach Deutschland, um u.a. in Ruhe ein paar Tage auf dem Boslerhaus auf der Schwäbischen Alb, das damals der Altherrenschaft meiner Tübinger Burschenschaft Normannia gehörte, Besinnungspause zu machen. Die Spannung wuchs von Tag zu Tag, und wenn wir durch Städtchen und Dörfer fuhren, schauten die Menschen zunehmend mißtrauisch auf den Wagen mit der englischen Autonummer, so daß ich meinem Freund schließlich riet, doch lieber Deutschland zu verlassen und nach Hause zu fahren. Um den 15. August sagten wir uns Lebewohl und sahen uns erst 1946 wieder, als er als Major der englischen Besatzungsarmee in Düsseldorf war.

Ein paar Tage später begegnete ich meinem Bundesbruder Eugen Steimle in Stuttgart in der Gegend des Hauptbahnhofs. Er wußte natürlich Bescheid, daß ich in der Schweiz war, und ich versuchte auch gar kein Hehl daraus zu machen. „Na", sagte er, „was sagen deine englischen Freunde?- Wird es Krieg geben, wenn wir in Polen einmarschieren oder nicht?" - „Meine Freunde sagen: Es wird dann Krieg mit England geben, aber wir werden dann ohne Haß kämpfen!" antwortete ich ihm. „Nein, es wird keinen Krieg mit England geben", war seine Entgegnung. „Die pazifistische Bewegung in England (13 Millionen Unterschriften für den Frieden) ist viel zu stark. Die können sich gar keinen Krieg erlauben! Das ist unsere Information!" Das war damals also die Überzeugung der Führer des SD, von denen Hitler seine Informationen bekam.

Es war auch die Meinung Ribbentrops, der Hitler glauben machte, es würde nichts passieren und England würde nach dem Hitler-Stalinpakt nicht mehr den Krieg erklären, wenn die deutsche und die Rote Armee gleichzeitig am 1.9.41 in Polen einmarschierten.

Stalins Ziel mit dem Hitler-Stalinpakt

Aber Stalins Ziel war ja nicht der Friede oder ein bißchen Landgewinn in Ostpolen, sondern die steckengebliebene Weltrevolution wieder in Gang zu bekommen. Und die konnte er nur erreichen, wenn sich die Westmächte und die Deutschen wie im ersten Weltkrieg gegenseitig so zerstören würden, daß sie dann für die nächste Revolution reif würden und er am Schluß alle vereinnahmen könnte. Darum brach er die Abmachung mit Hitler und ließ ihn zunächst allein marschieren, so daß die Engländer und Franzosen Deutschland den Krieg erklärten in dem Glauben, sie hätten es nur mit den Deutschen zu tun. Als er dann nach 17 Tagen in Ostpolen einmarschierte, erklärten ihm die Westmächte entsprechend ihrer Garantieerklärung für Polen nicht den Krieg und überliessen ihm schließlich ganz Polen und Ostdeutschland als Kriegsbeute.

Daß Hitler einen möglichen Einmarsch in Polen nach der Besetzung von Prag schon lange für den September plante, falls seine Forderung auf Danzig und einen Durchgang durch den Korridor nicht erfüllt würden, ging allerdings für mich damals allein schon daraus hervor, daß mein Vater für seine Kartoffelgroßhandlung bereits Ende April 1939 die Anweisung erhielt, alle Kartoffeltransporte vor dem 1.9.39 abzuwickeln, weil er später keinen Laderaum mehr bekäme.

Ich erinnere mich noch an meinen heftigen Zorn, sowohl über die „Kristallnacht" vom 9. November 1938 (von der ich erst nach ein paar Tagen erfuhr, weil ich in Tübingen mit Grippe im Bett lag) als auch über den Einmarsch in Prag (um Hitlers Ehrgeiz zu erfüllen, „daß die Hakenkreuzfahne vom Hradschin in Prag wehen sollte"), mit dem dann Hitler endgültig das Verhältnis zu England und Frankreich zerstörte. Er brach sein feierliches Ehrenwort, das er in München Chamberlain gegeben hatte. (sodaß dieser im englischen Parlament damals erklärt hatte: „Ich glaube dem Wort Hitlers!") Mit der Besetzung der Tschechei aber hatte Hitler das Prinzip des „Selbstbestimmungsrechtes der Völker", unter dem er bis dahin seine aussenpolitischen Erfolge errungen hatte, über Bord geworfen zu Gunsten der Parole vom „Lebensraum des deutschen Volkes" auf Kosten anderer Völker. (Buchhinweis: Otto Strauß: „Der 2. Weltkrieg begann am 19. August 1939) Als er diese „Idee" offiziell zur Leitlinie seiner „Politik" machte, wurde sie von diesem Augenblick an auch außenpolitisch in meinen Augen verbrecherisch. Er hatte seine Glaubwürdigkeit und das Vertrauen vor allem auch in England verspielt und damit die Kriegspartei in England an die Macht gebracht, so daß nur noch ein Wunder den Krieg hätte aufhalten können.

Weil ich wußte, daß der britische Außenminister Lord Halifax in der Sudetenkrise seinem Premierminister Chamberlain den Rat gegeben hatte, mit Hitler persönlich zu reden und deshalb nach München zu fliegen, und weil dieser bis dahin für einen englischen Premier eigentlich unmögliche Gedanke vielleicht auch durch ein Gespräch des Außenministers mit Frank Buchman entstanden war, fühlte ich mich auch noch als Mitarbeiter der Moralischen Aufrüstung durch den Wortbruch Hitlers persönlich mit betrogen.

Mein Vater hatte nach dem Frieden von München einen Dankesbrief an Chamberlain geschrieben und darauf einen persönlichen Brief Chamberlains erhalten, den wir als Kostbarkeit aufbewahrten.

Staatsexamen und Doktorprüfung
Wir hatten die Absicht gehabt, uns für die restlichen elf medizinischen Fächer unseres Staatsexamens noch ca. 3 Monate Zeit zu lassen, um jedes Fach entsprechend vorbereiten zu können. Denn wir hatten im Sommersemester trotz dem kommenden Examen jede freie Minute für MRA - Wochenenden und Gespräche mit Studenten und Freunden verwendet und vielen noch zu einer Erneuerung ihres persönlichen Lebens geholfen, so daß wir einfach zu wenig Zeit übrig hatten, um das Examen schnell zu machen. Nun aber standen wir vor der Notwendigkeit, es möglichst in vier Wochen abzuschließen, da wir nicht von der nach Kriegsausbruch angebotenen Möglichkeit einer sog. „Notapprobation" ohne Examen Gebrauch machen wollten. Wie richtig diese Entscheidung war zeigte sich später. Wir hatten „Glück", denn ich erlebte dabei immer wieder, was Gottes Führung auch im Examen bedeutet, denn ich versuchte, aus dem Riesenstoff immer wieder in der Stille das herauszunehmen und speziell zu lesen, was ich dann oft gefragt wurde. Wir bestanden zwar nicht, wie wir erst vorhatten - was wir in den ersten drei Fächern auch erreichten - mit Eins, sondern nur mit einer guten Zwei. Aber es hat mich seither kein Mensch mehr nach meinem medizinischen Staatsexamen gefragt. Am 30.9.39 hatten wir das Studienziel geschafft und am 3.10. kam noch die Doktorprüfung bei meinem Doktorvater, dem Pharmakologen Professor Dr. Sebastian Haffner, mit dem Thema: „Über die entzündungshemmende Wirkung der Kamille". Zum Glück hatte ich diese Arbeit schon 1938 fertiggestellt, so daß es keinerlei Probleme mehr gab. So war ich nun bereits fertig approbierter Arzt und gerade vierundzwanzig ein-

halb Jahre alt.

Was nun? - Wir hatten mit der sofortigen Einberufung zur Wehrmacht nach dem Studienschluß gerechnet. Aber die Tatsache, daß ich mich Anfang Juli nach Ulm umgemeldet hatte, um mich dem gegen mich laufenden Verfahren zu entziehen, hatte dazu geführt, daß meine Papiere beim Wehrersatzamt in Tübingen auch nach Ulm geschickt worden waren. Und auf meine telephonische Anfrage bei beiden Stellen wurde mir gesagt, sie hätten im Augenblick genügend Wehrmachtsärzte und brauchten mich nicht.

Assistent an der Chirurgischen Universitätsklinik München

Ich brach meine Zelte in Tübingen ab und fuhr nach Ulm. Die größten Lücken hatte ich noch in der chirurgischen Ausbildung.

Aber gerade das brauchte man ja im Krieg am dringendsten. Während des Studiums wäre ich schon gerne einmal nach München gegangen, aber nachdem die Studienzeit 1938 von 11 auf 10 Semester verkürzt wurde, konnte ich nicht mehr wechseln, wenn ich nicht ein Semester verlieren wollte. So entschied ich mich, in München eine chirurgische Assistentenstelle zu suchen. Als ich gerade mit meinem Gepäck die Haustreppe herunterging, rief mir meine Schwester Helene noch nach: „In der Chirurg. Universitätsklinik in München arbeitet unsere Bekannte, Frau Dr. Hepp, die Witwe des am Nanga Parbat verunglückten Arztes und Freundes unserer Familie, Dr. Günther Hepp. Vielleicht kann sie Dir bei der Stellensuche helfen!"

Ich wollte aber keine Protektion und so wanderte ich zwei Tage lang von Klinik zu Klinik. Aber die chirurgischen Stellen waren wegen des Kriegsausbruches am gesuchtesten und ich bekam überall, auch an der Universitätsklinik links der Isar, einen Korb.

Schließlich war ich mürbe und erinnerte mich an die Worte meiner Schwester und suchte Frau Dr. Hepp auf. Sie nahm mich sofort mit zum 1. Oberarzt der Klinik, Professor Jäger, und am nächsten Morgen konnte ich als Volontärarzt ohne Gehalt anfangen. Es war eine der wichtigsten Weichenstellungen meines Lebens. Wenn ich könnte, würde ich den beiden Chirurgen, die diese Klinik führten, Professor Dr. Georg Magnus und Professor Dr. Felix Jäger, ein Denkmal setzen. Der Geist der Zusammenarbeit, der Kollegialität, Hilfsbereitschaft, des Einsatzes für die Patienten und auch für die jüngeren Ärzte und ihre Ausbildung war einzigartig. Dazu kam dann noch die Möglichkeit, die Fächer der Allgemeinen Chirurgie, der speziellen und der septischen Chirurgie jeweils in den Kollegs noch einmal zu hören und dabei die bekannt beste Vorlesung von Professor Magnus in der allgemeinen Chirurgie sogar noch als Vorlesungsassistent mitzumachen. (Bilder Nr. 1+2)

Professor Dr. Georg Magnus

Charakteristisch für diesen Edelmann waren vielleicht zwei Geschichten, die ich persönlich miterlebte:

Als wir uns am 8. März 1941 verlobten, nahm ich meine Braut am nächsten Tag mit nach München, um sie meinem Chef vorzustellen. Ich fragte ihn, ob sie einmal bei einer Vorlesung über Allgemeine Chirurgie teilnehmen dürfe. Er ließ sie dann in der vordersten Reihe Platz nehmen. Nach dem Kolleg sagte sie mir: „Stell Dir vor, ich habe alles verstanden, was der Professor sagte!" „Das glaube ich gerne," meinte ich darauf, „denn er hat jedes Fremdwort, sofort verdeutscht und hat die Vorlesung speziell für Dich gehalten!" Sein Vortrag war so perfekt wie seine Chirurgie. Ich habe nie erlebt, daß er sich versprochen hätte oder daß er, wenn etwas schief ging, wie manche anderen Chirurgen, sich im Zorn hätte gehen lassen.

Während des Frankreichfeldzuges war er als Admiralarzt und beratender Chirurg der Wehrmacht natürlich nicht in München, sondern im Einsatz. Zwanzig Jahre nach seinem Tod - er starb leider schon mit 59 Jahren an einem Gehirntumor, dessen Beginn er schon 5 Jahre vorher bei sich diagnostiziert hatte - lud seine Witwe anläßlich seines 80.Geburtstages die alten Assistenten und Freunde zu einer Gedenkfeier nach München ein.

Professor A.W.Fischer, Kiel, veröffentlichte in der Zeitschrift „Die Medizinische Welt" am 28.9.63 aus diesem Anlaß folgenden Nachruf:

Zum Gedenken an Prof. Dr. Georg Magnus
Am 28.7.1963 wäre Georg Magnus 80 Jahre alt geworden. Wir sollten in der täglichen Arbeit einen Augenblick innehalten und dieses Mannes gedenken, der seiner Zeit sehr viel gegeben hat. Sein Hinscheiden an einem Hirntumor im 60. Lebensjahre am 22.12.1942, mitten aus voller Arbeitskraft, war für die deutschen Chirurgen ein schwerer Verlust, die Trauer war allgemein. Wieviel uns deutschen Chirurgen Magnus bedeutete, geht aus den Nachrufen von König im „Archiv für Unfallchirurgie", von Guleke im „Zentralblatt", von K.H. Bauer im „Chirurg" und vielen anderen hervor. Es lohnt sich schon dort nachzulesen.
Magnus war Schüler von Fritz König und Nicolai Guleke in Jena, er wurde 1925 Chef des „Bergmannsheil" in Bochum, 1933 Ordinarius für Chirurgie und Nachfolger von August Bier in Berlin und folgte 1936 in München Erich Lexer.
Kürzlich kam uns der Text der Ansprache eines französischen Arztes, Dr.Rene Muller, Saarbourg in die Hände, die dieser im Gedenken an Magnus beim Treffen ehemaliger Assistenten 1961 gehalten hat. Dieser Nachruf eines Arztes der uns im Kriege feindlich gegenüber stehenden französischen Armee ist ein hohes Lied der Anerkennung für die menschlichen und ärztlichen Eigenschaften des deutschen Arztes Georg Magnus.

Ansprache des französischen Militärarztes Dr. Muller
Der bewußt in französischer Offiziersuniform anwesende Dr. Muller sagte dann folgendes:
Madame, mes tres honores Confreres, Mesdames, Messieurs,
C'est un medecin francais qui vous parle, ein französischer Arzt spricht zu Ihnen. Nicht etwa der bescheidene Chirurg einer ganz kleinen lothringischen Stadt, der ich bin, sondern der ehemalige Medecine-Lieutenant, Chef der Chirurgengruppe einer Reserveformation der 5. französischen Armee, jener Armee, welche zwischen dem 16. und 22. Juni 1940 auf den Höhen des Donon und längs des Rhein-Marnekanals gegen die erste deutsche Armee die Schlacht geschlagen und auch verloren hat. Ich bin der Wortführer aller meiner Kameraden, die heute im Geiste mit mir sind bei dieser Feier zu Ehren des großen Mannes und Chirurgen, welcher Professor Georg Magnus war. Ich danke in ih-

rem Namen und in meinem Frau Doktor Magnus, mich eingeladen zu haben und mir dadurch Gelegenheit zu geben, eine Episode aus dem Leben des großen Hingeschiedenen wachzurufen, welche wohl in ganz Deutschland unbekannt ist.

Schon am ersten Tage der Schlacht, das heißt am 16. Juni, war unsere Formation in deutsche Gefangenschaft geraten, und es war uns gegeben, während der zwei nächsten Tage ausschließlich deutsche Verwundete zu operieren und zu betreuen. Dann konnte man im deutschen Wehrmachtsbericht hören, daß die 5. französische Armee auf dem Donon auf engstem Raum zusammengedrängt und eingekesselt ist und ihrer Vernichtung entgegengeht. Was das heißt, meine Herrn, dürften wohl die meisten hier anwesenden Kriegsteilnehmer nur allzugut wissen.

Für uns bedeutete es eine übermenschliche Arbeit. Wir mußten unser kleines Reservelazarett verlassen und wurden notdürftig und behelfsmässig in einer alten aber geräumigen Kaserne untergebracht. Die Zahl der Verwundeten stieg in wenigen Tagen auf achtzehnhundert. Wir arbeiteten Tag und Nacht. Wir waren nur eine einzige Chirurgengruppe. Außerdem wurden wir von wenig chirurgisch ausgebildeten Ärzten in geringer Zahl unterstützt.

Wir waren der Verzweiflung nahe, da wir als Gefangene weder Hilfe von außen noch Evakuierungsmöglichkeiten erwarten durften, da erschien die lichte Figur von Professor Magnus. Er hatte sich in Begleitung seines treuen hier anwesenden Mitarbeiters, Herrn Doktor Klapp, einen Weg durch die mit Verwundeten überladenen Gänge gebahnt. Auf den ersten Blick hatte er unsere Situation erfaßt und unsere Schwierigkeiten erkannt. Er zögerte keinen Augenblick und schon nach wenigen Stunden war er mit Doktor Klapp zur Stelle und machte sich an die Arbeit. Er reservierte sich die schwierigsten Fälle, er, der konsultierende Chirurg der ersten deutschen Armee. Sein unglaubliches Organisationstalent befähigte ihn in kürzester Zeit, unser Lazarett zu ordnen und die wenigen anwesenden Ärzte an den richtigen Platz zu stellen. Von diesem Moment ab gab es keine Schwierigkeiten mehr für uns. Professor Magnus verschaffte uns das nötige chirurgische- und Verbandsmaterial. Als man unsere Verwundeten auf Kriegsgefangenenration setzen wollte, erwirkte er an höchster Stelle, daß sie ebenso gut ernährt werden sollten, wie die deutschen Verwundeten. Eines Tages wollte der Kommandant unseres Kriegsgefangenenlazarettes zwei unserer Kameraden, den Medecin-auxilliaire Lignerat und den Medecin-auxiliaire Corcelle, erschießen lassen, weil zwei Pariser Ärzte entgegen ihrem Offiziersehrenwort das Weite gesucht hatten. Professor Magnus wollte gerade in seinen Wagen einsteigen um nach München zu fahren, als ich ihm das noch sagen konnte.

Sofort verschob er seine Abfahrt. Wie es Professor Magnus gelang, diesen beiden das Leben zu retten, würde zu weit führen, hier erzählt zu werden; jedenfalls leicht war es nicht und Professor Magnus kämpfte dafür einen ganzen Tag. Als er persönlich die beiden Kameraden zurückbrachte, habe ich wohl nie in meinem Leben einen glücklicheren Menschen gesehen.

In kurzer Zeit war er den Hunderten von französischen Gefangenen ein lieber Freund und Beschützer geworden. Jeder von ihnen wollte einmal von dem deutschen General, wie sie ihn nannten, untersucht werden. Für jeden war er zur

Stelle. Frau Professor Magnus hatte mir vor einigen Minuten Gelegenheit gegeben, die Briefe meiner Kameraden zu lesen, welche sie anläßlich dieser Feier von ihnen erhalten hatte. Der Medecin-colonel Gallouin schreibt unter anderem: „Man muß die Freude gesehen haben und das Lächeln der Soldaten, das sein Eintritt in einen der Säle auf ihre Lippen zauberte, es war ein Lächeln des Vertrauens und der Dankbarkeit. Es war ja schließlich auch das einzige, was die armen Jungen ihrem Wohltäter noch geben konnten, nachdem sie ihrem Vaterlande alles gegeben hatten."

Wo in aller Welt, meine Damen und Herren, gibt es einen Mann, der sich rühmen kann, mitten im Kriege die Liebe und die Dankbarkeit von Hunderten von Menschen gewonnen zu haben, für die er eigentlich der Feind war. Professor Magnus hat solches fertig gebracht.

So sei es denn auch mir erlaubt, mir, dem französischen Offizier, an die Büste dieses großen deutschen Arztes zu treten und sie mit Blumen zu schmücken.

Professor Magnus sagte mir einmal, er könne sich nicht erklären, warum er für das französische Land und den französischen Menschen soviel Sympathie habe, es müsse wohl das Hugenottenblut sein, das in seinen Adern rinnt.

Ich habe Rosen gewählt in der Farbe der Liebe und habe sie umwunden und geschärpt mit dem trikoloren Band unseres Mutterlandes. Im Geist sehe ich neben mir alle meine Kameraden, den jetzigen Medecin-colonel Gallouin aus der Bretagne, den Medecin-capitain aus Straßburg, den medecin-capitaine Bricka, den Medecin-lieutenant Meyer aus Vallerysthal, den Medecin-sous-lieutenant Heuly, jetzt Professor an der Universität von Nancy, den Medecin-auxillaire Berger aus Perpignan, die schon genannten beiden Medecin-auxillaires Corcelle und Lignerat aus Südfrankreich, den Lieutenant-pharmacien Dirheimer aus Strasbourg und unsere Schwestern, vor allem Fräulein Sainteff, Fräulein Michel und Fräulein Jochum aus dem Operationssaal und hinter mir die Hunderte von französischen kriegsgefangenen Verwundeten. Wenn wir nun das Glück hätten, Professor Magnus lebend wieder zu sehen und ihm noch einmal in sein gütiges Auge zu blicken, so würden wir wohl alle einstimmen in den Ruf, wie ich es jetzt tue" :

Dr. Muller legte die Hand zum Gruß an die Mütze und sagte tief bewegt: „Merci mon General."

Es war wohl kaum einer unter uns, der nicht Tränen in den Augen hatte. Versöhnung noch durch den Toten. Es gab eben nicht nur jenen kleinen Prozentsatz von Euthanasieärzten und eine „Nazimedizin", sondern auch die „Unsichtbare Flagge" deutschen Arzttums, die damals im Gegensatz zu heute nicht vor dem Zeitgeist kapitulierte.

Hitlers chirurgische Leibärzte

Hitler holte sich seine chirurgischen Leibärzte aus der Berliner bzw. Münchner Chirurg. Universitätsklinik und dies wurde für einen der Assistenten von Prof. Magnus, Dr. Brand, zum Verhängnis, das ihm am Ende des Krieges das Todesurteil durch die alliierten Gerichte brachte. Der Adjutant von Hitler, Brückner, hatte einen schweren Autounfall und zertrümmerte sich dabei das Ellbogengelenk so, daß es schien, als ob man den Arm amputieren müsse. Da kam gerade Dr. Brand dazu, machte die Erstversorgung und fuhr Brückner sofort zu seinem Chef in die Klinik, der ja als der beste deutsche Unfallchirurg galt. Es gelang Professor Magnus, das Gelenk wiederherzustellen und den Arm zu retten. Aber Hitler holte sich Dr. Brand danach als Leibarzt. Wenn man sich überlegt, daß Dr. Brand vor dem Kriege zu Albert Schweizer nach Lambarene wollte und dann aber im Verlauf des Krieges von Hitler den Auftrag bekam, für die Menschenversuche in den Konzentrationslagern die Verantwortung zu übernehmen, und daß er deshalb im Nürnberger Ärzteprozeß 1946 zum Tode durch den Strang verurteilt wurde, so kann man die menschliche Tragödie ein wenig ahnen, in die ein guter junger Arzt geriet, weil er der ideologischen Faszination Hitlers verfiel, dem Götzen der Nation auch die hippokratische Verpflichtung der Ärzteschaft opferte und glaubte, in einem totalen Krieg Versuche an Menschen machen zu müssen, um dadurch evtl. neue Möglichkeiten zu finden, das Leben von deutschen Soldaten zu retten, was aber dazuhin völlig erfolglos war.

Professor Magnus und Hitler

Professor Magnus ließ sich im Gegensatz zu anderen Chirurgen, wie seinem ehemaligen Oberarzt Bochumer Knappschaftsklinik, Professor Rostock, nicht in diese Verbrechen hineinziehen. Auch nicht als er eines Tages den Anruf bekam: „Professor Magnus, der Führer erwartet Sie heute zum Abendessen auf dem Obersalzberg". Er wurde abgeholt, und während des Abendessens erhob sich Hitler und sagte: „Professor Magnus, in Anerkennung Ihrer Verdienste verleihe ich Ihnen hiermit das goldene Parteiabzeichen!"

„Was sollte ich machen?" erzählte er am nächsten Tage seinem Oberarzt Professor Jäger. Er hat es nie getragen. Aber dann fiel er immer mehr in Ungnade, weil er sich definitiv weigerte, der Forderung des Münchner Gauleiters Wagner nachzugeben und die katholischen Schwestern vom Orden des Hl. Vinzenz durch Braune Schwestern zu ersetzen. Denn dies war eine Prestigefrage erster Ordnung für den Kampf zwischen Partei und kathol. Kirche in der „Hauptstadt der Bewegung". Professor Magnus war als Sohn eines ostpreußischen Pfarrers ein überzeugter Christ. Und seine Frau war die Vorsitzende der Münchner evangelischen Frauen.

Als er mit militärischen Ehren im Dezember 1942 in München beerdigt wurde, überreichte sein alter Assistent, der damalige Generalarzt der Waffen SS Brand, „im Auftrage des Führers" posthum noch das Kriegsverdienstkreuz erster Klasse. Ein wahrer Witz, der aber zeigte, daß er gerade noch für diesen billigsten Orden, gegen den er sich nicht mehr wehren konnte, für Hitler gut genug war.

Im Unterschied zu der eiskalten Beerdigung erfolgte dann die eigentliche Würdigung und Feier im Kreis seiner wirklichen Freunde am darauffolgenden Tage in der Kapelle der Augenklinik, wo Kardinal Faulhaber für den toten Protestanten auf die Bitte der Generaloberin der Vinzentinerinnen eine Totenmesse las, was damals noch etwas völlig Außergewöhnliches war, ihn als Christen, Arzt und Menschen auf das Wärmste würdigte und ihm insbesondere für seinen für die Schwesternorden entscheidenden Widerstand gegen Gauleitung und Partei dankte.

Vielleicht fragt bei der heutigen ununterbrochenen Hetze gegen die Vergangenheit mancher: Warum hatte Prof. Magnus nicht den Mut, Hitlers goldenes Parteiabzeichen an jenem Abendessen abzulehnen?- Hätte er 1940 nach dem siegreichen Frankreichfeldzug nicht in den Widerstand gegen Hitler gehen müssen?- Oder nach Beginn des Rußlandfeldzuges?- Der Widerstand gegen den Tyrannen bedeutete jedoch, angesichts der Forderung der Alliierten auf bedingungslose Kapitulation auch vor der Roten Armee, daß er dann seine eigene ostpreußische Heimat der Roten Armee hätte ausliefern helfen, wie jene Generale vom Komitee Neues Deutschland um Seydlitz nach Stalingrad. Nur Schwachsinnige können zu solchen Schlußfolgerungen kommen.

Dr. Alo Münch
In München hatte ich in der Chirurgischen Universitätsklinik links der Isar nicht nur meine berufliche Heimat gefunden. Man kann als Christ auf die Dauer nur schwer allein existieren. Es war deshalb für mich und zahlreiche andere Freunde ein grosses Geschenk, dort bei unserem Freund Dr. Alo Münch und seiner Frau Liesel in der Kaulbachstrasse, einen Kreis der alten Oxford Gruppe zu finden der mir zur geistigen Heimat wurde.
Alo Münch traf Dr.Frank Buchman und seine Oxford Gruppe 1933 und bekam dadurch wie viele tausend andere Menschen die wichtigsten geistlichen Impulse. Da er vor 1933 der Deutschen Friedensbewegung angehörte, war er den Nationalsozialisten suspekt und hielt sich deshalb in rein politischen Fragen zurück.
Trotz seiner großen Begabungen wurde er deshalb im Dritten Reich nicht mehr beruflich befördert, sondern blieb Amtsgerichtsrat.
Wir kamen jede Woche einmal in seinem Haus zusammen zu einer Bibelarbeit und zum Austausch. Wie entscheidend solch ein geistlicher Vater gerade für einen jungen Arzt in einer Klinik und in einer Stadt wie München ist, wird mir im Rückblick auf diese Zeit besonders deutlich. Denn es gab nichts, was bei mir falsch lief oder mir Probleme machte, das ich nicht mit ihm besprechen und austauschen konnte. Und auch meine Freunde durfte ich jederzeit in das gastfreie Haus mitbringen. Am Sonntag hielt er oft in einem Versammlungsraum einen ökumenischen Gottesdienst, der immer besonders eindrücklich war. Unvergesslich bleibt mir jene Stunde anfang Februar 1943, als mich meine Frau und meine Eltern in München zum Abschied nach Rußland auf den Bahnhof begleiteten und wir vorher noch seinen Gottesdienst besuchten. Das Schlußlied „Nun vorwärts fest den Schritt gewandt und aufwärts froh den Blick, wir gehn an unsres Meisters Hand und unser Herr geht mit!" klang noch lange in mir nach auf dem Weg in eine ungewisse Zukunft in diesem mörderischen Krieg. Nicht lange danach wurden sie in München ausgebombt und nach Wolfratshau-

sen evakuiert. Dort traf ich die beiden im Juni 1945 wieder, als er Direktor des dortigen Amtsgerichts geworden war. Leider starb er mit erst 65 Jahren an einem Herzinfarkt und ruht auf dem Friedhof in Gauting mit seiner geliebten Frau Liesel.

Ein paar Verse kamen mir in den Sinn in Gedanken an diese Freunde Alo und Liesel Münch:

Sie trugen das Licht durch die Dunkelheit
und wiesen den Weg uns voran
in einer von Gott verlassenen Zeit,
besessen von Morden und Wahn.

Ihr Leben und Lieben hat viele berührt,
sie machten zur Burg uns ihr Haus.
Wir zogen gestärkt und von Christus geführt
in die Hölle des Krieges hinaus.

Ja selig die Toten, die starben im Herrn,
sie ruhen von Arbeit und Streit,
es folgt ihrer Werke leuchtender Stern
ihnen nach in die Ewigkeit!

Alo machte sehr schöne Gedichte.

Eines seiner Gedichte drückt unseren gemeinsamen Glauben und unsere Hoffnung aus:

Wenn wir nicht wüßten, daß dies kurze Leben
in das nun schon die Abenddämmrung fiel
uns nur als eine Prüfungszeit gegeben
ein sinnerfülltes Traum- und Schattenspiel.

Wenn wir nicht wüßten, daß in andren Sphären,
wohin uns oft der Sehnsucht Schwinge trägt,
die wahre Heimat ist, der wir gehören,
wenn wir uns hier zur Ruhe hingelegt.

Wenn wir nicht wüßten, daß durch schwere Stunden
ein Engel selbst uns führt aus Nacht zum Licht,
daß eine Quelle strömt, da wir gesunden,
gerettet und entnommen dem Gericht...

„O dies Gewesensein! Dies Niemalswieder!"
wir könntens nicht ertragen noch verstehn.
Doch wissen wir: „Hier sinkt die Sonne nieder,
um drüben leuchtend wieder aufzugehn!

Tagungen der Arbeitsgemeinschaft für Seelsorge.

Aus der verbotenen Oxford Gruppe hatte sich die kirchlich orientierte „Arbeitsgemeinschaft für Seelsorge" gebildet, die auch im Krieg bis zu ihrem Verbot im November 1942 laufend Tagungen machte, die ich vielfach besuchen konnte. So auch die Tagung über Neujahr 1939/1940 in Garmisch Partenkirchen oder die Tagung in Schmie an jenem denkwürdigen 10. Mai 1940, als der Angriff im Westen begann und über uns ununterbrochen die deutschen Stukageschwader nach Frankreich flogen.
Was manche von uns dabei empfanden, mögen die folgenden Verse ausdrükken, die mir in der Neujahrsnacht 1939/1940 in den Sinn kamen:

Viel tausend Särge
Gedanken zur Jahreswende 1939/1940 in Garmisch Partenkirchen

Jahreswende; - Wolken drängen
tief herunter in die Berge;
wie wenn schwarze Schleier hängen
düster um viel tausend Särge.

Und kein Stern strahlt auf die Erde,
lichtlos liegt das Dorf im Grunde,
nur mit angstvoller Gebärde
naht des Jahres erste Stunde.

Glocken läuten ernst und mahnend,
doch die Menschen fasst ein Fieber,
dunkle Wirklichkeit erahnend
taumeln gierig sie hinüber.

Habt die Schüsse ihr vernommen
und die Sektkorken, die knallen?-
Ja, - ich hör Millionen kommen,
die dem Wahn zum Opfer fallen!

Volk, das Gott von sich gewiesen,
lass in letzter Stund dich werben!
Halt!!! - mit Schritten eines Riesen
naht sich dir das grosse Sterben.-

Tagebuchnotizen 1940/41
Im Mai 1939 hatten meine Freundin Dorle Keppler und ich uns getrennt und freigegeben, weil ich einfach unsicher war, ob die Entscheidung, für immer zusammen zu gehören, nur aus persönlicher Verliebtheit entstand oder ob dies wirklich dem Plan Gottes entsprach. Dies war für viele meiner Freunde eine harte Herausforderung, da die Trennung keineswegs aus irgend einer Abneigung entstanden war. Im September 1940 schrieb ich ihr nach langer Zeit einen

Brief und war dabei nicht sicher, ob ich ihn nicht wieder zurück geschickt bekommen würde.

24.9.40. Der Brief an Dorle hatte eine merkwürdige Geschichte:
Am Sonntag kamen Elsbeth und Dorle zur Haustüre herein in der Friedensstr. Elsbeth sieht einen Brief im Kasten, der merkwürdigerweise noch nicht geleert war. Sie zeigt den Absender. Dorle öffnet ihn in ihrer Gegenwart. „Fräulein Dorle Keppler" lesen beide auf dem herausfallenden Kuvert, seither habe ich nichts mehr von Dorle gehört, hoffe aber, daß Christus auch noch weitere Schritte schenken wird.
Ende Juli kam die Nachricht, daß wir nun doch 14 Tage Urlaub bekommen. Ich erhielt ausgerechnet in der Zeit der Kranzbacher Tagung frei. Hans Hummel und Dieter Glaser kamen zu der Tagung. Für beide war es die letzte Begegnung mit der Oxford Gruppe. Beide fielen in Rußland.

Tagebuch von Pfingsten 1940 - 31.12.41
Professor Magnus operierte mich dann auch im März 1940 am Blinddarm. Nach drei Monaten Dienst auf der Frakturstation wurde ich auf die Männerambulanz zu Dr.Kremsreiter versetzt, wo wir zu Dritt täglich bis zu 450 Patienten zu versorgen hatten.
Ab 1. Oktober mußte ich den zur Wehrmacht eingezogenen Stationsarzt der Frauenambulanz, Dr. Frohnwieser, ersetzen und deshalb von der Ambulanz der Männer überwechseln zu den Frauen. Das waren im Durchschnitt ca. 120 Patientinnen täglich aus allen Kreisen Münchens und Umgebung. Von der Frau Kommerzienrat über die Opernsängerinnen bis zu den Dirnen suchte uns alles auf, weil natürlich auch ein Teil der niedergelassenen Ärzte zur Wehrmacht eingezogen war. Ab 1. Juni hatte ich einen Anstellungsvertrag der Stadt München mit halbem Gehalt (137.- netto) erhalten, worauf ich stolz war, denn nun konnte ich mich wenigstens selbst verhalten, da in der Ambulanz ständig Unfallgutachten anfielen, die ebenfalls honoriert wurden. Die Tatsache, der jüngste Stationsarzt zu sein und dann teilweise die Ambulanz allein machen zu müssen, forderte mich natürlich restlos.

Studentenpfarrer Peter Brodersen
Trotzdem hatte ich immer wieder Zeit für einen Abend in unserer Evang. Studentengemeinde in München mit unserem ganz hervorragenden Studentenpfarrer Peter Brodersen. Er verstand es, die Bibel in einer Weise lebendig zu machen und die Gottesdienste zu gestalten, wie ich es sonst nur ganz selten erlebte. Entsprechend war auch die Gemeinschaft und Freundschaft unter uns.
Leider wurde er dann zur Wehrmacht eingezogen und fiel im Februar 1942 an der Ostfront. Ich möchte eines seiner Gedichte aus Rußland anfügen, das die Tiefe der Auseinandersetzung mit der Frage des deutsch-sowjetischen Krieges zeigt, wie sie ihn und viele von uns bewegte:

Zwiesprache mit dem Elend
Wir haben das Land nicht zu eigen begehrt,
wir wollten die Menschen wohl schonen.
Doch hat man es Gliedern des Reiches verwehrt,
im erstarkten Deutschland zu wohnen.

Und das Schwert schlägt den, der die Macht nicht ehrt,
das ist Recht seit Menschengedenken.
Doch auch das siegreiche deutsche Schwert
kann der Welt den Frieden nicht schenken.

Nun zeigt Euer Land uns sein Trauergesicht,
die Städte zertrümmert und schwelend,
viel Ställe zerstört, viel Äcker zunicht,
Stumm hocken die Frauen im Elend.

Ich les in den Augen den Vorwurf wohl,
den die Lippen ängstlich verschließen:
Weiß auch nicht, was alles bedeuten soll-
vielleicht ein gemeinsames Büßen.

Ich weiß nur, daß Gott, der uns alle erschuf,
tief froh macht in sämtlichen Heeren,
die auch im schweren Soldatenberuf
sich halten an seine Lehren:

Daß der Völker Werk bricht, so bei Euch, wie bei uns,
in Schutt und Asche zusammen:
Und daß Gott erbaut unter Euch und uns
Sein ewiges Reich aus den Flammen.

Wir hatten das Glück, als Nachfolger von Peter Brodersen wieder einen der besten Theologen aus der Bayerischen Landeskirche zu bekommen, Hermann Dietzfelbinger, den späteren Ratsvorsitzenden der EKD und Landesbischof der Bayerischen Lutherischen Kirche. Mit Dankbarkeit denke ich immer wieder an diesen Mann und die lebenslange Freundschaft mit ihm. Bei ihm war alles Ja oder Nein und er sah mit unbestechlicher Klarheit auch die bedrohlichen Zerfallserscheinungen in der Evang. Kirche. Darum wies er 1970 auch die Annahme der sog. „Sexualethischen Denkschrift" der EKD als Ratsvorsitzender zurück, die zum Ausgangspunkt der Auflösung der gesamten Sexualethik der Kirche und damit auch des Volkes wurde. Zusammen mit Kardinal Döpfner wandte er sich in seiner Predigt zum Weltärztetag in München 1973 gegen die Zerstörung der geistig-moralischen Grundlagen des Ärztestandes durch die Beseitigung der hippokratischen Verpflichtung durch die Freigabe der Tötung ungeborener Kinder. Als ich ihn beim Tode von Kardinal Döpfner bei der Heimfahrt nach der Trauerfeier im Auto fragte: „Sie waren doch sehr befreundet mit dem Kardinal?" bekam ich die Antwort: „Es war mehr als eine Freundschaft!"

Ja, das war kein hochgejubelter sentimentaler und unwirklicher moderner Ökumenismus, sondern wirkliche Ökumene, die große Auswirkungen hatte. 1940- 41 in München ahnten wir allerdings von diesen Entwicklungen damals noch nichts.

1940 tauchte gelegentlich ein englischer Flieger auf, der die Menschen nicht allzusehr beunruhigte angesichts des Sieges im Westen und der Euphorie, die er ausgelöst hatte.

Natürlich bekamen wir in der Chirurg. Universitätsklinik auch das Attentat von Elsner gegen Hitler im Bürgerbräukeller hautnah mit. Denn einige der schwerer Verletzten wurden sofort bei uns eingeliefert und behandelt. Hitler entging selbst am 9. November dem deutschen Schicksalstag, dem Attentat, weil er seine Rede früher als geplant beendete und den Bürgerbräukeller kurz vor der Explosion der in einer der Säulen eingebauten Bombe verließ.

Es war seine „nachtwandlerische Sicherheit" mit der er von geistigen Kräften negativer Art geführt wurde bis zu dem Augenblick, als er sein Werk der Vernichtung Deutschlands und Europas vollendet hatte. Der 20. Juli 1944 zeigte ja wiederum die Führung und „Bewahrung", die dann auch evang. Bischöfe in ihren Glückwunschschreiben erwähnten.

Am 20. Februar 1941 kam er ganz unerwartet zum Besuch in unsere Klinik, weil dort einer seiner alten Kämpfer gerade lag.

Als es plötzlich hieß: „Der Führer kommt in die Klinik!" holte ich schnell meine 16 mm Filmkamera aus dem Schreibtisch, die ich für besondere medizinische Fälle immer bereit hatte und ging an die Pforte. Dort stand schon auf dem Bürgersteig ein SS Sturmbannführer, der als Vorkommando den Platz zu sichern hatte. Er meinte, es sei verboten, den Führer zu filmen, aber da er sah, daß ich einer der Klinikärzte war, ließ er mich gewähren. Hitlers Mercedes fuhr vor. Er stieg aus und wurde von unserem stellvertr. Chef Professor Jäger begrüßt. Beim Aussteigen aus dem Wagen sah er mich neben dem Eingang stehen. Ich werde seinen Blick nicht vergessen, der zu sagen schien: Macht hier einer ein Attentat auf mich?

In der Begleitung von Hitler war auch der Reichsführer SS Himmler und ich weiß noch wie heute, wie mir der Gedanke kam, als ich hinter der Gruppe den Eingangsflur in die Klinik hineinging:

„Wenn Du jetzt eine Handgranate hättest, könntest du sie erledigen!" Ich hätte allerdings sicher nicht den Mut dazu gehabt, aber es zeigt die innere Einstellung, die sich durch diesen Krieg entwickelt hatte.

Den Filmstreifen von Ankunft und Abfahrt Hitlers in unserer Klinik habe ich natürlich aufbewahrt.

Begegnung mit Rudolf Hess

Aus einem Brief an meine Freunde vom 3.11.1940

Einer der Delegierten, Professor Dr. Borms, war auch auf dieser Versammlung gewesen. Er war der Führer der flämischen Volkstumsgruppe und war wegen seines Eintretens für die Rechte der Flamen von den Wallonen zwei mal zum Tod verurteilt und brachte 10 Jahre in belgischen Kerkern zu.

Der Vortrag, den er dort auf der Tagung gehalten hat, hatte auf alle den größten

Eindruck gemacht. Auf der Rückfahrt zu seinem Hotel war er aus der überfüllten Straßenbahn gestürzt und dreißig Meter weit geschleift worden. Wie durch ein Wunder war ihm außer Prellungen und Schürfungen nichts passiert, aber er war natürlich in die Chirurgische Klinik eingeliefert worden und lag auf der Privatstation von Professor Magnus. Nun kam mir der Gedanke, daß ich ihn einmal besuchen könnte. Ich wollte zunächst noch eine Patientin versorgen und einige schriftliche Arbeiten erledigen. Durch merkwürdige Umstände ergab es sich aber, daß mich die Stationsschwester sofort angemeldet hatte und ins Zimmer rief. Ein feiner älterer Mann mit klaren gütigen Augen trat mir entgegen. Kaum saß ich einige Augenblicke, da ging die Türe auf und Rudolf Heß, der „Stellvertreter des Führers" kam herein, um ihn zu besuchen. Ich verschwand nach der Begrüßung aus dem Zimmer. Rudolf Heß kam in einem einfachen Mantel mit einem Begleiter zu Fuß in die Klinik. Als er die Klinik verließ und mein Chef ihn durch den langen Gang an den Ausgang begleiten wollte, verbat sich Rudolf Heß die Begleitung energisch mit dem Hinweis, Prof. Magnus habe etwas Wichtigeres zu tun, als ihn zu begleiten. Er war ein überzeugter Idealist, der von seiner Ideologie besessen war und danach lebte, auch wenn die Idologie falsch war.

Später erzählte mir Professor Borms wie es für ihn in seinem ganzen Kampf trotz des Widerstandes und der Schwierigkeiten, die ihm die wallonisch gesinnte hohe Geistlichkeit gemacht habe, doch nie zu einem Konflikt zwischen Glauben und Volkstum gekommen sei. Aus seinen Worten ging hervor, daß gerade der christliche Glaube ihm den Mut zum Kampf für sein Volkstum gab und Christus ihm die Kraft gab, in seinem Kerker durchzuhalten. Diese Einheit von Volkstum und christlichem Glauben wurde bei vielen anderen Volksgruppen auch sichtbar. Ich war sehr dankbar für das Gespräch und für diese Sicht. Wir dürfen uns durch nichts und durch niemand Christus und Deutschland in zwei Teile zerreißen lassen, denn unser Volk braucht Christus, wenn es nicht genauso innerlich verfaulen will wie das französische. Aus fast allen Briefen, die ich aus Frankreich erhalte, klingt im Grunde dasselbe durch: Wir trafen im französischen Volk ein Volk, das auf dem absteigenden Ast ist, das innerlich faul ist und dem vor allem Frauen, gutes Essen und Bequemlichkeit als Lebensinhalt übrig geblieben sind. - Dies haben mir viele grundsätzlich als Gesamteindruck geschildert. Ein Volk ohne Ziel und ohne Bereitschaft, seine vom Schöpfer gegebene Aufgabe zu erkennen und auszuführen. Hier liegen sicher die letzten Ursachen des französischen Zusammenbruchs."

Und wo stehen wir Deutschen heute, 58 Jahre danach???-

Doch zurück zu Rudolf Heß. Seine Bescheidenheit war echt und er machte (im Gegensatz zu den meisten NS Führern, wie z.B. dem eitlen Hermann Göring,) auf mich und uns alle einen sympathischen Eindruck. Als Kampfflieger des 1. Weltkrieges, der als Auslandsdeutscher in einer englischen Schule in Alexandria aufgewachsen war und die Engländer liebte, war ihm dieser Krieg mit England ein besonderer Greuel. Als dann Stalin am 5 Mai 1941 vor Offiziersanwärtern in Moskau eine Rede hielt, in der er den bald bevorstehenden Krieg gegen Deutschland ankündigte, der auf deutschem Gebiet stattfinden würde, und am 5.Mai gegen uns mobil machte, beschloß Heß, sein Leben einzusetzen, um, wenn es auch nur die geringste Chance dafür gebe, mit England Frieden zu schließen. Er hatte zwar den stolzen Titel „Stellvertreter des Führers", hatte aber in Wirklichkeit keinerlei Einfluß auf Hitlers Politik. Seine Hauptaufgabe bestand wohl darin - dafür war er bekannt - den Beschwerden vieler Menschen wegen Übergriffe von Parteiinstanzen nachzugehen und ihnen zu ihrem Recht zu verhelfen. Mit den Massenmorden des Holocaust hatte er in Wirklichkeit nichts zu tun, das geht schon daraus hervor, daß ja die Massenliquidationen erst nach Beginn des Rußlandfeldzuges begannen, als Rudolf Heß längst Gefangener Churchills war, der dann bis zu seinem Lebensende - in Spandau - mit 93 Jahren in Einzelhaft mit niemandem über diese Fragen reden oder gar irgendwelche schriftlichen Aufzeichnungen machen durfte. Sein angeblicher Selbstmord, nachdem er 49 Jahre ausgehalten hatte, erfolgte während der englischen Bewachungsperiode in Spandau, nachdem angeblich die Sowjets bereit waren, diesem unrühmlichen Zustand ein Ende zu machen. Schon die Tatsache, daß er nichts schreiben und mit niemandem über seine Erlebnisse reden durfte und daß die ganzen Akten über seinen Besuch (sein Friedensangebot an England) bis zum Jahre 2017 unter strengem Verschluß bleiben müssen, beweist natürlich das schlechte Gewissen englischer Secret Service Stellen, so daß sich die Engländer nicht wundern dürfen, wenn heute die meisten Leute überzeugt sind, daß der „Selbstmord" fingiert war und Rudolf Heß eben endgültig zum Schweigen gebracht werden sollte.

Wenn wir heute nach über 50 Jahren erfahren, daß das, was wir selbst bei Beginn des Ostfeldzuges erlebten, wahr ist, daß Stalin 22 Angriffs-Armeen mit 4,7 Millionen Soldaten an unserer Ostgrenze aufmarschieren ließ, die, wie z.B. eine Million Fallschirmjäger, keineswegs zur Verteidigung gestaffelt waren, sondern in drei großen Zentren als Stoßkeile zusammengefaßt waren, dann gewinnt die These, daß Hitler Stalin mit seinem Angriff lediglich um ein paar Wochen zuvorkam, durchaus an Wahrscheinlichkeit. Und wenn wir die Einzelheiten des Hitler-Stalinpaktes heute sogar von sowjetischer Seite bestätigt bekommen, wirkt es auf jeden Fall merkwürdig, daß England zwar Deutschland wegen des Einmarsches in Polen den Krieg erklärte, aber den sowjetischen mit Hitler verabredeten Einmarsch in Ostpolen und im Baltikum keineswegs entsprechend seiner Bündnisverpflichtung mit Polen ebenfalls mit einer Kriegserklärung gegen die Sowjetunion beantwortete. Man braucht sich nicht zu wundern, wenn die Glaubwürdigkeit der einseitigen Schuldzuweisung der Siegermächte gegenüber Deutschland durch all diese Enthüllungen sehr erschüttert wird. Man braucht sich ja nur die Frage zu stellen, die man bei jedem Kriminalfall zuerst stellt: „Cui bono?" d.h. „Wem nützt dieser Krieg, den die beidem Aggressoren Stalin und Hitler Ende August mit ihrem Hitler-Stalin-Pakt bewußt auslösten und was waren die Kriegsziele der beiden? Hitler forderte damals die Eingliederung der deutschen Stadt Danzig in das Reich und einen „Korridor" durch den Korridor als Zugang nach Ostpreußen. Auf lange Sicht wollte er eine Ausweitung der deutschen Macht nach Osten. Er war überzeugt, daß die Engländer und Franzosen keinen Krieg erklären würden, wenn - wie ausgemacht - die Rote Armee gleichzeitig am 1.9.39 mit der deutschen Wehrmacht in Polen einmarschieren würde. Stalin hatte nur eine Chance, sein Ziel der Weltrevolution zu erreichen, wenn es gelang, die Westmächte zu einem Krieg gegen Deutschland zu veranlassen. Seine Kalkulation war natürlich, daß sich dann, wie im ersten Weltkrieg, die Westmächte und die Deutschen so schwächen würden, daß sie reif für die Revolution werden und dann ganz Europa ihm als leichte Beute zufallen würde. Der 2. Weltkrieg begann am 19.8.1939. Denn ohne Krieg war die Idee der Weltrevolution tot, nachdem Spanien, Italien, Deutschland usw. für den Kommunismus verloren waren. Nachdem die Rote Armee nicht wie verabredet am 1.9.39 nach Ostpolen einmarschierte, sondern damit bis zum 17.9. wartete, erfolgte die Kriegserklärung Englands und Frankreichs an Deutschland, die dann glaubten, es nur mit Deutschland zu tun zu haben, und deshalb den Krieg riskierten, den sie, wie man in ihrem Stillhalten gegenüber der Sowjetunion nach dem 17.9.39 sieht, gegen die beiden stärksten Landmächte entsprechend ihrer Bündnisverpflichtung mit Polen nicht gewagt hätten.

So hatte Stalin den Krieg im Westen, den er brauchte, während Hitler in den 2.Weltkrieg hineinstolperte, den er so nie gewollt hatte.Wenn es heute noch Leute gibt, die Stalin als den leidenden überfallenen Friedensengel darstellen, so müßten sie doch eigentlich wissen, daß Stalin mit seinem „Überfall" auf Ostpolen, das Baltikum, Finnland, und Rumänien sich doch ebenfalls mitten im Krieg befand und mit den zusätzlichen Forderungen, die er im November 1940 durch Molotow Hitler in Berlin überbrachte, auf Überlassung von Finnland, den größten Teil des Balkans, der Dardanellen usw. seine expansiven kriegerischen Absichten doch klar zum Ausdruck brachte. Der Krieg mit der UdSSR war damit ja als „Überfall" in das von Stalin ebenfalls schon vorher widerrechtlich überfallene Gebiet vorprogrammiert. Man muß dennoch fragen: Warum hatte ein großer Teil des deutschen Volkes ganz offensichtlich das Empfinden verloren, daß die Besetzung und Eroberung eines anderen Landes ein schweres Unrecht darstellt? -

Dies war ganz zweifellos eine der Folgen des ersten Weltkrieges und der Verträge von Trianon und Versailles, in denen mit der größten Selbstverständlichkeit deutsches Land von den Alliierten weggenommen wurde. Wir wuchsen als junge Deutsche auf mit dem Zorn über diesen Landraub und verloren dadurch selbst die Achtung vor den Grenzen unserer ehemaligen Feinde. Dazu kam im Osten das Wissen um die Massenmorde und die totale Unterdrückung der Menschen durch Stalin (laut Solschenizyn 66 Millionen Tote und laut Veröffentlichung der jetzigen russischen Regierung darunter allein 200 000 ermordete Priester und 300 000 Priester in Konzentrationslagern), und der durchschnittliche deutsche Offizier und Soldat glaubte deshalb zunächst, daß es sich bei diesem Krieg um die Abwehr der kommunistischen Bedrohung Europas und um die Befreiung der Menschen und der Christen im Osten vom stalinistischen antichristlichen Terror handle. Den Krieg im Westen allerdings sah man als einen durch englische und französische Kriegserklärung aufgezwungenen Krieg gegen den man sich zur Wehr setzen mußte. In beiden Fällen ging es für die meisten Deutschen deshalb um die Existenz des Vaterlandes, für das sie zu kämpfen und zu sterben bereit waren. Die Person Hitlers und die rassistische Ideologie des Nationalsozialismus traten dem gegenüber zunächst in den Hintergrund. Ich habe keineswegs die Absicht, Hitlers grössenwahnsinnige Expansionspolitik zu verteidigen. Denn im Falle eines von Hitler gewonnenen Krieges und der dann folgenden Verwirklichung seiner Absicht, das Christentum zu liquidieren, erwartete mich ja nur Konzentrationslager und Tod. Aber Churchill und Roose-veldt führten keineswegs nur einen Krieg zur Beseitigung von Hitler und sei-nem Nationalsozialismus, sondern einen Vernichtungskrieg gegen Deutschland. Das beweist ihre Forderung auf „bedingungslose Kapitulation" der deutschen Armee auch gegenüber der Roten Armee, und die Ablehnung jedes Kontaktes mit den Männern des deutschen Widerstandes vom 20. Juli 1944, die die Bol-schewisierung Europas verhindern wollten.

Dadurch wurde jeder Widerstand gegen Hitler sinnlos und eine Revolution, auch für viele Gegner Hitlers, zum Vaterlandsverat. Niemand von uns käme heute auf die Idee, Hitler etwa ein Denkmal zu errichten, wie die Italiener in Rom Mussolini ein Denkmal errichteten, oder wie die Franzosen heute noch die Eroberungskriege Napoleons als große Siege feiern, . Es geht heute in ganz Eu-ropa im Grunde immer noch um die Überwindung der Bindung an das ideologi-sche Leitbild Adolf Hitlers. Denn im Dritten Reich war Hitler Maßstab für Recht und Unrecht. („Der Führer hat immer recht!" bzw. das von den Engländern (Right or wrong, my country!) entlehnte Schlagwort: „Recht oder Unrecht, mein Vaterland!" bzw. „Recht ist, was dem Volke nützt!") Denn das, „was dem Volke nützt", bestimmte Hitler und setzte sich damit an die Stelle Gottes, ebenso wie die Kommunisten mit ihrem „Maßstab" „Die Partei hat immer recht!" So wurde Hitler nach dem Krieg durch die einseitige Schuldzuweisung als Negativbild wieder zum Maßstab von Recht und Unrecht („Hitler hatte im-mer Unrecht!") Und an diesem absoluten Negativbild des „Adolf-Anti-Hitler" wird bei uns nach wie vor alles gemessen und beurteilt. Es ist ja so einfach, wenn man das „absolut Böse" kennt, dann das Gegenteil zum „absolut Guten" zu erklären und damit auch die richtigen Ideen und mißbrauchten Werte, mit denen Hitler das deutsche Volk zunächst gewonnen hatte, zu verneinen und alle Perversitäten, soweit sie Hitler ablehnte, den Weg heute an die Macht zu ebnen. Wir müssen „Glasnost und Perestroika" auch auf die europäische Vergangen-heit anwenden, wenn wir von der dämonischen Bindung an das Leitbild Hitlers - positiv und negativ - . frei werden wollen und jene Maßstäbe von Recht und Unrecht für unsere europäischen Völker wieder bekommen wollen, die die Fundamente Europas waren, auf denen unsere ganze Kultur aufgebaut wurde und ohne die wir nicht existenzfähig sein werden. Dies gilt nicht nur für Deutschland, sondern für alle Nationen der Europäischen Gemeinschaft und für die GUS Staaten.

So möchte ich noch einen Satz aus dem oben zitierten Brief vom 03.11.40 er-wähnen, der das damals schon beinhaltete:
„Immer wieder spüre ich, welch ungeheure Verantwortung auf jedem von uns liegt, die wir etwas wissen von der Möglichkeit, unser Leben immer wieder von Christus in Ordnung bringen zu lassen, auf Gott zu hören und ihm zu gehorchen und sich von ihm führen zu lassen." ...

Einige Vorbedingungen zur Machtübernahme Hitlers
Es ist billig, das deutsche Volk und die damalige Generation zu beschuldigen und zu behaupten, daß doch jedermann das habe voraussehen können, was dann kam. Es ist genau so, wie wenn man idealistischen Sozialisten und Kommuni-sten den wirtschaftlichen und ideologischen Zusammenbruch des kommunisti-

schen Systems vor 20 Jahren prophezeit hätte, der sich nun vor unseren Augen abspielt. Man hätte uns einfach nicht geglaubt, auch wenn man in beiden Fällen schon aus den Halbwahrheiten und Lügen der Ideologien das Ende voraussagen konnte. Allerdings war es im Falle des Nationalsozialismus wesentlich schwieriger, als beim Kommunismus und Stalinismus Anfang 1933 eine solche Prognose zu stellen, .

Schließlich schien Hitler all jene Werte wieder zu erneuern, die Deutschland und die europäische Kultur groß gemacht hatten. Und er wandte sich entschlossen gegen all jene Kräfte, die die Auflösung der Werte und der Kultur betrieben.

Es hatte auch in der Geschichte des deutschen Volkes seit Karl dem Großen nie eine Lage gegeben, in der die Regierung einen antichristlichen Kurs gegangen wäre. Trotz der Konfessionsspaltung gehörte Gott, Christus und Vaterland zusammen, so daß es für den normalen Deutschen gar nicht vorstellbar war, daß man sich etwa im Namen Gottes gegen das Vaterland und seine Führung stellen müsse.

Dazu waren Glaube und Vaterland nach dem ersten Weltkrieg beide von ähnlichen Kräften bedroht:

1. Der Chauvinismus und Nationalismus der Siegermächte, mit den entehrenden und vernichtenden Bedingungen des Versaillers Diktats, den riesigen Reparationszahlungen, dem Einmarsch der Franzosen mitten im Frieden ins Ruhrgebiet, die Besetzung des Rheinlandes, in deren Gefolge es dann zu der totalen Inflation 1922-1924 kam mit dem Verlust allen Geldvermögens, der Raub Südtirols durch die Italiener usw.
2. Die liberalistisch-kapitalistische Wirtschaftskrise des Jahres 1929 mit den siebeneinhalb Millionen Arbeitslosen im Gefolge und dem Zusammenbruch und Ausverkauf unserer ganzen Wirtschaft und
3. die kommunistische Drohung mit der bolschewistischen Weltrevolution, die ja nach Solschenizyn allein in Rußland zu Massenliquidationen von 66 Millionen führte, (darunter nach Veröffentlichungen der russischen Regierung allein 200 000 ermordete Priester).

Dies waren die Hauptgründe für den Sieg Adolf Hitlers und seiner Ideologie. Sein Appell an die biologische und geistige „Volksgemeinschaft" und die Bewußtmachung der tieferen kollektiven Schicht im Unbewußten dieser gemeinsamen biologischen Grundlagen und ihre Ideologisierung im Rassebewußtsein entwickelte auch als wissenschaftlich modernere Ideologie die größere Dynamik als das Klassenbewußtsein des Kommunismus. Darum gelang es ihm, den Marxismus und Kommunismus zu schlagen.

Eine Welle von Begeisterung und Hoffnung erfaßte nun auch viele, die vorher gegen Hitler waren.

Neben der Beseitigung der Arbeitslosigkeit und des selbstzerstörerischen Klassenkampfes durch die Schaffung von Betriebsgemeinschaften, durch psychologische Aufwertung des Arbeiterstandes, Arbeitsdienst für die akademische Jugend, Beseitigung vieler Folgen des Versailler Diktats, Wiederherstellung der Wehrhoheit, Hilfe für das Bauerntum usw., waren es die positiven Ziele und nicht die Konzentrationslager oder gar Gaskammern, Kriegserklärung usw., mit denen Hitler die deutsche Jugend und den größten Teil der Deutschen gewann. Wer das natürlich nicht wahr haben will, wird auch nicht verstehen, daß es damals noch „normal" war, als junger Mensch einer Formation der Partei beizutreten, um diese Entwicklung positiv von innen her mit unterstützen zu können.

Da der Rassesozialismus zwar in Deutschland durch eine gewaltige materielle Übermacht der ganzen Welt 1945 zerschlagen wurde, aber nun in Rotchina, Kambodscha, Südafrika, Cuba, Kaukasus und Asien und anderen farbigen Völkern zur beherrschenden Ideologie wird und zur tödlichsten Gefahr zu werden droht, möchte ich deshalb auch meine eigene Geschichte mit dem Nationalsozialismus absolut ehrlich klarlegen.

SA Sanitätssturm 120
Im Alter von 16 Jahren, war auch ich auf Grund all dieser Erfahrungen, die wir ganz bewußt und sehr intensiv miterlebt und mit erlitten hatten, im Sinne des damaligen „Stahlhelm Bund der Frontsoldaten" deutsch-national eingestellt. Die Mehrheit in unserer Schulklasse sympatisierte mit Hitler. Und als dann Hitler sich massiv gegen v. Papen und Reichskanzler Schleicher wandte und ich ihn im Jahre 1932 in diesem Zusammenhang in der Max Eythalle in Ulm reden hörte, hatte ich keine Sympathie mehr für ihn und den NS.
Am 5. März 1933 (nach der Machtübernahme Hitlers vom 30. Januar 1933) standen mein Freund Werner Sauter und ich auf dem Rathausplatz in Ulm und sahen aus einiger Entfernung, wie die SA das Rathaus in Besitz nahm und die Hakenkreuzfahne dort hisste. Unser Kommentar war lediglich:" Jetzt haben wir die nationale Revolution miterlebt!" Im Mai 1933, als ich gerade in die Oberprima des Ulmer Gymnasiums gekommen und bereits fest entschlossen war, nach dem Abitur 1934 Medizin zu studieren, stand in der Ulmer Tageszeitung eine Anzeige, daß der neu gegründete SA Sanitätssturm Kurse für erste Hilfe und Verbandslehre durchführe und dafür Leute suche. Ich stand damals, wie die meisten von uns unter dem Eindruck des neuen nationalen Aufbruchs, der meine noch 1932 starken Bedenken gegen Hitler weitgehend vorübergehend beseitigt hatte.
Ich war gerade 18 Jahre und dachte mir, daß diese Kenntnisse in Verbandslehre und erster Hilfe für mein kommendes Medizinstudium wichtig seien, und deshalb ging ich am 4. Mai zu dem angekündigten Abend. Am Ende meldete ich mich an. Der Schreiber des Sturmes meinte: „Seit dem 1. Mai ist die Partei gesperrt und die bisher automatisch mit der Anmeldung in einem SA Sturm verbundene Parteimitgliedschaft besteht nicht mehr. Aber (obwohl ich gar kein Interesse an der Mitgliedschaft in der NSDAP hatte) wir werden Ihren Eintritt auf den 28. April vordatieren." Ich wußte damals leider noch nichts vom Maßstab der absoluten Ehrlichkeit und davon, daß jede Lüge in meinem Leben nur negative Folgen haben würde, und so widersprach ich dieser Unehrlichkeit nicht und ließ ihn gewähren. Die Konsequenzen konnte ich damals am 04.05.33 allerdings noch nicht übersehen. Ich absolvierte meine Sanitätsprüfung mit der Note „vorzüglich" und wurde dann Anfang 1934 zum „SA-Sturmmann" befördert (Das entsprach dem Rang des Gefreiten bei der Wehrmacht). Mit der Partei

34

hatte ich außer der Karteikarte keine Kontakte mehr. Im Mai 1934 wurde ich zum „Freiwilligen Arbeitsdienst" ins Lager „Schloß Mochental" bei Munderkingen eingezogen und anschließend ging es sofort nach Tübingen zum Medizinstudium bis zum Oktober 1939. Die Parteimitgliedschaft aber lief automatisch bei der Ortsgruppe Ulm der NSDAP weiter, ohne daß ich damit weitere Berührung hatte, weil ich ja die nächsten 5 Jahre nicht mehr in Ulm war. Die Folge davon war allerdings die mit dieser Mitgliedschaft wiederum automatisch verkoppelte Mitgliedschaft im Nationalsozialistischen Deutschen Studentenbund (NSDStB) in Tübingen. Durch sie kam ich dann 1936 - 1939 in schwere innere und äußere Konflikte, Verfahren, Bestrafungen usw. In Tübingen war für jeden Studenten 1934/35 die Mitgliedschaft in einem der SA-Studentenstürme Pflicht. Man wollte aus uns perfekte Soldaten machen und wir hatten in meinem ersten Semester pro Woche bis zu 5 mal SA Dienst. Das paßte uns natürlich überhaupt nicht, und so meldeten wir uns auf den Rat einiger älterer Bundesbrüder zum Sanitätssturm des Nat. Soz. Kraftfahrkorps (NSKK) mit dem Spitznamen „Nur Säufer Keine Kämpfer", dessen Sturmführer der Hausmeister Schmid des Pathalog-Institutes war. Dort machten wir im strengsten Fall alle 3 Wochen einmal Sanitäts-Dienst und hatten sonst unsere Ruhe. Hauptsache man war bei der Besichtigung des Sanitätssturms dabei, die einmal im Semester stattfand und bei der die ca. 150 Medizinstudenten jeweils eine beeindruckende Schau abzogen, so daß sich keine höhere Führung mehr für den sonstigen Dienst interessierte. Beim NSKK brachte ich es zum Rottenführer, was dem Obergefreiten entsprach. Ein offizieller Austritt aus den Parteiorganisationen war natürlich etwas ganz anderes als etwa die Weigerung einzutreten. Es hatte die Existenzvernichtung zur Folge. So wurde ein Theologiestudent, der nach der „Kristallnacht" in Tübingen aus der SA austrat, von der Universität verdrängt und in übelster Form öffentlich angegriffen. Als die Mitglieder von Korporationen, die wie unsere Normannia nicht bereit waren, sich als NS Studentenbundskameradschaften umformen zu lassen, den Befehl bekamen, eine ehrenwörtliche Erklärung zu unterschreiben, daß sie für immer aus ihrer Korporation ausgetreten seien (1936), weigerte ich mich, diese Erklärung zu unterzeichnen und der NS Studentenführer stellte mir ein Ultimatum von 24 Stunden für die Unterzeichnung, da ich mich sonst als „für immer aus dem NSDStB ausgeschieden betrachten könne". Ich war schon froh und hoffte, am nächsten Tag meine weiße Mütze wieder aufsetzen zu können: Aber mein Schulfreund E.S. rang dem Studentenführer in einer einstündigen Unterredung ab, daß er die Drohung leider nicht wahr machte. 1938 sollte ich dann wegen meiner unerlaubten Fahrt nach Caux und der entsprechenden Aktivitäten auf Veranlassung des Gaustudentenführers ausgeschlossen werden. Aber wieder hielt ein diesem übergeordneter Bundesbruder die Hand über mich, so daß ich nur einen strengen Verweis bekam. Zweifellos hätte ich damals den Führern des NSDStB durch einen offiziellen Austritt einen Gefallen getan, denn sie sahen in mir zu Recht einen ideologischen Gegner, der innerhalb des NSDStBs zahlreiche Studenten, ja sogar Kameradschaftsführer, für seine Weltanschauung gewann. Im Grunde war dies ja auch der einzig effektive Weg, während der „Widerstand" aus der Emigration oder gar mit Flugblättern, die deutsche Soldaten zum Überlaufen zur Roten Armee aufforderten usw., im Grunde sinnlos war. In diesem

Zusammenhang erinnere ich mich noch gut an den entschiedenen weltanschaulichen Gegner des NS, Kurt Gerstein, der in die SS eintrat, nachdem seine Schwester Opfer der Euthanasie geworden war. Wir unterhielten uns im Sommersemester 1939, als er im „SS-Mannschaftshaus" in Tübingen war, über diese Frage, weil er überzeugt war, daß man den wirksamsten Widerstand von innen her leisten könne. Dem letzten Strafverfahren Ende Juni 1939 wegen Abhaltung einer Tagung mit ca. 30 Studentenbundsmitgliedern auf dem Boslerhaus unter Mitwirkung von zwei Schweizer Freunden der Moralischen Aufrüstung entzog ich mich durch die Exmatrikulation, so daß ich nicht mehr unter der Disziplinargewalt der Studentenführung stand. Damit war ich automatisch aus dem Studentenbund ausgeschieden. Bei meinem Wohnungswechsel nach München nach meiner Approbation als Arzt meldete ich mich dort einfach nicht mehr zum NSKK Dienst und bezahlte keinen Beitrag mehr, und war damit ebenfalls aus dem NSKK ausgeschieden.

Auf Grund der Überwachung durch den Sicherheitsdienst seit 1937 war ich natürlich trotzdem auf der „schwarzen Liste" mit den entsprechenden Vermerken. Nach dem Staatsexamen meldete ich mich im Oktober 1939 sofort um nach München. Entsprechend meinen Meldepapieren gingen dann auch die Parteipapiere nach München. So war es sicher nicht ungewöhnlich, daß eines Tages ein Blockleiter der Münchener NSDAP in meiner Wohnung in der Pettenkoferstr. 8, in brauner Uniform erschien (1940), um sich über meine weltanschauliche und politische „Zuverlässigkeit" zu informieren. Er sagte: „San sia der Dr. Ernst? Sie solltn mir a paar Frogen beantworten. Eigentlich hätt ich ja ihre Hausleit frogen solln, aber i hob denkt, dös können sia mir au sagn!" Und dann zückte er seinen Fragebogen und begann das Verhör: „Grüaßn sia mit Heil Hitler?" „Ja" sagte ich, „Sie wissen doch, daß wenn man in München in einen Kaufladen hineingeht und „Heil Hitler" sagt, dann bekommt man ja nix! Aber gelegentlich bei feierlichen Anlässen benütze ich schon den deutschen Gruß!" „Grüßt mit Heil Hitler!" schrieb er in seinen Fragebogen. „Geben Sie fürs Winterhilfswerk?" „Ja ich kaufe mir auf der Straße schon ab und zu für 20 Pfennig eine Anstecknadel!" „Gibt reichlich fürs Winterhilfswerk!" schrieb er hinein. „Sind Sie weltanschaulich gebunden?" „Es ist mir nicht wichtig, ob evangelisch oder katholisch. Aber sehen Sie hier auf mein Bücherregal, was mich wirklich interessiert!" Und da standen fast nur theologische Bücher, die Bibel und eine ganze Anzahl von Büchern der Moralischen Aufrüstung. Er schaute auf das Regal und schrieb in seinen Fragebogen: „Ist nicht weltanschaulich gebunden!" „Das haben aber Sie gesagt und nicht ich!" erwiderte ich darauf! „Dös lossens ruhig mir über!" meinte der echte Münchner Blockleiter. Und in diesem Stil ging es weiter den ganzen Fragebogen durch. Er verabschiedete sich, und ich hatte von da ab Ruhe, denn offensichtlich war man nun bei der Partei in München (nicht beim Sicherheitsdienst in Berlin!) der Meinung, daß ich doch ideologisch nicht ganz so „unzuverlässig" sei. Als ich dann Ende April 1941 zur Wehrmacht eingezogen wurde, „ruhte" die Parteimitgliedschaft, weil die gesetzlich festgelegte Überparteilichkeit der Wehrmacht die gleichzeitige Mitgliedschaft in einer Partei verbot. Dies war nebenbei einer der Gründe, warum viele Abiturienten die Offizierslaufbahn ergriffen, weil sie damit keiner Parteiformation angehören mußten.

Ich war zwar dadurch dem Konflikt enthoben, aber die Sache selbst ließ mir dennoch keine Ruhe, je antichristlicher der ideologische und politische Kurs des Nationalsozialismus wurde.

Am 3. September 1943 schrieb ich deshalb meiner Frau u.a.: „...Über meine alte Division gehen die verschiedensten Gerüchte... Jedenfalls scheint nicht mehr allzuviel davon übrig zu sein, aber ich hoffe, dass der Divisionsnachschub noch rechtzeitig weggekommen ist, wenn dies ja auch bei der draufgängerischen Natur Major Leopolds wenig wahrscheinlich ist.

Ich trage mich z.Zt. ernsthaft mit dem Gedanken, aus der Partei auszutreten, denn die übereinstimmenden Berichte von zu Hause gehen dahin, daß trotz unserer schweren Lage der von der Partei angezettelte Kulturkampf zu Hause eifrig weiter geführt wird und der Kurs wesentlich eindeutiger geworden ist, als er im Jahre 1939 noch war. Ich glaube, daß ich das auch meinen gefallenen Bundesbrüdern und Freunden gegenüber schuldig bin, die nach wie vor in allen möglichen Pamphleten beschimpft werden..."

Im September 1944 beschloß ich dann der Gauleitung Württemberg eine offizielle Lossagung von der Partei zu senden und hatte den Brief in der Tasche, als ich am 16.9.44 bei meiner 2. Strafversetzung südlich von Warschau verwundet wurde. Ich schickte das Schreiben dann aber doch nicht ab. Zum Teil sicher aus Furcht, weil nach dem 20. Juli 1944 mit nicht linientreuen Offizieren kurzer Prozeß gemacht wurde und ich mich an den Ratschlag von Landesbischof Wurm hielt: daß Daniel in der Löwengrube nicht den Auftrag hatte „die Löwen auch noch in den Schwanz zu kneifen!" Nachdem im September 1944 das Kriegsende für jeden denkenden Menschen klar war, wollte ich auch nicht eine „Ratte" sein, die „das sinkende Schiff verläßt".

Es gab im Dritten Reich zwei große Ämter zur Überwachung „welt-anschaulich unzuverlässiger Elemente". Das eine war das SD Hauptamt in der Prinz Albrechtstr. in Berlin, in dem die Nachrichten und Berichte des Sicherheitsdienstes zusammenliefen. Dies war das eigentlich entscheidende Zentrum. Seine gesamten Unterlagen wurden 1945 von Gestapochef Müller den Sowjets völlig unzerstört ausgeliefert, wodurch sich dieser Mann seinen Kopf rettete...

Das zweite war die Kartei der Organisationen der Partei in München. Dort liefen Beurteilungen und Berichte über die einzelnen Mitglieder zusammen. Der jeweilige Ortsgruppenleiter mußte jedes Jahr über jedes Parteimitglied einen Bericht abgeben, in dem dann besonders die negativen Beurteilungen wichtig waren. Diese Kartei fiel in die Hände der Amerikaner. Die Kartei des Sicherheitsdienstes in Berlin, in der fast über jeden einigermaßen wichtigen Bürger genau „Buch" geführt wurde und in der insbesondere auch die abgehörten Telephongespräche, geöffneten Briefe, Denunziationen usw. enthalten waren, ebenso wie die besonderen Verdienste, Spitzeldienste usw., wurde vom sowjetischen Geheimdienst genau durchforstet, so daß sie von den meisten der neuen Männer nach 1945 ihre politische Vergangenheit kannten und sie erpressen konnten. Viele Entscheidungen bei allen möglichen Politikern, Kirchenleuten usw. nach dem Kriege sind nur von daher verständlich.

Die Umerziehung der Deutschen

Als die Amerikaner nach 1945 auf die Idee der „Umerziehung" der Deutschen mit Hilfe eines Entnazifizierungsgesetzes kamen, beseitigten sie damit den echten Umdenkprozeß, der nach 1945 bei den meisten Deutschen begonnen hatte. In dem für diesen Prozeß hauptverantwortlichen amerikanischen Geheimdienst (CIC) und als seine psychologischen Berater arbeiteten sehr viele nicht mehr bibelgläubige, freudmarxistische jüdische Emigranten aus Deutschland, weil sie die deutsche Sprache beherrschten und auch ideologisch ein entsprechendes Interesse an einer marxistischen Umorientierung der Deutschen hatten. Man kam auf die vom wirklichen inneren Sachverhalt her perverse Idee, die äußerliche Mitgliedschaft in irgendwelchen NS Organisationen als Kennzeichen besonderer nationalsozialistischer Gesinnung zu nehmen und diese „Gesinnung" zu bestrafen. Diesen CIC Psychologen war es aus ihrer ebenfalls antichristlichen Haltung heraus völlig einerlei, daß der Nationalsozialismus des Jahres 1933 keineswegs derselbe war wie der des Jahres 1943. 1933 gingen noch an vielen Orten SA Sturmabteilungengeschlossen am Sonntag in die Kirche und der Großteil der evangelischen Pfarrer begrüßte die „nationale Erhebung." Im Artikel 24 des NSDAP Parteiprogramms wurde ausdrücklich festgestellt: „Die Partei bekennt sich zum positiven Christentum!" Was allerdings darunter zu verstehen war, blieb jedem selbst überlassen.

Es gehört zu den modernen primitiven Vorstellungen, daß Hitler immer derselbe Teufel gewesen sei und keinerlei Entwicklung durchgemacht habe. In diesem Zusammenhang sind aber die neuesten Forschungen der Historikerin Brigitte Hamann interessant (Brigitte Hamann: „Hitlers Wiener Lehrjahre eines Diktators", Piper-Verlag München/Zürich 1996), die nachweist, daß Hitler zumindest während seiner Wiener Lehrjahre von 1907 - 1913 kein Antisemit, ja eher ein „Philosemit" war und sie vermutet: „Er hat die Niederlage erlebt und die Versailler Friedensverträge. Und das war ein ganz klarer Einschnitt, wahrscheinlich der Auslöser dafür, daß er dann so geworden ist." Zu ähnlichen Erkenntnissen war Theodor Heuss auch schon gekommen.

Man muß deshalb annehmen, daß er auch 1933 noch keine Vorstellung von der Unvereinbarkeit des evangelischen Christentums mit der NS Ideologie hatte, wie etwa 1939. 1933 traten deshalb viele Deutsche in NS Organisationen ein, die sich der weltanschaulichen Endstation der NS Ideologie keineswegs bewußt waren. Dagegen war die Lage bei der „Wiedereröffnung" der Partei 1937 schon wesentlich anders.

Der Kirchenkampf in der evang. Kirche mit der Spaltung in „Deutsche Christen" und „Bekenntnisbewegung" hatte Hitler, der sich zu seiner geistigen und moralischen Unterstützung 1933 eine „starke evangelische Reichskirche" erhofft hatte, „antikirchlich" werden lassen. Die Begegnung von Heinrich Himmler mit der überkonfessionellen Oxford Gruppe und Dr. Frank Buchman 1934 - 1936 hatte diesen zwar zunächst außerordentlich beeindruckt, ihm aber klar gemacht, daß christlicher Glaube nicht nur in einer starken und mächtigen Organisation wie der katholischen Kirche begründet ist, die ihm bei der Organisierung seines SS Staates Vorbild war, sondern im Kern die persönliche totale Entscheidung für Jesus Christus bedeutet, die eine „totale" Entscheidung für die NS Ideologie ausschloß. Da er diese Herausforderung ablehnte, wurde er nach dieser Begegnung mit Frank Buchman zum bewußten Antichristen und die gesamte ideologische Schulung in SS, NSDStB, Napola usw. wurde auf den antichristlichen neuheidnischen Kurs umgeschaltet. Wer also nach 1937 in die Partei eintrat, mußte sich des wirklichen ideologischen Gehaltes und der eigentlichen Zielsetzung des Nationalsozialismus viel mehr bewußt sein als diejenigen, die in der Begeisterung des nationalen Aufbruches von 1933 sich einer NS Organisation angeschlossen hatten. Bei der Beurteilung durch das Entnazifizierungsgesetz und die CIC-Funktionäre, die selbst vielfach Antichristen oder Marxisten waren, war aber genau das Gegenteil der Fall. Für sie galt als Maßstab: Je früher der Eintritt, desto bösartiger der Mann.

Der Aufstand gegen Christus als ideologische Demarkationslinie
Die Agenten des CIC wollten nicht sehen, daß der Abfall von Jesus Christus unter der Parole „Erlösung und Befreiung **von** Jesus Christus" und den „jüdischen" Zehn Geboten statt der 1400 jährigen Parole" Erlösung **durch** Jesus Christus" die tiefste Ursache der nationalen deutschen und der dadurch ausgelösten europäischen Katastrophe war. Aus einer jahrhundertelangen mangelhaften Beachtung christlicher Normen und Maßstäbe wurde nun die offizielle Beseitigung der christlichen Grundlagen unseres deutschen Denkens und Handelns, vor allem auch in der Politik. Diese inneren Zusammenhänge zwischen dem Abfall von Jesus Christus und der Totalkatastrophe des Jahre 1945 waren uns völlig klar. Und darum hatten wir ja unseren Kampf um die Rettung Deutschlands nicht auf der Ebene von Organisationszugehörigkeiten geführt, sondern um das Leben und die Herzen der Deutschen, um die Durchsetzung absoluter moralischer Maßstäbe im persönlichen und politischen Leben und eine neue Erfahrung von Jesus Christus aus einer neuen Hingabe an ihn als die Grundlage einer Erneuerung Deutschlands und Europas.

Das diabolische Entnazifizierungsgesetz
Das totale Verkennen dieser wirklichen ideologischen Scheidungs- und Entscheidungslinie führte zu dem wahrhaft diabolischen Entnazifizierungsgesetz, in dem das Recht auf den Kopf gestellt wurde. Während in jedem Rechtsstaat der Ankläger und Richter die Pflicht hat, die Schuld des Angeklagten zu beweisen, mußte nun jeder kleine Angehörige einer Parteiorganisation seine Unschuld nachweisen. Dazu mußte er sich an Eidesstatt von allen möglichen Freunden und Bekannten bescheinigen lassen, daß er irgendwo einmal ein kritisches Wort gegen Hitler oder NS gesagt hatte oder einen kleinen Konflikt mit der Partei gehabt hatte, daß er nur ein nominelles Mitglied war, weil er aus beruflichen oder anderen Gründen Mitglied sein mußte, ja daß er nie Nationalsozialist gewesen sei. Wenn er das nicht nachweisen konnte, wurde er bestraft, seines Postens und Berufes enthoben, sein Konto gesperrt usw. So wurde mit ausgezeichnetem Erfolg jede echte Aufarbeitung der Vergangenheit verhindert und die ursprüngliche Schulderkenntnis, die sich eben an der Frage nach Christus und seinen Geboten orientiert hatte, reduziert auf solch unsinnige Probleme wie Führerstaat oder Demokratie. Als ob man mit 51 % Mehrheit materialistischer und totalitär denkender „Demokraten" nicht ein Volk ebenso diktatorisch ruinieren könnte wie mit einer Diktatur, wenn auch nach Churchill die „Demokratie die beste von allen schlechten Staatsformen ist"

Wenn nun so ein zu Entnazifizierender 20 eidesstaatliche Erklärungen und „Persilscheine" gesammelt und jeden 100 mal durchgelesen hatte, glaubte er selbst, daß er immer ein untadeliger Demokrat gewesen sei und die ganzen Schikanen der Amerikaner völlig ungerechtfertigte Maßnahmen seien. Es kam zur erfolgreichen Totalverdrängung aller dunklen Punkte der Vergangenheit und damit nicht zu einer „Bewältigung" der Vergangenheit, sondern zu einem „Bewältigtwerden" durch die Vergangenheit. Die verdrängte Schuld wurde nicht ausgesprochen, bereinigt und vergeben, sondern fixiert und entschuldigt und eine echte Rückkehr zu Jesus Christus und seiner Botschaft blockiert. Die Schuldverdrängung statt ihrer Aufarbeitung erfolgte auch bei unseren Gegnern, die alles was auf ihrer Seite an Morden, Vergewaltigungen, Vertreibungen, Bombardierung der Zivilbevölkerung und anderen Verbrechen geschah, als „notwendig" zur Besiegung der Deutschen entschuldigten.

Die eigene Entnazifizierung
Da ich selbst Mitglied gewesen war, kam ich selbstverständlich auch in die Mühle der Entnazifizierung. Zuerst wurde ich als Arzt entnazifiert. Da ich mich entschlossen hatte, nie mehr etwas Falsches zu sagen oder die volle Wahrheit zu unterschlagen, sagte ich entsprechend meiner Überzeugung, daß ich in der sog. „jüdischen Frage" nie ein Rassenproblem sah, sondern eine Frage der Weltanschauung. Ich wies darauf hin, daß die ganzen Greuel bei uns und in der UdSSR nur durch Menschen verübt werden konnten, die von Gott und seinen Geboten und von Christus abgefallen waren, und sagte dann: „Ich bin allerdings der Überzeugung, daß die weitgehende Entchristlichung des deutschen Volkes erst eine solche Entwicklung ermöglichte und daß solche Juden, die das mosaische Gesetz und ihren Glauben über Bord geworfen hatten, wie Karl Marx, Sigmund Freud, Hirschfeld, Wilhelm Reich, Eisner, Rosa Luxenburg, usw. einen entscheidenden Anteil an dieser Entchristlichung hatten und deshalb an der Entwicklung mitschuldig seien. Natürlich gefiel dies der jüdischen Entnazifiziererin nicht und so wurde ich deshalb unter die „Belasteten" eingereiht. Dann allerdings kam mein Fall auch vor das offizielle Entnazifizierungsgericht und ich wurde „entlastet". Wiederum paßte dies einem CIC Beamten nicht und er hob das Urteil auf. Aber die höchste Entnazifizierungskammer kam wieder nach eingehender Prüfung aller Fakten zu dem Spruch „Entlastet". Das Ganze hatte von heute aus gesehen einen großen Vorteil:
Ich mußte mir zwangsläufig all die Auseinandersetzungen mit der Partei, mit der Studentenführung und mit den nationalsozialistischen Deutschen Christen, die Strafverfahren gegen mich als Student vor dem Kriege, die Strafversetzungen bei der Wehrmacht während des Krieges usw., von denen, die sie miterlebt hatten, eidesstattlich genau bestätigen lassen. Sie gerieten dadurch nicht in Vergessenheit und viele der Geschichten, die ich auch in diesem Buch niederschrieb, sind dadurch nicht durch ein schlechtes Gedächtnis meinerseits entstellt, sondern als wahr von Augenzeugen bestätigt. Die wirkliche „Entnazifizierung" bedeutete aber für mich die Tagungen der Moralischen Aufrüstung nach dem Kriege, wo wir unter dem Maßstab der **absoluten** Ehrlichkeit lernten, unsere Vergangenheit mit ihren Taten und Motiven ganz konkret unter die Lupe zu nehmen und uns dann öffentlich notfalls auch für unseren Nationalismus zu

entschuldigen und das wieder gut zu machen, was wir wiedergutmachen konnten. Da auch viele Franzosen, Engländer, Holländer, Norweger, usw. sich für ihren Haß gegen Deutschland entschuldigten, führte dies an vielen Stellen zu einem völligen Neuanfang auch in den internationalen Beziehungen.

Tagebuchnachtrag von Pfingsten 1941. - Unsere Verlobung

Am 16.Februar 1941 Besuch bei meinem Freund Eberhard Stammler in Zuffenhausen. Seine Hochzeit muß plötzlich auf den 1. März 1941 vorverlegt werden. Natürlich legt seine Braut, Elsbeth, Wert darauf, daß ihre beste Freundin, Dorle Keppler, zur Hochzeit kommt. Es ist fraglich, ob sie von Colmar Urlaub bekommen kann. Soll ich auch kommen? Wir halten eine Stille Zeit und haben den Eindruck, daß ich auch kommen soll, aber nur dann, wenn ich endgültig weiß, wie ich mich Dorle gegenüber weiter verhalten muß. Das heißt also, wenn klar ist, daß wir uns verloben sollen. Wie es dann dazu kam, schrieb ich in einem Brief meiner Braut zum Verlobungstag am 8.3.1942.

Am Freitag vor der Verlobung machte ich einen Spaziergang mit meinem Freund Uli Römer. Es war unsere letzte Begegnung. An seinem letzten Geburtstag (8.3.41), (meinem Verlobungstag) schickte er noch einen Blumenstrauß. Er schloß noch sein Doktorexamen ab (Dr. rer. pol.) und wurde dann eingezogen, ehe er sein eigentliches Berufsziel anstreben konnte, nämlich Theologiestudium und kathol. Priester. Am 6. September 1941 fiel er bei Krementschug am Dnjeper. Auch mit Erhard Fritz, meinem Leibfux, konnten wir an diesem Freitag noch einmal zusammen sein ehe er an die Front mußte. Auch er fiel als Oberleutnant im Osten, als er einen verwundeten Kameraden zurücktragen wollte. (Bild Nr. 3)

Am Sonntag (9.3.41) machten wir mit der ganzen Familie auf der Stadtmauer einen schönen Verlobungsspaziergang und dann ging es abends im Speisewagen nach München. Am 10.3. hätte ich eigentlich in der Klinik wieder mit der Arbeit anfangen sollen, aber Oberarzt Professor Schörcher schrieb mir, ohne von der Verlobung etwas zu wissen, ich solle mich erst noch einige Zeit von der Angina erholen. Und auch Dorle bekam noch 8 Tage Urlaub. Anschließend konnte ich sie meinem Chef, Professor Magnus, vorstellen und sie durfte an einer seiner berühmten Vorlesungen über Allgemeine Chirurgie teilnehmen und sagte mir nach der Stunde: „Ich hab ja alles verstanden!" „Natürlich" meinte ich, „Er hat ja deinetwegen jedes Fremdwort sofort ins Deutsche übersetzt!"

Am 17.03. fing dann die Arbeit in der Klinik wieder an, aber vom 15.04. - 19.04. durfte ich zum Schifahren nach Hochbrunn bei Kitzbühl zusammen mit meinem frisch vermählten Kollegen aus der Ambulanz, Albrecht Brand und im Anschluß daran war noch ein Wochenende mit Pfarrer Herbert Fuchs im Monbachtal, zu dem auch Dorle von Colmar herüberkommen konnte. (Bild Nr. 4)

Als wir uns auf dem Bahnhof in Pforzheim verabschiedeten, wußten wir nicht, daß dies für über ein Jahr das letzte mal war, daß wir uns sahen. Beim Rückblick auf all die wunderbaren Führungen und Gaben, die uns eindeutig bewiesen, daß unsere Entscheidung für die unauflösliche Ehe keine momentane Liebeslaune war, sondern Gottes Wille und seine Führung, zeigte es sich, daß dies wirklich der einzige und letzte Augenblick war, uns zu verloben, ehe die Katastrophe des Russlandkrieges über uns hereinbrach.

Der Krieg - als Arzt in Rußland

Einberufung zur Wehrmacht

Am Mittwoch kam ich wieder in die Klinik, wo inzwischen Dr. Ixmaier festgestellt hatte, daß unsere langgehegte Vermutung Wahrheit war; unser Verwaltungsdirektor der Klinik, Sekretär B. betrog uns immer um einen Teil der Gutachtengelder. Als Professor Schörcher dies Professor Magnus mitteilte, wollte er es zunächst nicht glauben und erklärte ihm, daß er selbst gehen müsse, wenn seine Anschuldigungen nicht stimmten. Der Verwaltungsdirektor gestand dann aber seine Unterschlagungen (ca. 100 000,-) ein. Als sich Professor Magnus daraufhin bei Schörcher entschuldigen wollte, nahm dieser die Entschuldigung nicht an und wurde gegen den Chef sehr aggressiv.

Wir kamen dadurch in eine sehr unerfreuliche Lage. Der Sekretär setzte sich mit seiner Frau vor den Gashahn und beging Selbstmord. Die Lage wurde dadurch an der Klinik natürlich menschlich ekelhaft und am 26.4. bekam ich die Nachricht, daß ich eingezogen werden sollte. Ob wegen dieser Ereignisse oder im Hinblick auf den bevorstehenden Einmarsch in Rußland weiß ich natürlich nicht. Am 28.4. abends traf schon der Stellungsbefehl für 29.4. 12 Uhr in Miesbach bei der Sanitätsersatzabteilung 7 ein. Aber ich hatte zunächst 8 Tage lang überhaupt nichts zu tun. Nun hatte ich Zeit, für Dorle ein Fotoalbum zu kleben, zu malen und zu dichten.

So entstanden eine Menge Postkarten" meditationen" wie z.B. zu der Sütterlinkarte vom „Sterngucker" am 2.5.41:

Mein liebes Dorle!

Als Stern bist Du nun abgesetzt,
ich schau nach anderen Sternen jetzt!
Dein Sternchen ist total verblasst,
seitdem der Kommis mich erfaßt!
Ich suche jetzt vor allen Dingen
nen Silberstern mir zu erringen!
Du siehst, wie auf dem Bild verzückt
der UFA nach dem Sterne blickt
   (UFA = Unterführeranwärter)
So sitze ich, schau durch die Röhre
zu Sternen hoch im deutschen Heere.
Ich seh sie nur bei andern blitzen,
wo sie mir leider gar nichts nützen!
Doch strebe ich nach jenen Fernen,
„ad astra" oder „zu den Sternen"!
Bin mit zwei Sternen ich beladen,
will ich als Dritten Dich heiraten!

Wider Erwarten wurde ich wegen eines Herzmuskelschadens „gvH" (garnisonsverwendungsfähig Heimat) geschrieben und dann am Dienstag nach Pfingsten zur „Feldbewährung" für 8 Wochen über Litzmannstadt (Lodz) zur 167. Infantriedivision in Marsch gesetzt. Dorle hatte keinen Urlaub mehr bekommen.

Es war alles in allem eine wunderbare Führung nach der anderen, auch daß wir nicht mehr zusammenkommen konnten. Denn bei manchem Brautpaar bedeutete der Abschied ins Ungewisse doch eine besondere Versuchung, die bisherigen Grenzen nicht mehr zu beachten. So wurde uns dann ein Jahr später eine Hochzeit geschenkt, bei der wir ganz klar und rein, ohne uns etwas vorwegzunehmen, in die Ehe gehen durften.

Bei der 167. Infanteriedivision

Nach zwei Wochen in Miesbach kam plötzlich auch Wolfram Sauter und wurde eine Woche vor mir ebenfalls zur 167. Infantriedivision versetzt, wo wir uns am 21. Juni in Klonowika Mala am Bug wieder begegneten, als ich gerade am Brunnen stand und Wasser heraufzog.

Am 6.6. war ich in Litzmannstadt (Lodz) eingetroffen, eine Stadt mit scharfen Gegensätzen zwischen Polen und Deutschen. Eine häßliche Stadt. Am 7.6. abends eintreffen bei der Division in Skiernewizce. In der Kantine lernte ich als ersten den kathol. Divisionspfarrer kennen. Am andern Morgen Vorstellung beim Divisionsarzt, Oberstarzt Haaßengier, und Versetzung zur 1. Sanitätskompanie. Beim Empfang gabs gleich einen Anpfiff vom Spieß. Wir übernachteten in Zelten, wo uns die Schnaken schwer zusetzten. Aber in dem etwas verwahrlosten Park um das alte Gutshaus waren viele Nachtigallen, die bei Nacht ununterbrochen sangen. Am 10.6. Aufbruch zum Marsch an den Bug. Erst mit Rad und dann mit LKW.

Zwei Briefe an meine Braut vom 16. und 18.Juni 1941 geben ein wenig die Stimmung wieder:"

16.6.41.:

...'"Eben brach die Sonne durch die Wolken und überflutete mich mit ihrer Wärme auf einer einsamen Parkwiese in einem herrlichen Park eines großen Gutes, auf dem wir heute eingetroffen sind. Um mich blüht und duftet der Flieder und die Nachtigallen schlagen in den Bäumen. Und endlich bin ich wieder mal ganz allein und kann Dir schreiben. Nur ferne brummen ab und zu Motoren, dazu ununterbrochen das Gesumme der Mücken auf meiner Wiese. Es ist noch ganz früh am Morgen und trotz der nur drei Stunden Schlaf bin ich schon ganz frisch. Hier ist noch eine Insel des Friedens, aber vielleicht auch nur noch kurze Zeit.

Je weiter ich von der Heimat weg bin, umso ferner rücken all die vielen großen und kleinen Dinge und umso nötiger und wesentlicher wird das Eine, das ich brauche und das mit mir gehen wird, wenn alles andere zurückbleiben muß: Christus.

Langsam werden wir so von Tag zu Tag mehr vor die letzten Wirklichkeiten unseres Lebens gestellt und sehen die Tage der inneren und äußeren Bewährung auf uns zukommen. Und da weiß ja keiner, ob er sie besteht. Es ist das Große solcher Stunden, daß man die Zweitrangigkeit aller anderen Dinge wieder voll erlebt und etwas von Gottes Frieden ins Herz bekommt, der stärker ist als alle Vernunft.

Nur etwas macht mir ab und zu Unruhe. Das bist Du, mein Liebes, denn es wäre mir schrecklich, wenn Du das Schicksal Deiner Mutter haben müßtest (Anm.: Ihr Mann Theodor Keppler fiel im 1. Weltkrieg) und es nicht positiv überwinden könntest.

Wenn Du darin stecken bleiben und nicht völlig darüber hinaus kommen würdest zu einem vollen Ja zu Gottes Willen.

Ich bin ja so sehr dankbar für Seine Führung gerade in unserem Verhältnis. Je länger, je mehr wird mir unsere Verlobung zu einem großen Wunder. Auch das Geschenk vom Monbachtal. Wie anders stehe ich doch jetzt hier, nachdem wir uns wieder finden durften, und wie wunderbar ist es doch, daß Gott uns gerade im März wieder zusammenführte, der für lange Zeit letzten Gelegenheit, die wir überhaupt hatten. Weißt Du, ich sehe daran besonders deutlich, daß Er das Kommende alles voraussah, daß Er eben wußte, daß dies die letzte Gelegenheit war und daß Er unsere Gebete erhört hat. Es war immer mein größter Wunsch, daß ich mit Dir, mein liebes Mädel, wieder ganz ins Reine kommen könnte, daß wir uns wieder richtig verstehen und lieben dürften, und ich bin so froh und dankbar, daß das eingetreten ist. Und ich weiß, Gott wird Dich und mich weiterführen so wie bisher, und Er wird es so machen, wie es für uns am besten ist. Ich werde sicher schwere Dinge erleben, an denen ich dann lange zu verdauen habe. Ich habe aber das feste Gefühl, daß wir uns wiedersehen werden. Ich bin so froh und dankbar! Wie gut hab ichs doch: Ein liebes Mädel, das an mich denkt, eine wunderschöne Jugend mit lieben Eltern und Geschwistern und Freunde, die für mich beten. Und wie vieles hab ich doch den anderen voraus, daß ich wissen darf: Wenn es zum Einsatz kommt, so hält doch Gott seine Hand über mich und es geschieht nur was Er für mich bestimmt hat; daß ich erfahren habe, daß nicht ein blindes Schicksal über uns waltet, sondern ein Gott , der uns liebt. Siehst Du, da kann man nur froh sein und danken und ich möchte den anderen wieder davon erzählen ..."

Und am **18.6.41:**

„...Eben ist meine Nachtwache zu Ende gegangen und in einer halben Stunde geht die Post weg.

Das war eine wunderbare Nacht inmitten eines schönen Parks zwischen hohen alten Bäumen. Die Nachtigallen sangen und die Sterne schimmerten durch die Bäume und ich hatte viel Zeit, an Dich und alle Freunde zu denken und bin heute früh ganz erfrischt. Morgens war eine richtige Dank- und Jubelstunde im Wald angesetzt, denn alle die vielen Nachtigallen, Finken, Kuckucks, Drosseln und anderen Vögel gaben ihr Bestes und die Sonne leuchtete durch das frische Birkengrün und die dunklen Tannen. Und da hab ich feste mitgedankt und mitgepfiffen, und wenn ich nicht den Stahlhelm und das Gewehr gehabt hätte, wäre ich mir wie im Frühling auf der Alb vorgekommen. Welch ein Kontrast war dann doch das nicht abreißende Dröhnen der Raupenketten und Motoren auf der nahen Straße. Ab und zu störten nur ein paar Raben mit ihrem Gekrächz noch den Morgenfrieden. Da hatte ich heut richtig Zeit, mal wieder zu beten und zu horchen und ich bin heute so frisch wie schon lange nicht mehr und

weiß nun wieder, was ich hier zu tun habe unter meinen Kameraden. Ich hab eine Riesenfreude und alles Tohuwabohu um mich herum ist aus mir vertrieben. Es ist etwas ganz wunderbares, wenn man diese Freude bekommen kann inmitten einer teils galgenhumoristischen, teils bedrückten und depressiven Umgebung.
Und die Freude wünsche ich Dir auch mitten in all dem Irrsinn und Vernichtungskampf von Welten... Wenn Du für mich betest, so bitte darum, daß uns diese Freude erhalten bleibt und daß ich die Kraft bekomme, durchzuhalten, wenn es schwer kommt. Mein Leben steht in Gottes Hand und er weiß, was aus seiner Schau für uns das Beste ist...

Am 20. Juni standen wir dicht am Bug und ich schrieb meiner Braut eine Karte angesichts des Sonnenuntergangs am Bug:

Abendsonne sendet Gluten
übers weite Land
goldne Ährenspitzen fluten
überm Wegesrand.
Langsam sinkt die Sonne nieder
macht die Farben tief
Lerchen singen Abendlieder
und ein Kuckuk rief.
Hin zum Stalle Kühe wandern
müde dort am Rain.
In den Abend, fern von andern
schau ich ganz allein.
Lichte Wolken oben stehen
rot vom Gold umsäumt,
ferne Bilder den umwehen,
der dort schaut und träumt.
Leise fliegen meine Haare,
kühl die Stirne wird
und ins Weite, Frohe, Klare
wird mein Sinn geführt.
Ist's der Sonne goldnes Glänzen,
das mich jetzt durchglüht?
Ist's die Liebe ohne Grenzen,
die das Herz durchzieht?
Fängt in meinen wirren Haaren
sich der Abendwind?
Ist darüber sanft gefahren
Deine Hand so lind?
Frieden senkt der Abend nieder
in das Herz mir sacht
und ich küß im Winde wieder
Dich, mein Lieb, Gut Nacht!

Am **21.6.** bauten wir in Klonowika Mala einen Leichtverwundetensammelpunkt auf und am Abend wurde ein Führerbefehl verlesen, daß am anderen Morgen um 3.15 Uhr wegen des bedrohlichen Aufmarsches zahlreicher sowjetischer Angriffs-Armeen an der deutsch-sowjetischen Demarkationslinie der Präventivschlag gegen die Sowjetunion beginnen solle und dieser Krieg mit „asiatischen Methoden" geführt werden müsse.

Der Stalin - Hitlerpakt als Kriegsursache

Wenn wir heute nach über 50 Jahren aus russischen Archiven und Dokumentationen, wie etwa dem bis ins letzte Detail von Stalins Kriegsplanung und Aufmarsch gehende Buch „Der Eisbrecher, Hitler in Stalins Kalkül" (Klett-Cottaverlag) des sowjetischen Generalstabsoffiziers „Viktor Suworow" (Deckname), erfahren, daß das, was wir bei Beginn des Rußlandfeldzuges selbst erlebten, wahr ist, so ergibt sich für uns folgendes Bild über die Ursachen des 2. Weltkrieges:

Stalin wollte die Weltrevolution mit der Beherrschung Westeuropas. Das konnte er nur durch einen Krieg zwischen England und Frankreich gegen Deutschland erreichen, bei dem sich alle, wie im ersten Weltkrieg, gegenseitig so schwächen würden, daß es dann am Ende für die Rote Armee ein Leichtes sein würde, ganz Europa zu erobern. Um diesen Krieg auszulösen, machte er den Hitler-Stalinpakt, der die Teilung Polens zum Ziel hatte mit dem Einmarsch der deutschen Armee bis zum Bug und dem gleichzeitigen Einmarsch der Roten Armee in Ostpolen. Als die Engländer und Franzosen 1939 den Polen eine Sicherheitsgarantie gegen Grenzverletzungen gaben, schien ein Bündnis zwischen dem nationalsozialistischen Deutschland und seinem ideologischen Todfeind, dem bolschewistischen Rußland, eine völlige Unmöglichkeit. Dagegen versuchten die Westmächte die Sowjets für eine Allianz gegen Deutschland zu gewinnen. Der Hitler Stalinpakt Ende August 1939 war deshalb eine völlige Überraschung, der natürlich die ganze Bündnispolitik der Westmächte mit Polen in Frage stellte. Denn den beiden stärksten Landmächten gleichzeitig den Krieg erklären zu müssen, wäre auch gerade angesichts der großen pazifistischen Bewegungen in England und Frankreich („Mourir pour Danzig?") ein Wahnsinn gewesen. Hitler nahm deshalb fest an, daß Churchill und die Franzosen entsprechend ihres Bündnisvertrags mit Polen im Falle eines gleichzeitigen Einmarsches von Deutschen und Russen nicht beiden den Krieg erklären würden und der Einmarsch in Polen deshalb nicht zum Krieg mit England führen werde. Aber Stalin wartete 17 Tage, so daß die Engländer und Franzosen glaubten, sie stehen nur Deutschland gegenüber und deshalb Hitler den Krieg erklärten, aber dies dann Stalin gegenüber nicht taten, als dieser die andere Hälfte Polens besetzte. „Jetzt habe ich ihn hereingelegt!" soll Stalin gesagt haben, als Hitler so den Krieg mit England und Frankreich bekam und Stalin die gemeinsame Grenze mit Deutschland erhielt, so daß er Deutschland direkt angreifen konnte.

Stalins Frontwechsel

Nach der Eroberung von Paris und der englischen Niederlage von Dünkirchen (bei der Hitler die Vernichtung bzw. Gefangennahme der 340 000 Engländer bewußt verhinderte und sie nach England abziehen ließ, um damit die Engländer geneigter zu machen für einen ehrenvollen Frieden) bestand für England keine Chance mehr den Krieg zu gewinnen, wenn es nicht gelang, die Sowjetunion und die USA in den Krieg gegen Deutschland hineinzuziehen. Darum waren zahlreiche englische Politiker für einen Friedensschluß mit Hitler. Churchill aber bemühte sich deshalb, Stalin klar zu machen, daß er allein gegen Hitler stehen würde, wenn England Frieden schließen müsse. Vermutlich machte Churchill auch entsprechende Versprechungen (und die ja dann in Jalta erfüllt wurden) in denen er Stalin halb Europa auslieferte.

Stalin gab Churchill das Signal, daß er auf seine Seite schwenken werde, indem er den Krach mit Hitler provozierte durch dieselben Forderungen auf große Teile Europas (Finnland, Baltikum, Rumänien, Bosporus und Dardanellen und Teile des Balkans).

Molotow kam nach Berlin, um diese für Hitler unerfüllbaren Forderungen zu stellen, und damit einen Grund für den Frontwechsel zu schaffen.

Sie schieden im offenen Krach. Damit wußte Churchill, daß Stalin nun den Frontwechsel vollzog und er deshalb keinen Frieden zu schließen brauche. Aber auch Hitler wußte, daß der Krieg mit der Sowjetunion nun bevorstehen würde. Er gab deshalb konsequenterweise seinem Generalstab den Auftrag für einen solchen Fall die Pläne für das sogenannte Unternehmen „Barbarossa" fertig zu stellen.:

Stalins Mobilmachung und Englandflug von Rudolf Hess

Am **5. Mai 1941** hielt Stalin vor Offiziersanwärtern in Moskau eine Rede, in der er den Krieg mit Deutschand als unvermeidlich erklärte, aber betonte, daß die Rote Armee ihn offensiv führen werde. Gleichzeitig machte er am 5. Mai mobil. In einem letzten Versuch, einen Zweifrontenkrieg zu vermeiden, unternahm Rudolf Hess dann am 10. Mai seinen tollkühnen Flug nach England, wobei anzunehmen ist, daß er Churchill ein so großzügiges Friedensangebot machte, daß die Engländer bis heute noch nicht die geheimen Dokumente darüber freigegeben haben, vermutlich weil sonst die Kritik an der Fortsetzung des Krieges, der dann mit der Zerstörung Europas und der Auslieferung halb Europas an Stalin, dem Verlust des Britischen Empire und 60 Millionen zusätzlichen Toten endete (und keineswegs mit der Freiheit Polens), heute noch Churchill den Glorienschein des großen Staatsmannes und der englichen Krone ihren Glanz nehmen würde. Oder gibt es wirklich einen anderen Grund dafür, daß Rudolf Heß weder reden noch schreiben durfte und bis zu seinem 93. Lebensjahr in Einzelhaft allein in einem großen Gefängnis in Spandau gehalten werden mußte, obwohl - wie jeder Kenner der Situation weiß - er von allen NS Führern an diesem Krieg und insbesondere an dem erst im November 1941 beginnenden Holocaust die geringste Schuld hatte. Und der mysteriöse „Selbstmord", ausgerechnet in der Periode der englischen Bewachung und in dem Augenblick, als die Russen zum ersten Mal bereit waren ihn freizulassen, kann niemanden überzeugen. War es wirklich ein Verbrechen, daß er als erklärter Freund Englands seinen tollkühnen Flug machte und sein Leben einsetzte, um Frieden zu schließen?

Churchill entscheidet sich für Fortsetzung des Krieges

Aber Churchill wußte, daß nun der deutsch-russische Krieg bevorstand und daß sich deshalb eine neue Chance, Deutschland zu besiegen, bieten würde, und ließ Rudolf Heß einsperren. Hitler wartete erst ein paar Tage; als er dann aber sah, daß der Versuch eines Friedensschlusses mit England gescheitert war und an der Ostgrenze vom Baltikum bis ans Schwarze Meer 22 Armeen der Roten Armee zum Angriff aufmarschiert waren, gab er den Befehl zur Durchführung des „Unternehmens Barbarossa" und ließ Rudolf Heß für wahnsinnig erklären.

Der deutsche Angriff

Zunächst standen im Osten drei deutsche Divisionen gegen 100 sowjetische, aber der deutsche Generalstab brachte es fertig, in vier Wochen den Aufmarsch gegen die Sowjetunion durchzuführen und am 22. Juni 1941 erfolgte dann für Stalin völlig überraschend der deutsche Angriff. Meine eigene Division, die 167. Infanteriedivision, die in Bayerisch Schwaben lag, erhielt den Marschbefehl nach Osten am 23. Mai 1941.

Suworow führt zahlreiche Gründe an, weshalb Stalin trotz Warnungen nicht glauben wollte, daß Hitler einen Zweifrontenkrieg, der Deutschland schon im ersten Weltkrieg zum Verhängnis geworden war, von sich aus riskieren würde. Er war deshalb völlig überrascht vom deutschen Angriff. War es eine arme friedliebende Sowjetunion, die die bösen Faschisten grundlos überfielen? Oder hatte nicht Stalin vorher schon Polen überfallen, Finnland angegriffen, die baltischen Staaten besetzt, Bessarabien erobert? So daß es längst aktiv am Krieg beteiligt war und sich, wie Suworow nachweist, schon unumkehrbar im Angriff gegen Deutschland befand, als Hitler am 22. Juni den Gegenangriff befahl?

Stalins Angriffsvorbereitungen

Suworow zeigt bis ins Detail exakt, daß die deutschen Armeen in den gigantischen sowjetischen Aufmarsch hineinstießen, damit dem geplanten sowjetischen Angriff ca 3 Wochen zuvor kamen und deshalb die großen Anfangserfolge hatten, weil auf sowjetischer Seite alles auf einen Angriff vorbereitet war und alle Defensivmaßnahmen - wie etwa die sog. Stalinlinie mit Bunkern Stacheldraht usw.- bewußt abgebaut waren, um den eigenen Truppen die Hindernisse für den Angriff aus dem Weg zu räumen. So kam es, daß die deutschen Panzer zwischen den im Aufbau begriffenen Angriffskeilen der Roten Armee durchstoßen konnten und sie einkesselten. Angesichts der gewaltigen materiellen und personellen Übermacht der aufmarschierten Roten Armee dachte dort niemand an die Notwendigkeit der Verteidigung, sondern alles war auf Angriff ausgerichtet. Was sollen 1 Million ausgebildete Fallschirmjäger mit den entsprechenden Lastenseglern für die Verteidigung? Oder die Tatsache, daß der größte Teil der 25 000 Flugzeuge auf Flugplätzen dicht gedrängt an der Grenze für den Angriff konzentriert waren, so daß die angreifenden deutschen Flugzeuge mit dem ersten Schlag einen großen Teil der sowjetischen Luftflotte schon am Boden zerstören konnten? Oder die für den Angriff bereit stehenden 25 000 Panzer, die, wie der T34, den 3500 deutschen Panzern (Panzer III und Panzer IV) nicht nur zahlenmäßig, sondern auch technisch überlegen waren,

von denen ein Teil aber für die westlichen Straßenverhältnisse, aber nicht für die Verhältnisse in der Sowjetunion gebaut waren. Die riesigen Munitionslager in den Wäldern dicht an der Grenze, auf die unsere Truppen stießen, und vieles andere sind Beweise für einen kurz bevorstehenden Angriff der Roten Armee. Nur angesichts eines unmittelbar bevorstehenden Angriffs wird es auch verständlich, daß die Sowjets in der ersten Junihälfte die ganze noch national oder christlich gesinnte Elite der Völker an ihrer Westgrenze verhaften ließ, um sie nach Sibirien abzutransportieren. Bereits am 14. Juni wurden allein 40 000 Litauer als erste Rate nach Sibirien transportiert, ebenso eine große Zahl Letten und Esten. Der deutsche Überraschungsangriff machte aber den Abtransport vieler Tausender ebenso Gefangener in Ostpolen durch die fehlenden Güterwagen unmöglich, weil die Eisenbahnwagen dringend zum Rücktransport anderer wichtiger Güter gebraucht wurden, soweit sie nicht von der deutschen Luftwaffe zerstört wurden. Im Raum von Brest Litowsk ließ man die Gefangenen wieder laufen, während in Lemberg ca 80 000 erschossen wurden. Die deutschen Truppen fanden Tausende stinkender Leichen in den GPU Kellern.
Nach dem Krieg versuchte man diesen Massenmord, wie die Liquidierung der polnischen Offiziere im Wald von Katyn, den Deutschen in die Schuhe zu schieben und erfand deshalb das Märchen vom Bataillion „Nachtigall", das unter dem Befehl von Theodor Oberländer, dem späteren Vertriebenenminister Konrad Adenauers, diese Morde begangen haben soll. Der ganze Betrug kam nun aus den Stasiakten zum Vorschein. Der eigentliche Sinn dieser Massenverhaftungen und Deportationen liegt natürlich klar auf der Hand: Mit der Beseitigung der Führungsschicht der Balten, Weißrussen, Ukrainer und Polen sollten beim beabsichtigten Vormarsch die Nachschublinien vor Partisanentätigkeit sicher gemacht werden. Umgekehrt hätte man diese Deportationen nicht nötig gehabt, wenn man sich gegen einen deutschen Angriff, den Stalin für unmöglich hielt, hätte schützen wollen.

Keine Entschuldigung für Hitlers Landraub
Ich denke nicht daran, Hitlers Eroberungspolitik und seinen größenwahnsinnigen Land- und Machthunger zu entschuldigen. Umso mehr schon deshalb nicht, weil sein Ziel nicht die Befreiung des (mit durch unsere Schuld) unter Stalins Tyrannei gekommenen russischen und ukrainischen Volkes oder der Baltischen Völker war, sondern weil es ihm vor allem auch um die Eroberung der Ukraine, der „Kornkammer Europas" ging, die er ja schon in seinem Buch „Mein Kampf" als großes Ziel anvisiert hatte. Als der ukrainische Nationalführer Bandera sofort nach dem deutschen Einmarsch eine Regierung bilden wollte und den Deutschen 400 000 Mann zur Unterstützung anbot, ließ Hitler ihn deshalb verhaften. Dieser kriminelle Versuch des Landraubes wurde ihm dann auch zum Verhängnis, als er im August 1941 gegen den Willen des ganzen deutschen Generalstabes statt Moskau und Leningrad, die nach der Vernichtung der sowjetischen Armeen im Mittelabschnitt der Ostfront praktisch schutzlos waren, zu nehmen, den Befehl gab, zuerst die Ukraine zu erobern. Die 5 - 6 Wochen, die man dazu brauchte, genügten für Stalin, um die Verteidigung der beiden Städte zu organisieren und die Chance, den Kommunismus tatsächlich zu schlagen, war vertan. Seine Strategie im Winter 1941 mit der „verbrannten Er-

de" machten dann den Krieg gegen den Kommunismus zu einem Krieg gegen das russische Volk und brachte es so hinter Stalin und aus dem Krieg zweier materialistischer Ideologien und ihrer Diktatoren wurde der „große vaterländische Krieg" gegen den Landräuber.

Der Abfall von Jesus Christus als Kriegsursache

Seine „Feldherrnkunst" führte dann (entgegen des Rats seines Generalstabchefs Halder) im Jahr 1942 den „größten Feldherrn aller Zeiten" konsequent in die Katastrophe von Stalingrad und damit letzten Endes in die deutsche Niederlage. Der rassistische Hochmut war ja auch eine Hauptursache für Hitlers Kampf gegen das „nichtarische, jüdische Christentum". Für mich selbst und viele andere stand deshalb im Falle eines von Hitler gewonnenen Krieges und dem dann bereits angekündigten radikalen Kampf gegen das Christentum nur Konzentrationslager und Tod bevor. Die tiefste Ursache für die Katastrophe des 2. Weltkrieges ist darum nach meiner Überzeugung der Abfall Europas von Jesus Christus und den zehn Geboten des Dekaloges, auf den man geistig und ideologisch sowohl den Ausbruch des Krieges als auch die deutsche Niederlage zurückführen kann. Nur so wurde es möglich, daß hier zwei Verbrecher und Betrüger mit ihren antichristlichen Ideologien unsere Völker und den Idealismus ihrer Menschen mißbrauchen konnten für den blutigsten Krieg aller Zeiten. Für die Bewältigung dieser furchtbaren Vergangenheit und Blutschuld auf allen Seiten ist die radikale Ehrlichkeit, die diesen Hintergrund erkennt und anerkennt, die unabdingbare Voraussetzung.

Die totale Überwachung als Mittel der Unterdrückung

Die totale Diktatur in beiden Systemen benötigte für ihr Fuktionieren die möglichst hundertprozentige Überwachung aller einzelnen Menschen und Menschengruppen im Staat. Mit dem Fortschreiten der Informationstechnik und der elektronischen Medien wird dies immer lückenloser möglich, so daß die Gefahr einer noch vollständigeren Tyrannei heute durchaus gegeben ist.

In der Sowjetunion war das Überwachungssystem durch Tscheka, GPU und zuletzt NKWD anfangs ganz primitiv und brutal, wurde aber dann zunehmend raffinierter, was die riesigen Aktenmengen der Stasi in der ehemaligen DDR beweisen.

Im Dritten Reich war die wichtigste Zentrale des Reichssicherheitsdienstes (SD) und der Gestapo (Geheime Staatspolizei) in der Prinz Albrecht Strasse in Berlin.

Sie fiel, wie schon erwähnt, völlig unzerstört in die Hände der Sowjets. Der oberste Gestapochef Müller rettete durch die unversehrte Übergabe 1945 seinen Kopf.

Der Krieg beginnt

Mit großer Spannung standen wir am 22. Juni um drei Uhr auf und warteten, was geschehen würde. In einem Brief an meine Braut schilderte ich diesen schrecklichen Schicksalstag, an dem mit größter Wahrscheinlichkeit die deutsche Armee mit ca. 3 Millionen Mann, 3500 Panzern, und 3500 Flugzeugen entlang der ganzen Front vom Eismeer bis zum Schwarzen Meer einem für 2-3

Wochen später geplanten sowjetischen Angriff von 4,7 Millionen Soldaten mit 25 000 Panzern, 25 000 Flugzeugen und einer Million Fallschirmjägern (Zahlen von Viktor Suworow „Der Eisbrecher", Hitler in Stalins Kalkül) zuvor kam.

Am Bug 22. Juni 1941

Mein liebes Dorle,
Der Sturm braust hinein ins russische Land,
der Morgenwind saust in den Feldern,
der Himmel glüht rot im Völkerbrand
und Verderben droht aus den Wäldern.
Ein dumpfer Knall die Stille durchbricht
und wieder noch einer und wieder;
Vernichtung schleudern im Morgenlicht
die Rohre vom Himmel hernieder!
Wie Schwefel so gelb und wie Blut so rot
die Wolken im Osten nun brennen
und sie leuchten hinein in den Kampf und den Tod,
in das Stürmen und Fallen und Stöhnen!
Da steh ich am Wege im Morgenschein,
wenn die Panzer die Straßen durchjagen,
und ich denk an die Liebste, ich denke Dein
und möchte Leb wohl! Dir noch sagen!
Ob Du es wohl fühlst, daß ich innig Dich grüß,
wenn zwischen den Schlachten wir stehen,
und in Gedanken zum Abschied Dich küß!
Mein Liebstes auf Wiedersehen!

22.6.41

„Nun hast Du ja wohl heute auch gehört, was wir seit 14 Tagen ahnen und was nun geschieht. Ich liege ganz nahe an der Grenze und gehöre zu einem Verband, der heute den Angriff mit eröffnete.
Gestern abend kam der Befehl zum Fertigmachen. Es war dann doch eine eigenartige Sache, die Nachtstunden unter dem wundervollen Sternenhimmel, deren Ruhe nur ab und zu durch das Bellen eines Hundes unterbrochen wurde. Punkt drei standen wir auf. Von unserem Platz, wo ich ganz selbsständig arbeiten kann, hatten wir einen sehr guten Überblick. Im Westen standen blauschwarze Wolken und die fahle Mondsichel schimmerte zwischen den Strohdächern hindurch. Und im Osten waren rote Streifen sichtbar. Ein kalter Wind pfiff und nichts war zu hören. Ein Storch stieg vor uns ruhig durch die Wiesen. Sechs km von uns in den Wäldern lag die deutsche Infanterie, aber alles ist ruhig. Es war wohl der schönste Sonnenaufgang, den ich erlebte. Jede Minute andere Stimmungen und andere Farben, bis sich die Sonne wie ein glühender Ball, dessen Grenzen im Dunst sich ausweiteten und verschwammen, über die Wolkenzüge heraushob und alles mit einem gelben Licht übergoß. Wir standen zunächst eine Viertelstunde lang zu viert und warteten gespannt auf den ersten

Schuß. Aber es rührte sich nichts und wir dachten schon, es sei nichts los und wollten uns wieder schlafen legen, denn wir hatten nur eine Stunde geschlafen und kehrten schon um. Da plötzlich ging es los, und dumpfe Abschüsse erschütterten die Luft und durchbrachen die Stille. Nach einiger Zeit blitzte es auch auf der anderen Seite auf und ca 500 Meter von uns wurde eine Rauchwolke sichtbar.

Leuchtkugeln stiegen auf. Unsere Artillerie schoß scheinbar zu kurz. Wie ein Gewitter mit ununterbrochenem Wetterleuchten und Donner steht es über den Wäldern in der Ferne und darüber leuchtet das Morgenrot durch die zerrissene Wolkendecke. Der Storch vor uns rennt aufgeregt hin und her und die Dorfbewohner schleppen ihre Möbel und Habseligkeiten auf die Wiesen. Unsere Pioniere erzwangen mit der Infanterie den Flußübergang. Dann kamen nach zwei Stunden, in denen wir uns wieder hingelegt hatten, zwei Unteroffiziere, der eine mit einem Oberarmduchschuß und der andere mit einer großen Streifschußwunde an der Stirn, die ich jedoch ins Lazarett weiterschicken mußte. Eben flogen verschiedentlich russische Bomber über uns weg. Die Flak schießt wie wild. Plötzlich zeigt sich an einem Flugzeug eine Rauchfahne.

Es sinkt ab, ein weißer Punkt erscheint daneben und das Flugzeug stürzt senkrecht zur Erde. Der weiße Punkt bleibt in den Wolken stehen. Es ist der Flieger, der im Fallschirm absprang. Kradmelder jagen vor und zurück. Ich springe ein ums andre Mal aus dem Haus und schaue nach den Fliegern, die überall herumschwirren. Eben ist wieder einer abgeschossen worden und wieder erschien der Fallschirm daneben. Diesmal wars möglicherweise über russischem Gebiet. Die Russen scheinen den Fluß nicht verteidigt zu haben, sondern haben weiter hinten ihre Hauptverteidigungslinie angelegt. Eben wurden wieder drei russische Bomber von unseren Jägern abgeschossen und schossen als leuchtende Fackeln in die Tiefe. Ein Rauchstreifen bleibt am Himmel stehen und unten steigt an der Aufschlagstelle eine Wolke empor. (Anmerkung 1996: Diese Unfähigkeit der sowjetischen Flieger, sich zu verteidigen, da sie nur auf Angriff trainiert waren, beschreibt Viktor Suworow in seinem Buch „Der Eisbrecher"). Wolfram Sauter ist übrigens gestern zu meiner Einheit kommandiert worden. Nun sind wir also doch wieder beisammen und können nacheinander sehen... Kaum hatten wir gestern unsere kleine Krankenstube im Dorf aufgemacht, so kamen auch schon die ersten Dorfbewohner mit allen möglichen Krankheiten: Magenkrebs, Ellbogenbruch, Krätze, usw. und wir hatten hinterher 14 Eier mit Speck und aßen einmal wieder ganz feudal zu nacht...

Wahrscheinlich wird dieser Krieg fürchterlich, denn die Sowjets werden wohl keine Skrupel haben...

23.6.41

Es ist bei uns schon wieder wie im tiefsten Frieden. Die Bauern sitzen vor den Häusern und das Vieh weidet ruhig in der Nachmittagssonne und in unseren „Operationssaal" marschieren eben die kleinen Hähnchen herein und machen „piep! piep!". Nur noch ab und zu hört man Flugzeuggebrumm oder ganz weit in der Ferne eine Explosion. Sonst ist alles ruhig und wir liegen heute nachmittag auf einer Wiese und haben einer Linde durch die Äste geschaut. Zu tun haben wir glücklicherweise nicht viel, weil die Verluste verhältnismäßig gering sind. Dagegen kommen ab und zu Zivilisten, die wir versorgen... Eben zieht mein Kamerad, der Dentist ist, einem jungen Polen aus dem Haus, in dem wir wohnen, seine schlechten Zähne und hilft ihm damit vielleicht gegen seinen Gelenkrheumatismus. Ich habe hier so ziemlich die ganzen männlichen Hausbewohner beraten und untersucht. Es ist für uns ja auch wichtig zu wissen, ob kranke Leute im Hause sind und die Leute sind froh, denn die polnischen Ärzte sind entweder schlecht ausgebildet oder nicht vorhanden... Unsere Panzer sollen schon 150 km weiter sein. Aber wir erfahren hier ja nichts als das, was andere uns von vorne erzählen. Nun kam noch ein Soldat mit einer kleinen Unfallverletzung und ich habe hier die erste Wunde unter sehr primitiven Verhältnissen ausgeschnitten.

24.6.1941
Sehr schwer fällt es mir, gegen irgend jemand Gewalt anzuwenden und ich kann mir nur schwer vorstellen, daß ich mal jemanden über den Haufen schießen könnte...
(Anmerkung 1996: Ich blieb Gott sei Dank davor die ganzen vier Kriegsjahre bewahrt)
Heute sind 30 Russen mit teilweise schweren Verbrennungen hier durchgekommen! So ein Krieg ist doch etwas Furchtbares.

Weiter Tagebuch:
Am **26.06.** ...Die Leute bedauern es sehr, daß wir weiter gehen. Aufbruch über den Bug. Wir sahen die erste ausgeplunderte Kirche, Tätigkeit auf dem 2. Hauptverbandplatz. In der Nacht vom 28./29. Juni brachten wir das erste Russenkind zur Welt. (Anmerkung: d.h. Wolfram Sauter kam gerade noch recht, wie der Kopf erschien, während ich nur das erste „Bääh" des Kindes mitbekam.) Ich hatte eine aufregende Nachtwache: Weiter gings nach Pruzana und zum ersten Russenlazarett, dann weiter nach Bythen. Ein mißgünstiger Doktor gab dem Hund des Hauptfeldwebels Strychnin. Ich rettete den Hund durch eine Narkose. Natürlich gab es einen Mordskrach zwischen dem Hauptfeldwebel und dem Assistenzarzt Fruth. Aufbruch mit Marschbefehl nach Wolga. (Bild Nr. 5)

Sommer 1941
Fern ferne im Osten, wo der Himmel so weit
versank uns im Traumland die alte Zeit! -
Wo die Steppe sich dehnt und die Sonne rot glüht
durch die endlosen Strassen ein Heer hinzieht.
Und nur schwelende Trümmer am Wege stehn
und Gestalten im Staub, wie im Nebel zergehn.-
Sie fahrn wie im Schlafe versunken dahin,
in der Mittagshitze die Räder glühn.
Doch wenn purpurn im Westen die Sonne versinkt
durch die Steppe und Heide ein Lied erklingt
von der Heimat, der Liebsten, so weit und so fern
Und die Nacht bricht herein und hoch oben ein Stern

strahlt durch zerrissene Wolken herab
auf ein Kreuz auf dem frischen Soldatengrab.
Dort ruhet vom Marsch und vom Kampf einer aus,
doch einsam weinet die Liebste zu Haus.-
Fern, - ferne im Osten, wo der Himmel so weit,
sind versunken im Traumland uns Heimat und Zeit.

Brief vom 6.7.41:
„...Es gibt ab und zu versprengte russische Einheiten hier in der Gegend, die
aber gewöhnlich völlig ausgehungert sind und sich nur Einzeln bei Nacht durch
die Gegend schleichen. Aber Angst brauchst Du keine zu haben. Ich hab bis
jetzt erst drei gefangene Russen zu Gesicht bekommen.
Gestern habe ich an unserer nicht besonders grossen Marschstrecke vierzig russische Tanks gezählt, die im Strassengraben lagen, wohin sie wohl die Organisation Todt befördert hat. Zerschossene LKW's und Kanonen aller Kaliber
stehn an der Straße, auf der die deutschen Panzer vorgestossen sind, die zunächst hinter uns waren und nun angeblich nach einer Sondermerldung bereits
in den Vorstädten Moskaus sein sollen...
Oft fahren wir z.Zt. über Straßen, wo links und rechts Sümpfe sind. Da ist unser
Spieß gestern in einen Sumpf reingekommen und mit seinem Gaul bis zum
Bauch drin gesteckt.
Heut hat einer von den hiesigen Knaben sich einen schönen unfreiwilligen
Streich erlaubt. Er hatte nämlich zwei Mädchen an verschiedenen Orten pus-
siert, die ihm Päckchen sandten. Nun schickte er an beide Briefe, die er aber
jeweils ins falsche Kuvert reinsteckte, worauf heute von einer von ihnen die
entsprechende Antwort eintraf. Dies ist in kurzer Zeit nun schon der zweite Fall
dieser Art in der Kompanie. Du siehst, das Schicksal hilft doch auch manchmal
den hintergangenen Mädchen.
Ich hab mir eins gegrinst, wie er ganz belämmert dasaß, weil er nun auf einen
Schlag keine mehr hat und keine Päckchen mehr bekommt. Aber so gehts eben
manchmal: Die Sonne bringt es an den Tag, auch bei solchen, die glauben, die
Gerissensten zu sein!

6.7.41 Rückversetzung
nach Bythen, wo die Division einen Teil der vom Sand erschöpften Pferde und
den schweren Troß lassen mußte und deshalb 45 Mann unter Oberleutnant
Schmidt-Polex als Stützpunkt zurückließ, den ich als Sanitätssoldat und Arzt
betreuen sollte. Bythen war ein weissrussisches Städtchen-mit 4000 Einwohnern, darunter waren 800 Juden, drei jüdische Ärzte und ein jüdischer Apotheker. Ich ging zum Apotheker und fragte ihn, ob er mir nicht in seinem Haus ein
Zimmer als Quartier geben könnte, da es für ihn dann eine gewisse Sicherheit
sei. Dann ging ich zu einem der Ärzte und fragte ihn, ob er bereit sei, mein Assistent zu sein, was dieser natürlich auch sofort bejahte. Ein anderer von den
Ärzten lud mich zum Mittagessen zu sich ein: einer solchen Einladung in ein
jüdisches Haus Folge zu leisten, war zwar verboten. Aber ich nahm sie bewußt
an und muß heute noch manchmal an die gebratenen Fische denken, die aus
dem kleinen Fluß stammten, der durch das Städtchen ging. Zum ersten Mal

handelte ich mir den Vorwurf ein, ein „Judenknecht" zu sein, als ich dem Unteroffizier Huntzinger entgegentrat, der meinen Apotheker mit Fußtritten nach Hause jagte, obwohl noch 15 Minuten Zeit bis zur Sperrstunde um 21 Uhr waren. Schließlich war ich ja nur Sanitätssoldat und der andere konnte mir als Unteroffizier befehlen und geriet in Wut, als ich ihm Vorwürfe wegen seines Verhaltens machte. Aber das konnte mir einerlei sein, denn als deutscher Arzt war ich natürlich an diesem Platz der ungekrönte König und die Patienten kamen bald von überall her aus der Umgebung, um sich behandeln zu lassen.

13.7.41:
Noch sind all die vielen Eindrücke viel zu frisch und ich kann nur bruchstückweise erzählen von den hunderten von Tanks und Kanonen, den toten Pferden und Gräbern, zerschossenen Häusern und gequälten Menschen, die uns ihr Letztes bringen und aufatmen, weil wir gekommen sind. Gestern war ich in einem kleinen Städtchen und erlebte die Wiedereröffnung einer katholischen und einer orthodoxen Kirche mit. Wunderbare Chöre, die so richtig die Seele dieses Volkes zum Ausdruck brachten. Die Seele, die ja eigentlich ohne die Kirche nicht mehr existiert, wie wir hier am deutlichsten sehen. Ich wünschte nur, daß unsere Leute das mit offenen Augen erleben, damit ihnen ihre bolschewistischen Anwandlungen bezüglich Kirche vergehen! Wunderbare Kirchen, ausgeplündert und leer mit zerfallenden Dächern. Da war ich vorgestern in einem anderen Städtchen, in dem eine sehr schöne Kirche stand. Der Turm war jedoch abgebrochen und der Innenraum war mit Brettern verschalt, um daraus ein Kino herzustellen. Das Einzige was aber an dem Kino fertig war, trotz der zwanzig Jahre in denen bereits in diesem Sinn an der Kirche herumgemurxt wurde, war die vordere Fassade. Das war aus einer schönen Kirche geworden!...

Unsere erste Begegnung heute vor 10 Jahren

18.7.41:
Eine Kerze steht auf dem Tisch in einer sowjetischen Schule im alten Polen und in der Nacht draußen zirpt eine Grille. Und da sitz ich und denke zurück an unseren Lebensweg, an den Tag vor genau zehn Jahren, als sich im Grunde unser gemeinsames Schicksal entschieden hat. Als ich mit klopfendem Herzen hinter Dir dreinrannte und Dir das vier Monate alte Bild vom Skifahren überreichte und Du Deinen Kopf unter dem Schirm nach mir rumdrehtest und „Grüß Gott Sieger, ist es schon fertig?" sagtest und wir uns zum 1. Mal die Hand gaben. Und als wir uns dann neun Monate später gestanden, daß wir uns lieb haben, da war mir klar, daß wir uns heiraten sollen und für immer zusammengehörten... Noch sehe ich mich auf der Rampe in meiner geliebten Haslachmühle (BK Ferienheim bei Ravensburg) sitzen und an Dich den ersten Brief schreiben und denke daran, wie ich nach meiner Meniskusoperation im Krankenhaus sehnlichst auf Deine Briefe wartete und Deine Rosen ansah. Wie wir dann das erste Mal auf dem Normannenhaus in Tübingen tanzten und an die schönen Stunden, die wir dort in der Studentenzeit erlebten. Und wie wir so wunderbar über alle Klippen immer wieder hinweggeholfen bekamen.

Manchmal waren wir auch im Begriff, Dummheiten zu machen und wie sind wir doch immer bewahrt geblieben. Gott sei Dank! und immer wieder Gott sei Dank!, der uns eine reine Ehe schenken will, der uns getrennt hat, um uns diese wunderschöne Gemeinschaft wieder zu schenken. Es gibt wohl kein herrlicheres Geschenk als die reine Liebe... Vielleicht waren es die Gebete unserer Eltern, die uns schützten. Wie erfahre ich doch auch jetzt, wie wunderbar mich Gott durch alles hindurchführt. Und manches Mal, wenn ich in den letzten Tagen allein durch das Land zog, sang ich mit den Lerchen um die Wette: „Lobe den Herren, den mächtigen König der Ehren!" und eine Welle von Kraft, Freude und Glück drang aus diesem Geborgensein inmitten aller Zerstörungen in mich ein...

19.7.41:
In Byten sind sehr viele Juden, die einst 39 vor dem deutschen Einmarsch hierher flohen und hier von den Russen angesiedelt wurden, während die vorher hier ansässigen Weißrussen nach Sibirien verfrachtet wurden, - wohl um das kommende Hinterland bei einem Angriff auf Deutschland von möglichen Partisanen frei zu halten!
So wurden z.B. nach den Aussagen eines litauischen Bischofs am 14. Juni 1941, 8 Tage vor unserem Angriff 40 000 Litauer nach Sibirien verschleppt. Ein polnischer Lehrer berichtete mir unter Tränen, daß unser Einmarsch ihn und viele andere, die schon bei Brest Litowsk zum Abtransport nach Sibirien zusammengetrieben waren, gerettet habe, weil der dafür Hauptverantwortliche sie wieder nach Hause geschickt habe, als er wegen des deutschen Einmarsches keine Eisenbahnwaggons zum Abtransport mehr bekommen habe. In Lemberg dagegen wurden zehntausende erschossen, die dann die deutschen Truppen vielfach schon im Verwesungszustand in den GPU Kellern fanden.
Diese „Säuberung" von allen nationalen und christlichen Elementen (die als mögliche Partisanen hinter der sowjetischen Front im Falle des beabsichtigten Angriffs der Roten Armee in Frage gekommen wären) ist auch ein Indizienbeweis für den unmittelbar bevorstehenden Angriff der Roten Armee. Stalin war ja trotz aller Warnungen Churchills völlig überrascht, daß Hitler angriff, weil er nicht geglaubt hatte, daß nach den Erfahrungen des 1. Weltkrieges mit dem Zweifrontenkrieg die Deutschen erneut diesen Fehler machen würden.
Mit den drei jüdischen Zivilärzten unterhalte ich mich auch ab und zu lange. Und manchmal pfusche ich ihnen auch ins Handwerk.
Die ganze Zeit kommen immer wieder Leute, die behandelt sein wollen, aber die meisten schicke ich weg zu den Zivilärzten. Nur einige wenige behalte ich und behandle sie selbst. Die Leute glauben eben, der deutsche Doktor müsse immer helfen können. Man ist für sie ein Wundertier aus einer anderen Welt und sie bringen dann manchmal Eier und Hühner usw.
Es ist auch schöner, die Menschen auf diese Art zu erobern!
Anbei schicke ich Dir noch eine Zeitung mit, die sehr interessant ist. Der Artikel über den Gottesdienst in Smolensk trifft so ganz das, was ich selbst sah und erlebte: Ein Volk ohne Kirche ist ein Volk ohne Seele. Hier ist die hiesige orthodoxe Kirche von den Sowjets gesprengt worden. Ein riesiger Trümmerhaufen und darauf ein Aborthäuschen! Ein trostloser Anblick!...

Kreuze im Osten

Heissen Tages Dunst und Glühen
sacht den Abendwinden weichen,
durch den Himmel Wolken ziehen,
Störche durch die Wiesen streichen,
langsam gleitend ihre Schwingen
übers weite Land sie breiten,
und wie fernes Glockenklingen
will ein tiefes Sehnen gleiten
mir ins Herz. - Ist's Traum? Ist's Wahrheit?
was in weiter weiter Ferne
einstens war, wo voller Klarheit
Deiner Liebsten Augensterne
tief Dir in die Seele schauten,
wo Du nicht von Hass umgeben
in der Heimat, der vertrauten,
Ist's ein Traum nur? Ist es Leben?
Wo am Sonntag Glocken klingen
durch die stillen Morgenstunden,
dorthin sucht das Herz zu dringen,
ja dort möchte es gesunden,
wenn die Seele stumpf geworden
in der Sommersonne Sengen,
in des Krieges ewigem Morden,
wenn uns Hass und Not umdrängen,
Hunger uns aus hohlen Augen,
anschaut, Angst und Gieren
nach dem Leben an uns saugen
und aus dunklen Fenstern stieren.
Wenn das Stöhnen der zerfetzten
Leiber durch die dunklen Hütten
geht, - wenn einer der Verletzten
„Mutter" jammert.- Ausgelitten
tot auf einer grauen Bahre
greift der letzte Krampf der Hände
in die blutverklebten Haare
durch zerrissene Verbände.-
Dort am Weg die Kreuze stehen
derer, die einst voller Hoffen
auf ein frohes Wiedersehen
ausgezogen - , nun getroffen
fern ihr Leben uns gegeben. -
Stahlhelm auf dem Kreuz aus Birken,
und zu Ende alles Streben
alles Hoffen, Kämpfen, Wirken. -
Und der Abendsonne Strahlen

wie der Heimat letztes Grüßen
auf die Birkenkreuze fallen,
sacht die grauen Helme küssen. -
Schlaft Kameraden, schlaft dort unten,
Euch kommt noch ein Auferstehen
Einer hat durch seine Wunden
uns gerettet vom Vergehen!
Aus dem dunklen Nichts errungen,
dem im Sand der Leib verfallen!
Für uns ist der Tod bezwungen,
aufgebrochen seine Krallen!
Über Rußlands Wald und Steppen
in das dunkle Abendrot
Kreuze in den Himmel streben!
Christus zwang am Kreuz den Tod!

21.7.41:
Ich wollte endlich einmal wieder eine längere Stille Zeit halten und schrieb
meinem Freund Eberhard Stammler das Ergebnis als Zwischenbilanz. Und
kaum hatte ich es geschrieben, da ging die Tür auf und ein Besuch kam und
fing immer wieder von Christus und der Kirche an, die er ablehnte, und da
durfte ich zum ersten Mal wieder seit langer Zeit richtig Zeugnis ablegen und
erzählen, was er mir bedeutet, ohne in eine Debatte zu kommen. Als er mich
verließ, wollte ich gerade zum Nachtessen gehen, als ein junger Mann aus einem Nachbardorf eingeliefert wurde, der mit einer Granate gespielt hatte und
den ich dann gleich versorgen mußte.
Dabei habe ich dann zum ersten Mal einen Unterarm amputieren müssen. Ich
bin gespannt, ob er durchkommt, denn er hatte auch schwere Verletzungen am
Oberschenkel und einen Granatsplitter in der Lunge. Die Mittel waren zwar
sehr primitiv, doch war ich froh, daß ich wenigstens ein paar Instrumente zur
Hand hatte. Da uns eine Knochensäge fehlte, mußten wir eine Holzsäge sterili-
sieren. (Nachtrag: Leider starb der Patient, vermutlich an den Folgen der Lun-
genverletzung und dem starken Blutverlust. Und wir hatten hier kein Blutübertragungsgerät).

Der erste Ausritt
Mein Reiten war neulich eine raffinierte Angelegenheit. Zuerst bekam ich ein
gutes, aber aufgeregtes Reitpferd und sollte mit ihm meinem Oberleutnant, der
bereits voraus geritten war, nachreiten. Das Vieh hatte aber nach kurzer Zeit
heraus, daß ein chronischer Nichtreiter auf ihm saß und wollte nicht so, wie ich
wollte! Es bockte und fuhr mit mir Karussell. Und da wir gerade auf Steinpfla-
ster waren, zog ich es vor, geschwind abzusteigen, um es zu beruhigen. Nachher ließ es mich aber nicht mehr aufsteigen, versuchte zu beißen usw. Darauf
erinnerte ich mich an die Definition des Pferdes aus meiner Studienzeit: „Das
Pferd ist ein Tier, das dem Menschen fortgesetzt nach dem Leben trachtet!"
und ich dachte, ich hol mir lieber für das erste Mal einen anderen Gaul, ließ mir
einen mittelschweren Schimmel satteln und ritt mit ihm „stolz" ins Gelände.

Dem fiel wohl auch auf, daß es beim Trab mehr hoppelte als gewöhnlich, und er ließ sich nach einiger Zeit durch nichts mehr bewegen, in Trab zu fallen. Nach drei Kilometer Ritt dachte er dann wohl auch, daß es jetzt genug sei und er wieder in den Stall zurück müsse. Jedenfalls ging er nicht mehr vorwärts, sondern machte immer wieder kehrt und schließlich gab ich als der Klügere nach und wir ritten friedlich unter dem schadenfrohen Grinsen einiger Einheimischen nach Hause!...

Juli 41:
Mit meinen jüdischen Wirtsleuten (Apotheker) hatte ich heute ein interessantes Gespräch über die Frage, warum die Juden immer wieder verfolgt werden. Als Erklärung für dieses Phänomen genügte auch nicht die Tatsache der vielen Juden in den freien Berufen und in der Wirtschaft in Deutschland vor 1933. Denn ohne Berücksichtigung der Worte im Matthäusevangelium „Sein Blut komme über uns und unsere Kinder!" bleibt es ein unverständliches schreckliches Geheimnis. Die Ähnlichkeit des Schicksals der Deutschen, die auch mit dem Abfall von Jesus Christus ihre eigentliche Mission verwarfen und zum Paria in der Welt wurden, drängt sich hier auf...
Nach vier Wochen, in denen ich in meinem jüdischen Quartier bleiben durfte, kam die Zivilverwaltung, die Juden mußten alle eine Armbinde mit dem Zionsstern tragen und die jüdischen Frauen durften nicht mehr bei uns arbeiten. Ich mußte in die Schule als unserem gemeinsamen Quartier umziehen. Die Zivilverwaltung setzte jüdische Arbeiter am Bahndamm des sechs km entfernten Eisenbahnhaltepunktes Domanowo ein, die dafür täglich 2 kg Kommisbrot erhielten. Eines Tages hielt auf dem Bahnhof ein Transportzug mit einer Abteilung Totenkopf(Polizei) SS. Als sie während ihres Aufenthaltes die Juden mit den Schubkarren usw. sahen machten sie sich einen Spaß daraus, mit ihnen Schubkarrenrennen mit vollbeladenen Karren zu veranstalten und verprügelten sie, wenn sie nach ihrer Meinung zu langsam waren, so daß eine ganze Anzahl arbeitsunfähig wurden die ich dann krank schrieb. Der Eindruck dieser Schandtat auf die Zivilbevölkerung war verheerend. Denn bis dahin hatte sie vor den deutschen Soldaten und Offizieren große Achtung. Nun aber hieß es „Deutsche Offiziere haben sich derartig unmöglich benommen!"
Und unser ganzer Kredit war zerstört.
Zu meinem Glück kam ich Ende September 41 wieder an die Front, ehe die eigentlichen Progrome im November begannen. Mein Sanitätsunteroffizier schrieb mir immer wieder und wir erfuhren von der zurückgelassenen Einheit, daß auch Frauen und Kinder umgebracht wurden. Die moralische Auswirkung auf die kämpfenden Truppen war katastrophal! „Wenn das geschieht, können wir diesen Krieg nicht mehr gewinnen! So etwas muß sich rächen" Und bei vielen, die das erfuhren, wandelte sich die Einstellung und sie glaubten nicht mehr an den „gerechten" Krieg.
Ehe ich wieder an die Front abmarschierte, schrieb ich noch einen jungen jüdischen Mann wegen einer evtl. bestehenden Tbc krank.
Ich werde die Tränen seiner Mutter nicht vergessen, daß ich Byten verlassen mußte. Aber was hätte ich tun können? Den letzten Abend, ehe ich wegmußte, verbrachte ich noch bei meinem jüdischen Kollegen und „Assistenten"

Dr.Wodnik. Ich habe nichts mehr von ihm gehört, aber ich vermute, daß er den Todeskommandos zum Opfer fiel. Ist es ein Zufall, daß Ende November 1941, nach dem Beginn der Massenmorde auch an jüdischen Frauen und Kindern, das Glück die deutschen Armeen verließ und die erste schwere Niederlage vor Moskau fast zu einer totalen Katastrophe geführt hätte?

Doch zurück zum Anfang August 1941:

„Einliegend schicke ich Dir noch einen sowjetischen Wehrpaß, der ganz interessant ist, weil bereits ein Mobilmachungsbefehl für den 5. Mai 1941 darin eingeheftet ist. Er stammt von einem ganzen Haufen solcher Wehrpässe in der Schule, in der wir uns befinden, die vermutlich eine Wehrerfassungsstelle bei den Sowjets war.

(Anmerkung: Das Datum 5. Mai 1941 deckt sich mit dem Mobilmachungstag, den Viktor Suworow in seinem Buch „Der Eisbrecher" für den Zeitpunkt von Stalins Mobilmachung gegen Deutschland angibt).

28.7.41:
Ab und zu kommen immer Bauersfrauen oder Männer mit ihren Kindern, die sie scheinbar nicht zu den jüdischen Ärzten bringen wollen. Sie bringen dann immer Eier mit, so daß ich fast täglich Schinken mit Ei essen muß!

1.8.41:
„Ich will Dir heut mal wieder einen besonderen Brief in Gestalt der „Illustrierten Zeitung des hiesigen Ortes" schicken! Thema: „Bilder ohne Worte" mit Orginalphoto eines hiesigen jüdischen Photographen angefertigt! Extra für mein Dorle! Ich hoffe aber, daß Du Dir nichts schenken läßt!
Vorgestern habe ich einem jungen Weißrussen durch Eröffnung eines großen phlegmonösen Abszesses nach einem Stich mit der Mistgabel in den Fuß vielleicht das Leben retten können. Du kannst Dir vorstellen, wie dankbar die Eltern (Makarewicz) sind. Ein wunderbares junges Huhn, Wodka und Milch war der Dank! Überhaupt werde ich hier von allen Seiten verwöhnt! (Bild Nr. 6)
Heute morgen fiel einer von unseren Leuten in den Stacheldraht und verletzte sich stärker am rechten Arm. Ich konnte dann gleich die Wunde versorgen und hoffe nur, daß es gut geht! Es ist eben alles, wenn man hier steril arbeiten will, fünf mal umständlicher als in der Klinik..."

4.8.41:
„Heute habe ich mal zur Abwechslung eine größere Operation durchgeführt und einem Zivilisten einen großen Abszeß am Oberschenkel aufgemacht, aus dem etwa ein Liter Eiter herauskam. Anschließend hab ich den Mann dann zur weiteren Behandlung in ein Zivilkrankenhaus in 30 km Entfernung (Slonim) eingewiesen... Die Polen haben einen großen Zorn auf die Bolschewisten und die Juden, weil sie glaubten, daß jüdische KGB Spitzel die Namen der christlichen und nationalgesinnten Polen und Ukrainer dem KGB weitergegeben hätten, die dann von ihnen nach Sibirien verschleppt wurden, so daß fast jeder von ihnen jetzt Angehörige dadurch verloren hat.

18.8.41:
„Und wenns abends spät wird, dann mag ich morgens nicht recht aus dem Bett raus und dann reichts nacher zu keiner stillen Zeit.
Und dann kommen die Polinnen und machen sauber usw. Die Jüdinnen, die vorher da waren, waren allerdings angenehmer, denn sie waren nicht so frech und aufdringlich wie die jetzigen.
Heute hatte ich einen ziemlich aufregenden Tag: Zwei kleine Operationen, eine Lungenentzündung, ein halb kaputt geschlagenes Auge, zwei Brathühnchen usw. Morgen muß ich nach Baranowice fahren, um die Kranken dort abzuliefern und neues Sanitätmaterial zu fassen. Gestern abend war ich beim Bürgermeister zu Gast und hab mich dort füttern lassen. Allmählich kann ich fast nichts mehr essen. Vorgestern richtete ich einen ausgerenkten Finger ein und so bekomm ich immer mal wieder Sachen zu sehen, die ich zu Hause nur selten oder gar nicht zu Gesicht bekam. Die Tuberkulose ist hier sehr stark verbreitet, weil die Bauern die Fenster nicht aufmachen. So kam heute ein junger jüdischer Mann mit Knochentuberkulose zu mir, den ich wie manchen andern eben leider

wieder fortschicken mußte. Trotzdem meinen die Leute hier, der deutsche Arzt müsse Wunder tun können..."

20.8.41:
Gestern hab ich noch ein Kind das nach einer Diphtherie große Abszesse am Hals bekam operiert, dadurch entging es dem Ersticken.

11.8.41:
Ich bin nach einer ergiebigen Wanzenjagd (8 Stück!) eingeschlafen.
Heute morgen wollte ich Dir schon schreiben, aber die Leute hier liessen mir keine Ruhe. Dauernd fragen sie nach dem deutschen Doktor, der helfen soll, wenn die anderen nicht helfen können.
Aber leider sind meine Mittel hier sehr beschränkt... Ab und zu operiere ich etwas. Abszesse an den Beinen und Geschwülste und am Mittwoch will ich einen Finger amputieren

Flohjagd in Byten

ALARM

Es beißt und es klingelt,
ich fühl mich umzingelt!
Raus! Alarm! Stalins Armeen
zwicken vom Kopf bis an die Zehen
und beißen greulich! Raus! Alarm!
ist auch das Bett noch so schön warm!
Die Handgranate in der Hand!
Herunter mit dem Nachtgewand!
Wo bist Du Floh Du freches Stück,
daß ich Dich in der Hand zerdrück!
und dann ereilt Dich Dein Geschick!
Hier hüpft er Ha! Hei Jägerglück!
Auf ihn! Ich habe ihn erblickt
Die Überraschung ist geglückt!
Das ist der Krieg, den wir hier führen
Schau!, wie mich schon die Stiche zieren!
Und hatten wir beim Jagen Glück,
dann sinken wir ins Bett zurück
und träumen manchen süßen Traum
und nur noch Schnarchen füllt den Raum!

(Bild Nr. 8)
Dazu das Selbstportrait auf der nächsten Seite!

62

24.8.41:
Heute nachmittag stiegen uns zwei Polinnen hinterdrein und setzten sich dann an den Wegrand, an dem wir vorbeikamen. Wir waren zu zweit, redeten dann irgend einen Blödsinn an die beiden hin und gingen dann wieder heim. Die eine sagte, wir sollen heute abend kommen, sie hätte ein Grammophon. Ich hatte keine Lust, aber mein Zimmerkamerad wollte unbedingt hingehen mit einem Kameraden. Ich schloß mich schließlich an, steckte dann ein paar Bilder von Dir aus dem Monbachtal in die Tasche, um sie bei Gelegenheit zu benützen. Die beiden andern machten mit den Mädchen Blödsinn und ich zog dann „zufällig" die Bilder aus der Tasche und ließ sie auf den Tisch fallen. Sie guckten sie alle an und die beiden Kameraden wurden ziemlich nüchtern und die Mädchen merkten, daß nichts zu machen war, denn die eine von ihnen guckte mich fast weg! Dann nahm ich die beiden Kameraden mit nach Hause und ich glaub,

das hat uns allen für einige Zeit gereicht. So ein Bild ist doch etwas sehr Praktisches! Hinterdrein hat mich aber vor allem die rausgeworfene Zeit geärgert. Man wird hier doch mit der Zeit ein wenig stumpfsinnig und ich kann mir Vieles gar nicht mehr richtig vorstellen. Ich kann nun verstehen, wie schwer es für viele Männer sein muß, wenn sie oft ein Jahr und länger von ihren Frauen weg sind in einem völlig abstumpfenden Milieu und da gibt es dann nur wenige, die treu bleiben. Umso mehr bin ich froh, daß ich Dich, mein liebes Mädel, hab und daß ich Bilder von uns auf den Tisch fallen lassen kann, wenn die Situation geklärt werden muß!

Aus einem Brief v.**25.8.41** an meine Mutter:
Mit der hiesigen Bevölkerung hab ich dadurch ziemlich guten Kontakt, daß man als deutscher Arzt ein unheimliches Ansehen hat, und sie kommen bei jeder Tageszeit, auch schon früh am Morgen.
Aber die meisten schick ich weiter. Nur wenn ab und zu eine chirurgische Erkrankung oder eine Augenverletzung zu mir kommt, behandle ich sie. Manche sind dann sehr dankbar und bringen alles Mögliche angeschleppt. Manche aber wollen einen auch ausnützen.

25.8. an meine Braut:
Die Störche sind jetzt vom Nachbarhaus weggezogen und haben ihre Reise nach Süden angetreten. Sie haben mich wieder lange angeschaut und geklappert, wie mit einem Maschinengewehr.
Wahrscheinlich haben sie gesagt, ich soll schnell nachkommen, damit nicht, wie bei vielen anderen, der Storch zu früh ankommt!
Aber da waren sie nicht ganz im Bilde, ich bin sicher noch vor ihnen in Ulm!...

26.8.41:

Dann habe ich heute morgen eine Polin, die bei uns sauber machte, raus geworfen und ihr mein Zimmer verboten, da sie dauernd versuchte, massiv mit mir anzubändeln; und da blieb schließlich eben nichts anderes übrig, als sie mit einem großen Krach rauszuwerfen und ihr das Zimmer zu verbieten. Nun haben wir morgen zwar niemand zum Aufräumen, aber es ist mir nun bedeutend wohler, denn mit guten Worten war da nichts zu machen...

Byten 1941 und 1991

Es war schon eigenartig, als ich nach fünfzig Jahren wieder die Straße von Slonim nach Byten auf dem Weg von Wilna nach Brest Litowsk und Warschau in einem modernen Mercedes mit meinem ältesten Sohn und meinem Freund Dr.Karel Gunning fuhr. Ich hatte geglaubt, ich würde noch die wichtigsten Gebäude erkennen, wenigstens die Schule, in der wir damals untergebracht waren oder das „Rathaus". Aber bis auf die kleinen Holzhäuser der weissrussischen Bewohner war alles anders. Als ich mich nach der Familie Makarewitsch und ihren drei Kindern erkundigte, da kapierten einige von den Bäuerinnen schnell, zeigten mir das frisch gestrichene Häuschen, das der inzwischen vermutlich auch Großmutter gewordenen Liuba gehörte, und führten mich zu einem der Verwandten, da Liuba mit ihrem Sohn, der Arzt sei, sich in Minsk aufhalte. So liessen wir einen Münsterkartengruß zurück und fuhren weiter nach Domanowo, dem Bahnhof an der Linie Warschau - Minsk, von dem ich so oft abgefahren und angekommen war.. Vier Wochen später kam schon ein Brief in Ulm an, dem man die Freude über diese Wiederbegegnung nach 50 Jahren anspürte, mit der dringenden Bitte, bald wieder zu kommen. (Bild Nr. 7)

Das veranlaßte mich, die Briefe wieder durchzulesen, die ich damals über meine Begegnung mit der Familie Makarewitsch an meine Braut geschrieben hatte: Ende August 1941:

„...Vorgestern sah ich bei einem Jungen einen Schlangenbiß, an dem er wohl inzwischen gestorben ist. (Er ging erst nach drei Tagen zum Arzt!), dann ein junges Mädcnen von 17 Jahren, das ich zunächst für chronisch nierenkrank hielt, weil es vor eineinhalb Jahren eine sechs Monate dauernde Nierenentzündung hatte und seither bleich ist und Herzbeschwerden hat. Zum Glück stellte sich dann bei näherer Untersuchung heraus, daß es im wesentlichen Blutarmut und nervöse Herzbeschwerden waren und daß der Blutdruck nicht wessentlich erhöht war. Aber, ob sie wohl nicht doch daran eines Tages sterben wird? - Ich hatte ihren Bruder und ihre Mutter wegen einem Mistgabelstich am Bein und einer schlecht heilenden Wunde am Fuß schon behandelt. Zunächst hatte ich keinen Blutdruckapparat, so daß ich auf ihre Aussagen angewiesen und einen Tag davon überzeugt war, daß sie innerhalb eines Jahres sterben würde. Und das ist immer eines der dümmsten Gefühle, einem Menschen mit diesem Bewußtsein gegenüberzusitzen, zumal sie ein frisches Mädel ist, so ein richtiger Backfisch. Na, die Leute waren froh, daß augenblicklich nicht viel zu finden war. - Unsere Landser, die hier im Dorf rumpussieren möchten, haben hier im allgemeinen kein Glück, denn die Weißrussen sind zwar sehr gastfreundlich, aber die Mädels sind in Ordnung und haben einen Stolz, den ich manchen deutschen Frauen auch wünschen möchte, d.h. mit einigen Ausnahmen, wie die Polin z.B., die ich neulich rauswarf, die aber dann am anderen Tag schon wieder kam.

28.8.41:

„....Gestern abend kam ich nicht zum Schreiben, weil ich mich mit meinem Stubenkameraden lange über die Fragen der Verlobung usw. unterhielt und ihm dann viel von uns beiden erzählte. Er ist in vielem in einer ähnlichen Lage, wie wir es waren, und da konnte ich ihm dann einiges erzählen.

Heute nachmittag war ich in einem weißrussischen Bauernhaus und hab mich mit den Leuten unterhalten und gesungen. Russische Lieder und Choräle und dann wieder Tanzmusik, und ich hab dabei auch zwei Walzer und einen Marschtanz getanzt und bekam polnische und russische Tänze vorgeführt. Es war so ein richtig netter Nachmittag, denn ich kam mir vor wie in einem deutschen Bauernhaus. Der Hausvater ist der Meßmer der griechisch- orthodoxen Kirche. Er sieht aus wie ein Stundenbruder von der schwäbischen Alb. Ich mußte ihn immer wieder ansehen, denn es war ganz unverkennbar, wie ihn das Christentum eben geprägt hatte; und die Tatsache, daß es einen ganz bestimmten Menschentyp in jedem Volk schafft, wurde hier ganz besonders deutlich.

Alles im Haus war tipp topp sauber und in Ordnung. Die Kinder (2 Söhne und eine Tochter) und die Eltern waren alle gut gekleidet. Und alle drei spielen Instrumente (Gitarre, Mandoline und Violine)

Dann waren noch ein paar Vettern und sonstige Verwandte da. Einer war ins Gymnasium nach Warschau gegangen ehe der Krieg ausbrach. Der andere hatte eine Ingenieurschule besucht. Dann waren noch zwei weißrussische Förster da und eine Cousine. Es war für mich riesig interessant, einmal in einen weißrussischen Bauernhof hineinzusehen und so die Verschiedenheit der Menschen in diesem Land zu beobachten. Hier wohnen Weißrussen, Polen und Juden. Die Polen haben im allgemeinen dunkle Haarfarbe, während die Weißrussen fast alle blond sind und man sich manchmal wie in einem Friesendorf vorkommt, nur daß die Zivilisation doch nicht so hoch ist wie bei uns. Wir stellen sie uns in Deutschland allerdings im allgemeinen viel zu primitiv vor und schauen weithin zu unrecht auf die Leute hier runter. Ich habe auch in Polen vielfach keinen größeren Dreck gefunden als in Oberbayern und ich habe auch schon in Deutschland zerrissene Kleider gesehen. Allerdings hier häufiger. Und es hat keineswegs jeder Russe und Pole Läuse. Allerdings ist die Tuberkulose hier viel häufiger als bei uns und heute hatte ich wieder einmal ein paar dieser Fälle in der Sprechstunde. Ein Hornhautgeschwür nach einer Verletzung hab ich auch wieder ganz zurückgebracht.

Die Weißrussen sind teilweise sehr intelligent, doch häufig sehr stolz und schwerfällig, wie eben die nordische Rasse oft ist. Und sie können sich deshalb nur schwer umstellen. Sie sind alle sehr froh, daß wir gekommen sind, denn allen Intelligenteren drohte, ebenso wie den Polen, dauernd die Verschickung nach Sibirien. Vor allem war hier so ein richtig gesunder und natürlicher Familiengeist zu spüren und das tut immer gut, wenn man da als Soldat mal wieder eine Nase voll bekommt. Eigenartig war, wie wir alle in der weißrussischen Bauernstube den Choral „Ich bete an die Macht der Liebe" auf deutsch und russisch sangen. Ihre Bibel mit den Heiligenbildchen, die ihnen besonders wichtig sind, haben sie mir auch gezeigt. Ich werde Ihnen, wenn's geht, von Deutschland aus ein kleines Büchlein von Schäfer schicken. Unser Verlobungsbild vom Monbachtal, sowie einige andere von uns und von zu Hause, habe ich ihnen auch gezeigt, und die erregen dann immer große Aufwerksamkeit. Aber nett ist so ein Familienorchester, wir müßen das unbedingt auch mal einführen.

5.9.41:
Heute morgen habe ich einen Sowjetgefangenen, einen Tartaren aus Omsk in Sibirien, der vor vier Wochen bei Mogilew gefangen wurde, den linken Arm im Ellbogen amputiert. Er hatte ihn beim Transport auf der Bahn unter die Räder gebracht und die Hand war ihm abgefahren worden. Ob er durchkommt, erscheint mir fraglich, denn er hatte schon hohes Fieber und war durch den Blutverlust und die vier Wochen Gefangenschaft natürlich auch schon stark geschwächt" (Er ist durchgekommen! Anmerkung nachträglich).

15.9.41: Auf der Fahrt nach Smolensk an die Front:
„...Du wirst wohl inzwischen sehnsüchtig warten und Dir nicht erklären können, daß von mir keine Nachricht eintrifft. Ich bin nun schon seit dem 8.9. unterwegs und sitze gerade in einem Eisenbahnwagen, mit dem ich die ganze Nacht durchgefahren bin.

Daß ich nun nicht vor dem 1.12. heimkommen kann wirst Du ja inzwischen erfahren haben, und ich will Dich heute abend oder morgen anrufen. Und heute wollten wir doch Hochzeit feiern. Aber nun müssen wir es eben verschieben... (bis 3.5.1942)

24.9.41. Auf der Fahrt an die Front

„...Eben bin ich an der letzten Station, die noch auf ehemals polnischem Boden liegt, und in einer halben Stunde wirds weitergehen. Von Warschau aus gings weiter nach Byten, wo ich noch drei schöne Tage erlebte. Kaum war ich im Ort kamen schon wieder die Leute, und mein Koffer und meine Mappe sind noch voll mit Äpfeln, Tomaten, Butter und Honig, die mir die Leute gaben. Als ich mich verabschiedete, haben einige hier geweint und ich glaub, es war echt, denn die Leute hier hatten mich teilweise sehr gerne. ...Wie schön ich's dort gehabt hab, wird mir erst jetzt so langsam klar und wurde mir vor allem bewußt, als ich die 14 Tage durch Rußland reise, das ganze Grauen der Zerstörung sah, die dieser Krieg mit sich gebracht hat, und die haßerfüllten Blicke der Menschen, die mich trafen. Das war dann einer der schönsten Augenblicke des letzten halben Jahres, als ich nach 13 Tagen Fahrt die letzten sechs Kilometer im Sonnenschein nach Byten marschierte, hinter mir ein Bauer, der mit seinem Wagen mein Gepäck fuhr. Wie eine Insel des Friedens kam mir auf einmal das kleine Städtchen vor und die ersten Menschen, die ich traf, waren gleich solche, die ich kannte, u.a. die Frau Makarewice, deren Kinder ich behandelt hatte und die ganz außer sich war vor lauter Freude. Ich hab Dir von der Familie schon mal geschrieben. Ich hatte bei ihr die schönsten Nachmittage erlebt. Ich war noch nicht im Dorf, da wurde ich schon von zwei Menschen gebeten, zu ihnen zu kommen und die kleinen Kinder auf der Straße grüßten mich alle mit einem fröhlichen „Tschin dobre, panje Doctor!" Du kannst dir denken, wie froh ich da in das kleine Städtchen einzog! Die drei Tage waren nur zu kurz. Aber ich hab noch ein paar Menschen helfen können, und das war schön. Ich mußte versprechen, daß ich mal wieder kommen werde und sagte, ich würde dann mit meiner lieben Frau kommen! Ich würde Dich ja auch zu gerne einmal mit hierher nehmen. Die Landschaft ist zwar nicht überragend, aber hat doch auch einen eigenartigen Reiz. Am Sonntag nachmittag war ich noch einmal bei der Familie Makarewicz eingeladen, ging mit dem Akkordeon eines Kameraden hin, spielte ihnen einiges und sang deutsche Lieder. Den Leuten bin ich besonders dankbar, denn durch die ganz andere saubere und reine Atmosphäre, die in dem Haus war, bin ich aus der Dumpfheit und Wursthaftigkeit, in der ich Mitte August war, rausgekommen. Den Leuten wurde ja alles genommen in diesem Krieg. Erst eroberten wir das Land, dann kamen die Russen und wollten sie nach Sibirien schicken, dann kamen wieder wir und zogen die letzten Schweine aus dem Stall, holten die Schinken aus der Kammer und die Pferde von der Koppel und heute noch erpressen sich manche Landser die paar Äpfel, die im Garten gewachsen sind. Als ich dann gestern mit dem Rad wieder in Richtung Bahnstation fuhr, kam ich an dem Acker vorbei, an dem die Mutter Makarewicz und die achzehnjährige Liuba gerade Kartoffeln rausholten. Sie wollten mich gar nicht gehen lassen. Weißt Du, ich bin hier komischerweise trotz all dieser Zerstörung und Not wieder viel empfindsamer geworden und die kleine Liuba hab ich fast wie eine Schwester gern gehabt, denn dieses reine Mädchen war mir so ein wenig das personifizierte Weißrußland bzw. Polen in seiner guten Form. Und ich habe erst durch diese Familie so ein wenig den Kontakt bekommen mit der russischen Volksseele. Ich weiß nicht, ob das nicht alles ein wenig sentimental klingt... Jedenfalls bin ich froh und dankbar abgereist und hoffe, daß wir später einmal vielleicht doch Gelegenheit haben, uns dies Rußland anzusehen, damit Du ein wenig eine Vorstellung von diesem merkwürdigen Land mit seiner schwermütigen Landschaft und seinen verschiedenen Menschen bekommst. Als ich im Zug saß, sank langsam die Sonne an einem rot-gold glühenden Himmel in einem ganz hellen Blau. Und ich mußte an die Menschen denken, unter denen es auch solche gibt wie diese Landschaft. Ich hätte Dich so gerne bei mir gehabt, um mit Dir zusammen dies alles zu erleben und um mit Dir zusammen die Menschen hier glücklicher zu machen, die Not zu lindern und den Menschen wieder Mut zu machen, neu anzufangen..."

28.9.41.
Die letzten drei Wochen haben mir doch unheimlich viel gezeigt und mir ein Bild der Situation vermittelt, wie ich es vorher nicht hatte. Vieles werde ich Dir erst zu Hause erzählen können. Von manchen Illusionen bin ich endgültig geheilt worden, die ich noch am Anfang dieses Feldzuges hatte, aber das muß ich

Dir noch erzählen. Nur das möchte ich andeuten, daß ich für die Zukunft nach dem Kriege die religiöse Lage so kommen sehe, wie ich Dir ja schon oft erzählte. Zunächst war ich da vielleicht etwas optimistischer, aber nun weiß ich, daß das unbegründet war.

Es ist prima, wieviel ich zu sehen bekam von diesem Land und seinen Rätseln und Schönheiten. Am 6.9 und 7.9. war noch eine große Feier im Stützpunkt. In einem Schlößchen hatten einige Kameraden eine wunderbare Gelegenheit für einen Unteroffizierskameradschaftsabend auskundschaftet und bei Kerzenbeleuchtung stieg dann ein prima Essen, wie ich es seit Monaten nicht mehr erlebt habe. Anschließend wurde dann sogar noch mit den später erschienenen Dorfschönen etwas getanzt, da wir eine ausgezeichnete Musikkapelle hatten, aber davon war ich weniger begeistert.

Am andern Tag war dann noch ein allgemeiner Kameradschaftsabend in unserem neu ausgestatteten Aufenthaltsraum, und ich sang den neuen Stützpunktschlager. Am Abend vorher hab ich mich mal wieder zu einer Moritat mit entsprechenden Zeichnungen aufgeschwungen.

Am anderen Tag, nach dem allgemeinen Abschied, gings im Auto durch einen klaren herrlichen Morgen, vorbei an dem einsamen Grab eines Arbeitsmannes unten an der Brücke nach Baranovice. Dort kaufte ich noch ein paar Arzneimittel für eine Bythener Patientin und gab sie den andern mit. Am Bahnhof stand ein kleines Häuschen mit einem roten Kreuz. Eine nette schwäbische Rotkreuzschwester kredenzte mir die Feldflasche voll Kaffee und als ich ihr sagte, daß ich in Weingarten gedient habe, machte sie mir noch den Kaffee mit Zucker süß, so daß ich mich noch drei Tage lang an Ravensburg erinnert fühlte, wenn ich aus der Feldflasche trank. Dann gings weiter nach Minsk, erst im Viehwagen bis zur alten polnisch-russischen Grenze. Nach 10 Stunden Fahrt kam ich nachts in Minsk an und erwischte dort glücklich noch ein Auto, das uns zur Frontsammelstelle ins Leninhaus brachte. Das ist ein ganz toller Bau. Eine Art Wolkenkratzer mit 6000 Fenstern und über tausend Räumen. Eines der wenigen Häuser, die in Minsk ganz geblieben sind. Im großen Festsaal zwängte ich mich unter der Tribüne zwischen zwei Leute auf eine dünne Strohdecke und brachte stoßend im Halbschlaf die Nacht zu. Immerhin hab ich so einmal in einem kommunistischen Reichstagssaal geschlafen, unter einem Riesenrelief von Stalin von etwa 4 m Durchmesser, darunter Figuren in Lebensgröße, Arbeiter, Bauern, Sportler, Soldaten usw; und Fahnen. Darunter kam dann der Platz des Präsidenten und unter ihm die Rednertribüne. Die Sitze waren wie bei uns im alten Reichstagsgebäude. Über der Tribüne an der Wand stand: Proletarier aller Länder, vereinigt Euch! Und es lebe die Partei von Marx und Engels, Lenin und Stalin! Es lebe der Leninismus! Es lebe Stalin! Dann waren noch, wie bei den alten griechischen Tempeln, Wandreliefs mit allen möglichen Proletariern drin. Der Stil des Hauses war ganz ähnlich wie der neue Stil bei uns, nur etwas geschmackloser und amerikanischer. Vor allem fiel mir auf, daß auch hier keinerlei expressionistische Kunst mehr zu finden ist, sondern nur naturalistische Figuren und die Liebe zum Monumentalen. Überall standen Denkmäler von Lenin und Stalin. Stalin war tabu und über jede Kritik erhaben für die Sowjetbürger. Wehe, wenn jemand eines seiner Worte angezweifelt oder etwas Negatives über ihn gesagt hätte. Zum Beispiel las ich in einem Schulbuch den

Spruch: „Väterchen Stalin, wir danken Dir für unsere glückliche Jugend!"
Minsk ist total zerschossen und ausgebrannt. Von dort erwischte ich eine Fahr-
zeugkolonne Richtung Smolensk und fuhr mit ihr bis Orscha auf der Autobahn,
die die beste Straße der Sowjets ist, etwa so wie die alte Straße nach Stuttgart.
Dann gings von Orscha weiter nach Mogilew am Dnjepr. Dort waren am 16.
Juli die deutschen Panzer durchgebrochen und das meiste von der hübsch gelegenen Stadt stand nicht mehr. Mein Freund Ulrich Gmelin war dabei gefallen.
Mit einem Lastwagen, auf dem ich hinten drauf im Bett des Wagenführers
herrlich schlief, kam ich abends 9 Uhr bei Mogilew an und fand bei einer
Werkstattkompanie Unterkunft. Das waren lauter Schleswig-Holsteiner, ganz
ordentliche Jungs, und da schlief ich dann auf den Brettern etwas hart, aber
immerhin! Am Morgen gings raus, und ich unterhielt mich noch lange mit einem schleswig-holsteinischen Bauernburschen, dann gings rein in das zerschossene Mogilew am Dnjepr, der hier etwas breiter als die Donau bei Ulm ist. Zerstörte Häuser und Kirchen. Aber meine Einheit fand ich nicht und wurde von
der Ortskommandantur nach Gomel weitergeleitet. In Mogliew kam ich gerade
noch rechtzeitig zur Beerdigung einiger Soldaten, die im Lazarett ihren Verletzungen erlegen waren. Tausende von Gräbern, immer und immer wieder an den
großen Strassen Rußlands, und oft steht auf dem Kreuz: „Hier ruht ein unbe-
kannter deutscher Soldat!" Von Mogilew nach Gomel erwischte ich einen Ford
V 8 PKW, mit dem ich nach Gomel kam.
Gomel war sicher eine für russische Verhältnisse schöne Stadt, aber nun steht
nicht mehr viel davon. In der Frontsammelstelle fror ich eine Nacht auf dem
Stroh, weil keine Fensterscheiben in dem Loch mehr existierten. Als ich nachts
in Gomel bei Vollmond zur Vermittlung (LV) ging, erlebte ich ganz stark die
grausige „Romantik" dieses Krieges. Durch die ausgebrannten Steinmauern
schien das fahle Licht des Mondes und aus den Trümmern stieg noch fauler
Brandgeruch. Nur ab und zu fuhr ein Auto durch die Totenstadt. Ein großer
ausgebrannter Turm ragt gespensterhaft in die silbernen Nachtwolken. Deine
Tachenlampenbatterie leuchtete mir durch die Trümmer. Am anderen Morgen
ging ich zum Fluß runter, der breit und langsam an der Stadt vorbeizieht, durch
einen verwahrlosten Park mit Vergnügungslokalen, die leer und öd zwischen
den grünen Bäumen hervorschauen. Im Park sind sehr schön angelegte deutsche
Soldatengräber und dann noch Gipsfiguren der Sowjets. In der Mitte steht ein
großes turmartiges Bauwerk, das teilweise zerschossen ist, und an seinem Fuß,
an einem kleinen versumpften Flußarm, der zum Park gehört, sind Unterstände
und ein verlassener Bunker. Auf dem Wasser schwimmen friedlich vier weiße
Schwäne. Die Brücken über den breiten Fluß sind gesprengt und zwei Notbrük-
ken führen hinüber.
An einer Landestelle liegt ein Flußdampfboot halb unter Wasser. Merkwürdig
sind die Frauenfiguren. Nackte Frauen sind nirgends dargestellt, weder in Zei-
tungen noch als Figuren. Die Plastik, die unten am Badestrand steht, hat (wie
alle andern, die den weiblichen Körper zeigen) einen Badeanzug an. Ich habe
mir die Zustände in diesem Punkt wesentlich schlimmer vorgestellt. Die Bevölkerung ist weniger degeneriert als bei uns. Die Gipsfiguren wirken allerdings
geschmacklos. Als ich am nächsten Tag in ein Lastauto einstieg, entdeckte ich
hintendrin einen Kameraden, mit dem ich in Rostock zusammen war und der

auch gerade ein Stück mit Auto-Stop reiste. Wir haben natürlich mit viel Geschrei Wiedersehen gefeiert. In Tschernikow stieg ich aus (denn es wurde Nacht) und fand dann einen schönen Strohsack in einem warmen Zimmer bei einer Baukompanie. Ich schlief da prima bis zum anderen Morgen. Dann erwischte ich einen Wagen bis Krischew, das ich mittags erreichte. Überall dasselbe Bild: zerschossene und ausgebrannte Häuser und Kirchen, gesprengte Brücken, Gipsfiguren von Stalin und Lenin. Weiter nach Roslawel, wo ich dann erfuhr, daß unser vermutlicher Standort in Mglin war. Wieder eine fast völlig zerstörte Stadt. Bei der Mittagsrast ließ ich noch meine Mütze liegen, was mir für die nächsten Tage einen kalten Kopf einbrachte. An der Kreuzung zu meinem nächsten Reiseziel stand ich und wartete, ob vielleicht noch ein Wagen kommen würde, um mich noch ein Stück weiterzubringen. Als ich, wie so oft, nach langem vergeblichen Warten und Winken schon gehen wollte, kam noch ein Wagen, der uns - wir waren inzwischen drei geworden - mitnahm. Nach 40 km fürchterlicher Straße war es Nacht und ich erklärte dem Stabsfeldwebel, der den Wagen führte, ich möchte nicht mehr weiterfahren und ich möchte bei seiner Einheit übernachten. Das passte ihm nicht und er sagte, er werde niemand mehr mitnehmen usw., aber ich hatte nicht die Absicht, mich von dem Stabswachtmeister bei Nacht weiterschicken und dann irgendwo abknallen zu lassen. Ich ging also zum Oberleutnant der Einheit, der mir sofort ein Nachtlager in einem warmen Zimmer anwies. Der Spieß der Kompanie war ein Sanitätsunteroffizier, dem ich erzählte, daß ich Arzt sei. Der holte mich dann in der gleichen Nacht noch zu dem Stabswachtmeister, der eine Blutvergiftung hatte und dem ich dann helfen mußte! Du kannst Dir denken, wie ich innerlich lachen mußte, daß er ausgerechnet mich brauchte. Er war auch ganz klein geworden. Dort bekam ich noch ein prima Nachtessen und schlief mal wieder glänzend. Am andern Tag gings weiter zum Armeekorps in einem Magirus - LKW mit ein paar Flaksoldaten. Ich sagte, das Auto werde auch nicht weit von mir zu Hause hergestellt und es stellte sich heraus, daß der Beifahrer aus Ulm war. Beim Armeekorps erfuhr ich dann, wo meine Truppe liegt und fuhr mit einem Funkwagen über fürchterliche Strassen dorthin.
Nachts kam ich an und erfuhr dann, daß ich zu meiner alten Einheit versetzt sei und nicht nach Hause könne. Die Enttäuschung war zunächst natürlich entsprechend groß, aber zu machen war nichts. Der Empfang hier war nicht besonders begeisternd und ich machte mich am nächsten Tag gerne wieder auf nach Byten, um meine Sachen zu holen.
Zur Zeit sitzen wir in einem kleinen Städtchen (Mglin) mit vielleicht 4000 Einwohnern. In der Mitte steht eine große Kirche, die wie fast alle russischen Kirchen ziemlich demoliert ist.
Am Sonntag war Gottesdienst und ich besuchte ihn. Eine alte Frau las aus dem alten Meßbuch die Liturgie, weil kein Pope mehr da war, und die Menschen knieten mit einer Hingabe und Verzückung, wie man sie wohl nur hier sehen kann. Ein paar Heiligenbilder und kümmerliche Kerzen standen am Altar. Es war ein erschütterndes Bild dieser Kirche, wie ich es drastischer nicht gesehen habe.

Tagebuchstichworte bis zum Neujahr 1942

Fronteinsatz bei Sanitätskompanie 1/238 und Inf.Bat. II/315

Uli Römer am 6.9., Hans Hummel am 9.9. gefallen. Im August fielen Walter Bostel, Max Seling, die Bundesbrüder Rohleder, Dürr und Bläderle. (Bild Nr. 9)
Zu Hause liefen die Hochzeitsvorbereitungen und ich überlegte, wie ich nach Hause telephonieren und nach Warschau, also 300 km westlich von Bythen, kommen könne. Ich machte mich also auf die Rückfahrt wieder über Smolensk, wo ich auf der Herfahrt schon Professor Hoffmann den Tübinger Psychiater, getroffen hatte, der mir die alten Festungswerke von Smolensk und die in ein Gottlosenmuseum verwandelte schöne Kathedrale gezeigt hatte. (Bild Nr. 10)
Ich habe dort im Feldlazarett übernachtet. Am anderen Morgen gehe ich auf den Flugplatz und frage, ob nicht zufällig eine Maschine nach Warschau fliegt. Denn dies war die einzige Möglichkeit, weiter westlich als Bythen zu kommen. Auf dem Flugplatz sagt man mir, daß eine Ju 52 mit einem Oberst dorthin fliege. - Wenn der mich mitnehme... Bei der Ju finde ich einen Oberst und erkenne ihn sofort, weil ich als 14 - 15 Jähriger mit ihm beim Tennisklub Ulm Tennis gespielt hatte. „Guten Tag Herr Oberst Rommel, kennen Sie mich noch?" redete ich ihn an. Die Freude des Wiedersehens war groß und selbstverständlich durfte ich mitfliegen. Bibeln und Neue Testamente in Russisch fand ich ohne zu wissen, wo ich suchen sollte. Als ich die Bahnhofstr. in Warschau entlang ging, stand ich plötzlich vor einem kleinen Laden, der Bibeln im Schaufenster hatte. 2 Bibeln und 7 Neue Testamente kaufte der deutsche Gefreite dem polnischen Ladeninhaber ab. Russische Bibeln, gedruckt in New York, von einer Londoner Bibelgesellschaft mitten im Krieg. Gottes Wege sind wunderbar. Dorle konnte ich die traurige Mitteilung wenigstens mündlich am Telephon machen, daß sie die Hochzeitsgäste wieder ausladen mußte. Von Warschau gings weiter per Bahn über Domanowo nach Bythen. Drei Tage Aufenthalt. Abschiedsabend in Bythen, wieder nach vorne über Minsk, Borissow, Orscha, Smolensk.
Dort habe ich wieder im Feldlazarett Professor Hoffmann aus Tübingen getroffen, der beratender Psychater bei der Armee ist. Weiter nach Roslawel und Mglin. Von dort Aufbruch am 30.9.. Abends **1.10.** Hauptverbandsplatz eröffnet in Worbenia vor der Desna.

Schlacht von Bryansk und Orel

Am **2.10.** Beginn der Schlacht um Bryansk und Orel. Auf einen Schlag 160 Verwundete auf dem primitiven HV-Platz: Es kracht den ganzen Tag hindurch. Einschläge in der Nähe. Am 3.10. fällt Orel. Wieder über einhundert Verwundete. Tag und Nachtarbeit ohne Pause. (Bild Nr. 12)

Beim II. Bataillion des Infanterieregiments 315.

Aus dem Kriegstagebuch des Infanterie Regiment 315

4.10.41. Um 5.15 Uhr setzt eine Kompanie des I./I.R.315 über den Ssudostj. Die Russen wollen mit allen Mitteln verhindern, daß die Deutschen auch hier einen Fuß über den Fluß bringen und leisten dementsprechend heftigen Widerstand. Trotz des feindlichen Kugelhagels schafft es die Kompanie und gewinnt einen Brückenkopf. Damit steht das I.R.315 mit Anfängen auf dem Ostufer. Inzwischen ist bei der Division ein russischer Funkspruch aufgefangen worden, wonach Kutschejewa angegriffen wird. Eine Rückfrage beim II. Bataillon ergibt, daß feindliches Artillerie-Vorbereitungsfeuer auf dem Ort liegt und stärkere Infanteriekräfte, unterstützt von etwa 15 Panzern, gegen die eigenen Stellungen vorgehen. Gegen diese Übermacht kann sich das II. Bataillon zunächst nicht vollständig behaupten; es gelingt dem Gegner, vorübergehend in Kutschejewa einzudringen. Doch die Gegenmaßnahmen laufen schnell an; zusammengefaßtes Artillerie- und Infanteriefeuer wirft den Feind. Gegen Mittag tauchen 2 Staffeln mit je 9 Stukas auf und heulen auf die feindlichen Bereitstellungen ostwärts Kutschejewa und bei Shirjatino nieder; 8 sowjetische Panzer und mehrere LKW's mit Infanterie gehen von Stukabomben und Artillerie getroffen in Flammen auf. (Bild Nr. 11) Gleichzeitig legt eigene Artillerie konzentriertes Feuer auf die Anmarschstraße der Panzer. Die restlichen Feindpanzer und mot. Fahrzeuge machen schleunigst kehrt und ziehen sich, zum Teil beschädigt, in den nahegelegenen Wald südostwärts Shirjatino zurück. Nach Gefangenenaussagen soll dort ein ganzes sowjetisches Schützenregiment mit mindestens 10 Panzern stecken. Beim II. Bataillon sind am Ende des Tages schmerzliche Verluste zu beklagen; wieder sind gute Kameraden gefallen und verwundet worden. Unter den Toten befindet sich auch Ltn. Danzer. Fw. Bruder von der 7. Kompanie vermerkt vielsagend in seinem Tagebuch „Schwarzer Tag" und gibt damit die Stimmung wieder, die die Männer am Abend des schönen und noch warmen Herbsttages bewegt. Nachts kriecht der Nebel und mit ihm die Kälte vom Fluß herüber in die Stellungen; die Landser draußen frieren in ihren Löchern und warten sehnsüchtig auf die Sonne des nächsten Tages.

Am Vormittag des **5.10.** bleibt es aber zunächst kalt; gegen 7.00 Uhr wirft ein deutscher Aufklärer eine Meldung über den Stellungen des II. Bataillons ab. Schnell ist die Hülse gefunden, eine Rauchpatrone kennzeichnet ihren Standort deutlich. Der Inhalt des hastig mit der Hand gekritzelten Meldezettels verheißt nichts Gutes: der Aufklärer hat feindliche Panzer im Anmarsch von Osten nach Westen festgestellt. Ein Melder läuft mit dem Zettel sofort zum Bataillonsgefechtsstand. Major Schwehr verständigt das Regiment; bald darauf legt die eigene Artillerie los und schießt sich auf die Panzer-Vormarschstraße ein. Vielleicht ist es, weil heute Sonntag im Kalender steht, vielleicht auch hat das Artilleriefeuer die Russen beeindruckt: jedenfalls bleibt die Gefechtstätigkeit auffallend ruhig, die Panzer ziehen sich zurück. Bis zum Mittag ist es auch wieder warm; die Herbstsonne strahlt vom wolkenlosen Himmel herunter. Sie bietet einen gewissen Trost dafür, daß der größte Teil des Regiments nun schon seit 5 Tagen ungewaschen und unrasiert in den Uniformen steckt.

In der Schlacht bei Bryansk und Orel.
4.10.41:
„...Nach zwei Tagen ununterbrochener Tätigkeit auf dem Hauptverbandplatz, 2 - 8 km hinter unserer vordersten Linie, bin ich nun heute überraschend zur In-

fanterie vorversetzt worden, um dort einen Assistenzarzt, der verwundet wurde (Dr.Amann), ein paar Tage zu vertreten. Zuerst packte es mich ein wenig, weil ich innerlich gar nicht darauf eingestellt war und weil ich ja bisher nichts als Verwundete und Sterbende sah, etwa 150 in eineinhalb Tagen. Und hier, wo wir 500 m vom Russen weg liegen, der uns hier sieht, muß man ja mit manchem rechnen. Und doch bin ich heute so glücklich und froh wie selten. Denn gerade heute habe ich erlebt, wie wunderbar mich Gott doch führt, mitten in Zerstörung, Mord und Vernichtung. Als ich herfuhr, wünschte ich mir, den Divisionspfarrer zu treffen, um für alle Fälle noch einmal gründlich auszupacken, und ich saß kaum draußen beim Bataillion im Graben, da fuhr sein Wagen „zufällig" vor und er sprang heraus und setzte sich sich „zufällig" in meinen Graben fast neben mich. Und dann ging der Unterarzt und der Leutnant, die neben mir waren, „zufällig" eine Viertelstunde weg und ich konnte mich mitten unter den anderen ungestört mit ihm aussprechen. Gerade als unser Gespräch zu Ende war, da kamen die beiden wieder und setzten sich neben uns. Ich war von dem Moment an wieder ruhig, froh und glücklich wie in meinen allerbesten Tagen, und die Freude hält jetzt noch an. Und ich bin unglaublich dankbar, daß ich spüren darf, wie Gott mich mitten in diesem Krieg führt und liebt, und ich nahm das Geschenk der Vergebung, das er mir in den Graben nach vorne geschickt hatte, mit einer großen Dankbarkeit aus seiner Hand, denn seit 4 Monaten war es das erste mal wieder, daß ich mündlich austauschen konnte. In unserem Gespräch vergaßen wir ganz, daß es um uns krachte und zwei Häuser des Dorfes noch neben uns rauchten, denn nur Christus war bei uns im Graben. ...Ich bin so glücklich, daß ich wieder ganz im Reinen bin mit Gott und alles, was kommt, aus seiner Hand nehmen kann, denn es ist wunderbar, wenn man hier sein kann mit dem Wissen, daß es Gottes guter Wille ist, der auch mich hierhergeführt hat. Ich würde heute am herrlichen Sonntagmorgen am liebsten lauter Danklieder singen, so froh und glücklich bin ich...

Sonntag 5.10.41.:
Ich sitze draußen an der Front in meinem Splittergraben und soll morgen wohl weiter vor mit dem Bataillion, zu dem ich vorübergehend abgestellt bin, bis mein Kollege wieder soweit hergestellt ist, daß er hier wieder Dienst tun kann. Meine Gedanken sind heute sehr viel bei Dir, mein liebes Mädel! Ich dachte an das viele Schöne, was wir gemeinsam hatten, und ich erlebte anhand des Losungsbüchleins noch einmal unsere ganze Verlobung nach, das wunderbare Geschenk, um das ich einst immer soviel gebetet hatte und das uns so unerwartet im letzten überhaupt möglichen Moment geschenkt wurde. Du meine liebe Braut! Und manchesmal dachte ich natürlich auch an das, mein Liebes, was einmal mit Dir werden soll, falls ich, wie so viele Kameraden in letzter Zeit, hier bleiben sollte. Weißt Du, manchmal habe ich das Gefühl: Deine Zeit ist erfüllt, Dein Leben ist rund und zu einem gewissen Abschluß gekommen und das einzige, was es mir schwer machen würde zu gehen, sind Du, die Eltern und die Geschwister, die mich vielleicht noch nötig hätten. Aber Gott weiß auch da Wege! Ein tiefer Friede erfüllt mich heute, und ich bin so dankbar zu wissen, daß wirklich Gott es ist, der mich hier herausgeführt hat. Daß Er es ist, der mein kleines Schicksal aus seiner Liebe nach ewigen Gesichtspunkten gestaltet und

daß mein Leben ganz in Seiner Hand liegt. Es gibt keine Kugel und keinen Splitter, vor denen Er mich nicht bewahren könnte, und es gibt keine Deckung, wenn er mich zu sich nehmen will. - Und weil ich das hier so überdeutlich immer und immer wieder erfahren habe und erfahre, darum bitte ich Dich, daß Du nie sagst: Wenn er doch nach Hause hätte kommen dürfen usw. Ich habe Gott gebeten, der uns kennt bis ins Tiefste, und der unsere Möglichkeiten kennt: Wenns möglich ist, dann laß uns ein Paar werden, dann schenke uns auch die völlige Einheit! Wenn es uns aber von Dir wegbringen würde, dann mache das mit uns, was von Dir aus gesehen das Beste für mein liebes Mädel ist und laß nicht zu, daß wir dadurch Dich verlieren! Mein Liebes, dies ist mir hier so ganz klar geworden: Wenn ich heimkommen darf, dann habe ich das Geschick nicht verdient. Sollte ich aber heimkommen, so möchte ich wirklich mein ganzes Leben Christus hingeben und unsere Ehe ganz unter diesem Gesichtspunkt führen. Daß wir da aber keinen leichten Zeiten entgegen gehen werden, ist mir ganz klar, denn der Kampf gegen Christus wird nach einem siegreichen Krieg mit aller Schärfe losbrechen, und bei den Methoden, die heute bei Kämpfen üblich sind und die ich nun selbst in den letzten Monaten hier erlebte, wird das sicherlich keine rosige Zeit werden. Umso lieber würde ich sie allerdings mit Dir zusammen erleben, aber das steht ja nicht in unserer Hand...“

In der Nacht vom **4./5.10.41** schlief ich auf den blanken Brettern eines Bauernhauses sehr unruhig, denn die russische Artillerie schoß immer wieder in das Dorf herein, und am 5.10. schrieb mir meine Mutter ein kurzes Brieflein: „Lieber Sieger! Heute nacht habe ich so lebhaft von Dir geträumt. Du kamst zur Türe herein. Als ich aufwachte. - die Enttäuschung! Heute am Sonntag wollen wir zusammen das Dorle besuchen. Max Lang war hier und Martin Baumann, es geht ihnen beiden gut.- Deinen Uli kann ich immer noch nicht verschmerzen, er hat mir am 15.8. noch so lieb geschrieben. Sein Leben war ja ausgefüllt! - Lieber Sieger, innige Grüße und ein herzliches „Behüt Gott!“ Mutter.

Eine wirkliche Mutter fühlt es, wenn eines ihrer Kinder in Gefahr ist, auch wenn sie in diesem Fall keine Ahnung hatte, daß ich in dieser Nacht vorne an der Front war.

„Uli“ Römer, einer meiner besten Freunde, fiel am 14. September bei Krementschug. Ein paar Gedanken an meine gefallenen Freunde versuchte ich in den folgenden Versen auszudrücken:

Gefallen in Russland

Rote Glut umrandet düster
dunkles Land, die Krähen fliehen
in den Abend, - Mensch und Tiere
fröstelnd, müd nach Hause ziehen.
Sturm reißt an den schwarzen Büschen,
flattert in den gelben Zweigen;
Über endlos weite Ebene
schickt sich an emporzusteigen
dunkle Nacht! -Die Wolkenfetzen
werden blau, - ein tiefes Schauern

scheint durch die Natur zu hetzen.-
In den Schutz der alten Mauern
und der grauen Balkenhütten
ziehn die Menschen. - Und die Sterne
leuchten nieder, - Ausgelitten
hat ein Kamerad dort, ferne
von den Lieben, die voll Bangen
oft den Abendwinden lauschen,
die erloschenes Verlangen
durch die Wälder heimwärts rauschen.

6.10.1941:

Augenblicklich sitze ich wieder nach einem kurzen Feuerüberfall der russischen Artillerie in einem Bauernhaus, in dem dauernd die Funksprüche eines Infantriespähtrupps einlaufen. Der muß das Gelände jenseits des kleinen Flußes, über den wir heute noch sollen, erkunden. Ein Pionierleutnant, der in Ulm diente und vorher mit mir zusammen in einem anderen Bauernhaus war, ist kurz darauf bei dem Feuerüberfall von einer Granate zerrissen worden.

Eben habe ich nach dem Feuerüberfall in meinem Erdloch ein wenig unter der Zeltbahn gedöst. Langsam gehen nun die verschiedenen Leute aus der Bauernstube, denn es soll nun über den Fluß gehen, der zwei Kilometer von hier entfernt ist. Der Spähtrupp, der schon drüben ist, hat starkes Artillerie- und MG-Feuer bekommen. Ich bin gespannt, wer von uns beiden rüber muß, denn einer von den Ärzten muß auf der einen Seite des Flusses die Nacht zubringen und der andere auf der anderen Seite. Draußen schneit es ab und zu leicht, und das Pfeifen des Windes wird von den Abschüssen unserer Artillerie unterbrochen.

An sich ist es doch etwas ganz besonderes, dieses Leben in der Gefahrenzone, dieses dauernde Bereitseinmüssen. Ab und zu wirbeln draußen schon ein paar Schneeflocken über die Stoppelfelder und es ist schneidend kalt geworden...“

Als wir eben losgehen wollten kam Oberarzt Willbold, der mich ablöste, so daß ich wieder zum chirurgischen Einsatz in den Hauptverbandplatz zurückversetzt wurde.

9.10.41:

„...Die letzten drei Tage gabs noch viel Arbeit. Eine Nacht haben wir fast durchgearbeitet und nur drei Stunden geschlafen.

Teilweise waren es fürchterliche Verletzungen, und ich hab viel Heldentum unserer Leute gesehen, die wirklich bewundernswürdig all die Schmerzen und die Vernichtung ihrer eigenen Existenz ertragen haben. Manchen, bei dem alle Bemühungen doch schließlich vergeblich blieben, mußten wir hier auf dem Friedhof lassen. Am schlimmsten waren die Minenverletzungen. Auch von unserer Kompanie fuhr ein Wagen auf eine Mine, und einem unserer schneidigsten Unteroffiziere wurde dabei ein Auge herausgerissen und ein Trommelfell zerrissen. Ein anderer von uns, ein Philologe, bekam einen Lungenschuß. Das waren allerdings Leute von unserem ersten Kraftfahrzug, die die Verwundeten von vorne zurückbringen müssen. Ich selbst bin sehr dankbar, daß ich hier sein kann. Daß ich all diese Dinge in den letzten Tagen miterleben mußte, wenn sie auch teilweise nicht leicht waren... Über 300 Verwundete haben wir nun hier versorgt, dazu eine Menge russische Gefangene, die verwundet waren. Und außerdem kamen dann noch viele Zivilisten, die durch Minen und Granaten verletzt waren, gestern z.b. ein vierzehnjähriges Mädel, dem ein Fuß fehlte und die am anderen Oberschenkel eine schwere Fleischwunde hatte. Unter ihrem Kopfkissen hatte sie ein geschriebenes Büchlein, in dem Gebete und so eine Art Katechismus aufgeschrieben waren. Und heute nachmittag mußte ich zum Abschluß noch eine Oberschenkelamputation durchführen bei einem Zivilisten, der auch auf eine Mine getreten war. Ein anderes Mädel von 19 Jahren war den ganzen Rücken über gespickt mit Splittern. Zwei russische Gefangene waren mir immer durch ihre Sauberkeit und ihren christlich anmutenden Gesichtsausdruck aufgefallen. Sie machten beide in dem Gefangenenlazarett die Krankenpfleger und Träger. Ich fragte sie heut noch zum Abschluß durch unseren Dolmetscher, ob sie orthodoxe Christen seien, worauf beide spontan aus ihrem Anzug ein Kreuz herausnestelten, das sie an einer Kette um den Hals trugen. Der Dolmetscher, ein Wolgadeutscher, sagte mir, daß jeder, der damit im russischen Heer erwischt wurde, erschossen worden sei. Einer zog noch ein altes, gut verpacktes Muttergottesbildchen aus der Tasche. Ich fragte sie, ob sie lesen könnten und ob sie ein Neues Testament in russisch haben möchten, und sie bejahten ganz begeistert. Ich habe ihnen dann eines von den in Warschau erworbenen „Neuen Testamenten" gegeben und war mächtig froh, daß ich damals in Warschau „zufällig" die Bibelgesellschaft gefunden hatte. Dem 14 jährigen Mädchen schenkte ich zwei Birnaudbildchen, die mir Mutter am selben Tag geschickt hatte. Das eine Bild stellt den barmherzigen Samariter dar. Leider können wir halt überall nur die erste Hilfe leisten und die Leute, die teilweise bis zu einem Jahr Krankenlager erwartet, nicht weiter behandeln..."

11.10.41:
In einer Bauernstube sitze ich beim Schein einer Erdölfunzel mit den Kameraden am Tisch, auf dem noch die Kartoffelschalen vom Nachtessen herumliegen. Schade, daß Du nicht reinsehen kannst. Die Armut der Leute ist grenzenlos, und entsprechend auch der Schmutz. Aber lieber Dreck und Mief als schneidende Kälte! Die letzte Nacht schliefen wir nach einer Fahrt, bzw. Rutschpartie durch unvorstellbare Schlammwege, in einem alten Kartoffelkeller auf Stroh. Einer unserer Wagen wäre fast so eingesunken, daß wir ihn kaum mehr herausbrachten. Gestern früh zog hier plötzlich der Winter ein. Eine weiße Schneedecke bedeckt das Land und heute Nacht gabs etwa 7 Grad Kälte. Schade, daß ich gestern und heute keinen Farbfilm dabei hatte, denn die Stimmungen und Farben der weißen endlosen Landschaft mit der dünnen unvollständigen Schneedecke waren mittags, abends und morgens wundervoll. Ein ganz herrlicher Sonnenaufgang, wie ich ihn selten erlebte an einem kristallklaren Morgen. Eben schwärmen die Kameraden von zu Hause, vom Bett, vom Bad und vom Wein im Keller und von Konzerten. Das einzig Negative, meint einer gerade, sei, daß man zu Hause nicht mit den Kleidern ins Bett liegen könne und daß es dort keine Läuse gebe. Die Läuse sind hier nämlich ziemlich verbreitete Haustiere, und da die verwundeten Infanteristen fast alle welche haben, bekommen unsere Leute sie natürlich auch, ob sie nun wollen, oder nicht! Na, es gibt ja die

Entlausung, und da machen wir den Biestern dann den Garaus. Man gewöhnt sich an alles wie Du siehst! Morgen fahren wir nun endlich nach Bryansk. Eben haben wir noch schwäbische Lieder gesungen und Geschichten erzählt und nun werden wir uns aufs Stroh legen und schlafen. Die Bauernfamilie liegt bereits auf ihrem großen Ofen..." (Bild Nr. 13)

14.10.41:
„...Die Stadt Bryansk wurde vor dem Abzug der Roten Armee von dieser planmäßig zerstört, aber trotzdem steht hier noch so viel, daß das Militär gut wohnen kann und es hier ohne weiteres auszuhalten wäre, sollten wir längere Zeit hier bleiben . Die Stadt selbst bietet das übliche Bild: eine Menge Holzhütten und dazwischen einige moderne große Bauten, die aber meistens ausgebrannt sind. Ab und zu gibt es dann fürchterliche Gipsfiguren (Lenin und Stalin), denen unsere Soldaten meistens die Köpfe abgeschlagen haben. Heute mittag haben wir in einer Bibliothek gestöbert und nach Literatur gesucht. Es gab aber fast nur Bücher von Lenin und Stalin und dann noch Pressefotos der Tass vom Einmarsch der Roten Armee in Litauen, Estland und Bessarabien. Dabei wurden dann Mädchen in den Nationaltrachten zusammengeholt, die den Rotarmisten Blumen überreichen mußten und daneben standen die Einheimischen mit finsteren Gesichtern, während ein paar Männer zwei Rotarmisten auf den Schultern trugen... Die letzten zwei Tage habe ich zu wenig bzw. gar keine richtige Stille gehabt und drum haben mich wohl die Zerstörungen und die ganze Sowjetatmosphäre zu stark beeindruckt. Jedenfalls bin ich in letzter Zeit nicht mehr in der Lage, lustige Verse zu machen..."
Die Stimmung geben wohl die Verse auf einer Postkarte mit einer schwermütigen russischen Herbstlandschaft wieder, die ich meiner Braut am **24.10.41** sandte:

Herbst 1941
Graugelbe Wolken strecken flatternd ihre Hände
hin durch den Herbst durch nasse kalte Flur,
und spiegelnd dehnt sich grundlos, ohne Ende,
durch graue Straßen die verschlammte Spur.
Nach Osten immer weiter ziehn die Wagen
und Tausende, Millionen ziehen mit.
Und immer wieder sehn sie es im Osten tagen,
und immer heimatferner klingt ihr Lied.
Die Bäume wurden kahl und gelb die Wiesen,
und Schnee fiel schon herab aufs weite Land,
und immer noch nicht Heimatlaute grüßen
und immer noch nach Osten ist der Schritt gewandt!
Zerfallne Kirchen und verdorbne Hütten,
und arm und grau und rauchend ausgebrannt
die Dörfer, und die Menschen stehn inmitten
der Trümmer hoffnungslos am Wegesrand!
Nach Osten ziehn wir immer immer weiter
hinein in Rußlands blutges Morgenrot!

Und bang fragt mancher: „Bin ich Wegbereiter
geworden wohl fürs Leben? - oder für den Tod? -

Ein paar Gedanken zur Sowjetkultur.

18.10.41.
Anbei möchte ich Dir eine Blütenlese sowjetischer Dummheit und Unkultur
nach Hause senden. Die sogenannte „Kultura" besteht, wie Du daraus sehen
kannst, im Wesentlichen aus einer Nachäffung des Amerikanischen und aus
Agitation für den Bolschewismus, die einen angesichts der tatsächlichen sozialen Verhältnisse mehr als trostlos anmutet. Dazu hab ich Dir noch einiges aus
Gottlosenzeitschriften und aus dem „Krokodil", der kommunistischen Witzzei-
tung, rausgesucht, wie die Herrn Sowjets uns sehen. Teilweise ist das direkt tra-
gikomisch blöd. Aber man muß es gesehen haben, um die Situation hier voll zu
verstehen. Vielleicht kannst Du Dir aus dem Inliegenden den „Geist" vorstellen, der hier herrscht. Personenkult bis zum Exzess; statt Gotteskult Oberfläch-
lichkeit, Dummheit und Gemeinheit. Erstaunlich ist allerdings, daß in der ganzen Kunst nie ein nackter Frauenkörper dargestellt wird, womit sich die Herrn
vermutlich den Anschein moralischer Solidität geben wollen. Na, langsam haben wir alle die Nase voll von diesem völlig entseelten Land, dessen Kirchen
und Heiligtümer Kinos und Fabriken sind!."

21.10.41:
In Bryansk fand ich neulich in einem Sowjettheater echte russische Meßgewän-
der, die die Bolschewiken nun zum Theaterspielen mißbrauchen. Überhaupt
könnte man hier manchmal heulen, wenn man sieht, wie diese teilweise wunderbaren Bauten verdorben wurden und die Kirchen in Kinos, Getreidesilos und
ähnlichen Mist verwandelt wurden. Die schönsten Gemälde sind kaputt, und dafür stehen der ausgesprochenste Kitsch an Lenin- und Stalinfiguren und Mädchen mit Badeanzügen und Pumphosen im Gelände rum, alle nach dem gleichen Schema aus Gips angefertigt.- Kitsch und Schund und Amerikanismus..."
(Anmerkung 1992: Und wie sieht es heute bei uns in Deutschland mit der Kultur aus?)

22.10.41:
„... Augenblicklich sitze ich in einem kleinen Städtchen (Bolchow), wo ich mit
8 Mann und 2 Autos mein eigener Herr bin. Meine Einheit liegt ca 500 m entfernt, und ab und zu bekomme ich Besuch von einem Vorgesetzten oder, wie
vorher, von Wolfram, mit dem ich dann stundenlang medizinische Fragen
durchackere. Das Städtchen hier bietet aus der Ferne ein wunderbares Bild mit
seinen vielen russischen Zwiebelkirchtürmen, doch aus der Nähe ist alles, was
Kirche anbelangt entweder ausgebrannt oder total heruntergekommen und ver-
nachlässigt. Diese wundervollen Kulturdenkmäler, die von den Bolschewisten
zerstört wurden. Es ist manchmal fast zum Heulen, wenn man dagegen den
Kitsch sieht, aus dem heute die bolschewistische „Kunst" besteht.
Ich könnte mir denken, daß unsere Division herausgezogen wird, denn sie soll
in punkto Verlusten an zweiter Stelle stehen...
Mir fehlt z.Zt. etwas die zähe Ausdauer in der Wiedereinführung einer regel-

mäßigen Stille, obwohl ich immer die Erfahrung mache, daß ein Tag mit Gott eben unendlich viel anders verläuft als einer nach meinem eigenen Dickkopf. Aber es fällt mir bei meiner etwas sprunghaften Veranlagung verdammt schwer, mich konsequent dazu zu zwingen. Hier aber ist der Ansatzpunkt zu allem Positiven in meinem Leben, genau so wie im Leben der Völker. Dazu bieten sich mir hier ja täglich klassische Bilder. Man darf nur sehen, was durch die Abkehr von Gott und vom Religiösen, aus der hohen russischen Kultur geworden ist, um zu wissen, was uns ebenso blühen wird, wenn wir in diesem Punkt im bisherigen Kurs fortfahren. Alle Kultur entstand aus dem Religiösen, sei es nun Sprache, Schrift, Baukunst, Malerei, Tanz, Musik, Ehe oder Gesetz. Und wenn Gott ausgeschaltet wird, müssen deshalb auch zwangsläufig alle diese Dinge wieder zerfallen, wenn auch langsam. Die Zivilisation, Technik und Medizin werden sich zwar noch weiterentwickeln, aber die Kultur muß untergehn. Leider sind die meisten von uns völlig stumpf und haben keinen Blick für diese Dinge. Aber vielleicht ist doch diesem und jenem ein Licht aufgegangen hier in Rußland...“

Krankensammelstelle Bolchow

(20.10. - 4.11.41.)
21.10.41:
„...Ich fuhr gestern früh mit sechs Mann voraus, um in einem kleinen Städtchen von etwa 15 000 Einwohnern mit ein paar herrlichen Kirchen, die aber leider völlig verwahrlost sind, einen Sammelpunkt aufzumachen. In einem alten Ambulatorium einer Säuglingsberatungsstelle haben wir uns eingenistet und uns mit allem Komfort in eineinhalb Tagen wohnlich eingerichtet! Nur Wasser und Stühle sind knapp. Aber sonst gehts uns in der Bude ausgezeichnet. Vor allem fehlen die Wanzen. Läuse scheine ich augenblicklich nicht zu haben, aber sonst sind sie ziemlich verbreitet. Wolfram (Dr.Sauter) kam neulich an mit einer Unmenge solch wertvoller Tierchen, die ihn vollkommen zerstochen hatten. Es hat ihn aber weiter nicht aus der Ruhe gebracht!... Durch einen phantastischen Schlamm und Dreck sind wir hier eingetroffen. Meine Stiefel sind bis oben hin mit einer Schlammschicht bedeckt, die sich täglich erneuert, da die Straßen hier ein einziges Moorbad sind. Heute war mein Divisionsarzt zur Besichtigung da. Es hat ihm anscheinend ganz gut bei uns gefallen. Die Russen zeigen eine ziemlich herabgesetzte Widerstandskraft, denn sie glauben nicht mehr an den Schwindel mit den Gefangenen und kommen in kleinen Trupps ab und zu an und fragen nach dem Gefangenenlager. Vorgestern sah ich die erste russische Großstadt, die nicht zerstört ist (Orel). Auf der Herfahrt hatten wir Glück, da sich bei unserem Wagen ein Federbolzen gelöst hatte und unser Fahrer dies bei einem zufälligen Halt bemerkte (so etwa 2 km später wäre es zur eigentlichen Panne gekommen).

24.10.41:
„...Gestern abend wollte ich Dir noch schreiben, aber die Augen fielen mir zu, und deshalb hab ichs auf den anderen Morgen vertagt und sitze nun schon in der Mittagszeit hier, denn am Morgen gab's tüchtig zu arbeiten, weil unsere Re-

gimenter sich nun endlich durch den Riesendreck durchgearbeitet haben und heute durch die Stadt marschieren. Der Ort (Bolchow) hat 15 000 Einwohner und zwanzig alte, teils wunderschöne Kirchen, von denen ich mir gestern ein paar angesehen habe. Leider sind sie teils zerstört, teils in Ställe und Kornspeicher verwandelt. (Bilder Nr. 14-16) Eine herrliche Kathedrale steht hier, die allerdings auch vollkommen von diesen Banditen ausgeplündert wurde. Ein ganz kümmerliches Museum mit ein paar Ausgrabungen, Gemälden und sonstigen aus den Häusern der reicheren Leute gestohlenen Sachen haben sie aufgemacht. Heute war ein ziemlich wilder Tag. Den ganzen Tag Patienten, die versorgt sein wollten. Zum großen Teil waren sie total verlaust. Meistens waren es Magen-Darmerkrankungen oder Eiterungen an den Füßen vom Marschieren. Einer war darunter, von dem krabbelten die Läuse nur so weg. Leider hab ich heut abend vor lauter Patienten verschwitzt, zum Divisionspfarrer zu seiner Abendandacht zu gehen. Schade, denn hier ist man ja doppelt froh, wenn man von daher etwas Anregung bekommt und Gemeinschaft findet. Das ist wohl das Wichtigste und die einzige Gemeinschaftsform, die wirklich Bestand hat. Alles andere ist eben viel zu sehr von Zeit und Raum und Erleben abhängig. Das merkt man, wenn man aus allem bisherigen herausgerissen (nun allmählich bald fünf Monate von zu Hause) und aus der gewohnten Umgebung weg ist. Alles wird so fern und unwirklich, und die Eindrücke der Trostlosigkeit und des Krieges erdrücken momentan alle übrigen. Und nur im Traum kommt noch die Heimat zur Geltung, oder wenn ich abends allein mal einen Gang unter dem weiten Sternenhimmel mache und morgens, wenn die anderen noch schlafen, auf meiner Trage liege und an die Lieben zu Haus denke. (Bild Nr. 17) Im Traum erscheinst mir eigentlich nur Du. Alle andern sind noch viel weiter weggerückt.
Wann werde ich wohl hier wegkommen? Hoffentlich klappt es wenigstens auf den 1.12.. Sollte ich bis dahin nicht nach Hause kommen können, so bin ich für eine Ferntrauung, denn wir haben es ja nicht nötig dem Staat monatlich 80.- zu schenken. Das Standesamt ist mir sowieso keine maßgebende Instanz, denn die heutige Ehegesetzgebung ist so locker und entspricht nicht unserem Denken, so daß mir an der Trauung nur die Kirche wesentlich ist. Was meinst Du dazu?...“

28.10.41: (nachts einhalb zwei Uhr)
„... Seit drei Tagen hab ich einen Riesenbetrieb, wie in meinen besten Tagen in der Klinik, und kam deshalb nicht zum Schreiben, denn wir sind die einzige Sanitätsstelle in der Umgebung und der Anfall an Kranken ist bei den Strapazen und der Witterung sehr groß. Aber es macht mir viel Freude, endlich mal wieder ganz selbständig arbeiten und helfen zu können. Und es geht mir prima, zumal ich abends ab und zu noch eine halbe Stunde zur Abendandacht des Divisionspfarrers 5 Minuten von hier komme...“

29.11.41:
„...Schlimm war, daß ich durch diese Post gleich vom Tod von drei meiner besten Freunde erfuhr, Uli Römer, Hans Hummel und Otto Öltschner. Geschlaucht hat mich dabei noch obendrein, daß ich durch meine Bummelei in Bythen zu keinem ordentlichen Brief an die beiden ersteren mehr kam. Aber bei allen dreien kommt mir ihr Leben so erfüllt vor; so abgeschlossen und auf dem

Höhepunkt. Uli wollte Priester werden und nach der Entlassung gleich damit anfangen. Nun ist er es vielleicht in einem viel höheren Sinne und ich hab gar nicht das Gefühl, daß er nicht mehr da ist. Im Gegenteil, er ist mir zur Zeit näher als je und ich hab immer das Empfinden, daß er in den stillen Abendstunden, in denen ich z.Zt. zum Div.Pfarrer über die Straße wandre, mit mir geht und mit mir spricht. Hans Hummel hatte ein schweres Erbe zu tragen und fiel vielleicht in der innerlich freiesten Periode seines Lebens.

Es ist eigenartig, welche Umwertung aller Werte mit der Zeit hier erfolgt, wo der Mensch immer wieder vor der letzten Wirklichkeit steht. Hier verschwindet alles, was einem früher das Leben wertvoll machte, und was langsam als lästiger unnützer Ballast empfunden wird, fast mit einer resignierten Handbewegung: Besitz, Zivilisation, Freundschaften, selbst Familienbande werden allmählich unwirklich für uns, die wir in ein ganz anderes Leben gestellt wurden. Nur Christus bleibt und das, was auf Ihm aufgebaut wurde. Alles Körperliche wird in seiner Zweitrangigkeit und Vergänglichkeit so offenkundig, daß alle Beziehungen, die daraus ihre Kraft geholt haben, schließlich locker werden und reißen. Das sehe ich bei den meisten Kameraden in punkto Ehe. Und ich merke auch bei mir, wie alles Körperliche wertlos wird und die Sehnsucht nach Gemeinschaft in Christus eben immer größer wird. Nach vielem anderem in der Heimat sehnen wir uns nicht mehr, aber nach dem Geist tiefster Gemeinschaft. Und alles, was nicht echt ist, kommt in den Schmelztiegel. Ich bin hier ganz allein, und der Gefreite, der Dich vermutlich anrufen wird, kann Dir ja erzählen, wie es bei uns aussieht. Kranke, Kranke und Verwundete. Betrieb, wie in meinen besten Zeiten in der Chirurgischen. Heute abend habe ich einen ziemlich tollen Handgelenksbruch eingerichtet; nach langer Zeit zum ersten mal wieder. ...Ich bin froh, daß ich hier sein und helfen kann, den armen Kerlen ihr Los zu erleichtern, die oft auf tollen Irrfahrten durch den Morast nach Tagen erst hierher finden. Die Arbeit befriedigt mich richtig und ich erlebe immer wieder, daß mir von oben geholfen wird!"

1.11.41. Beförderung zum Feldwebel.
Mein liebes Mädel.
Nun ist es also soweit, daß Du, mein lieber Unteroffizier, vor mir stillstehen mußt, wenn ich komme, und nun ist es für mich bedeutend ungefährlicher geworden, Dich zu heiraten, als es im September als Gefreiter gewesen wäre! Denn seit heute bin ich wohlbestallter Feldwebel! Also immerhin, nach Rekrutenbegriffen, eine gewaltige Erscheinung! ...Leider bin ich in den letzten 10 Tagen wenig zum Schreiben gekommen, denn der Betrieb war geradezu unheimlich und ich mußte ihn so ziemlich allein mit meinen sechs Sanitätern deixeln... Das war teilweise so ein Elend, das ich hier wieder zum Sehen bekam. In dem grundlosen Schlamm blieben die Fahrzeuge stecken, und die Kranken schlugen sich auf kleinen Pferdefuhrwerken in drei- und viertägigen Fahrten zu uns durch und kamen of in einem dementsprechenden Zustand bei uns an. An manchen Stellen mußten die Pferde erschossen werden, weil sie bis zum Bauch im Schlamm steckten!... „ (Bild Nr. 18)

3.11.41:
„...Hier hatten wir ja ein schönes Haus mit Behandlungsraum, Schlaf-und Auf-
nahmeraum, Küche und Krankenräume, in denen die Kranken zwar auf Stroh
lagen, aber froh waren, wenigstens ein Dach über dem Kopf zu haben und in
einer warmen Stube zu sein. Dreihundert Patienten in ca. 7 Tagen will unter den
hiesigen Umständen allerhand heißen. Einmal hatten wir über Nacht allein 50
im Haus! Zwei schwere Diphtheriefälle waren auch einmal dabei. Der eine war
zunächst scheinbar ein Mandelabszeß und ich spritzte mir, weil er mich ein paar
mal leicht angehustet hatte, 2,5 ml Serum als Schutz ein und bin froh, daß ich es
machte, denn in Rußland wäre eine Diphtherie doch sehr unangenehm..."
Der Besuch unseres Divisionsarztes Oberstarzt Haßengier, der mit unserer Arbeit offensichtlich sehr zufrieden war (wir waren die einzige aufnahmebereite
Sanitätsstelle der Division), hatte allerdings meine erhofften Chancen für eine
zunächst vorgesehene Rückversetzung zur Ersatzabteilung am 1.12. nach Ab-
leistung der „Feldbewährung" und Beförderung zum Unterarzt nicht verbessert,
denn er forderte mich nach den verschiedenen „Feldbewährungen" von der Ersatzabteilung in der Heimat für die Division an und setzte mich, obwohl ich ja
erst Unterarzt und noch nicht Offizier war, ab 1.12.41 auf die Stelle des Abtei-
lungsarztes beim Divisionsnachschubführer, verantwortlich für 10 Kompanien
und Einheiten.
Demzufolge mußte ich am **4.11.41** meiner Braut schreiben:
„...Leider muß ich Dir heute wieder eine traurige Mitteilung machen. Ich habe
mich auf der Division erkundigt, ob ich am 1.12. nun nach Miesbach zurück-
komme oder nicht, aber da erklärte mir der Oberstarzt, ich müsse noch hier
bleiben... Zuerst hat's mich diesmal ziemlich geschlaucht, aber dann hab ich Ja
gesagt, denn auch das hat ja sicher seinen Sinn. Denn einen Zufall gibts ja
nicht, und warum sollte Gott mich nicht heimschicken können wenn er wollte.
Manchmal sieht man hier gar kein Ende. Kommen wir aus diesem endlosen
Land überhaupt einmal heil raus? Warum soll ausgerechnet ich zurückkommen
und so viele meiner Freunde nicht mehr? All das beschäftigt mich schon manches Mal, und dann kommt fast eine Art Angst vor dem Zivilleben mit seiner
Bequemlichkeit und seiner Gefahr, abzusacken und zu verspießern. Alles Kör-
perliche und alle Werte dieser Welt werden einem hier dauernd in ihrer ganzen
Fragwürdigkeit vorgeführt, und die ständigen Todesanzeigen, die vielen Kreu-
ze, Krankheiten und Verwundungen unterstreichen das alles noch stark. Und
dann ist die einzige Sehnsucht, die wirklich bleibt, eben die Sehnsucht nach
Gemeinschaft. Das Viele erdrückt manchmal ein wenig und macht auch beim
Schreiben einsilbig. Das graue elende Land, die langen Nächte, der düstere
Himmel und die entseelten Menschen..."

9.11.41:
Während Gips (Dr. Wolfram Sauter) den Töchtern dieses Hauses Karten-
kunststücke vorführt und ihnen dazu die Erklärungen im besten Schwäbisch gibt,
während die Mutter der vier Kinder als alte Hexe Karten schlägt und unser 3.
Mann eine von den Töchtern abzeichnet, versuche ich im Schein der Erdölfunzel
zel Dir zu schreiben. Gestern und vorgestern waren wir den ganzen Tag auf der
Landstraße und kamen gestern abend in einem Dorf an, in dem wir heute noch

sind. Die Fahrt hierher über völlig unbrauchbar gewordene Straßen war ganz interessant, und ich legte mich wegen einem Flieger zweimal in den Straßengraben. Allmählich verdrecken wir bei der Beschäftigung ja vollkommen, und wenn wir Euch ausführlich schildern würden, in welchen Hütten wir schon ab und zu übernachtet haben, so würden Euch sicher die Haare zu Berge stehen. Denn gestern z.b. wurde es selbst uns zu viel, so daß wir das Feld räumten und heute in ein anderes Haus einzogen, in dem es etwas sauberer ist. Teilweise haust hier in einem Raum eine ganze Arche Noahs: Menschen, Hühner, Schweine, Schafe, Katzen, Kakerlacken und sonstige Käfer, Wanzen, Mücken, Flöhe, Läuse und Genossen. Manchmal gibt es in den Häusern einen Bretterboden. Die Leute schlafen auf dem Ofen und im Winter werden die Fenster nicht geöffnet. Das weitere könnt Ihr Euch ausmalen. In den Städten ist es besser. Da hatten wir bisher immer schöne Quartiere. Aber auf dem Land herrscht ungeheure Armut. Unser Bauer ist ganz begeistert, daß wir gekommen sind, und schimpft, wie alle Bauern, auf Stalin, den er „Schwein verfluchter" heißt. Er will ihn mit dem Maschinengewehr totschießen. Peinlich ist, wenn einen die Leute zum Essen einladen. Man kommt sich dann manchmal wie ein Naturforscher vor, der mit Heroismus das Essen der Eingeborenen hinunterschlingt. Die Leute sind teilweise direkt rührend. Wenigstens bekommen wir so ab und zu ein paar Vitamine, denn die Truppenkost enthält fast keine. Heute haben sie uns z.B. Meerrettich gebracht. Eben hat die Hausfrau Gips prophezeit, daß er sich bald mit der Karo-Dame verloben werde! Und vier Monate sei er noch Soldat. Na, hoffentlich stimmts! Ich habe allerdings starke Zweifel. Aber die blonde Karo-Dame erscheint immer wieder bei den Versuchen, die er nun anstellt. Und ich glaube, er kommt nun langsam zur Überzeugung, daß ihm ein blondes Glück blüht!... Am 1.12.,bzw. am 30.11. ist ja das hundertjährige Jubiläum der Burschenschaft Normannia, und ich habe deshalb heute einen langen Vers nach Tübingen abgeschickt! Ich will ihn Dir auch mitsenden:

Normannentraum südöstlich Moskau

Der Wagen rumpelt durch den Dreck
den Kopf hauts an die Planken
des Dachs, ein schwäbisch „O verreck!"
reißt mich aus den Gedanken.
Gedanken an die alte Zeit,
an längst vergangne Stunden,
die wie ein altes Märchen heut
verklungen und entschwunden.
Ich kratze mich, die Zeit vergeht,
wie mich die Läuse lieben,
die grad das Morsealphabet
auf meinem Rücken üben! (Punkt-Strich!)
Die Erde schwarz von dunklem Schlamm,
bleigrauer Himmel drüber,
nur ab und zu ein kahler Stamm
gespenstig huscht vorüber.

Armselge Hütten stehn im Raum,
umrahmt von morschen Latten.
drohn wie ein banger schwerer Traum
aus dunklem Reich der Schatten.
Armut und Hunger sind zu Gast
in schmutzig dumpfen Hütten,
und quälen uns bei nächtger Rast
mit ihren stummen Bitten.
Wir fahren durchs trostlose Land,
die Not will uns erdrücken!
Doch nachts im Traum ein Bild erstand
da auf vor meinen Blicken:
Ein Haus leuchtet im Sonnenschein
in einem Meer von Blüten,
der goldne Ginster blüht darein
und winkt dem Russlandmüden!
Verlangend tret ich ein ins Tor
und seh die Fahne winken:
Durch grünes Laub zum Licht empor
hell unsre Farben blinken!
Rot, Gold und Weiß im Himmelsblau
flattert die Fahne droben!
Und selig stehe ich und schau,
schau zu ihr froh nach oben!
Horch! Zu mir dringt ein Klang heraus,
ein Schlagen und ein Klirren!
Und „Zu a los!" klingts aus dem Haus,
wo flinke Klingen schwirren!
Hinein zur Tür! Die Treppe rauf!
Nein! - erst zur Gaderoben!
Zuerst ne weiße Mütze auf
und dann gehts schnell nach oben!
Da guckt der alte Auerhahn
wie einst noch auf mich nieder
und schaut mich etwas schelmisch an!
Ich glaub, er kennt mich wieder!
Die Treppe kracht und quietscht vergnügt,
die Standuhr schlägt die Stunden,
und aus der Diele aufwärts blickt
der Kachelofen unten.
Und hör! Ein altvertrauter Ton,
ein jazzendes Gewimmer!
Es ist das alte Grammophon
im Bibliothekenzimmer!
Dort liegt einer im Sessel drin
beim Grammo in der Klause
und döst gesättigt vor sich hin

in langer Arbeitspause.
Was riech ich da? - Es duftet schön
wie nach Normannenbraten!
Frau Pfirmann scheint am Herd zu stehn,
ich geh, mich einzuladen!
Der Speichel läuft zum Mund heraus,
denk ich an die Gerichte!
Die Spätzle vom Normannenhaus,
waren das nicht Gedichte?!-
Die Puddings, Koteletts, Sauerkraut,
Pfannkuchen und Tomaten,
Salatplatten, die längst verdaut,
samt Pürree und Rouladen!
Der Kaffee duftet auch schon sehr,
Kuchen soll ihn begleiten!
Nun klappert es vom Aufzug her,
gleich muß die Glocke läuten!

Doch schnell noch einen Blick hinein
in unseres Kneipsaals Kühle!
Und in dem matten Licht allein
steh ich in tiefer Stille.
Die Tische, Stühle, einsam leer!
Klingen nicht alte Lieder? -
Nur auf dem Backel ruht der Speer.-
Wo seid Ihr wohl, Ihr Brüder? -
Da grüßt mich stumm von dunkler Wand
die Tafel unsrer Toten,
die einst gefallen für das Land
und nun des Ewigen Boten
an uns geworden! - Und ihr Ruf
klingt hart, wie Schwerterschläge:
„Bedenkt, daß Gott Euch nicht erschuf,
daß feig Ihr seid und träge!
Wir fielen nicht für Eigennutz,
für Lug und eitle Ehre!
Nein! Für des wahren Deutschlands Schutz
erhoben wir die Wehre!
Wir fielen, daß dem Deutschen Reich
die Freiheit bleib erhalten!
Daß Glaube, Recht und Treue Euch
auch in der Zukunft walten!
Drum rafft Euch auf! Und haltet stand!
Und laßt Euch niemals rauben
die Freiheit für das deutsche Land,
Wahrheit und Recht und Glauben!“
Der Ruf verhallt! - Im Russenland,

der Wind saust durch die Räume,
und wie ein schöner Spuk entschwand
der Traum im Reich der Träume.
Die Sehnsucht bleibt nach jener Zeit,
und wenn die Stürme heulen,
von Osten zu Euch fern und weit
unsre Gedanken eilen!
Die Füße frieren uns zu Eis,
der Dreck möcht uns ersticken!
Doch unser Herz schlägt dennoch heiß
und will Euch Grüße schicken!
In Rußlands Schnee und Sturm wolln hoch
wir heut die Becher heben:
Die alten Burschen leben noch,
drum muß Normannia leben!

12.11.41:

„...Inzwischen mußten wir wieder ein Lazarett aufmachen und haben unheimlich zu tun. Nachts um halb zwei Uhr wurden wir dazu in Marsch gesetzt...
Eben bekam ich die Nachricht, daß einer unserer Patienten (ein einfacher bayerischer Bauernjunge) gestoren ist. Er hatte eine Leberzerreißung. Vor drei Stunden schrieb ich noch einen Brief an seine Eltern und ließ ihn unterschreiben. Heute Nacht gab ihm unser katholischer Priester, der als Gefreiter bei uns ist, (Anm.: der jetzige Prälat Johannes Dischinger) noch die Kommunion.

15.11.41:

„...Es ist schlimm, daß ich mich immer wieder mal von der Stimmung, die dieses weite Land atmet, einfangen lasse und dann so wenig Freude ausstrahle, obwohl ich doch so viel Grund zum Danken hätte! Trotz eisiger Kälte immer wieder einen warmen Raum und genügend zu essen. Wieviele Bewahrung vor Krankheit und Gefahr, und doch immer wieder ein Griesgram. Das ist schlimm! Manchmal könnte ich mich deshalb ohrfeigen! Morgen ist Sonntag, und ich hoff daß Gottesdienst ist, und würde mich mächtig freuen, wenn ich einmal wieder teilnehmen könnte. Hier in Rußland geht einem so vieles auf. Umso unverständlicher ist uns die Politik zu Hause, die in Bayern die Kreuze aus den Schulen entfernt und in Württemberg die evangelischen theologischen Seminare beschlagnahmt. Wir empfinden das hier alle als Dolchstoßpolitik, denn dasselbe haben die Bolschewiken auch gemacht, nur daß hier die Entwicklung schon 15 Jahre weiter ist und wir die Folgen der „Entkonfessionalisierung" sehen! Eine verwahrloste, freche und verkommene, „aufgeklärte" Großstadtjugend, Verantwortungslosigkeit, persönliches Machtstreben und Verfall der Kultur, der die religiösen Motive fehlen und die deshalb zum äffischen Abklatsch und zu einem reinen entseelten Technizismus wird. Vielen sind in Rußland die Augen aufgegangen, aber leider sind wieder unsere Besten gefallen.

16.11.41 an meinen Onkel Richard Ernst:

„...Von uns denkt eigentlich keiner ans Heimkommen, denn allmählich scheint uns der Gedanke so unwirklich und unwahrscheinlich, daß er von den wenigsten mehr gedacht wird. Was wir hier außer dem wochenlangen Marschieren und dem dauernden Anblick verwundeter, kranker und sterbender Kameraden noch sehen, ist das Bild eines Volkes, das zum Teil seine Seele verloren hat, vor allem die Jugend. Es lebt ohne Seele, es kämpft ohne Seele und es arbeitet ohne Seele. Das gibt es durchaus, und das wäre auch noch lange möglich gewesen. Aber es wirkt schrecklich deprimierend und niederdrückend. Nach über einem halben Jahr konnte ich heute in einem ganz kleinen Kreis wieder einmal zum Abendmahl und bin mächtig froh darüber. Wir haben hier einen prima Kriegspfarrer und wir haben schon einige feine Stunden mit ihm gehabt. Ohne Gemeinschaft würde man hier ja mit der Zeit innerlich völlig vor die Hunde gehen. Furchtbar ist zu sehen, welches Gericht über die russische Kirche kam, die unheimlich viel gesündigt hat, wenn sie auch fabelhafte Dinge geschaffen hat. Aber im Wesentlichen war sie ein Instrument der herrschenden Schicht. Ob sie sich jemals wieder erholen kann? - Die Führer fehlen vollkommen..:"

16.11.41:
„...Die Atmosphäre, in der wir leben, ist ganz mit Schwermut geladen und wird es wohl noch umso mehr, je näher Weihnachten kommt. Gott sei Dank, daß Christus den Sieg über die Schwermut hat und daß ich trotzdem immer froh und gläubig zu Ihm kommen kann. Ich würde dies sonst auf die Dauer nicht aushalten. Mit Uli Römer gehts mir eigenartig. Bei ihm habe ich oft das Gefühl, daß er bei vielem dabei ist, was ich mache, und es ist wenig Schmerz bei dem Gedanken an ihn. Er ist zur Herrlichkeit vorausgegangen und sein sehnlichster Wunsch, Priester zu werden, scheint nun erfüllt zu sein. Daß er nicht mehr da ist, dieser Gedanke erscheint mir völlig unmöglich im Gegensatz zu manchen anderen, bei denen ich das Empfinden habe, daß auch der „andere Tod" von ihnen Besitz ergriffen hat.
Die letzten Tage hatten wir wieder viele Verwundete und wir sind alle ein wenig müde geworden von dem vielen Elend und der Tapferkeit, mit der die meisten ihr Schicksal tragen. Allerdings scheint es manchem jetzt leichter zu sein, denn die Heimat winkt, und sie haben noch keine Vorstellung von der Länge ihres Krankenlagers. Neulich habe ich als Mundschenk jedem von den hundert Verwundeten einen Schluck Kognak gereicht und es ist rührend, wie dankbar das viele macht und wie so eine kleine Freude die Lebensgeister weckt..."

22.11.41:
„...Heute Nacht haben wir wieder bis halb vier Uhr gearbeitet, denn die Sowjets hatten einige sibirische Divisionen ausgeladen und unsere braven Kerle mußten einen ordentlichen Druck aushalten. Aber nun sind die Russen nach Osten abgedrängt. Natürlich gab es bei dem völlig zusammengefrorenen Boden, in dem sich unsere Leute nicht eingraben können, wieder ziemliche Verluste, vor allem auch viele Erfrierungen. Es ist schon ganz ungeheuer, was einzelne in den Divisionen leisten, manchmal Unmenschliches! Denn die Infanterie hat es nicht so gut wie wir und kann sich nicht immer wieder in warme Häuser zurückziehen, sondern muß draußen aushalten. Vier Tage war ich mit 16 Kranken kürzlich unterwegs. Das war abgesehen von einem Tag Fasten und 24 Stunden Autofahrt ganz schön..."

24.11.41:

„...In einem kleinen Städtchen südöstlich Moskau sitze ich und warte, bis das Zimmer warm wird und die ersten Verwundeten von der Front kommen, die einige Kilometer weg ist. Dein lieber Adventskranz, an den ich heute schon den ganzen Tag dachte, traf ein und hat mich riesig gefreut. Da werd ich mich am 30.11. ganz allein abends zurückziehen und dran denken, was Advent bedeutet, ganz fest an Dich denken und mich mit Dir unterhalten über alles, was mich freut und was mich drückt...

Bitter ist natürlich, daß wir den Heiligen Abend getrennt feiern müssen. Aber ich will an diesem Abend von 9 - 10 Uhr hinaus gehen, zu den Sternen hinauf sehen und in die Heilige Nacht hinein horchen, in der unendlichen Ebene, in die sich die kleinen Hütten ducken wie scheue Tiere vor dem unendlichen Himmel. Und da will ich hören und mir vorstellen, wie einst Engelschöre in dieser Nacht erklangen, in der wir vielleicht nur die dumpfen Abschüsse der Kanonen hören werden. Aber einmal wird an diesem Abend vielleicht auch eine große Stille eintreten, und dann werd ich zu Euch unter den Weihnachtsbaum kommen und mich mit Euch freuen, mit Euch singen und danken, daß in diese fürchterliche Welt mit ihrer abgrundtiefen Schlechtigkeit, Hoffnungslosigkeit und Ziellosigkeit das Licht von Bethlehem aufgegangen ist, und daß es für uns deshalb eine Hoffnung gibt und einen Weg aus dem Chaos und Jammer dieser Welt. Wir haben gar nicht mehr die tatsächliche Situation des Menschen und der Geschöpfe erkannt in der Scheinsicherheit unseres zivilisierten Lebens, und es ist gut, daß wir nun alle erleben, wie ungesichert, klein und hilflos wir tatsächlich sind, und wie preisgegeben allen Gewalten und einem unergründlichen Schicksal. Hier gäbe es (als Lösung) nur die kämpfende Resignation und Verzweiflung, wenn nicht Christus geboren wäre! Es ist gut, wenn man die Wirklichkeit einmal so erlebt wie wir, auch wenn es hart ist und ich mich all dem manchmal entwinden und mich irgendwie wieder in die scheinbare Sicherheit des bürgerlichen Lebens zurückversetzen möchte. Und nur unter Schmerzen verliert man die Liebe zur Welt. Aber ich sehe ein, daß es für mich nötig ist und hoffe, daß ich wieder zu einer richtig positiven Haltung kommen kann. Heute abend kamen wieder einige Kranke und Verwundete...“

25.11.41:

„Unsere Artillerie schießt wie wild, denn unsere Infanteristen greifen heute wieder an bei eisiger Kälte. Ich muß schon sagen, ich krieg, je länger, je mehr Achtung vor dieser schwäbisch-bayerischen Division. Denn was die Leute aushalten ist unheimlich. Als ich eben einen fragte, wie denn die Gefühle dabei seien, meinte er :" S ist nur guat, doß es dia Russn grod so friert!" So erlebt man die komischsten Dinge. Aber auch die schrecklichsten Bilder bekommt man zu sehen. Zerfetzte Pferde und umherliegende Stahlhelme, zerschossene Fahrzeuge und Tanks. In einem saß der völlig verkohlte Fahrer, dem es den Kopf abgerissen hatte, noch drin...

Und abends sitzt wieder die ganze Mannschaft da und macht Jagd auf Läuse. Es ist praktisch völlig unmöglich, diese Tierlein nicht zu bekommen. Denn im Pullover sind sie nicht zu finden, und Entlausungsmöglichkeiten gibt's auf dem

Vormarsch keine. ... Augenblicklich sind wir in einem Schulhaus. Das Gebäude selbst ist neu, nur sind, wie immer, die meisten Scheiben draußen und wir müssen die Fenster mit Brettern zunageln..."

26.11.41:
Leider kam ich nicht mehr dazu, Dir den Brief gestern fertig zu schreiben, denn um 11 Uhr ging es ununterbrochen los mit Verwundeten. Als wir heute früh um vier Uhr für ein paar Stunden Schluß machten, lagen immer noch vierzig Verwundete, lediglich mit Notverband versehen, da, und heute früh sind schon wieder eine Menge dazu gekommen. Schönes sieht man dabei nicht und es gehört mit zum Ermüdendsten, all dieses tapfer getragene Elend zu sehen und zu erleben, wie einem die Leute manchesmal unter den Händen wegsterben..."

30.11.41, 1.Advent:
„...Gestern abend sind wir mit ca 25 Mann um Deinen Adventskranz gesessen und haben eine nette Adventsfeier gehalten. Gestern erhielt ich die Nachricht vom Tod von acht Bundesbrüdern, darunter Walter Bostel, der als Unterarzt bei Krementschug fiel..."

Uslowaia, 2.Advent 1941:
Im Ofen glüht ein ganzer Baum,
das Feuer prasselt heiter,
und langsam warm wird es im Raum
im Glühn und Sprühn der Scheiter.
Die Kerze am Adventskranz dran
leuchtet und flackert leise,
der Sturmwind rührt das Häuschen an
in seiner wilden Weise!
Da denke ich an Euch zu Haus
und grüß Euch in Gedanken,
die in des Krieges Not hier draus
sich um die Heimat ranken!
Um Euch Ihr Lieben, um das Glück,
das ferne, wie vergangen,
so weit und lange liegt zurück;
das einzige Verlangen
noch ist in einer Welt voll Haß
und Mord und Tod ohn Ende,
daß einmal noch ich hier erfaß
froh Eure lieben Hände!
Und wenn in Rußlands Abendrot
uns winkt der ewge Frieden,
so weinet nicht, denn auch im Tod
kann Christus uns behüten!
Euch aber mög das neue Jahr
näher zu Ihm noch bringen,
bewahre Euch vor Not, Gefahr,

daß wir vereint einst singen:
Lobe den Herren!

Abteilungsarzt beim Divisionsnachschubführer
5.12.41:
„...Inzwischen sitzen wir nordöstlich von Tula und warten der Dinge die da
kommen. 37 Grad Kälte soll es heute Nacht gegeben haben! Unsere Fahrzeuge
sind jedenfalls alle heute morgen eingefroren, da das Öl eingefroren war. Aber
das macht nichts, mit vereinten Kräften gehts dann schon wieder. Meine Stimmung ist z.Zt. ausgezeichnet. Das kommt davon, daß ich morgens immer etwas
früher aufwache und dann Gelegenheit zur Stillen Zeit habe Und das macht einen umso fröhlicher, je komischer und blödsinniger die Situation ist, also z.B.
die Affenkälte... Der Betrieb hier macht mir auch viel mehr Freude, schon deshalb, weil ich mein eigener Herr bin und im wesentlichen Kranke zu betreuen
habe und nicht Verwundete, denn das schlaucht mich auf die Dauer doch seelisch: immer und immer Sterbende und Verwundete! Beim Nachschub sind
mehr ältere Leute und teilweise sehr nette Offiziere.
Da fahren wir also schwer eingepackt: 2 Mäntel, 2 Pullover, 3 Paar Unterhosen,
Trainingsanzug, 2 Paar Socken, 1 - 2 Decken und Unterhemd durch die Gegend
und machen Besuch in den Bauernhäusern. Der Sanitätsunteroffizier erscheint,
macht eine schneidige Meldung und dann kommen die einzelnen Kranken und
werden begutachtet und beguckt. Viele Erfrierungen gibt es und alle möglichen
Erkältungen. Anschließend ißt man dann mit dem Chef der Kolonne zu Mittag
und dann gehts weiter, natürlich schwer bewaffnet mit Maschinenpistole und
Schnelladegewehr. Zu Hause haben wir gerade ein eisernes Bett mit Sprungfe-
dermatratze (Drahtgitter mit Federn) und einen Strohsack, und da schlaf ich
dann unter meinen 4 - 5 Decken ausgezeichnet. Hier in diesem Nest haben die
Russen vergessen, das Elektrizitätswerk kaputt zu machen, so daß wir schönes
elektrisches Licht haben. Dazu ist die Bude ausnahmsweise wanzen- und läuse-
frei und fließend Wasser soll es auch noch geben. Ich komme mir vor wie in einem Schloß!
Neulich hatten wir zwei sibirische Divisionen vor uns, die dann zersprengt
wurden. Die Sibirier machen einen wesentlich besseren und gesünderen Eindruck als die übrigen Rotarmisten. Neulich mußten die unseren einmal zurück,
und als sie wieder vorstießen, fanden sie einen verwundeten Offizier, Feldwebel
und Mannschaften, die sauber verbunden und zurückgelassen wurden. Das ist
sehr erstaunlich bei dem sonstigen Verhalten (Die UdSSR hat ja diesbezüglich
die Genfer Konvention nicht unterzeichnet!)
Am **6.12.41** gab Generaloberst Guderian entgegen Hitlers Befehl den Rückzugsbefehl, der unserer Armee das Schicksal von Stalingrad ersparte.

18.12.41:
In die graue Nebelwand
schaue ich hinein!
Dorthin, dort im Heimatland
muß mein Liebstes sein!
Flocken gleiten silbergleich

an die Wangen lind,
Ob es wohl die Hände weich
meiner Liebsten sind?
Leg ich dann im armen Raum
abends mich zur Ruh,
kommst Du sacht zu mir im Traum,
Du mein Liebstes, Du!
Trautes Herz, so fern und weit,
und mir doch so nah,
bist bei mir in Not und Leid,
immer bist Du da!

Aus der: „Geschichte Grenadier-Regiment 315 1939-44"

Die Plawa-Stellung ist als nächste Etappe des Rückzuges vorgesehen.
Dabei nimmt jetzt der Schneefall wieder zu und macht die Wege für die ver-
bliebenen mot.-Fahrzeuge vollends unpassierbar. Die 167.I.D. schiebt ihre
letzten mot.-Fahrzeuge daher am 17.12. über Plawsk-Orel nach Bolchow ab, die
14. Kompanien werden ebenso wie der Divisionsstab mit Schlitten bespannt
gemacht.
18.12.41. Die Aufklärungs-Abteilung 1 hat gegen einen überlegenen Gegner
Linowo nicht mehr halten können, wehrt aber gegen 9.00 Uhr noch einen von
etwa 600 Rotarmisten vorgetragenen Angriff auf den Höhen westlich des Ortes
ab. Im weiteren Verlauf des Vormittags muß auch das I.R.339 seine Stellungen
aufgeben, da es von Norden in seiner linken Flanke und zugleich frontal angegriffen wird. Außerdem kämpft der rechte Nachbar, die 112.I.D., bereits rechts
rückwärts gestaffelt. Auch gegen das I.R.331 greift jetzt der Feind von Norden
her an, gegen die in Linowo haltende Radfahrschwadron richten sich weitere
heftige Feindangriffe. Das I.R.315 am linken Divisionsflügel geht über Rshawa
weiter nach Westen bis in den Raum Polsowa-Ssumarokova zurück und steht
damit nahe des Punktes, an dem die in südöstlicher Richtung nach Tjoploje führende Rollbahn von der großen Rollbahn Orel-Tula abzweigt und die etwa parallel dazu verlaufende Eisenbahnlinie kreuzt. Das III. Bataillon bezieht Abwehrstellung in Polsowa, unweit davon muß I./I.R.315 in schwerem Gefecht
russische Angriffe abwehren.
Während das I.R.315 seine Stellungen halten kann, wird das I.R.331 am frühen
Nachmittag durch einen erneuten starken Feindangriff zurückgeworfen, aber an
der Rollbahn Ssumarokowa-Tjoploje wieder angehalten. Die westlich Lipowa
stehende leichte und schwere Divisionsartillerie wehrt in direktem Beschuß den
nachdrängenden Gegner ab und kann sich gerade noch rechtzeitig vom Feind
lösen.
Mittlerweile hat sich die große Lage dahingehend entwickelt, daß jetzt auch aus
dem Raum Tula nach Westen vorgehende stärkere Feindverbände die tiefe
Nordflanke der 2.Panzer-Armee Guderians bedrohen. Auf Befehl des LIII. Armeekorps wird das links der 167.I.D. neben dem I.R.315 stehende Regiment
„Großdeutschland" der 167.I.D. unterstellt, ebenso das I.R.171. Letzteres Regiment soll nordostwärts Plawsk zur Sicherung des Uferwechsels über die Pla-

wa von I.R. „Großdeutschland" und vor dem Nordflügel und der Mitte der 167.I.D. bei Plawsk Verwendung finden und eine Auffangstellung für die Division bilden. Wegen des auf der ganzen Front anhaltenden Feinddrucks beginnt schon im Laufe des Nachmittags der Rückzug; das endgültige Absetzen der 167.I.D. hinter die Plawa in den sog. Plawa-Abschnitt Urussowa-Plawsk-Krassnajea geht mit Masse um 20.00 Uhr, mit Nachhuten um 22.00 Uhr vor sich. Das I.R.315 wird wiederum für den Einsatz am linken Divisionsflügel, also im Raum nördlich und nordostwärts von Plawsk, vorgesehen.

Am **19.12.41** rückt der Feind weiter nach. Es gelingt während des Tages, mit dem I.R.171 eine Zwischenstellung ostwärts der Eisenbahnlinie Orel-Tula zu halten, die im Norden um Ssumarakowa-Rowki endet. III./I.R.315 baut eine Sicherungslinie bei Rowki auf. Während des ganzen Tages rollen laufend Feindangriffe in Stärke von etwa einer Division mit Panzerunterstützung von Osten wie auch von Nordosten entlang der Rollbahn gegen Plawsk. Trotzdem gelingt es, den zahlenmäßig weit überlegenen Gegner ost- und nordostwärts Plawsk bei dem I.R.315 abzuwehren. Die Rückzugsgefechte sind allerdings so schwer, daß das Regiment als nur mehr sehr schwach und nicht mehr kampfkräftig angesehen werden kann. Gegen Ende des Tages steht das I.R.315 ostwärts der Plawa und nördlich Plawsk im Abschnitt Jurjewo-Krassnoje, der Regiments-Gefechtsstand hat nach Akulowa, rd. 5 km westlich der Plawa verlegt. Bei diesigem Wetter fühlt bereits um 16.30 Uhr ein feindlicher Spähtrupp gegen Krassnoje vor. Das I.R. „Großdeutschland" wird aus der Unterstellung entlassen.

Am **20.12.41** wird die vom I.R.315 gebildete Widerstandslinie auf das westliche Flußufer der Plawa zurückgenommen. Die Plawa-Brücke bei Krassnoje wird von Sprengkommandos des Regiments in die Luft gejagt. Hinter den Linien in Akulowa steht eine Mehlfabrik in Flammen, die Landser können aus dem brennenden Gebäude etwas Brot retten. Ein Regimentsangehöriger schreibt in sein Tagebuch: „Der Zustand der Truppe ist ...äußerst schlecht durch die ungeheuren Anstrengungen. Die Nerven sind sehr mitgenommen. Moralisch vollkommen erledigt. Jeder ist so gleichgültig, er gibt für sein Leben überhaupt nichts mehr."

Gegen 8.00 Uhr greift der Feind am rechten Flügel der Division über die Plawa gegen das I.R.171 an und ist südlich Plawsk bereits eingebrochen. Um 9.50 Uhr befindet sich der Russe auch vor der gesamten Front des I.R.315 im Angriff. Die Landser wehren sich mit dem Mut der Verzweiflung und können den Feind trotz heftigen Druckes auf ihre Linie noch an der Plawa aufhalten. Der in die Schlucht nordwestlich Plawsk eingebrochene Feind wird in den Vormittagsstunden zurückgeworfen, desgleichen gelingt es, den Einbruch südlich Plawsk im Gegenstoß zu bereinigen. III./I.R.315 wird dem I. Bataillon (Kdr. Hptm. Putz) unterstellt.

Trotz dieses Abwehrerfolges droht dem I.R. 315 jedoch jetzt eine Überflügelung von links. Um dem zu entgehen, setzt sich die Division gegen 19.00 Uhr beginnend mit Masse weiter nach Westen ab. Das I.R.315 bezieht auf den Höhen 2 km westlich Roshestwenno (nordwestlich Plawsk) eine neue Verteidigungslinie. Das Wetter ist diesig, es herrscht schlechte Sicht. Die eigene Aufklärung ist dadurch stark behindert, jederzeit muß mit plötzlich auftauchenden

Feindeinheiten gerechnet werden. Einziger Trost ist, daß es den Russen genauso geht.

Am 21.12. geht die Division schon ab 5.00 Uhr weiter zurück. Auftrag: Fortsetzung des Absetzens im hinhaltenden Kampf in die Linie Orlowka - Galizkije Dworiki (an und nördlich der von Osten nach Westen verlaufenden Bahnlinie Gorbatschewo-Belew). Ständig ist höchste Alarmbereitschaft geboten; es ist offenkundig, daß der Russe alles daransetzt, die 167.I.D. vollkommen zu vernichten. Ununterbrochen setzen Spähtrupps den weichenden Regimentern nach; III./I.R.315 stößt schon beim Verlassen seines Quartiers auf stärkere Spähtrupps. Im Raum Oserki, südwestlich Plawsk, kann ein feindlicher Angriff von den Nachhuten des I.R.171 und des I.R.315 aufgehalten werden. Dafür erwischt es den Gefechtstroß der 171er, der beim Passieren einer schwierigen Schlucht durch einen russischen Angriff überrascht wird. Feldküchen und mehrere Munitionsfahrzeuge gehen verloren. Auch für den Troß des I.R.315 ist die Lage zeitweise sehr gefährlich. Die Russen kommen zum Teil so nahe, daß der Troß bei ringsum knallendem Gewehrfeuer nur noch wie durch ein Wunder entkommen kann. Dabei liegt der Schnee so hoch, daß von den wenigen Wegen nicht abgewichen werden kann; die Fahrzeuge würden sonst unweigerlich einsacken. Bespannte Fahrzeuge, die es trotzdem wagen, sind plötzlich wie vom Erdboden verschwunden, versinken in die vom Schnee völlig zugewehten tiefen Löcher und steilen Geländeeinschnitte. Wenigstens dauert das diesige Wetter an und schützt vor Feindeinsicht.

Gegen Abend baut das I.R.315 eine neue Widerstandslinie im Raum Tschassnowja an der Eisenbahnlinie Gorbatschewo-Belew-Troizkoje (etwa 6 km nordostwärts Tschassenowja) auf. Troizkoje liegt an dem Fluß Shelesniza, der sich in einer tiefeingeschnittenen Schlucht in Nord-Südrichtung hinzieht. Über 40 km sind es von dort noch bis zur rettenden Oka, keine 20 Kilometer nach Süden bis Kasarina, durch das das I.R.315 am 4.11.41 in stürmischem Vormarsch gezogen war. Erst sieben Wochen sind seitdem vergangen, aber welcher Unterschied zwischen dem hoffnungsvollen Damals und dem traurigen Heute!

22.12.41 - der Tag von Troizkoje und gleichzeitig der bis zu diesem Zeitpunkt schwärzeste Tag in der Geschichte des Regiments! Schon gegen 5.00 Uhr früh geht es los. Das I.R.315 kann an seinem linken Flügel einen heftigen Feindangriff gegen Troiskoje nicht mehr aufhalten; gegen 5.40 Uhr dringt der Gegner in den Ort ein. Der linke Flügel des Regiments muß sich auf Pkt.204,4 zurückziehen. Gegen 10.00 Uhr geht die ganze Division kämpfend auf die Linie Mokroje-Tschassnownda-Elisawetino zurück. Es kommt darauf an, enge Verbindung zwischen I.R. 339 (Elisawetino) und I.R.315 (Tschassnownja) zu halten. Doch den 315ern nützt das Ausweichen nichts: Durch einen erneuten Feindangriff wird das ganze Regiment zersprengt. Besonders hart trifft es das I.Bataillon; es wird nahezu völlig zerschlagen, der Kommandeur Hptm. Putz, Obln. Elsäßer und Ltn. Reder fallen. Die Zersprengung des I.R.315 reißt ein Loch auf, durch das die ganze Front der Division bedroht wird, da sich die Russen jetzt ungehindert durch die entstandene Lücke zwischen rechtem und linkem Flügel schieben können. Zum Glück kann das westlich Tschassnownja hinter dem I.R.315 stehende I.R.331 ein weiteres Vordringen des Gegners entlang der Bahnlinie Gorbatschewo-Belew verhindern, so daß schon in den näch-

sten Stunden die Reste des I.R.315 drei Kilometer südwestlich Wjasok an der Bahnlinie sammeln können. Die Verluste sind außerordentlich schwer - viele Kameraden fehlen, ihr Schicksal ist ungewiß.
Inzwischen drängt der Gegner beim linken Nachbarn der Division (296.I.D.) so scharf nach, daß sich dieser vor überlegenem Feinddruck weiter absetzen muß. Auch bei der 167.I.D. nimmt der Rückzug an verschiedenen Stellen jetzt panikartige Formen an. Schneetreiben hat eingesetzt. I.R.331 und I.R.339 melden wegen erneuter größter Geländeschwierigkeiten, die aufgrund der neuerlichen Schneeverwehungen kaum zu überwinden sind, völlige Erschöpfung beider Regimenter und Fehlen jeglicher Widerstandsfähigkeit auch gegenüber schwächeren Feindangriffen. Die Division setzt sich beiderseits der Eisenbahnlinie Gorbatschewo - Wenew rund 15 km weiter nach Westen in die Linie Lutschki Werchnije - Borschtschowka Malaja (an der Bahn)-Niwny ab. Der Bericht des Divisionsarztes über den Gesundheitszustand zeichnet ein verheerendes Bild: 80% der kämpfenden Truppe sind ernsthaft krank und leiden insbesondere an Magen- und Darmkatarrhen, Hautausschlägen, Blasenkatarrhen, Grippe und Erfrierungen. „Die Widerstandskraft gegen Krankheiten und Verwundungen ist stark gesunken. Tod trat oft schon bei sonst geringfügigen Verwundungen und Blutverlusten ein. Der Läuse- und Krätzebefall ist unerträglich geworden, Krätzemittel in auereichender Menge schon seit Wochen nicht mehr vorhanden." Soweit der Inhalt des Berichtes. Daß es trotzdem noch geht, die Männer noch kämpfen und marschieren, grenzt an ein Wunder!
Von den Ereignissen des 22.12.41 sind aufgrund der geschilderten Lage keine genaueren Gefechtsberichte in den amtlichen Unterlagen erhalten geblieben; die obige Darstellung wurde aus spärlichen Notizen im Kriegstagebuch der 167.I.D. und kurzen Stichworten aus dem privaten Tagebuch von Ltn. Messerschmidt zusammengestellt. Umso aufschlußreicher ist ein Bericht, den Kamerad Sepp Edenhofer auf Wunsch des Verfassers über den Verlauf dieses Tages beim II.Bataillon niedergeschrieben hat und der deshalb nachstehend wiedergegeben werden soll:
„Das Folgende hat sich alles an einem Tag ereignet: Bei diesem Rückzug war es so, daß wir bei Nacht uns absetzten und bei Tag die Stellung hielten. An jenem Tag stieß der Russe so stark nach, daß wir die Stellung, die wir in den Morgenstunden aufgebaut hatten, gegen 8 Uhr 30 räumen mußten. Die russische Kavallerie stieß so rasch in unsere Flanke, daß es unmöglich war, die Stellung zu halten. Hals über Kopf mußten wir abbauen und uns zurückziehen. Wegen des Schnees und der Kälte war es nicht möglich, mit den Fahrzeugen rasch voranzukommen, obwohl wir schon eine Anzahl verloren hatten. Das Wichtigste aber, die Munitionsfahrzeuge, die Feldküche und die Verpflegungsfahrzeuge mußten wir mitbekommen. Plötzlich stieß eine russische Kavallerieeinheit von rückwärts in uns hinein und es schien alles aus zu sein. Aber wiederum behielt Kommandeur Maierhofer die Nerven und in kürzester Zeit war eine Abwehrstellung aufgebaut. Ich selbst erhielt mit meinem Zug den Auftrag, den Feind so lange abzuhalten, bis die Verwundeten alle mit abtransportiert waren. Es waren bereits 12 Schwerverletzte und die meisten wollten fluchtartig das Feld räumen. Aber unser Kommandeur sorgte dafür, daß auch die Verwundeten mitgenommen wurden. Leider verloren wir sämtliche Fahr-

zeuge einschließlich der 3 Feldküchen und der Verpflegungswagen. Inzwischen war die Lage so ernst geworden, daß es fast aussichtslos für meinen Zug erschien, noch aus dieser Stellung herauszukommen, da der Russe von drei Seiten vorrückte. Als nun der letzte Verwundete in Sicherheit war, rückte der Kommandeur mit ab und gab mir ein Zeichen, daß auch ich mich absetzen sollte, wenn ein gewisser Abstand erreicht war. Daß es möglich war, aus dieser Stellung herauszukommen, verdanken wir nur dem Umstand, daß sich die Russen nicht auf unsere Stellung, sondern auf unsere Feldküchen und Verpflegungsfahrzeuge stürzten. Diese Situation gab uns die Möglichkeit, uns abzusetzen. Wir kamen in eine kleine Ortschaft, die ein durch Täler durchzogenes Gelände aufwies. Wir sammelten uns und bauten sofort eine Stellung auf. Nach kurzer Zeit stellten wir fest, daß von allen Seiten der Russe heranrückte. Es entstand eine große Nervosität und nur mit größter Mühe konnten wir die Stellung halten. Ich selbst habe wiederholt mit unserem Kommandeur Maierhofer gesprochen und er sagte mir immer wieder: 'Edenhofer, jetzt sind wir in einer großen Scheiße, wie werden wir da herauskommen?' Praktisch waren wir eingekreist. Nur ein kleiner Streifen von 100-150 m war noch frei. Plötzlich geschah etwas, was man fast als ein Wunder bezeichnen muß. Mit einem Mal verdunkelte sich der Himmel und kurze Zeit darauf setzte ein Schneesturm ein, daß man keine 5 m mehr sah. Geistesgegenwärtig wie unser Kommandeur war, ließ er sofort alle Leute zusammenholen, und das geschah in kürzester Zeit. Er ging voraus und sagte: 'Alle mir nach!' Wir rannten in dem Schneegestöber um unser Leben. Denn es war sicher, daß dies die einzige Möglichkeit war, aus diesem Kessel herauszukommen. Nach einer halben- bis dreiviertel Stunde hatten wir den Punkt erreicht, wo wir aus dieser Umlagerung heraus waren. Der Schneesturm hörte auf und, so wie es oft nach einem Schauer war, klärte sich der Himmel auf und die Sonne leuchtete, als wenn sie selbst eine Freude daran gehabt hätte, daß wir dieser Hölle entronnen sind. Als wir zurückblickten sahen wir, wie sich die Russen in Scharen auf die Ortschaft stürzten. Unser Kommandeur sagte: 'Da hat die Vorsehung unseren Einsatz wieder belohnt.' Eine Bemerkung darf ich noch hinzufügen, um verständlich zu machen, wie schwierig die Lage damals war. Ein Funkspruch des Regiments an die Division lautete: Regiment 315 kampfunfähig, vollkommen zerschlagen und versprengt." (Bild Nr. 20)

23.12.41. Das Absetzen hat noch nicht den gewünschten Erfolg. Bereits um 8.50 Uhr wird I.R.339 von Norden her angegriffen. Auch gegen die Mitte der Division drückt der Feind bald nach, während auf dem rechten Flügel (I.R. 171) anfänglich noch Ruhe herrscht. - Aufgrund der unzureichenden Nachrichtenverbindungen ist die Führung der Division äußerst erschwert. Außer zum I.R.171 hat der Divisionsstab schon seit Tagen keine Drahtverbindung zu den Regimentern mehr. Dieser Mangel kann auch durch Funk nicht völlig ausgeglichen werden. Zunächst haben die wiederholt völlig überraschend kommenden Feindangriffe nicht nur Verluste an Menschen und Waffen gekostet, sondern auch Funkgeräte gingen verloren, da oft ein Regimentsstab nur noch im letzten Augenblick ausweichen konnte. Außerdem bestand natürlich auch keine Verbindung zu einem Regiment, wenn der Regimentsstab im Marsch und die Funkstelle auf Schlitten verladen war. So kommt es, daß die Verbindung zwischen Division und Regiment oft für Stunden abreißt und Nachrichten über die

Feindlage und das Ausweichen nur mit Verspätung die Division erreichen. Im Verlaufe des Vormittags durchbricht ein weit überlegener Feindangriff auf Anenkowo überraschend die Verteidigungsfront der vorn eingesetzten Bataillone des I.R.339; dabei fällt der gesamte Gefechtstroß des Regimentsstabes in russische Hand. Auch das Fahrzeug mit der Geheimkiste des Regiments-Adjutanten kann nicht mehr gerettet werden, da der Fahrer, der Fahrzeugbegleiter und beide Pferde im feindlichen Gewehr- und MG-Feuer umkommen. Neben zahlreichen anderen wichtigen Dokumenten und Vorschriften erbeuten die Russen sämtliche geheime Kommandosachen, sämtliche Geheimsachen, sämtliche Offiziersbeurteilungen des Regiments und das Kriegstagebuch. Der Regimentsarzt I.R.339 OStA Dr.Betz gerät in einen schon vom Feind besetzten Ort und fällt. Sein Truppenkrankennachweis wird über den Moskauer Rundfunk ausgestrahlt. Im Januar 1942 sollte übrigens noch deshalb eine Anfrage des OKH bei der 167.I.D. erfolgen. Der Div.-Kdr. wird bei dieser Gelegenheit den Divisionsarzt belehren, daß Ärzte nicht berechtigt seien, über die Einsatzfähigkeit der Truppe ein Urteil abzugeben.

Jetzt steht nur noch das I.R.331 allein in seiner bisherigen Linie und ist ebenfalls überstarkem Feinddruck von fast allen Seiten ausgesetzt. Bald ist auch dieses Regiment außer Gefecht gesetzt und zersprengt. Um 14.22 Uhr meldet die 167.I.D. dem LIII. Armeekorps:

„Durch überlegenen Feindangriff von Osten und aus Nordflanke I.R.331 und I.R.339 geschlagen. Schwache Restteile nach Südwesten zurückgegangen. Sammeln bei Kudedarewskije Wysselki (Rgts.Gef.Std.I.R.315 am 22.12.). Mit diesen und Restteilen des I.R.315 wird versucht, Feindvorgehen in Linie Grischninkowa-Hp.Rachlejeff zu stoppen. "

Doch auch der Versuch, die etwa 7 km breite, südlich der Bahnlinie Gorbatschewo-Belew und senkrecht zu dieser verlaufenden Linie zu halten, mißlingt. Gegen 16.00 Uhr treffen bereits Teile des geschlagenen I.R.339 in Kusjmenki (rund 6 km südwestlich Kudejarowskije Wysselki) ein, gegen 17.00 Uhr Teile des I.R.315. Sie werden hier aufgefangen und beziehen sofort den Abschnitt Kusjmenki-Monajenki. Durch die Zerschlagung des I.R.315 am Vortage und der Infanterie-Regimenter 331 und 339 heute ist der Ausfall an Pferden und Material wiederum enorm groß. Die II./A.R.238 hat ihre letzten Geschütze verloren. Teile der Regimenter sind restlos zersprengt und es ist ungewiß, ob sie sich durchschlagen oder in Gefangenschaft geraten werden.

Nachdem die Reste der Regimenter 315 und 339 wieder in Ordnung gebracht wurden, kann das weitere planmäßige Absetzen der Division über die Oka fortgeführt werden. Um 21.40 Uhr geht folgender Funkspruch der 167.I.D. an das LIII.Armeekorps:

„Division nimmt am 24.12. früh Reste der Regimenter 315, 331 und 339 über die Oka zurück und hält mit I.R.171 und sonstigen Teilen die beabsichtigte Brückenkopfstellung in Linie Nowossjolki-Abini Fluß Ruka. "

In dem für die 167.I.D. vorgesehenen Abschnitt in der HKL am Westufer der Oka stehen Teile des I.R. „Großdeutschland", die den Auftrag haben, die HKL einschließlich der Wege auszubauen und die herankommende Division an den Übergangsstellen aufzunehmen. Im Korpsbefehl des LIII. Armeekorps für den 24.12.41 heißt es u.a.:

„Oberster Grundsatz ist: Solange als möglich dem Gegner das Herankommen an die Oka-Stellung zu verwehren. Restlose Zerstörung bzw. Beseitigung aller im Vorfeld befindlichen Unterkunftsmöglichkeiten! Von Verminung reichlich Gebrauch machen!... Über das eingesetzte I.R. 'G.D.' wird nach Einrücken in die HKL vom Korps verfügt werden."
Der Übergang über die Oka am *24.12.41* vollzieht sich planmäßig, ebenso das Beziehen der Brückenkopflinie durch das I.R.171. An der Übergangsstelle ist ein riesiger Stau; bei eiskaltem Wind stehen die Kolonnen von Fahrzeugen und Landsern wartend herum, bis sie an die Reihe kommen. Erstaunlicherweise dringt der Feind am 24.12. nicht nach, so daß die Regimenter unbehelligt in die neuen Räume einrücken und sich zur Verteidigung einrichten können. An Stellungen ist kaum etwas vorhanden, also wird sofort fieberhaft mit dem Ausbau begonnen. Die Landser, die ausgebaute Linien erwartet haben, sind enttäuscht. Die Enttäuschung ist doppelt, denn ebensowenig wird etwas aus der versprochenen Ablösung.
Heiliger Abend 1941 im Felde - es ist ruhig, vom frostklaren Himmel blinken die Sterne. Ein Bild weihnachtlichen Friedens, zu dem die Stimmung der Landser nicht recht passen will. Zwar beruhigt es, daß die Oka nun endlich überschritten und die ersehnte „feste Winterstellung" erreicht ist. Trotzdem läßt jeder den Kopf hängen und gibt sich trüben Gedanken hin. Noch ist die Erinnerung an die Leiden und Entbehrungen des Rückzuges und an den Tod vieler liebgewonnener Kameraden zu lebendig. Verpflegung ist keine nach vorn gekommen; so werden Kartoffeln ohne Schmalz geröstet, ein paar Stücke russischen Brotes gegessen. Auch Post kommt nur bei einigen Kompanien durch, die anderen müssen auf die Grüße und Gaben aus der Heimat verzichten. Von diesem Schicksal sind insbesondere die in München beheimateten Soldaten betroffen; offensichtlich sind die dort abgesandten Postsäcke irgendwo hängengeblieben. Aber auch bei den Kompanien, zu denen die Feldpost kommt, ist die Freude überschattet: die Anzahl der Briefe und Päckchen, für die kein Abnehmer mehr vorhanden ist, machen erst deutlich, wie viele Kameraden gefallen oder vermißt sind oder verwundet im Lazarett liegen. Die Landser teilen den Inhalt untereinander auf, es geschieht ganz im Sinne der fehlenden Kameraden. Soweit Wertsachen in den Weihnachtspäckchen sind, werden sie zurückgeschickt. Bei der 5.Kompanie, die jetzt in Reserve liegt, hat jemand irgendwie ein kleines Bäumchen aufgetrieben; die Männer stellen es in einer Russenhütte auf und zünden die Lichter an. Auf der Mundharmonika spielt einer ein Weihnachtslied. Die russischen Zivilisten sind zutiefst beeindruckt - so etwas haben sie noch nie erlebt, das ist „Kultura!" - Nicht lange, dann liegen die Landser im tiefen Schlaf, soweit sie nicht auf Posten ziehen müssen. Jeder ist ja so müde...

Die Oka-Stellung wird gehalten
Das LIII.Armeekorps hat ab **25.12.1941** den Auftrag, die Oka-Stellung zwischen Belew und Bolchow zu halten. Die 167.I.D. verteidigt den mittleren Abschnitt, rechts zur 112.I.D., links zur 296.I.D. angelehnt. In der Front werden eingesetzt; rechts das verstärkte I.R.171 nach Aufgabe des Oka-Brückenkopfes Ignatdchewo, in der Mitte das verstärkte I.R. 315, links das verstärkte I.R.339. Trennungslinien zwischen I.R.171 und I.R.315: Timofejenka (315) - Südrand

Ssloboda- Südrand Somolkowa - Südrand Monajenki. Trennungslinien zwischen I.R.315 und I.R.339: Fluß Ruka (339) - Südrand Leontijewo- Südrand Fedinskoje- Nowossjolh(315) - Fluß Rutschiza (315) - Nordrand Ssawinki. Die HKL verläuft auf dem Westufer der Oka, Gefechtsvorposten stehen auf den Höhen 2 km ostwärts der Oka.

Der Abschnitt des I.R.315 ist damit etwa 6 km breit; der nördlichste Punkt ist ca. 7 km vom Südrand der Stadt Belew entfernt. Der Regiments-Gefechtsstand befindet sich in der Zeit vom 24.12.41 bis 10.1.1942 in Schischkina am linken Abschnitt des Regiments; I. und II./I.R.315 stehen in vorderer Linie an der Oka, links davon III./I.R. „Großdeutschland", das dem I.R.315 unterstellt ist. Das Regiment wird zur Steigerung seiner Abwehrkraft außerdem noch durch folgende Einheiten verstärkt: die Artilleriegruppe Dorn (I./A.R.238 ohne eine Batterie, I./A.R.40, eine Batterie des A.R.400 - „Großdeutschland"), 3./leichte Flak-Abteilung 91 ohne 1 Zug und 1 Zug Panzerjäger-Abteilung 238. Soweit die Zuführung noch nicht geschehen ist, erfolgt sie im Laufe des 25.12.41 nach Tartuchino in der Mitte des Regimentsabschnittes, wo Abholung durch das Regiment vorgesehen ist. Die in der Brückenkopfstellung Ignatjewo eingesetzten Teile des I.R.171 am Südrand des Abschnittes I.R.315 (Gruppe Oberstleutnant Martin) sollen das Vorgehen des Gegners auf die Oka verzögern und erst, gedrängt vom Feind und durch die Gefechtsvorposten aufgenommen, kämpfend auf die HKL zurückgehen.

Obwohl der Feind am **25.12.** vor der gesamten Front des Korps im Nachdrängen auf die Oka ist, bleibt es bei der 167.I.D. ruhig. Die 315er sind damit beschäftigt, bei starker Kälte und teilweise verheerendem Schneesturm den Stellungsausbau fortzusetzen; Pioniersprengkommandos helfen dabei und reißen mit ihren Ladungen Löcher in den gefrorenen Boden.

Die Ruhe auf der Feindseite bedeutet allerdings nicht, daß die Russen ihre Offensive aufgegeben haben und auch ihrerseits zum Stellungskrieg übergehen wollen. Vielmehr haben sie die Absicht, die Oka-Stellung des Korps überflügelnd von Norden und Nordwesten zum Einsturz zu bringen und damit ihren Sieg vollständig zu machen.

Am **26. und 27.12.** richten sich starke gegnerische Angriffe vornehmlich gegen die Oka-Stellung nördlich Belew, die Brückenkopfstellung ostwärts Belew sowie - mit dem Versuch, Belew von Süden her abzuschneiden - gegen die Stellungen der 167.I.D. an der Nahtstelle zwischen I.R.339 und I.R.315 bei Fedinskoje. Am rechten Flügel der 167.I.D. muß das I.R.171 vor einem weit überlegenen Feindangriff am Nachmittag des 26.12. bei Schneesturm und starker Sichtbehinderung auf das Westufer der Oka zurückgenommen werden. Dort kann am 27.12. die HKL gegen einen Angriff in Regimentsstärke bei Ignatjewo gehalten werden. Am Nordflügel der Division bei I.R.339 und I.R.315 dringt der Feind dagegen mit überlegenen Infanteriekräften über die Oka vor und bricht in das Hauptkampffeld ein. Erst mit mehreren Gegenstößen gelingt es, die Russen wieder auf das Ostufer zurückzuwerfen. Die blutigen Verluste des Gegners sind hoch, aber auch die eigenen Ausfälle sind nicht unerheblich. Bis zum Abend ist das Westufer der Oka völlig vom Feind gesäubert, Fedinskoje am linken Flügel des I.R.315 wieder fest in eigener Hand. Im Südabschnitt des Regiments werden stärkere Feindmassierungen bei Peskowatoje und südlich davon von eigener Artillerie bekämpft.

Gefangenenaussagen am 27.12. lassen erstmals erkennen, daß der 167.I.D. an ihrem Nordabschnitt die 342. russische Schützendivision gegenüber liegt. Damit ist die feindliche Kräftemassierung am Nordflügel des LIII.Armeekorps bedrohlich geworden; den geschwächten Divisionen stehen jetzt außer dem bereits festgestellten I.Garde-Kavalleriekorps wenigstens 2 weitere Schützendivisionen (die 322. und 342.) gegenüber! Um den Nordflügel der 167.I.D. zu verstärken, wird links vom I.R.339 das I.R.331 noch in der Nacht vom 27. auf 28.12. in die Front eingeschoben.

Tatsächlich verstärkt sich am **28.12.** der Feinddruck vor der gesamten Korpsfront. Vermehrter Einsatz von schweren Waffen, Artillerie und Salvengeschützen macht sich im nördlichen Abschnitt bemerkbar. Entsprechend der erkannten Absicht soll Belew von Süden abgeschnitten werden. Schon gegen 6.00 Uhr greift der Feind nach ruhig verlaufener Nacht erneut Fedinskoje an, dringt ein und wird von I.R.339 im Gegenstoß geworfen. Um 14.30 Uhr erfolgt ein erneuter Feindeinbruch bei Fedinskoje, zugleich greifen die Russen in mehreren Wellen am Südrand des Abschnittes des I.R.315 bei Kurnossawka an. Um 17.00 Uhr geht es auch bei I.R.315 los; in breiter Front rücken die Russen gegen den Abschnitt des Regiments vor. Doch die 315er halten eisern, lassen die Rotarmisten nicht heran. Gegen 21.00 Uhr ist der Gegner im gesamten Divisionsabschnitt wieder über die Oka zurückgeworfen bis auf Feindteile, die sich in dem Dorf Kurnossowka dicht am Westufer der Oka in den Häusern festgesetzt haben. Dafür schaffen es die Russen an der rechten Korpsfront im Abschnitt der 112.I.D., bei Butyrki die Oka zu überschreiten und dringen mit starken Kräften nach Südwesten in Richtung Bolchow vor.

Während es der 167.I.D. am **29.12.** bei Sonnenschein und klarer Sicht gelingt, im Laufe des Spätnachmittages den sich zäh wehrenden Gegner aus Kurnossowka gänzlich über die Oka zurückzuwerfen, nimmt die Lage bei der 112.I.D. bedrohliche Formen an. Der Gegner hat seinen Einbruch erweitert, vorderste Teile der auf mindestens eine Division zu schätzenden Feindkräfte stehen 4 km vor Bolchow und bedrohen damit die Oka-Stellung von Süden her. Erst der am gleichen Tage einsetzende Gegenangriff der 4.Panzerdivision kann die unmittelbare Gefahr für den Südflügel des Korps beseitigen.

Beim I.R.315 tritt noch am 29.12. eine bedeutsame Änderung im Hinblick auf die Gliederung des Regiments ein: Die Kompanien des III.Bataillons werden wegen zu geringen Gefechtsstärken im taktischen Einsatz dem II./I.R.315 unterstellt. Der Kommandeur Major Haunstetter und Ltn. Micheler gehen ins Lazarett. -

Am **30. und 31.12.41** nimmt der Druck des Feindes nunmehr auch auf den Nordflügel des Korps weiter zu. Gegen überlegene, von Westen und Norden angreifende Kräfte muß am 31.12.41 Belew aufgegeben und die Nordfront der 296.I.D. auf den Wyra-Abschnitt zurückgenommen werden. Gleichzeitig rennen die Russen auch gegen die Mitte der Korpsfront an; fortgesetzte sehr heftige Angriffe richten sich gegen den Nordflügel der 167.I.D., können aber unter schweren Verlusten für den Feind abgewiesen werden.

Im Abschnitt des I.R.315 greifen am **30.12.** gegen 23.45 Uhr 2 sowjetische Bataillone äußerst zäh und hartnäckig im Rukatal an. Der Kampf dauert hier die

ganze Nacht hindurch. Die 4./I.R.315 unter Ltn. Messerschmidt hat an der erfolgreichen Abwehr des Feindes besonderen Anteil. Nur etwa 40-50 Mann sind zu dieser Zeit von der s.M.G.-Kompanie (Kriegsstärke etwa 200 Mann) noch übrig. Die Kompanie ist nicht auf die anderen Kompanien des Bataillons aufgeteilt, sondern liegt in jener Nacht geschlossen an einem Schwerpunkt der HKL. Eingehende Beobachtungen der gegenüberliegenden Höhe haben während des Tages bei der 4.Kompanie den Eindruck entstehen lassen, daß mit einem stärkeren Nachtangriff der Russen zu rechnen ist. Der Kompaniechef hat dementsprechend seine Dispositionen getroffen und mit seinen Gewehr- und den Zugführern Fw. Heckner und Fw. Meyer eingehend einen Einsatzplan besprochen. Tatsächlich geht es kurz vor Mitternacht los; etwa 600 Rotarmisten brechen gegen die Stellungen der 4.Kompanie vor. Jetzt machen sich die Vorbereitungen bezahlt. Durch den massierten und taktisch glücklichen Einsatz der eigenen s.MG's gelingt es, den Feind niederzuhalten und schließlich zur Aufgabe zu zwingen. Über 270 gezählte Feindtote bleiben vor den Stellungen liegen; damit hat der Gegner bei Hinzurechnung einer entsprechenden Anzahl von Verwundeten nahezu ein ganzes Bataillon verloren.
Am **31.12.41** wird der Gegner nach äußerst zähem Ringen im Laufe des Vormittags durch Kräfte des I. und II.Bataillons endgültig aus dem Ruka-Tal über die Oka zurückgeworfen. Dann tritt vor der Front des I.R. 315 bis auf weiteres Ruhe ein.
Am rechten und linken Korpsflügel gehen die Kämpfe allerdings noch weiter. Die 296.I.D. ist in den folgenden Tagen erneut schwersten, zum Teil mit starker Artillerie-Unterstützung vorgetragenen Angriffen ausgesetzt. Doch der Gegner scheitert hier ebenso wie bei seinem Versuch, mit starker Artillerie-Unterstützung unter hohem Munitionseinsatz von Belew aus nach Süden vorzudringen. Bis auf stellenweise geglückte örtliche Einbrüche kann die 296.I.D. diese insbesondere auch für den linken Flügel die 167.I.D. bedrohliche Lage meistern. Genausowenig schaffen es die Russen auf dem rechten Korpsflügel im Raum Bolchow. Zwar versuchen sie am **2. und 3.1.42** in erbitterten Gegenangriffen, der 4.Panzerdivision und der 112.I.D. das wiedergewonnene Gelände westlich der Oka streitig zu machen. Unter schweren Verlusten für den Feind werden auch diese Angriffe abgewiesen. 1234 Feindtote bleiben zurück; die Beute an Geschützen, Fahrzeugen, Munition, Handfeuerwaffen und sonstigem Kriegsgerät ist beträchtlich. Nach Fehlschlagen dieser wiederum unter infanteristischem Masseneinsatz geführten Angriffe hat der Feind seine Kräfte in diesem Frontabschnitt offensichtlich erschöpft. Der Durchbruchsversuch auf Bolchow ist endgültig mißlungen.
Ab **4.1.42** tritt, abgesehen von örtlichen Vorstößen des Gegners, vor der ganzen Okafront Ruhe ein. Die Ruhe ist auch bitter nötig. Am 4.1.42 schreibt Divisionsarzt Dr. Haaßengier über den Gesundheitszustand der 167.I.D.:
„Etwa 80 % der fechtenden Truppe steht in truppenärztlicher Behandlung, insbesondere wegen Magen-Darmkatarrh, Erfrierungen, Hauterkrankungen und Grippe. Der Gesundheits- und Kräftezustand ist äußerst schlecht. Jegliche Widerstandskraft gegenüber Krankheiten und Verwundungen ist verlorengegangen. Tod tritt vielfach bereits bei geringfügigen Verwundungen und Blutverlusten ein. Völliger physischer und psychischer Zusammenbruch, nicht nur bei

Uffz. und Mannschaften, sondern auch bei dem größten Teil der Offiziere, steht unmittelbar bevor. "
In der Führungsspitze des Ostheeres haben sich um diese Zeit schwerwiegende Veränderungen vollzogen. Am bedeutsamsten für die Soldaten der 167.I.D. ist dabei, daß Generaloberst Guderian, der Oberbefehlshaber der 2.Panzerarmee und damit auch ihr Oberbefehlshaber, aufgrund einer Auseinandersetzung mit Hitler mit Wirkung vom 26.12.41 sein Kommando niedergelegt hat. Sein Abschiedsbefehl für die ihm anvertrauten Soldaten hat folgenden Wortlaut:
„Der Oberbefehlshaber der 2.Panzerarmee. A.H.Q., den 26.12.1941 Armee-Tagesbefehl.
Soldaten der 2.Panzerarmee!
Der Führer und Oberste Befehlshaber der Wehrmacht hat mich mit dem heutigen Tage des Kommandos enthoben.
In dem Augenblick, in dem ich von Euch scheide, gedenke ich der 6 Monate gemeinsamen Kampfes für die Größe unseres Landes und den Sieg unserer Waffen, gedenke ich in Ehrfurcht all derer, die Blut und Leben für Deutschland dahingaben. Euch, meinen Kampfgefährten, danke ich aus tiefstem Herzen für alle Treue, Hingabe und echte Kameradschaft, die Ihr in dieser langen Zeit immer aufs neue bewiesen habt. Wir waren miteinander auf Gedeih und Verderb verbunden, und es war meine größte Freude, für Euch sorgen und für Euch eintreten zu dürfen.
Lebt wohl!
Ich weiß, Ihr werdet wie bisher tapfer streiten und trotz Winternot und Übermacht siegen. Meine Gedanken begleiten Euch auf Euerem schweren Gang.
Ihr geht ihn für Deutschland!
Guderian. "
Guderians Nachfolger wird der Oberbefehlshaber der 2.Armee, General Rudolf Schmidt. Auch Feldmarschall von Bock, der Oberbefehlshaber der Heeresgruppe Mitte, wird durch Feldmarschall von Kluge abgelöst. Mitte Dezember war bereits der Oberbefehlshaber des Heeres, Feldmarschall von Brauchitsch, ausgeschieden. Seine Stelle nahm fortan bis zum Ende des Krieges Hitler selbst ein.

Fürchte Dich nicht! - Ich habe Dich erlöst!
Ich habe Dich bei deinem Namen gerufen! - Du bist mein!
Wenn über Rußlands Straßen
Krieg und Verwüstung zieht,
vom Grauen ohne Maßen
uns Herz und Hände müd,
wenn Haß und Blutgier rasen,
wenn alle Liebe flieht,
Leuchtet das Wort uns als Licht:
Fürchte Dich nicht!

Wenn sich in Mord und Plagen
die Völker tief verstrickt,
wenn schwer in dunklen Tagen

die Schuld uns niederdrückt,
wenn Tränen uns und Klagen
selbst sind versiegt, erstickt,
der Ruf das Dunkel durchstößt:
„Ich hab Dich erlöst!"

Wenn dort im Niemandslande
die Leiber hingerafft,
wenn an des Lebens Rande
der Todesabgrund klafft,
wenn namenlos im Sande
der Tod übt grause Haft,
dann ruft beim Namen Dich
der Herr zu sich!

Wenn von den Lieben allen
getrennt durch Tod und Grab,
wir tief ins Nichts gefallen,
verlorn, allein hinab,
sich Finsternisse ballen
und Nacht uns ganz umgab,
Dringt siegend Christus ein
und spricht: „Du bist Mein!"

Wenn Dir des Lebens Lasten
erwürgen alle Freud,
wenn schrecklich ohne Rasten
Dich anfällt wildes Leid,
wenn Not Verzweiflung faßten
Dich in gottferner Zeit,
Freu Dich und glaube mir:
Dies Wort, es gilt Dir!

14.12.41:
„Ich sitze im Revier unserer Werkstattkompanie und schreibe nach einer dreitä-
gigen Fahrt (Korrekturen an der Ostfront!). Die Kälte hatte hier glücklicherweise ein paar Tage etwas nachgelassen, aber jetzt zieht es wieder stark an.
Mein Mercedes, mit dem wir auf vereisten Straßen 10 Kilometer auf den Felgen
des lk. Hinterrads, eine abenteuerliche Fahrt zurück gemacht hatten bis wir
dann einen umgestürzten russischen PKW fanden und den zwar zu großen, aber
dennoch auf die Felge passenden Reifen montierten, wird z.Zt. hier repariert..."

Dank für ein Päckchen an Onkel Richard und Tante Liese
Der Mund ist süß, denn eben hat er
die Lebkuchen wohlig zerkaut,
und nunmehr ist auch einmal satt er
und Euer Kuchen wird verdaut!

Erfreut war ich über die Grüße,
die so erfrischend und nahrhaft!
Ich dank der lieben Tante Liese
für die gewonnene Muskelkraft!
Denn Kalorien braucht man viele
in diesem wunderschönen Land,
weil bei der unheimlichen Kühle
gefriert das Bein und der Verstand!
Wir ziehen jetzo durch die Fluren
etwas zurück in das Quartier!
Das sind dann die „Front-Korrekturen,"
von denen im Bericht hört Ihr!
Zum Neuen Jahr wünsch ich Euch beiden
Gesundheit, Kraft und Wohlergehn,
und hoff, wir werden uns mit Freuden
gesund im Neuen wiedersehn!

Orel, 24./25.12.41:
Heute sitze ich wieder einmal in einer Nachrichtenzentrale, um mein Glück zu versuchen und evtl. telephonisch nach Ulm durchzukommen. Das wäre mir zwischen 9 und 10 Uhr abends fast gelungen. Zum Glück kam es uns bei all dem Betrieb gar nicht richtig zum Bewußtsein, daß heute Heiliger Abend ist, so wie bei einem zu bewegten Meer, dem man nicht mehr auf den Grund sehen kann. Die letzten sechs Tage habe ich wieder viel erlebt bei meiner Schlitten-fahrt durchs trostlose Rußland. Die Bilder der Zerstörung und Vernichtung waren wenig schön, doch geht es mir persönlich nach wie vor sehr gut!... Die letzten Tage mußten wir in eine „Auffangstellung" zurückgehen. Das ist nicht besonders schön, wenn es auch „planmäßig" geht! ... Ich bin rechtschaffen müde und die letzten Tage sind noch nicht ganz verdaut!..."

Aus Meinem Tagebuch (Nachtrag)
16.10. Abmarsch aus Bryansk nach Orel. **19.10.** werde ich mit Sanka nach Bol-chow vorausgeschickt und treffe den Führer des Divisionsnachschubs, Haupt-mann Leopold, zum ersten Mal. Die Russen sind noch in der Umgebung von Bolchow. In unserer Krankensammelstelle haben wir in 4 Tagen 300 Durch-gänge. Die Verlausung der Truppe nimmt zu. Zahlreiche Diphtheriefälle, erster Fall von Fleckfieber. Athanasi Tasenkow, Deutschlehrer, will mir Russisch leh-ren und versucht mir die Fortschritte unter dem kommunistischen System klar zu machen. Kirchen von Bolchow. Jeden Abend Bibelstunde bei Pfarrer Luther. Am **1.11.** Abrücken aus Bolchow, Mzensk, Tschern, Plawsk. Dauernde Flie-gerangriffe und verheerendes Regen- und Schlammwetter, in dem der Vor-marsch stecken bleibt. In der Nacht auf der Rollbahn in Plawsk fällt der erste Schnee. Die ärmlichsten Dörfer. **5.11.** Hauptverbandsplatz in Plawsk eröffnet. Ab 1.11. zum Feldwebel befördert. Halsentzündung. Komme mit anderen Kranken mit Krankenkraftfahrzug Unteroffz. Hans Prigge nach. Abenteuerliche Fahrt mit KWZ (Krankenkraftwagenzug) nach Bogorodisk. Alarm in Bogoro-disk. 1. Rückzug mit Sanitätskompanie. Stabsarzt Wimmer gerät in Aufregung

und spielt anschließend krank. Hauptverbandsplatz Bogorodisk. Weitermarsch mit Stabsarzt Schäffer nach Uslowaia. Fliegerangriffe nehmen zu. Hauptverbandsplatz Uslowaia in einer Schule vom **24.11.** ab. Ich bin Aufnahmearzt. Adventsfeier mit Johannes Dischinger und verschiedenen Kameraden. Letzter Advent von Fenzel, der im Februar an Fleckfieber stirbt.

Bolchow 1941

S.E.

Am **1.12.41** Beförderung zum Unterarzt und Versetzung als Abteilungsarzt zum Divisionsnachschubführer. Vom 30.11. - 4.12. im Dinafüquartier in Uslowaia. Mercedeswagen ohne Rückwärtsgang zwingt dauernd zum Schieben. Knödelessen bei Hauptmann Eckel in der Werkstattkompanie. Letzter Vormarsch am **5.12.** nach Gurizewa. Erstmals elektrisches Licht in Rußland. Adventskranz von Dorle eingetroffen und von zu Hause. Plötzlicher außerordentlicher Kälteeinbruch bis 40 Grad minus. Man kann sich nicht mehr im Freien aufhalten. Nachschub stockt, weil LKW'S einfrieren. Viele tausende Erfrierungen in der deutschen Armee, die keinerlei Winterbekleidung hat. Ohren, Nasen, Finger, Zehen usw. 15 km fehlen noch zur Herstellung der Verbindung mit der 4. Armee.

Wir sollen angeblich in Rjasan südöstlich von Moskau, dem „Hollywood" der UdSSR, Winterquartier beziehen! Die 167. bespannte Infanteriedivision ist damit die am weitesten nach Osten vormarschierte deutsche Division.

Winterrückzug zur Oka. Das Wunder an der Oka!

nach meinen eigenen Tagebuchaufzeichnungen:

Generaloberst Guderian befiehlt entgegen dem Befehl Hitlers, der weiteren Angriff forderte, den Rückzug, um eine Katastrophe durch die völlige Erschöpfung und Ausblutung der Truppe nach fast sechs Monaten ununterbrochenen Einsatzes und durch das Eintreffen der sibirischen Truppen in unserer Flanke zu vermeiden.

Am **7.12.** plötzlicher Rückzugsbefehl. Fahrt durch die Nacht nach Wenef. Dort ums Haar mit Auto verunglückt. Russe mit Kohlenoxydgasvergiftung wird auf mein Betreiben mitgenommen und erholt sich wieder. Wiedereinzug im alten Quartier in Uslowaia. Sonntag (2. Advent) allein dort auf dem Zimmer. Ungeheure Materialmengen gehen verloren. Hitler erklärt Krieg an USA, Japaner machen Nichtangriffspakt mit Stalin, so daß dieser seine sibirischen Divisionen mit bester Winterausrüstung abziehen kann und sie in unsere Flanke wirft. Weiter Rückzug nach Bogorodizk. Lazarette werden dort schlagartig mit Lastwagen geräumt. Weiter in wilder Nachtfahrt nach Plawsk. Ich steige aus dem Wagen und denke, daß die anderen dies bemerkt hätten. Plötzlich fährt der Wagen los. Aber nach 500 Metern bemerkte unser Veterinär, Dr. Bons, daß ich fehlte. Panne bei Nachtfahrt mit LKWs. Weiter nach Plawsk zur Werkstattkompanie. Übernachten dort im Revier drei Tage. Dann zieht Werkstattkompanie ab. Übersiedlung ins Divisonsstabsquartier. Fahrt Richtung Orel. Wir kehren wieder um, um die Kolonnen zu versorgen und fahren nach Plawsk zurück. Warten am Verpflegungslager in Gorbatschew zwei Tage lang auf Kolonnen. Fassen Verpflegung. Wieder zurück nach Plawsk. Plawsk wird in die Luft gesprengt. Panne auf der Fahrt nach Gorbatschew. Rückzug erfolgt in Viererreihen. Große Staus. Divisionsstab fährt ab. Wir bleiben zurück und erhalten Heuschlitten mit Panjepferdchen und russischen Gefangenen. Plawsk geht in Flammen auf, während wir es verlassen. Am Abend sind die Russen drin. Abends in Leski beim Divisionsstabsquartier. Weitere Rückfahrt durch die Dörfer im Schlitten. Die Kolonnen fahren teilweise in die Russen hinein. Dabei läuft aber keiner von unseren Hilfswilligen (ehem. Kriegsgefangenen) zur Roten Armee über! Wir haben hohe Verluste. Drei Ärzte fallen. Kranke und Verwundete müssen alle auf Wagen mitgeführt werden. Am **23.12.** in Monajenki. Russen sind am 22.12. beim IR.315 durchgebrochen. Das 1. Bataillon existiert nicht mehr. Bleibe bei Kolonne 7 in Monajenki. In Kusmenki beziehen wir das letzte Quartier vor der Oka, wo angeblich eine Auffangstellung sein soll. Die Regimenter strömen in Auflösung herein. Die Verwundeten auf Schlitten konnten nur noch teilweise zurückgebracht werden. Die Regimenter ziehen durch. Aber die Landser legen sich völlig erschöpft in die Häuser und schlafen. Die Offiziere irren auf den Straßen herum und suchen ihre Soldaten. Wir sollen noch da bleiben und kommen erst um Mitternacht weg. Ein wundervoller Sternenhimmel über der Schneelandschaft. Ein Soldat mit Bauchschuß soll zurückgelassen werden, weil es keine Transportmöglichkeit mehr gibt und es für eine rettende Operation schon zu spät ist. Ich nehme ihn auf meinen Schlitten. Spät nachts fahren wir los und erreichen in einer gespenstig erleuchteten Nachtfahrt die Oka, wo natürlich nichts von den angeblich ausgebauten Stellungen da war. Wir setzten über und schliefen bei Hauptmann Eckl in Uskino. Der Soldat mit dem Bauchschuß starb in der Nacht vom 24. Dezember auf Weihnachten. Hauptmann Eckl gibt mir seinen PKW, mit dem ich unter vielen Hindernissen nach Orel fahre, um Sanitätsmaterial zu holen. Auf der Fahrt bete ich ununterbrochen für meine Kameraden der Division, die nur noch 550 Mann Gefechtstärke hatte. Und diese Reste waren völlig erschöpft und krank. Am 24. kam der sowjetische Großangriff, der nach dem bereits nördlich von uns erfolgten Durchbruch (die Russen waren schon 100 km westlich von uns) die deutsche Ostfront des Mittelabschnittes vollends zum Einsturz bringen sollte. Es schneit, und das Wunder geschieht, daß unsere Landser die 10-fache Übermacht abwehren können. In Orel verbringe ich den Heiligen Abend umgeben von betrunkenen Nachrichtenleuten auf einer Telefonzentrale und versuche vergeblich nach Hause zu telefonieren. Am anderen Tag hole ich Sanitätsmaterial und besuche die Marketenderei. Gebe ein Telegramm nach Hause auf, damit sie wenigstens wissen, daß ich noch lebe. Rückfahrt im Schneesturm. Vergaser vereist. Wir kommen nicht mehr vorwärts bis wir abgeschleppt werden. Am **27.12.** Eintreffen beim Dinafü Stab in Bolchow. Die Russen brechen am **29.12.** bei der pfälzischen 112. Infanteriedivision neben uns durch. Der Stab setzt sich ab nach Karastschew. Die Lage sieht schlecht aus. Hitler kam angeblich am 24.12. nach Orel. Blieb aber immer 25 km hinter der Front. In der Neujahrsnacht geht auf der ganzen Front plötzlich eine Neujahrsschießerei mit Leuchtkugeln und Leuchtmunition los. (angeblich 20 Güterwagen voll, die in die Luft geschossen wurden!) Die Russen glauben an einen deutschen Großangriff und verlassen teilweise ihre Stellungen. (Ich kann seither die Neujahrsschießerei nicht mehr ausstehen). Wir sitzen mit den Offizieren unseres Stabes bis nachts um drei Uhr zusammen und sprechen über den christlichen Glauben. (Bild Nr. 21) (Ende Tagebuch):

General Guderian, einer der besten Panzergeneräle des 2. Weltkrieges, wird von Hitler gemaßregelt, weil er gegen dessen Willen den Befehl zum Rückzug gegeben hatte, der uns vor der Einschließung bewahrte und der deutschen Armee bereits 1941 ein Stalingrad ersparte. Guderian wird abgesetzt. Sein letzter Tagesbefehl liegt dem Buch bei.

Russland 1942
Gedicht von einem gefallenen Freund der Oxford Gruppe, Otto Wahl aus Tübingen, gef. im Osten 14.11.1941.

Ich bin auf dem Wege

Ich bin auf dem Wege
ohn Ruh und ohn Rast.
Sei Du allerwege

Gesell mir und Gast.
Laß mich nicht verlieren
den freudigen Schritt.
Und wenn wir marschieren,
geh Du in der Mitt!

Ich bin auf dem Wege
mit fröhlichem Sinn,
weil ich allerwege
Dir nahe bin.
Laß mich nicht verlieren
den gläubigen Mut.
Wir stehn und marschieren
in treulicher Hut.

Ich bin auf dem Wege
im feindlichen Land
und spür allerwege
geleitende Hand.
Laß mich nicht verlieren
das mutige Herz
wo wir auch marschieren
gehts heimatwärts.

Ich bin auf dem Wege
in Wetter und Not;
es steht allerwege
zur Seit uns der Tod.
Laß mich nicht verlieren
der Heimat Licht,
und wenn wir marschieren,
Dein Angesicht!

5.1.1942.
Mein liebes Dorle,
Ich bin z.Zt.immer noch am selben Ort wie vor einigen Tagen, habe aber ziemlich viel Arbeit, die ich mit Hilfe meiner beiden Pferdchen und meinem braven
Russen, der auf den Namen Ilja hört, erledige. (Bilder Nr. 22+23) Die Schlit-
tenpartien sind dabei teilweise ganz schön, nur herrscht hier manchmal eine Affenkälte. Aber glücklicherweise habe ich ja einen dicken Schafspelzmantel und
ein paar noch dickere Überschuhe, und mein Russky paßt immer gut auf, daß es
mich nicht friert und wickelt mich dann immer noch in eine Decke ein. Überhaupt ist es erstaunlich, wie sich unsere gefangenen Russen anstellen, die mangels anderer Leute sogar zum Munitionsfahren angestellt werden. Obwohl sie
praktisch fast unbeaufsichtigt sind, reißt doch fast keiner aus, sondern sie hoffen, daß wir sie mit nach Germania nehmen, wo sie dann im gelobten Land zu
arbeiten hoffen. Und alles, was aus Deutschland kommt, ist „karosch" (gut)

und wird gebührend bewundert.

Heute traf ich wieder in einem Dorf eine uralte Frau, der ich gerne eine kleine Ikone abgekauft hätte. Aber sie gab sie nicht her und erzählte mir dann, daß sie jeden Tag dafür bete, daß Stalin und die Kommunisten kaputt gehen. Es ist eigenartig, mit welch geradezu schwärmerischer Hingebung diese Leute noch an ihren Ikonen und ihrer lange ermordeten Kirche hängen. Die alten Leute sind ein ganz anderer Typ, als die „moderne, aufgeklärte" Jugend. Die sowjetische Revolution war sicher das größte Verbrechen der Menschheitsgeschichte...

6.1.42

Eben habe ich nochmal unser Bäumchen in der Stube für mich angezündet, auf meiner Blockflöte ein paar Weihnachtslieder dazu gespielt und an zu Hause gedacht. Vater hat mir ja eine ganz prima Predigt eines alten Predigers geschickt mit dem Thema: Meine Zeit steht in Seinen Händen! Die Predigt paßt ganz in meine Situation, denn manchmal, wenn man all das viele Elend und die gefallenen Soldaten sieht oder immer wieder von neuen Kameraden in der Zeitung oder in Briefen liest, daß sie gefallen sind, dann will einen eine innere Schwermut packen und den Glauben an den Gott der Liebe annagen. Und doch erfahre ich ja auch so ganz unverdienterweise, auch gerade im Krieg, daß es tatsächlich stimmt. Daß Gott mich schlechten, verlorenen und unwürdigen Menschen, der nichts als Versager geliefert hat, führt und oft ganz wunderbar schon bewahrt hat. Warum gerade mich? So frage ich mich dann wohl. Der billige Gott-Vater-Glaube, der nur einen „lieben" Gott kannte, ist mir jedenfalls an der Wirklichkeit dieses Krieges zerbrochen und dafür der wirkliche Gott der Bibel aufgegangen, der nicht nur ein Gott der Liebe, sondern auch des Gerichtes ist. Und wenn nicht Christus wäre, so könnte man wirklich das Grauen vor dem Schicksal lernen. Jedenfalls sehe ich, daß mir in meiner Vorkriegszeit viel zu sehr die „Furcht Gottes" fehlte, die auch einen wesentlichen Teil der Frömmigkeit unserer Vorfahren ausmachte.

7.1.42.

Nun will ich aber endlich den Brief fertig schreiben. Heute morgen bin ich richtig froh aufgestanden, denn es ist doch etwas Schönes, wenn man gerade hier in Rußland immer wieder erlebt, daß es keinen Zufall gibt. So kurz vor Weihnachten sah es bei uns zienlich bedrohlich aus und wir haben einiges dabei erlebt, aber seit dem Heiligen Abend ist alles wieder in Ordnung. Allerdings habe ich z.Zt. Arbeit für zwei, aber das macht nichts. Überanstrengen werde ich mich nicht, und ich kann nicht genug dankbar sein, daß meine Gesundheit so bewahrt geblieben ist und ich mich körperlich immer ganz wohl fühle. Kranksein ist in Rußland ja nichts Schönes, das wirst Du Dir ja auch ohne Kommentar denken können. Aber wie gesagt, Gott sei Dank, geht's mir gut. Ich habe manchmal den Eindruck, daß viele für mich beten und das gibt doch Kraft... Aber „Meine Zeit steht in Seinen Händen!" Das soll mein Losungswort sein, und ich will mich deshalb gar nicht mehr mit Plänemachen bechäftigen....

9.1.42.

Der Wind heult ums Haus. Der Schnee wächst draußen an und eben bringt der Deutschlandsender die 22Uhr-Nachrichten. Heute abend war Wolfram hier, der nun seit heute wieder zu uns versetzt ist, so daß wir nun doch wieder zusammen sind. Ich bin nun wieder da, wo ich schon im Oktober war, in einer Stadt südwestlich von Moskau... Unsere Infanteristen haben die Ruhe auch bitter nötig, denn wir werden wohl die Division sein, die zu Fuß am weitesten von allen in Rußland marschiert ist. Die Verluste sind natürlich dabei nicht klein gewesen... Als Abteilungsarzt beim Divisionsnachschub hat man so ca. 8 - 10 oder mehr Einheiten zu betreuen. Bei jeder Einheit ist ein Sanitäter mit dem nötigen Sanitätsmaterial und einem sog. Revier, das immer in irgend einem Bauernhaus ist, soweit die Einheit nicht hier in der Stadt liegt. Dann hab ich selbst eine größere Krankenstube für die mittelschweren Erkrankungen wie Grippe usw. und einen Behandlungsraum mit einem für russische Verhältnisse kolossalen Komfort. Ein Untersuchungs- und Operationstisch, eine gepolsterte Bank, ein großer und ein kleiner Tisch und elektrische Beleuchtung, sowie einen kleinen Herd.

Ein Hauptverbandplatz ist eine Einrichtung einer Sanitätskompanie, die immer so 2 - 10 km hinter der Front liegt und auf der die meisten Operationen ausgeführt werden. Die Verwundeten bekommen vorne einen Verband, werden dann dorthin zur weiteren Versorgung gesandt und bleiben je nach Schwere der Verwundung und Abtransportmöglichkeit ca 3 Tage. Die Verwundeten liegen bei uns auf Tragen oder im Stroh und erst in den Kriegslazaretten sind dann Betten da. Aber wir alle sind das Stroh liegen so gewöhnt, daß wir, wenn die Stube warm ist, auch da gut schlafen. Nur ist bei dem großen Anfall, den primitiven Mitteln und Unterkünften die Sterilität und Pflege wie in der Klinik eben nicht möglich. Drum darf im Feld z.B. keine Wunde genäht werden, weil die Infektionsgefahr unter diesen Umständen zu groß ist...

NB. In Punkto „Strohliegen" werd ich ja im Urlaub besondere Ansprüche stellen müßen, wie Strohlager neben dem Bett usw.!

Wer weiß, ob ich in einem weichen Bett überhaupt noch schlafen kann!

13.1.42.

Es ist zwar schon spät, aber ich muß Dir noch einen Gruß senden, denn eine ganz große und wundervolle Freude hat mir Dein lieber Brief gemacht, den ich heut abend, als ich gerade von den zwei schönen Stunden mit unserem Divisionspfarrer nach Hause kam, auf meinem Bett fand. Es war heute wieder einer meiner schönsten Abende in Rußland und eine große Freude und Dankbarkeit erfüllt mich. Wie gut Gott doch zu mir ist, der ich es doch so gar nicht verdient habe. Wie hat er uns doch die letzte Zeit vor Weihnachten bewahrt, und welch ganz wunderbares Verhältnis hat er uns beiden geschenkt, obwohl wir doch so weit auseinander sind. Gerade heute, als ich noch einmal die Kerzen unter dem Bäumchen vor Deinem lieben Bild anzündete und Deinen lieben Brief fand, hab ich so ganz besonders stark die große tiefe Einheit zwischen uns empfunden, und ich hab Dich in Gedanken an den Schultern gefaßt und Dir tief in Deine lieben Augen geschaut und es war eine große Stille um uns. Und dann hab ich Deine lieben Hände genommen und ein frohes „Danke" gesprochen, und ich hab gespürt, daß es niemand gibt, mit dem ich so im Letzten eins bin wie mit

Dir, und das hat mich so richtig froh gemacht. Das ist das größte Glück, das es für Menschen geben kann. Und das wird mir Freude und Kraft für meinen Dienst geben und Du wirst nun immer mehr noch bei allem, was ich mache, dabei sein, Du meine liebe Braut! Verzeih, daß meine letzten Briefe so arg trokken und spärlich waren. Bei mir haben ein paar Sachen nicht gestimmt, denn ich hab über einige Leute geschimpft, die meine eigenen Fehler hatten und hatte keine rechte Disziplin in der Zeit und hab ein paar mal Halbwahrheiten gebraucht. Ich hoff, daß das nun wieder anders kommt. Ist es nicht etwas ganz wundervolles: Mitten im Grauen einer haßerfüllten Welt, über die Gottes furchtbares Gericht hereinbricht, das Wirken und die Gegenwart Christi zu erleben, dem wir zwei gehören dürfen. Ich kann das so schlecht schreiben. Weißt Du, man erlebt diese Gegensätze ja nirgends so stark wie hier, und drum kann ich nur immer wieder danken und danken! Und Du mein Liebstes, ich dank Dir für Deine große Liebe und freu mich so riesig trotz der großen Entfernung, denn die kann uns ja gar nicht trennen! ...

19.1.1942. Ilja
Mein Revier wurde fertig und die ersten Patienten liegen in meinem kleinen Lazarett. Dann war ich heute bei einer Fahrkolonne zum Schlachtfest eingeladen! Kesselfleisch, Blut- und Leberwurst mit Sauerkraut und Kartoffeln gabs so gut, wie ich das noch selten gegessen habe. Du siehst also, es geht uns, was das Essen angeht, bestimmt besser als Euch zu Hause. Vielleicht hast Du den ersten Film, den ich Dir schickte, nun schon entwickelt, unsere beiden Russenfahrer sind u.a. auch drauf. Der Häßliche ist uns inzwischen durchgegangen (ich hab ihm auch nie ganz getraut) während der andere mit dem schönen Vollbart z.Zt. mein Kutscher ist. Er ist rührend um mich besorgt und eine Seele von einem Menschen. Er hört auf den schönen Namen Ilja (deutsch Elia).
Was er mir von den Augen ablesen kann, macht er und ist gleichzeitig ein prima Kutscher. Schade, daß Du nicht mit mir auf dem Heuschlitten fahren und zuhören kannst, wie er sich mit seinen Pferdchen in allen möglichen Lauten unterhält. Einmal hab ich ihm seinen Mantel, den ihm ein deutscher Soldat wegnahm, wieder beschafft, und da war er dann besonders froh. Er stammt aus Woronesch. Nach Deutschland möchte er brennend gern und fragt mich dann, wieviel Hektar Land dort die Bauern hätten und wieviele Pferde und Kühe. Daß ich kein oder kaum Russisch verstehe, ist ihm immer wieder unbegreiflich! Aber fein ist, daß ich mich absolut auf ihn verlassen kann. Ich schenkte ihm eines meiner russischen Neuen Testamente und er las dann abends im primitiven Quartier den anderen russischen Fahrern daraus vor.
An der Front ist immer noch Ruhe.
Als wir Anfang April nach Holland verlegt wurden, mußte ich ihn leider mit einer Nierenentzündung mit entsprechender Verpflegung im Zivilhospital zurücklassen. Im August hörte ich zum letzten mal von ihm, daß es ihm besser gehe.

23.1.42.
Die Tageslosung der Brüdergemeine für den 23.1.42 (Dorles Geburtstag) paßt haargenau für ihr kommendes Lebensjahr und lautet:

„Dies ist der Tag, den der Herr macht; laßt uns freuen und fröhlich darinnen sein! „ Und: „Freuet Euch in dem Herrn allewege und abermals sage ich: Freuet Euch!"

22./23.1.1942.
Acht Tage vor Weihnachten waren wir weit weg von aller Post und zum Schreiben kamen wir auch nicht, denn wir waren den ganzen Tag auf dem Schlitten und fuhren durch die Schneefelder, und die Russen setzten uns ordentlich zu, d.h. ich hab ja nie direkte Berührung mit ihnen gehabt, aber diese Wochen waren für alle wohl die spannendsten des ganzen Feldzuges. Am **21.12.** kamen wir nachts in ein Dorf und ich legte mich in einem Bauernhaus erschöpft auf den kahlen Bretterboden in einem leeren Zimmer, denn man hatte uns gesagt, das Dorf würde von uns erst um 6 Uhr morgens geräumt. Ich wäre aber mit Sicherheit den Russen in die Hände gefallen, wenn mich nicht mein Freund Hans Prigge nachts um halb zwei Uhr gesucht hätte und mich weckte: „Die Russen dringen gerade in das Dorf ein! Wir müßen raus!"
Der **23.12.** war dann aber der bisher deprimierendste Tag des ganzen Feldzuges für uns, an dem unsere ganzen restlichen Einheiten von einer riesigen Übermacht zersprengt wurden. An diesem Abend passierte mir Folgendes: Mitten in einer ganz schlechten Allgemeinstimmung - es war schon lange Nacht geworden und der Halbmond leuchtete über dem Schnee - stand ich an einem etwas freien Platz und dachte über Psalm 73 , Vers 23 - 28 nach: „Dennoch bleibe ich stets an Dir, denn Du hältst mich bei meiner rechten Hand, Du leitest mich nach Deinem Rat und nimmst mich am Ende in Ehren an! Wenn ich nur Dich habe, so frage ich nichts nach Himmel und Erde. Wenn mir gleich Leib und Seele verschmachtet, so bist Du doch, Gott, allezeit meines Herzens Trost und mein Teil! Denn siehe, die von Dir weichen, werden umkommen, Du bringst um alle, die Dir die Treue brechen! Aber das ist meine Freude, daß ich mich zu Gott halte und meine Zuversicht setze auf Gott den Herrn und verkündige all Dein Tun!"
Und das Dennoch des Glaubens machte mich froh mitten in all dem Trübsinn. Und da pfiff ich vor mich hin: „Lobe den Herren, den mächtigen König der Ehren!" Kaum hatte ich eine Strophe fertig, da kam wie als Antwort aus dem Dunkel ein Soldat zu mir her und fragte mich, ob ich Theologe sei? Es war ein Pfarrer, der als Funker Dienst machte, dem aber sein Glaube in diesem Krieg sehr ins Wanken geraten war. Er war ein Bekannter von Johannes Martin Niedermeier, den Du vielleicht auch kennst. Wir unterhielten uns längere Zeit und er ging dann wieder zu seinen Leuten. Für mich aber war es so richtig eine Antwort aus dem Dunkel und ich hoffe, daß ich in allen ähnlichen Lagen immer dieses frohe und trotzige Dennoch finde, das auch die äußerlich schlimmste Situation zu einer innerlich frohen machen kann! Dies, mein liebes Mädel, wünsche ich Dir fürs neue Lebensjahr, daß Du auch in allen dunklen Stunden, die es bringt, immer dieses Dennoch findest und zur inneren Freude durchdringen kannst. Für Euch ist's ja sicher viel schlimmer als für uns, die Ihr die Situation, in der wir stehen, nicht kennt, die Ihr nur immer eine Todesanzeige nach der anderen lest und dann oft wochenlang ohne Nachricht bleibt. Denn es gibt ja nichts, was auf die Dauer mehr an den Nerven zehrt als die Ungewißheit. Aber

gerade da möge Dir das „Dennoch" Kraft geben und Dich selbst dann vor Schwermut und Resignation bewahren, wenn ich je einmal, wie so viele meiner Kameraden, nicht mehr zurückkehren sollte! In den letzten Monaten ist mir das auch praktisch so klar geworden, daß nicht das äußere Glück, unser Wohlergehen und unsere Freude der Sinn unseres Daseins ist, sondern nur das schlichte Gehorchen; und daß gerade die reinen, schönen und guten Dinge uns das JA-sagen oft viel schwerer machen." Wir müssen durchs Leiden ins Reich Gottes kommen", durch das „Dennoch", sonst bleibt Gott nur eine fromme und schöne Chiffre. Davor hab ich aber immer Angst gehabt. Denn die Welt ist furchtbar, und darum müßen wir ganz frei werden, jetzt geistig und im Tod auch körperlich. Hier in Rußland gibt es im Allgemeinen nur zwei Antworten auf die Schrecken und das Grauen des Krieges: den Selbstbetrug, die Betäubung, das gewaltsame Vergessen und zynische Ignorieren oder Christus. Und dafür bin ich dankbar, daß ich das nun mal in der ganzen Kraßheit und Unzweideutigkeit erlebt habe. Aber das sind wohl alles ein wenig theoretische Abhandlungen. Du mein Liebstes, ich möchte ja so gerne mal wieder zu Euch kommen und Dich in die Arme nehmen. Doch weiß ich, daß das alles nicht der letzte Sinn und das Ziel unseres Lebens ist. Gott möchte uns zur einzigen wirklichen Realität führen, zu Ihm und zur Gemeinschaft mit Ihm.

Und es verträgt sich nicht mit seiner Majestät, daß wir etwas anderem mehr ergeben sind als IHM, und drum muß auf die Dauer der Weg durch das Zerbrechen aller anderen Dinge und gerade der Liebsten hindurch. Deshalb, mein liebes Mädel, hab ich nur eine Bitte: Sag Du immer Ja, wenn Schweres kommt und denk dran, daß es ja nur um unserer Selbst willen kommt, um uns frei zu machen für das Größere.- ...

Russland-Koller

Der sogenannte „Rußlandkoller" war bei diesem Rückzug eine weit verbreitete Erscheinung. Der Bericht unseres Divisionsarztes Oberstarzt Dr. Haßengier spricht von der völligen physischen und psychischen Erschöpfung nicht nur der Mannschaften, sondern auch der Offiziere. Gott sei Dank hatte ich keine solchen Verzweiflungsreaktionen. Darüber schrieb ich am 24.1.42:

„...Depressionen gibt es Gott sei Dank bei mir nie richtige, denn ich hatte immer die wunderbare Möglichkeit, mein ganzes Leben in der Stille auszuliefern, und das hat dann immer gleich geholfen und jenes sichere und geborgene Bewußtsein hergestellt, das nur Christus schenken kann."

Mein Gegenschwieger Apotheker Michael Pfurtscheller aus Innsbruck. Im Sommer 1991 saß ich mit dem Schwiegervater meines ältesten Sohnes, Apotheker Michael Pfurtscheller aus Innsbruck, in Seefeld gemütlich zusammen und wir unterhielten uns über den Krieg.

Dabei entdeckten wir, daß wir beide in derselben Division (167. Inf.Div.) den Vormarsch und Rückzug 1941 mitgemacht hatten. Er erzählte mir, daß er damals beim Infanterieregiment 339 war und daß sein Bataillon am 23.12.41 praktisch aufgerieben wurde. Er selbst irrte in der Dunkelheit allein durch den Schnee brach dann plötzlich völlig erschöpft in einen zugefrorenen Bach ein und stand im eiskalten Wasser. Da überfiel ihn die Verzweiflung und er wollte sich erschießen. Er hatte schon den Gewehrlauf in den Mund genommen, um abzudrücken, da hörte er eine Stimme: „Warum willst Du denn Dein Leben wegwerfen, Du hast es doch erst noch vor Dir!?" Er hielt ein, arbeitete sich mühsam wieder heraus und schleppte sich den vor ihm liegenden Hügel hinauf. Oben sah er plötzlich ein paar Bauernhäuser. Als er in das erste hineinging, saßen Kameraden aus seinem Bataillon am Tisch und versuchten, Weihnachten zu feiern. Er blieb bei diesem Regiment bis zur Schlacht bei Kursk 1943, wo er einen schweren Kieferschuß und Handschuß erhielt und dann, wie sich im Gespräch weiter herausstellte, wahrscheinlich in das Feldlazarett Großdeutschland eingeliefert wurde, wo ich als Chirurg arbeitete und ihn und die anderen Schwerverletzten mit Flugzeugen (Fieseler Störche und Ju 52) noch wegfliegen lassen konnte. Heute haben wir außer unseren Kindern, die nach dem Krieg auf die Welt kamen, noch fünf gemeinsame gesunde Enkelkinder. (Bild Nr. 24)

Verkehrsprobleme in Russland!
24.1.42
Auf den russischen Landstraßen habe ich ja allmählich mehr erlebt als ein Landstreicher im Laufe seines Lebens. Im Sommer bei unheimlicher Hitze hinten drauf auf irgend einem LKW, der die tollsten Sprünge über die aus Löchern bestehende Straße machte, wo es manchmal nahe an einer Gehirnerschütterung vorbeiging. Und dazu ein Staub, daß man oft nur etwa einen Meter vor sich etwas sehen konnte. Und dann im Herbst ein fürchterlicher Schlamm und Dreck, der so stark war, daß auch die pferdebespannten Fahrzeuge nicht mehr vorwärts kamen. In diesen drei Wochen Ende Oktober und Anfang November blieb unsere Offensive lediglich im Dreck stecken, sonst wäre Moskau vielleicht im November gefallen. Der Widerstand war damals nicht bedeutend. In der Zeit hab ich auf den Autos bei dem naßkalten Wetter mehr gefroren als jetzt und hatte tagelang eiskalte Füße... Dann kam der Schnee und als wir nicht mehr vormarschierten die Verstopfungen auf den Straßen, auf denen endlose Autokolonnen standen, wo man oft stundenlang nicht weiter kam. Der Boden und die Straße wurde langsam zu Eis und unsere Tanks, die zunächst keine Eisstollen hatten, rutschten vollkommen hilflos in der Gegend herum. Die Geschütze rutschten und die Achsen der Troßwagen brachen auf dem hartgefrorenen Boden. Und dann vor Weihnachten die Fahrten auf den Schlitten querfeldein und am Stephanstag ein Schneesturm, der den Schnee zu allen Ritzen hereintrieb, so daß auch der Vergaser des Autos vereiste und wir auf der Straße lagen und nicht mehr weiter kamen, bis uns einer abschleppte. Und auch heute saßen wir wieder einmal 4 Stunden fest und mußten auch wieder abgeschleppt werden. Wie man einen festgefahrenen Karren wieder flott macht im Sand, im Schlamm und im Schnee, dafür bin ich nun direkt Spezialist geworden.

Aus meinem Hospital in Bolchow
26.1.42:
„...persönlich geht es mir gut, nur habe ich bei der Kälte natürlich ganz schön zu tun und mein „Lazarett", in dem ich als „leitender Arzt" oder „Chefarzt" tätig bin, ist deshalb immer voll.
Es macht mir nun auch wesentlich mehr Freude, obwohl meine zweistöckigen,

mit Stroh belegten Holzpritschen ja nach deutschen Begriffen reichlich primitiv sind. Aber wenigstens liegen die Leute in einem großen, verhältnismäßig sauberen warmen Raum und ich hab sie alle beisammen und brauch bei den schwerer Kranken nicht gar so arg in den dunklen, stinkenden, verlausten kleinen Russenbauernhütten herumzukriechen. Das hat mir auf die Dauer keinen besonderen Spaß gemacht. Denn die Behandlung in derartigen Räumen ist doch reichlich provisorisch und vor allem stecken die Grippe- und Anginakranken, die im allgemeinen nicht ins Lazarett kommen, die anderen in den engen Räumen an, in denen manchmal 15 Mann und mehr schlafen...."

Sexualität in der Truppe
Während des Einsatzes in Rußland vom 22.6.41 - Ostern 1942 wurden wir von den Soldaten immer wieder gefragt „Was tut Ihr uns ins Essen rein? Unser Sextrieb ist verschwunden"! Und die tollsten Gerüchte darüber gingen in der Truppe herum. In Wirklichkeit hatte die Truppe im Osten eine viel eiweißreichere Kost als im Westen. In der ganzen Zeit des Einsatzes wurden lediglich zwei Fälle von Vergewaltigungen bekannt und die Betreffenden kamen sofort vors Kriegsgericht und wurden schwer bestraft. Und niemand dachte daran, irgend etwas in die Nahrung zu mischen, weil in Wirklichkeit in dieser Frage die überzüchtete westliche Sexualität sich durch die veränderte Lage normalisierte. Während die Frauen und Mädchen zu Hause oder erst recht in Frankreich und Holland „Sexappeal" hatten und auch damals schon Illustrierte und manche Filme in dieser Richtung aufreizend wirkten, fiel das alles weg. Denn die russischen Mädchen und Frauen auf dem Lande waren zwar oft in ihrer Art hübsch, hatten aber trotz Bolschewismus meistens noch vor der Ehe strenge Vorstellungen und wollten keinen Sex, sondern heiraten und Kinder (Malinki) bekommen. In der Etappe allerdings änderte sich sowohl bei der Truppe als auch bei Frauen und Mädchen das Verhalten. Das war vor allem im Westen, in Frankreich, Holland und Belgien oft verheerend. Bei unserer Division brauchte es ca. zwei Monate, bis in Holland in der Ruhe und dem wiederkehrenden Sexappeal die alte Situation wieder da war. Mir zeigte dieses Massenexperiment aber eindeutig, daß die sexuelle Triebhaftigkeit beim Menschen keine feste, unveränderliche (allerdings individuell verschiedene) Größe ist, sondern schon in der damaligen Zeit und natürlich noch viel mehr heute ein überzüchtetes Kunstprodukt, ja eine Sucht ist. Natürlich kam in Rußland im Einsatz dazu, daß die Kräfte und Energien auf ein Ziel konzentriert waren und auch die ständige Gefährdung die innere Beziehung zu den Frauen und Bräuten in der Heimat stärker machte. Aber der völlige Wegfall aller „Sexsignale" und des ständigen Sexappells führt automatisch zu einer Normalisierung und teilweise völligen Reduzierung sexueller Aktivitäten und Antriebe. Darum gab es in Osten kaum Vergewaltigungen. Bei der Roten Armee war beim Einmarsch in Deutschland das Gegenteil der Fall, zumal sie noch offiziell aufgefordert wurden, die deutschen Frauen und Mädchen zu vergewaltigen. Dadurch sollen ca. zweieinhalb Millionen Frauen vergewaltigt worden sein.
Es ist klar, daß nach der Wiederbesetzung Rußlands durch die Rote Armee all jene Mädchen, die irgendwelche Verhältnisse mit deutschen Soldaten in der Etappe hatten, behaupten mußten, sie seien vergewaltigt worden, weil sie im

anderen Fall als „deutsche Matratzen" schwer bestraft, wenn nicht sogar erschossen wurden. In Wirklichkeit aber war die sog."Manneszucht" bei der
deutschen Armee sicherlich mit am besten von allen Armeen.

Landsers Galgenhumor im russischen Winter.
Russlands Maison Blanche - Die Panjebude

O Du schöne Panjebude,
wie wars mir doch oft zu Mute,
wenn ich auf dem feuchten Lehm
mirs des Abends macht bequem!
Wunderlieblicher Gestank
aus der Ofenecke drang,
wo in lieblichem Gedränge
sich der Russenkindlein Menge
froh im Läusefangen übte,
wo die Matka lebt und liebte,
von wo klein Iwan froh und munter
schickt seinen Wasserstrahl herunter,
weil er reinen Herzens glaubt
Daß der Lehm dann nicht so staubt!
Wo der Pan sich ganz bedächtig
räusperte und darauf mächtig
und mit sichtlichem Bemühen
versucht das Etwas hochzuziehen
um im Bogen mit Entzücken
seine Bude auszuschmücken!
O, mit welcher Lust und Pracht
ward da doch Quartier gemacht!
Gibts kartoschki oder jaika?
Panienka, spielst Du Balalaika?
Salome? Denn ich möchte spatsch!
Woina kaputt! Und Kolchos quatsch!
Den Tschai kocht matka und der Pan
zündet die Erdölfunzel an.
Das Feuer bald im Ofen summt,
Das Schaf, es blöckt, die Katze brummt,
im Topfe die Kartoffel sieden,
es winkt das Stroh dem Russlandmüden!
Der Tschai, er summt im Samowar,
die Matka macht das Essen klar,
und mit dem hülznen Russenlöffel
holt man sich Krautsupp und Kartöffel
gemeinsam aus der Suppenschüssel,
der Pan schlürft froh und schmatzt ein bissel
und schleckt zum Schluß mit kühnem Schwunge
die Schüssel leer mit seiner Zunge.

„spassibo Pan!" Du leckst die Lippen
und schleichst Dich von der Futterkrippen,
und legst Dich schließlich satt und froh
gemeinsam mit dem Pan aufs Stroh!
Das Ferkel quiekt am Ofen leise,
die Hand greift müd in Hühnersch....
Die Matka dreht die Funzel klein
und selig schnarchend schläfst Du ein!
Friedvoll vereint sind Mensch und Tiere
und strecken von sich alle Viere,
Da regt sich krabbelnd nächtges Leben,
da wo die Zeitungsblätter kleben
und unterm Stroh ganz dicht am Ohr
kommt knisternd eine Maus hervor,
und Läuse, Flöhe, Schnaken, Wanzen
beginnen auf der Haut zu tanzen! -
Du träumst, wie es sich doch zu zwein
viel schöner schläft als ganz allein,
Und wenn der kalte Morgen graut,
ist schön gesprenkelt Deine Haut.
Der Mief steht dick und schauerlich,
Du gähnst und denkst: „Bedauerlich,
daß aus dem schönen warmen Duft
Ich raus muß an die frische Luft!"
Und wenn der Schneesturm sticht und braust,
der Landser bärtig und verlaust,
die Hände reibend vorwärts schreitet,
ihn golden die Vision begleitet:
Daß, wenn auch Nas und Zeh gefrieren,
die Füsse das Gefühl verlieren,
wenn auch auf endlos langem Marsch
gefriert das Hirn, vereist der A....,,
ihm doch in eisgen Winters Mitte
des Abends winkt die Panjehütte! -

Von Rotarmisten und Partisanen
Südlich Moskau im November 1941.

Auf unserem Vormarsch Richtung Plawsk kamen wir durch immer ärmere Ge-
biete. Daß die Leute früher nicht so arm waren, konnten wir in unseren Elends-
quartieren in den Bauernhäusern schon an den alten Familienfotos aus der Za-
renzeit sehen, auf denen die Menschen noch ordentlich gekleidet und um die
Häuser noch Holzzäune herum waren, die dann unter dem Kommunismus alle
der Not und Kälte zum Opfer fielen. Eines abends machten wir zu Dritt Quartier in einem Bauernhaus etwas am Rande eines Dorfes. Als wir uns aufs Stroh
legten, merkten wir, daß die Bäuerin für fünf Leute Stroh auf den Boden aus-

breitete, daß also zwei Männer, die mit uns in der Stube waren, gar nicht zur Familie gehörten. Bei näherem Zusehen hatten sie ganz kurzen Haarschnitt und unter dem Mantel sah man sowjetische Militärhosen. Es waren also versprengte oder desertierte Rotarmisten. Was sollten wir tun?- Natürlich hätten wir die beiden in einem Gefangenenlager abliefern müssen. Aber wir waren auf dem damals noch andauernden Vormarsch leichtsinnig geworden und streckten uns mit den beiden gemeinsam auf den Boden der Hütte auf das Stroh. Zwar legten wir unsere Pistolen unter den Kopf. Aber schließlich hätten sie uns ja bei Nacht gut den Hals abschneiden können. Offensichtlich war ihnen aber an einer Konfrontation ebensowenig gelegen wie uns, und als wir aufwachten, waren die beiden weg.

Wieder ein anderes Mal zeigte ein Medizinstudent, der überzeugter katholischer Christ war, ein kleines Kruzifix, das er in seiner Tasche hatte, unseren Quartierleuten. Obwohl sie außer dem üblichen Faß saure Gurken wahrhaftig nicht viel zu essen hatten, holte der Hausvater ein paar Hühnerschlegel und Kartoffeln, die er vergraben hatte, und nötigte uns zu diesem feudalen Abendessen, so sehr bewegte ihn offensichtlich die Tatsache, daß wir Christen waren.

Es kostete zwar manchmal Überwindung, wenn wir etwa Krautsuppe angeboten bekamen, aus der gemeinsamen Schüssel mitzuessen und die Leute nicht zu kränken, aber wir taten es dann oft mit dem Mut der Verzweiflung. Denn vielfach schleckte nach dem Essen der Pan, also der Bauer, eben die Schüssel mit der Zunge aus, wenn das Wasser zum Spülen rar war.

Beim Rückzug im Dezember mußten wir ja unseren Mercedes ohne Rückwärtsgang beim Troß der Truppe lassen und bekamen zwei russische Heuschlitten mit je zwei kleinen russischen Pferdchen und einem russischen Hilfswilligen, der uns fuhr und betreute.

Mein Ilja Welikorodnj aus Latinskaja bei Woronesch war 41 Jahre alt, Pferdehalter, und hatte zu Hause eine Frau und sechs Kinder. Ich bin wohl kaum einmal im Leben mit solcher Fürsorge betreut worden wie von meinem Ilja. Und wir waren viele Stunden oft allein in der weißen Schneewüste unterwegs zwischen den Nachschubkolonnen, die ich ärztlich zu versorgen hatte. Es war an Silvester 1941, als sich unsere Kolonnen gerade in verschiedenen Dörfern einquartiert hatten, aber die Front nach dem Rückzug über die Oka noch keineswegs geschlossen war, da suchte ich nach einer Einheit, ohne genau das Dorf zu kennen, in dem sie sich befand. In einem Dorf vorher war im Quartier des Chefs der Kolonne eine alte Frau mit ägyptischer Augenkrankheit, die damals fast immer zur Erblindung führte und zudem sehr schmerzhaft war. Wir hatten zu dieser Zeit noch keine Mittel zur Behandlung dieser Erkrankung, und so konnte ich der Frau lediglich einige Schmerztabletten geben. Plötzlich fing sie an, über mir das Kreuz zu schlagen und einen langen Segen in russischer Sprache zu sprechen, und ich stand still und ließ es über mich ergehen. Wir fuhren weiter mit unserem Schlitten in das nächste Dorf, wo wir aber niemanden fanden. In der völlig flachen Landschaft konnte man gewöhnlich von einem Dorf aus das nächste sehen. Und so suchten wir in zwei weiteren Dörfern vergeblich nach der Einheit. Beim letzten Dorf stand ein Russenjunge am ersten Haus und mein Ilja fragte ihn, ob im Dorf „Germansky soldat" seien. „Ujecheli! ujecheli!" (fort! fort!) meinte er und deutete nach Westen, wohin sie fort seien. Die

Dörfer in dieser Gegend waren lange Reihendörfer links und rechts entlang von oft tiefen Gräben, die das Wasser in den Löß hineingewaschen hatte. Ich wollte trotz der Warnung des Russenjungen selbst nachsehen und so fuhren wir mit dem Schlitten rechts von dem Graben zum anderen Dorfende.

In der Mitte sagte ich unvermittelt und eigentlich widersinnig zu meinem Ilja, er solle durch den tiefen Graben auf die andere Seite hinüberfahren, obwohl man ja auch von unserer rechten Seite her die evtl. Wagen unserer Kolonne vor den Häusern hätte sehen können. Die Pferdchen sanken bei dem Versuch, den Graben zu überqueren, bis zum Bauch in den Schnee. Aber schließlich gelang es Ilja, der absitzen mußte, auf der anderen Seite mühsam hoch zu kommen. Von dort fuhren wir dann bis zum Ende der Häuserreihe wo kein Weg mehr weiter führte, fanden aber natürlich keine deutschen Soldaten mehr.

Beim Umdrehen fiel ich in ein tiefes Schneeloch und mein Ilja mußte mich herausziehen. In dem Augenblick kamen aus dem letzten Haus auf der gegenüberliegenden Seite des Grabens etwa 10 Männer heraus, die versuchten auf ihrer Seite des Grabens zum Eingang des Dorfes zu laufen, um uns den Weg abzuschneiden: „Partisan? Partisan?" meinte Ilja. Ich sagte: „Da, da (ja,ja), Pascholl (vorwärts)!" und Ilja ließ seine Pferdchen zum Dorfeingang galoppieren. Ich saß auf dem Schlitten mit meiner entsicherten Pistole 08/15, bereit, mein Leben so teuer als möglich zu verkaufen. Gott sei Dank waren die Pferde im Schnee schneller als die Männer auf der Gegenseite, so daß wir vor ihnen das freie Feld erreichten und wegkamen. Als ich abends unseren Offizieren im Stab des Dinafü (Divisionsnachschubführer) davon berichtete, waren sie zunächst ungläubig. Aber schon am nächsten Tag wurden in diesem Dorf deutsche Soldaten überfallen.

Was wäre geschehen, wenn ich nicht in der Mitte des Dorfes plötzlich die an sich unsinnige Idee gehabt hätte, auf die andere Seite überzuwechseln, obwohl dies ja für die Pferde und den Schlitten im Tiefschnee eigentlich kaum möglich war. Wir wären dann auf der rechten Seite bis zum letzten Haus gefahren, hätten dort versucht umzudrehen und wären den 10 Partisanen in die Hände gefallen. Niemand wüßte, wo wir abgeblieben wären. Hatte der Segen der alten Russin diese Wirkung gehabt und ein Schutzengel mir die „verrückte" Idee in den Kopf gegeben, durch den tiefen Graben auf die andere Seite zu fahren? Jedenfalls glaube ich nicht an einen Zufall. Nach Deutschland möchte mein Ilja brennend gern und er fragt mich dann, wieviel Hektar Land dort die Bauern hätten und wieviele Pferde und Kühe. Daß ich kein oder kaum Russisch verstehe, ist ihm immer wieder unbegreiflich. Aber fein ist, daß ich mich unbedingt auf ihn verlassen kann.

Partisanen in Bolchow

Die Division erhielt im Januar über tausend Mann Ersatz aus der Heimat geschickt und ich bekam den Auftrag, die Leute zu untersuchen. Ich ging mit einem meiner Unteroffiziere, Schäuble aus Steingaden in Oberbayern, von unserem Quartier zu der Sammelstelle. Dabei mußten wir die zugefrorene Oka überqueren und den Hang am gegenüberliegenden Ufer hinaufgehen. Plötzlich hielt ich einen Schritt inne und in diesem Augenblick schlug eine Kugel vor meinem Kopf in die Böschung. „Wenn sie den Schritt gemacht hätten, Herr Unterarzt, wären sie jetzt tot mit Kopfschuß!" meinte Schäuble. Ich sah mich um und ging weiter mit der Überzeugung, daß mir keiner etwas tun könne, weil meine Zeit noch nicht gekommen sei. Am anderen Tag stellten wir dann fest, daß der Schuß aus dem ersten Stock einer nicht weit entfernten Hausruine abgegeben worden war. Zufall, daß ich ausgerechnet in diesem Augenblick nach wenigstens 500 m Wegs zum ersten Mal den Schritt anhielt? Ich glaube nicht an solche Zufälle!

In Bolchow schloß ich Freundschaft mit einem russischen Lehrer Atanasi Tasenkow, der ein überzeugter Kommunist war und mir die Errungenschaften des kommunistischen Systems nahe bringen und mir außerdem Russisch lehren wollte. Als wir dann Anfang April plötzlich nach Holland verlegt wurden, durfte ich leider meinen Ilja nicht mitnehmen. Er hatte sich eine Nierenentzündung zugezogen. Damit er nicht wieder zurück ins Gefangenenlager müßte, schmuggelte ich ihn deshalb in das Zivilhospital und ließ ihm noch entsprechend Nahrungsmittel da, gab Atanasi Tasenko Geld und bat ihn, laufend nach Ilja zu sehen. Im August 1942 hörte ich zum letzten Mal von ihm, daß es ihm besser gehe. Ich sehe ihn noch vor mir in der Unterkunft unserer Hilfswilligen sitzen und seinen Kameraden aus dem russischen Neuen Testament vorlesen, das ich ihm gegeben hatte.
Offenbar war es für ihn etwas völlig Neues, mit einem Menschen zusammen zu sein, der keine zwei Gesichter hatte, immer freundlich zu ihm war und für alle Kranken und Patienten, einerlei ob Soldaten oder Zivilisten, in gleicher Weise da war. Denn eines Tages, als wir mit dem Schlitten 60 km nach Orel gefahren waren, mußte ich schnell wieder zurück mit einem Auto, während er die sechs Stunden Schlittenfahrt mit einem Oberleutnant von uns machen mußte. Der Oberleutnant erzählte mir dann über ihre Unterhaltung. Ilja habe so alle zwanzig Minuten das Schweigen unterbrochen und zu ihm gesagt: „Pan Offizier! Doktor karoschi Offizier!" Seine Gedanken kreisten offensichtlich die ganze Fahrt über um seinen Abteilungsarzt. Ob es mir gelingen könnte, von seinen Kindern wenigstens noch einige ausfindig zu machen? Ich will es versuchen.

Einer unserer russischen Helfer in Bolchow hieß Wassili. Er kam in meine Reviersprechstunde wegen Gelenkrheumatismus. Als ich seine Zähne nachsah, hatte er ca 16 abgefaulte auf Eiter sitzende Zahnwurzeln im Ober- und Unterkiefer. Unsere Medikamente waren kostbar und so mußte ich ihm alle 16 Wurzeln in einer Sitzung ziehen, um das Anästhetikum nur einmal verbrauchen zu müssen. Am nächsten Tag kam er dann wieder, weil er natürlich noch Schmerzen hatte und meinte nur, seine rechte Backe haltend: „Wassili kaputt"!
Aber er überstand es gut und wurde gesund.

Da es in den Wintermonaten von Januar bis Anfang April natürlich viele Kranke bei der Truppe gab, richtete ich mir in einem leerstehenden Haus ein Revier ein und ließ mir von den Schreinern unserer Werkstattkompanie aus Brettern 10 Doppelstock „Betten" bauen, so daß ich mein eigenes kleines Lazarett besaß. Der kleine Behandlungsraum wurde dann noch von einem begabten Maler mit

Bildern ausgemalt, so daß es sicher mit Abstand das schönste Truppenarztrevier in weitem Umkreis war. Den Kampf gegen die Läuseplage führten wir mit Erfolg. Trotzdem gab es immer wieder auch mal einen Fleckfieberfall oder vor allem sehr viel sog. Wohynisches Fieber, das ebenfalls durch Rikettsien verursacht wird. Die Kranken bekommen dann jeden fünften Tag einen Fieberanfall mit starken Schienbein- und Gliederschmerzen, und das ganze dauerte dann meistens 8 Wochen. Wir hatten keinerlei medikamentöse Behandlungsmöglichkeit dieser Erkrankung.

Da kam mir der Gedanke, jeweils am 3.Tag, also im Intervall den Patienten eine intramuskuläre Spritze mit 10 ccm Eigenblut zu machen, um dadurch Fieber zu erzeugen, und es gelang tatsächlich, damit die Krankheitsdauer auf die Hälfte zu verkürzen.

Briefe an die Eltern
7.2.42.
Liebe Mutter,
ehe ich zu meinen Kolonnen fahre, die z.Zt. auf einer rückwärtigen Nachschubstraße sind, möchte ich Dir doch noch einen herzlichen Gruß senden. Was mich an Deinem Bild nicht gefreut hat, sind die Linien in Deinem Gesicht, die soviel Kummer und Gram andeuten, und die doch im Wesentlichen von den vielen Sorgen herkommen. Warum sorgst Du Dich denn? Um mich? Um Hans? Um meine Freunde? Ich habe so viel und so oft Gottes Führung und Bewahrung erfahren, daß Du Dich freuen solltest, daß ich in einer so mächtigen Hand bin in dieser schrecklichen Zeit. Sorgst Du Dich darum, daß ich auch hier draußen bleiben könnte wie so viele meiner Freunde, die ja auch Christen waren? Für eines bin ich froh, das mich diese 8 Monate Rußland und vor allem die letzten lehrten: Was ist nun eigentlich unser Leben? „Es ist dem Menschen gesetzt einmal zu sterben!" Also nur eine Spanne Zeit, die bei dem einen länger ist und bei dem anderen kürzer. Und was ist wohl schöner? Ein Leben, das auf seinem Höhepunkt aufhört, oder irgendwo langsam oder gar häßlich ausklingt? Aber das „Wie lange" ist ja gar nicht so wesentlich. Was hilft's, wenn man ein paar Jahre länger lebt. Die paar Jahre sind auch schnell vorüber. Und was macht das Leben eigentlich lebenswert? Diese finstere, von Dämonen regierte Welt? Erfolge im Beruf? Geld? Genuß? - All das wird ja so belanglos und nichtig, wenn die letzte Frage an uns herankommt, und all diese Dinge sind mir hier so gleichgültig geworden. Wegen dieser Sachen möchte ich nicht unbedingt wieder heim. Unser ganzes Leben erhält nur einen Wert durch Golgatha und Ostern. Und es ist nur so viel wert, als es davon beherrscht und geführt war. Alles andere ist Dunst und Bluff! Und nun, warum grämst Du Dich dann?
Wir sollten gerade in dieser Situation es doppelt empfinden, wie groß unser Glück ist, deren Leben nicht umsonst ist! „Ich habe Dich bei Deinem Namen gerufen, Du bist mein!"
Oder ist es vielleicht doch nur das, daß Du nicht an die Liebe dessen glaubst, der sich gerade in unserem Leben so sichtbar bewiesen hat? Oder daß Du glaubst, daß Deine Gedanken und Ziele besser seien als die Seinen? Oder daß Du zu diesem „Du bist mein!" Nein sagst! Er gehört mir! Sieh doch, liebe Mutter, das ist ja das Größte in meinem und Deinem Leben: „Du bist Mein!" Das

Einzige, was dieses Leben überhaupt wertvoll macht! Und darum glaube doch bitte und sag ein frohes JA! Uns allen, die wir glauben, hat gerade das schreckliche Erleben dieser Zeit vieles gegeben und gezeigt, und warum wollt Ihr uns aus Gottes Schule nehmen? Nur so kann unser Leben ja vollwertig werden! Was ist das Ziel unseres Lebens? Ein gut bürgerliches Familienleben in Wohlstand und Ehrbarkeit? Oder ist es nicht viel mehr das: Menschen zu werden, die die große Belastungsprobe des Glaubens, die Gott uns auferlegen muß, damit wir wachsen, bestehen und lernen, für **Ihn** ganz dazusein, damit wir vielleicht einmal würdig werden für sein Reich. Also liebe Mutter, glaube froh! Natürlich ist es mein Wunsch, Euch wiederzusehen, aber um Euretwillen und um Euch zu helfen. Die „Welt" selbst kann mir nichts mehr bieten. Und ich möchte Dir drum nur noch dieses Eine schreiben: „Die völlige Liebe treibt die Furcht aus!" Darum fürchtet Euch nicht! Und ganz abgesehen davon geht es mir z.Zt. ausgezeichnet, es fehlt äußerlich nichts. Ich habe ein schönes warmes Zimmer, eine schöne Aufgabe, eine prima Winterbekleidung, die Front ist überall mindestens 15 km weg und ist ruhig. Das Essen ist ausgezeichnet. Den Infanteristen vorne geht es allerdings immer noch schlimm. Denn die Kälte setzt ihnen mehr zu als der Russe. Wir haben manches erlebt, was finster war, aber es gibt nichts, was finsterer ist als die Schuld, die uns von Gott trennt. Das andere ist nur die Wirklichkeit dieser Welt. Die Welt ohne die Maske der Zivilisation. Also freut Euch doch, daß wir das alles als Christen erleben...

15.2.42

Mein lieber Vater,

nachdem wir im Oktober beim Kessel von Bryansk die westliche Seite zu halten hatten, gings nach der Einnahme durch die von Orel zurückstoßenden Panzer weiter nach Osten in eine mittelgroße Stadt (Bolchow) nördlich von Orel. In dieser Zeit regnete es fast jeden Tag und die Straßen verwandelten sich in einen unvorstellbaren Morast, so daß wir, die wir auf der sog. „Rollbahn" fuhren, wesentlich früher in Bolchow waren als unsere Infanterie. Ich sollte dort eine Krankensammelstelle errichten, fuhr mit zwei Sanitätskraftwagen los und kam dorthin, als eben die Russen das Städtchen vollends verließen. Von der Stadt selbst war glücklicherweise nur wenig zerstört, und nach längerem Suchen fanden wir dann auch ein einigermaßen ordentliches Gebäude, ein russisches Ambulatorium für Säuglinge, das sich für einen Krankensammelpunkt glänzend eignete. Nach einem Tag hatten wir dann die nötigen Arbeiten (Fensterbeschaffung, Einrichtung, Stroh- und Wasserbeschaffung usw.) erledigt und dann kamen langsam, aber sicher immer mehr kranke Infanteristen, die bei dem scheußlichen Herbstwetter (immer im Freien) sich natürlich alles mögliche holten: Anginas, Diphterie, Grippe, Gelbsucht, Nierenentzündungen, Verwundete, usw. Durch die Unmöglichkeit für Kraftfahrzeuge, durchzukommen, kamen die Kranken mit Lungenentzündungen usw. teilweise auf Bauernfuhrwerken nach dreitägier Fahrt erst an. Auch ein Fleckfieberkranker war damals dabei, doch traten dann glücklicherweise keine neuen Fälle mehr auf. Zwar kam ich in diesen Tagen, als ich allein mit vier Mann und meinen Sankas 300 Kranke und Verwundete zu versorgen und weiterzuleiten hatte, nur durchschnittlich 4 - 6 Stunden zum Schlafen, aber die Arbeit machte mir doch eine richtige

Freude und alle vier gaben ihr Bestes, um den Kranken das Leben so angenehm wie möglich zu machen. Abends fand ich dann meistens doch noch eine halbe Stunde Zeit, um zur Abendandacht beim Divisionspfarrer zu gehen. Nach 10 Tagen gings dann wieder weiter in Richtung Osten gegen Tula. Unsere Infanterie war unter Zurücklassung alles Gepäcks und aller schweren Waffen, die im Schlamm einfach stecken geblieben waren, voraus marschiert. Zwischen Tula und Orel mußten wir dann nach einem mehrtägigen Vormarsch im Schnee unter dauerndem Fliegerbeschuß den Hauptverbandplatz errichten. Allein an einem Tag hatten wir fünf Fliegerangriffe auf unsere Kolonne und ich mußte mich auch zwei mal in den Graben legen, weil einer ganz unverschämt über uns wegflog. Unsere bespannte Staffel der Sanitätskompanie, bei der ich damals gerade nicht war, hatte einmal großes Glück, als einer sechs Bomben unter die Kolonne warf und ein anderer im Tiefflug mit Bordkanone und allen Maschinengewehren auf sie schoß. Das Glück war, daß die Bomben alle Zeitzünder hatten und alle Fahrzeuge ins Feld abhauen konnten, so daß außer einigen toten Pferden und kaputten Fahrzeuen auch nicht einem Mann etwas passierte. Damals hätte die ganze Staffel fast erledigt sein können, wenn der eine Flieger, der mit der Kanone schoß, einen halben Meter weiter rechts geflogen wäre. Ich selbst war damals bei der Mot.Staffel, während Wolfram bei der bespannten war. In diesen 3 Wochen Dreck im Oktober und Anfang November blieb unsere Offensive stecken und die gegnerischen Truppen konnten sich wieder sammeln, sonst wäre Moskau vermutlich vor Weihnachten gefallen. Dann kam der Hauptverbandplatz von Plawsk, wo wir wieder Tag und Nacht zu tun hatten. Unsere Infanterie wurde von frischen sibirischen Divisionen angegriffen, die mit schweren Panzern unsere Infantristen, die außer ihren Maschinengewehren nichts dabei hatten, in eine finstere Lage brachten. Einer erzählte mir, daß die Panzer ihnen über das freie Feld nachfuhren und sie dann teilweise überholten und überfahren haben, während fünf andere um eine Kirche immer im Kreis herum dem Panzer davon rannten. Glücklicherweise kamen dann im letzten Augenblick noch unsere Panzer (die Division, bei der sich jetzt Roland Mayer als Truppenarzt befindet) und hieben unsere Infanterie wieder heraus. In dieser Zeit wurde auch unser Divisionsnachschubführer, der nun gestern wieder aus Deutschland zurückkam, verwundet. Damals fiel auch Unterarzt Dr. Kerkhoff, der 2. Arzt beim Divisionsnachschubführer. Schließlich machten wir dann von dort aus eine weitere Fahrt nach Osten, wobei wir teilweise in unvorstellbaren Hütten bei Nacht hausen mußten. Nähere Beschreibung will ich Euch sparen. Die Luft zwang uns einmal einfach zum Ausziehen, obwohl wir schon einiges gewohnt waren. Die Bauern waren zwar gewöhnlich sehr nett und brachten uns alles, was sie hatten, vor allem dann, wenn z.B. einer meiner Freunde, der ein kleines Kruzifix bei sich hatte, dieses im Verlauf der Gespräche sehen ließ. Einmal mußte ich, um die Leute nicht vor den Kopf zu stoßen, auch mit der ganzen Familie aus einem Topf essen. In allen Bauernstuben fanden wir noch die Ikonenecke, die teilweise sehr schöne Christus- und Ikonenbilder aufwies. Manche Bauernstuben hatten nicht einmal einen Bretterboden und Hunde, Katzen, Hühner, Schweine, Schafe und Kälber und eine unheimliche Menge kleiner Kinder kroch zusammen mit Küchenschaben, Spinnen, Wanzen und Läusen auf dem feuchten, entsprechend berieselten Fußboden herum. Aber es blieb al-

len eben nur die Möglichkeit: Entweder erfrieren oder in die Bauernstube gehen. Wir haben uns dann eben mit frischem Stroh so gut es ging beholfen und die großen Viecher rausgeworfen. Die Kleinen nahmen wir dann manchmal mit auf dem Weitermarsch. Beim Vormarsch auf Bogorodizk nach Norden stieß unsere Infanterie auf zwei frische sibirische Divisionen, die - obwohl unsere Landser schon vorher schwere Verluste hatten und durch die Märsche, die Kämpfe und die Kälte bereits sehr erschöpft waren, zersprengt wurden.
Da der Nachschub unheimliche Schwierigkeiten machte, war die Winterbekleidung nicht rechtzeitig nach vorne gekommen, so daß unsere Infanteristen teilweise barfuß in den Stiefeln, ohne Handschuhe und Kopfschützer, bei einer Affenkälte angreifen mußten. Den Hauptverbandplatz in B. hatte unsere zweite Sanitätskompanie, doch mußten wir schließlich mit unserer Chirurgengruppe helfen und die anderen bei Nacht ablösen, so daß dauernd zweischichtig gearbeitet wurde. Was da unsere Infanteristen geleistet haben ist unglaublich. In B. sahen wir zum ersten Mal russische Bergwerke und sowjetische Arbeitersiedlungen, die für russische Verhältnisse gar nicht schlecht waren. Nach Bogorodizk kamen wir, als unsere Infanterie noch gar nicht eingetroffen war und mußten deshalb mit unserer Sanitätskompanie wieder zurück. Glücklicherweise erkannten die Russen die Lage nicht, und nach ein paar Tagen war die Krise behoben. Dann gings wieder weiter, 30 km nach Norden In einer neuen Schule in einer ca 25 000 Einwohner großen Stadt hatten wir dann unseren nächsten Hauptverbandplatz. Und wieder ging es Tag und Nacht, die ersten Tage unter dauerndem Geschützdonner. Oft haben wir uns da gefragt: Wie ist es möglich, daß unsere Infanterie immer noch marschiert und immer noch kämpft? Aber das „Schönste" stand uns ja noch bevor. Wieder ging es 70 km weiter nach Norden und nun lagen wir nordöstlich von Tula und sollten uns mit den von Westen kommenden Truppen vereinigen. Fünfzehn km fehlten noch zur Einschließung Tulas. Dann setzte ein unheimlicher Frost mit bis zu -50 Grad Celsius ein. Auf diese Kälte waren wir nicht vorbereitet. (Bild Nr. 25) Die Autos sprangen nicht mehr an, die Panzer rutschten, die Flugzeuge kamen nicht mehr und ein Teil der Maschinenwaffen versagte. Die Verluste durch Erfrierungen waren doppelt so hoch, wie die durch Feindeinwirkungen. Und die Russen hatten eine Riesenmenge sibirischer Truppen ausgeladen. Dann marschierten wir zurück, um eine „Winterlinie" zu beziehen.
(Anmerkung: Der Führer unserer 2. Panzerarmee, Generaloberst Guderian entschloß sich wegen der dadurch aussichtslos gewordenen Lage entgegen Hitlers Befehl, den Angriff abzubrechen und den Rückzug am 7.12. zu befehlen, Und am 20. Dezember flog er ins Führerhauptquartier, um Hitler in einer fünfstündigen Auseinandersetzung klar zu machen, daß der Angriffsarm um Moskau wieder zurückgenommen werden müsste, wenn nicht die ganze Armee abgeschnitten werden sollte. Hitler beschimpfte ihn nur: Er müße härter mit den Leuten sein, sie „müßten sich in die russiche Erde einkrallen". Guderian aber hatte durch seinen Rückzugsbefehl bis zur Oka entgegen Hitlers Befehl im letzten Augenblick seine Armee gerettet und ersparte dem deutschen Heer ein Stalingrad schon im Dezember 1941. Hitler setzte ihn deshalb ab. (Siehe sein letzter Tagesbefehl vom 26.12.41. Seite 102)
Die Russen drängten in einer zahlenmäßig einfach erdrückenden Übermacht

nach. Daß dabei viel Material verloren ging, könnt Ihr Euch denken. Inzwischen war ich Unterarzt geworden und versetzt zu meiner neuen Einheit, hatte einen PKW und zeitweise einen Burschen und besseres Quartier und fuhr mit dem PKW zurück. In Plawsk, wo wir früher schon unseren Hauptverbandplatz hatten gings teilweise drunter und drüber. Aber das härteste Stück Weg stand uns erst noch bevor. Unsere Motfahrzeuge schickten wir allein los und dann gings im Schlitten übers freie Feld, Tag und Nacht mit nur kurzen Pausen. Hinter uns gingen Dörfer und Städte in Flammen auf. Am Wege explodierte die Munition und eine Sensationsmeldung jagte die andere. Ich marschierte in diesen Tagen mit dem Führungsstab der Division und es sind die Tage mit den stärksten Eindrücken, die ich bisher im Krieg im Osten bekam. Die ganze Furchtbarkeit dieses Krieges kam uns zum Bewußtsein.

Die Truppe ist vollkommen abgekämpft nach 200 km hinhaltender Verteidigung. Bei Tage kämpfend und bei Nacht marschierend (nach all den heftigen Kämpfen seit September) mußten sie nun noch weitere 100 km, allein auf sich gestellt, zur Winterlinie an der Oka querfeldein zurück; ohne Tanks und ohne Flugzeugunterstützung gegen einen zehnfach überlegenen Gegner. Die Artillerie, soweit noch intakt, kämpfte teilweise im direkten Beschuß auf 4- 500 Meter. Zwar hatte der Gegner ungeheure Verluste, aber sie kamen in solchen Massen, daß sie zunächst nicht zu halten waren. Das gab dann 6 Tage lang schlimme Situationen, und wenn die untere russische Führung besser gewesen wäre, hätten wir nichts mehr zum Lachen gehabt. So erreichten wir dann doch unsere heutige Stellung und am Heiligen Abend wurde der russische Angriff gestoppt...

Am **17.2.42** mußte ich an den 1b der 167. Infanterie Division folgende Meldung abgeben:
Betr.: Partisanentätigkeit in Bolchow.
Am 16.2. abends 17.30 Uhr wurde ich auf dem Weg zur Untersuchung des neu eingetroffenen Nachersatzes beschossen. Beim Übergang über eine Flußschleife des Nugr unterhalb der in der Mitte der Oberstadt befindlichen weißen Barockkirche schlug eine Kugel dicht über mir in die Uferböschung. Eine am nächsten Tag vorgenommene nähere Besichtigung der Uferstelle und ihrer Umgebung ergab als Möglichkeit für den Standort des Schützen lediglich eine Reihe Häuser in der Nähe des Bades. Bei der Durchsuchung der betreffenden Häuser zeigte sich in einem zur Hälfte ausgebrannten Haus eine verdächtige Spur, die in dem auf den Trümmern liegenden Schnee in den ersten Stock führte. Die Spur endete bei einer ausgetretenen Stelle auf einem schmalen Mauerrest, von dem aus sich eine gute Schußmöglichkeit nach der obene genannte Uferböschung bietet. Beiliegender Zettel lag bei den Spuren im Schnee. Eine Umfrage beim Stab Dinafü (Divisionsnachschubführer) ergab, daß aus diesem Hause in der Dämmerung schon verschiedene Angehörige des Stabes beschossen worden waren. Bisher hatten alle diese Beschiesung für leichtsinniges Schießen von Posten gehalten. Beschossen wurden: Oberleutnant Dr.Taupitz zweimal, Veterinär Dr.Boms, Oberzahlmeister Lamberti, Obergefreiter Christa, Gefreiter Madlener. Möglicherweise wurde die Besichtigung des Tatorts von den in Frage kommenden Personen beobachtet, so daß es sich empfehlen dürfte, erst in einigen Tagen

weitere Schritte zu unternehmen.
Dr.med.Siegfried Ernst, Unterarzt und Abteilungsarzt.

27.2.42
Zur Zeit träume ich fast jede Nacht von unserem Wiedersehen in Ulm. Wie letztes Jahr, wo ich auch immer wieder von unserer Verlobung träumte! Hoffentlich triffts genau so ein wie damals!
Heute vor einem Jahr kamst Du, mein Liebes, zum ersten Mal wieder zu mir ins Krankenhaus und wärst ums Haar zum Professor reingelaufen. Damals hab ich ja nachher so gestrahlt! Schon ein ganzes Jahr! Schade, daß z.zt. die Türe nicht aufgehen kann wie damals!
Mein kleines Lazarett hat z.zt. 29 Kranke, fast alle mit dem sog. Wolhynischen Fünftagefieber, das zwar nicht gefährlich, aber wegen der begleitenden Schienbeinschmerzen äußerst unangenehm ist. (Bilder Nr. 27+28) Meinen Kranken gefällt es gut bei mir und ein Kolonnenführer, der dann immer was zu beanstanden hat, wenn es die Kranken nach seiner Meinung zu gut haben, hat schon über mein Revier gemeckert, was mich freut, denn es ist doch ein Beweis, daß es den Kranken gut geht! Ich habe bei der Kälte natürlich auch sonst ganz schön zu tun als „leitender Arzt" oder „Chefarzt" meines Lazaretts. Es macht mir nun auch wesentlich mehr Freude, obwohl meine zweistöckigen, mit Stroh belegten Holzpritschen ja nach deutschen Begriffen reichlich primitiv sind. Aber wenigstens liegen die Leute in einem großen, verhältnismäßig sauberen warmen Raum und ich hab sie alle beisammen und brauch bei den schwerer Kranken nicht gar so arg in den dunklen, stinkenden, verlausten kleinen Russenbauernhütten rumzukriechen. Das hat mir auf die Dauer nämlich keinen besonderen Spaß gemacht, denn die Behandlung in derartigen Räumen ist doch reichlich provisorisch. Und vor allem stecken die Grippe- und Anginakranken, die im allgemeinen nicht ins Lazarett kommen, die anderen in den engen Räumen, in denen manchmal 15 Mann und mehr schliefen, an.

8.3.1942
Das ist eben das Schwere und doch zugleich das Positive hier, daß man zu vielen Dingen langsam kein Verhältnis mehr hat, zu denen man es früher hatte. All die neutralen Freuden der Welt kommen einem schal vor und leer. Nur das Absolute hat noch Kraft und Sinn, aber weil es hier schwerer zu erreichen ist und die Blicke dafür schärfer werden, ist auch manches Mal das Gefühl der Unwürdigkeit und Verlorenheit viel stärker, und ich kann nun die Lutherfrage „Wie bekomme ich einen gnädigen Gott?" viel besser verstehen. Aber es ist vielen so gegangen, daß sie die Frage nach dem „Warum", nach dem Sinn dieses Furchtbaren, was unsere Generation erlebt, immer mehr umtreibt. Und doch bricht dann manchmal der Lebenshunger hervor und dann können auch die Gedanken an unsere Ehe am Körperlichen hängen bleiben. Aber was ist der Körper schon Großes? Ich sah Haufen toter deutscher Kameraden auf Schlitten aufgeschichtet und in Reihe an der Straße liegen mit verzerrten blutigen Gesichtern, kaum bedeckt oder gar nicht zugedeckt, erstarrt in den Stellungen, in denen die Kugeln sie trafen. Was ist dann unser Leib? Ich kam in die Zimmer, in denen die Fleckfieberkranken lagen, kaum wiederzuerkennen, meine Kameraden, die in voller

Gesundheit mit mir marschiert waren bis hierher. (Gott sei Dank haben diese Erkrankungen nun nachgelassen, und nur wenige sind tödlich verlaufen!) Da lagen sie mit stieren Augen, hohlwangig, und kannten mich nicht, wenn ich sie anrief. Das ist die wahre Wirklichkeit, in der der Mensch lebt. Und was ist dann wichtig, wenn der Körper daliegt, entseelt, erstarrt, leblos? „Selig sind die Toten, die in dem Herrn sterben von nun an, denn ihre Werke folgen ihnen nach!" Das Einzige, was mir in solchen Augenblicken in meinem Leben als wesentlich erscheint, sind dann die Momente, in denen ich ganz an Gott ausgeliefert war und mich von Ihm führen ließ. Alles andere wird so schal, so unwesentlich und leerer Ballast. Daß das Wesentliche aber nicht etwas Eintöniges, Hartes , Kaltes, Freudloses ist, das wir eben tun müßen, sondern das höchste Glück bringen kann, Freude und Beschämung und Dankbarkeit, das habe ich ja so oft erfahren. Das soll darum auch das Ziel meines Lebens bleiben...

Im Osten, **26.2.1942.**

Mein liebes Dorle,
heut möcht ich mal eine Stunde dran denken an all das Schöne des vergangenen Frühjahrs und Dir und mir das alles wieder zum Bewußtsein bringen, was damals so schnell, ja zu schnell an uns vorüber hastete.
Es war glaub ich, im Dezember 1940, da saß ich abends in München vor meinem Schreibtisch und dem schönen Kruzifix (das z.Zt. bei Alo Münch ist) und dachte lange über unser Verhältnis nach, und dann war mir klar: Schreibe Dorle einen Brief! Und mein lieber Uli, der ja nun in Rußland ruht, kam und wir sprachen beide lange von Dir. Er meinte damals, am Schönsten wäre es, wenn ich zu Dir hinfahren könnte mit einer richtig großen Liebe im Herzen, frei von allem Sentimentalen, und einfach alle Verstimmung und alle Bitterkeit hinwegzaubern könnte. Aber das ging ja nicht und dann schickte ich den Brief an Deine Freundin Elsbeth Gerstlauer und der „Zufall" wollte es, daß Ihr ihn gemeinsam aus dem Briefkasten herausnahmt und Du ihn so tatsächlich zu sehen bekamst. Und dann kam der Januar 1941, als es auf Deinen Geburtstag zuging, da wuchs die innere Unruhe bei mir immer mehr, und schließlich ging ich zu Alo Münch, weil ich mir nicht mehr zu helfen wußte. Vor einem hatte ich ja immer am meisten Angst: Dich noch einmal in Unruhe zu stürzen und dann doch am Schluß nicht zu einem vollen Ja zu kommen. Und Alo meinte dann, es könne schon sein, daß unsere ganze damalige Entscheidung (Juni 1939) auf ihre jetzige Gültigkeit nachgeprüft werden müße. Und ich hatte immer nur einen Gedanken: „Laß mich bitte nicht wieder etwas Falsches machen!" Aber ich träumte immer wieder davon, daß wir uns wieder finden würden. Und dann kam der 16.2.41, Mutters Geburtstag. Da fuhr ich nach Stuttgart, um Hans zu besuchen und erfuhr von Hardl (Eberhard Stammler), daß er am 1. März heiraten werde und mich auch gerne einladen würde, daß aber die Möglichkeit bestehe, daß Du als beste Freundin von Elsbeth auch dazu kommen würdest und deshalb die Sache etwas schwierig sei. Ich hatte ja erst mit Müh und Not den 16.2. freibekommen, es schien mir doch sehr unwahrscheinlich, ob ich da nach 14 Tagen schon wieder Samstag/ Sonntag blau machen könnte, nachdem ich doch in der Zeit allein meine Station versorgen mußte. (Anm.; Die Chirurg.

Uniklinik in München hatte damals nur noch die Hälfte der notwendigen Ärzte) Wir waren gemeinsam still und ich schrieb mir auf: „Gehe zur Hochzeit! Glaube, und Du wirst Wunder sehen!" Und dann fuhr ich wieder zurück nach München. Dort überlegte ich noch 3 Tage, und dann schrieb ich schließlich einen Brief an Erich Peyer nach Schaffhausen, um mit ihm auszutauschen. Am Dienstag kam wieder eine meiner kleinen Patientinnen in die Klinik, der ich Kaffeekohle auf die vereiterten Mandeln tupfte. Und da vergaß ich, meinen Mund zuzumachen, und das Kind aus Essen, die kleine Inge, prustete mir ihre Angina ins Gesicht. Am Dienstag abend filmte ich noch Adolf Hitler, der in unsere Klinik zu einem Krankenbesuch kam, und am Freitag kam ich mit einer Pfundsangina in die Klinik. Trotzdem wollte ich dableiben und weiter Dienst machen. Aber mein Oberarzt, Professor Schörcher, schickte mich heim mit der Bemerkung: „Lassen Sie sich acht Tage nicht mehr hier sehen und machen Sie, daß Sie nach Hause kommen!" Am Samstag wurde dann der Hals so schlimm, daß ich wegen Diphtherieverdacht ins Ulmer Krankenhaus ging und dann zwei Tage in dem Glauben war, daß es tatsächlich Diphtherie sei. Damit war die Frage des Besuches der Hochzeit und einer evtl. Verlobung mit Dir schon gelöst! Und da konnte ich innerlich ganz Ja dazu sagen. Und dann war der Abstrich doch negativ, und am Dienstag schrieb ich an Elsbeth eine Karte, ob sie mich nicht einmal besuchen könne? Und dann kam Elsbeth und versprach mir, Dich zu bitten, ins Krankenhaus zu kommen.

Und was ich kaum zu hoffen wagte, trat dann ein , als Du, mein liebes Mädel, zur Türe rein kamst und ich nach langer Zeit mal wieder mit Dir reden konnte. Meine Mutter fragte mich damals, ob ich das große Los gewonnen hätte, als sie kurz darauf in mein Zimmer kam. Und heut würd ich sagen: „Liebe Mutter, ich hab noch viel viel mehr gewonnen! Ich hab mein liebes Dorle wieder gewonnen!" Aber ich war dennoch entschlossen, nichts zu machen, ohne den Austauschbrief mit meinem besten Freund, Erich Peyer, abzuwarten. Denn in jener gemeinsamen Stille auf dem Bodensee im Juli 1938 war ja auch die Entscheidung gefallen, Dich völlig frei zu geben. Und dann gings mir so gut, daß ich am Samstag die Klinik verlassen konnte und zu guter Letzt kam fünf Stunden vor dem Fest Erichs Eilbrief, obwohl mein eigener Brief durch die Zensur ging und von Schaffhausen nach Zürich umadressiert werden mußte, und seine Antwort auch wieder durch die Zensur ging an meine Münchener Adresse und von dort ebenfalls nach Ulm umadressiert werden mußte! Daß unter den Umständen der Brief nach neun Tagen eintraf und vor allem mit diesem vollen Ja zu unserer Verlobung hätte ich nicht zu hoffen gewagt! Und da hab ich vor Freude fast geheult, denn das war mir in den sechs Tagen Stille und Beten klar geworden, daß ich seinen Brief als eine Art höheren objektiven Befehl in diesem Falle annehmen solle! Und den Brief von Erich und Emmy kennst Du ja. Dann kam ich zur Hochzeit ins Neuthorhospitz und Du bist wohl aus allen Wolken gefallen, als ich mich so sicher sofort bei unserer Begegnung auf die zentrale Frage der Verlobung stürzte.

Und zunächst hast Du Lausmädel dann auch noch Nein gesagt und auch an meinem Geburtstag am anderen Tag bei unserem Spaziergang zum Fluko mir auch noch einmal einen Korb gegeben und bist mir am Tag darauf noch auf den Pfänder durchgegangen. Und dann war ich einen Abend bei Uli Römer zu Hause und hab auf den Michelsberg und auf den Pfänder telephoniert, nachdem ich am Montag zuerst mit einem Nelkenstrauß bei Mutti angerückt war und damit eine hochoffizielle Werbung vom Stapel gelassen hatte. Und Mutti hatte die prima Idee, doch die Verlobung gleich am Samstag zu feiern. Dann kam der 6. März, an dem Du wieder von Deiner Ausreißertour zurückkamst und ich auf den Michelsberg zum letzten Gefecht stieg! Da kam Onkel Erich Keppler dazwischen, und obwohl ich mich im Herrenzimmer verstecken wollte, ging er mit sicherem Instinkt auf den Vorhang zu und sah den Brautwerber sitzen und durchschaute ihn! Und da mußten wir dann eine ganze Zeit lang geduldig aushalten, bis wir zu unserer letzten Verlobungsrunde um die Burg stiefelten! Und dann stieg um 23 Uhr nachts die inoffizielle Verlobung in der Säntisstr. mit Onkel Erich, und die offizielle Verlobungsfeier, die ganz Ulm und alle Verwandten auf den Kopf stellte, wurde in eineinhalb Tagen organisiert.

Vier Fasanen von einem Patienten von Onkel Erich stellten sich ebenso rechtzeitig ein wie das Riesenpaket von meiner kleinen Patientin Cilly Hiergeist aus Landau an der Isar, die gehört hatte, daß ich krank sei, und die mir 5 Pfund Wurst, 5 kg Butter, 5 kg Schweinebraten und 5 Dosen Milch schickte, ohne von der Verlobung eine Ahnung zu haben. Damit war ein markenfreies Abendessen im Hospiz für die ganze Gesellschaft gewährleistet.

Am Freitag marschierten wir gemeinsam in die Stadt, bestellten Verlobungskarten und gaben die Anzeigen auf. Dann kam die Vorstellung in der Römerstraße und der Kaffee mit unserem lieben Uli im Molfenter. Er war ja so in Sorge, daß wir beide einmal seelisch richtig harmonieren sollten. Und ich glaub, daß er auch jetzt noch diesen großen Wunsch für uns hat. Bei ihm gehts mir nämlich ganz eigenartig, denn ich hab einfach die felsenfeste Gewißheit, daß er in ein anderes Leben hinübergegangen ist. Und dann kam die Verlobungsfeier im Neuthorhospitz und das nette Zusammentreffen mit Ami (Oberkirchenrat Manfred Müller), das den Hauptverantwortlichen an der klaren Entwicklung unserer Beziehung in den ersten vier Jahren nun „zufällig" zu unserer Verlobung führte. Auf mein Schreiben an meinen Oberarzt, daß ich am Montag wieder kommen wolle, kam dann seine Antwort, die mir, ohne von der Verlobung zu wissen, weitere 8 Tage Urlaub aufbrummte! Und mit einem Telephongespräch nach Colmar bekamst Du auch noch 8 Tage Urlaub.

Und es hatten sich ja auch bei Dir noch so viele „Zufälle" vorher ereignet, daß Du zunächst Urlaubsperre hattest und dann nicht planmäßig auf den Pfänder fuhrst! Und wir benützten den Zusatzurlaub, fuhren nach München und ich stellte Dich meinem Chef, Professor Magnus vor. Und Du konntest dann in seiner Vorlesung über Allgemeine Chirurgie sitzen und er übersetzte Deinetwegen als vollendeter Kavalier jedes Fremdwort gleich ins Deutsche, so daß Du zu Deinem eigenen Erstaunen alles verstanden hast. Und dann saßen wir mit Peter Brodersen zusammen, aßen auf meiner Bude zu Abend und besuchten Alo und Liesel Münch, Tante Emilie und Onkel Karl Schefold und Ludwig Zissel.

Im April trafen wir uns noch einmal bei der Tagung im Monbachtal. Als wir dann auf dem Bahnhof in Pforzheim Abschied nahmen, ahnten wir nicht, daß wir uns 13 Monate nicht mehr sehen würden.

Immer, wenn ich an das Wunder unserer Verlobung denke, werde ich so dankbar, daß Gott die Bitten so unübersehbar erhörte, uns ganz eindeutig seinen

Willen in dieser mit wichtigsten Lebensfrage zu zeigen und mich einfach mit Gewalt wieder zu Dir zu führen, wenn Er den Zeitpunkt für gekommen hielt! Und rückschauend war es ja wirklich die letzte Gelegenheit vor der Einberufung zur Wehrmacht und der Versetzung zur Truppe.

Sieh, das ist für mich immer wieder ein so sicherer Beweis für die Wirklichkeit Christi, daß es eigentlich gar keinen anderen braucht. Nun sind wir verlobt und können doch nicht Mann und Frau werden. Was will uns Gott damit sagen, denn es ist doch sein Wille, daß wir uns seit April 1941 im Monbachtal nicht wiedersahen, trotz aller Anstrengungen, nach Miesbach zu kommen, was ja an einem Faden hing, trotz des Generalkommandos, das mich nur für 2 Monate zur „Feldbewährung" zu der 167.ID kommandierte, trotz des G.v.H. (Garnisonsverwendungsfähig Heimat) und trotz der Beförderung zum Unterarzt am 1. Dezember, an dem ich zunächst hätte nach Miesbach zurückkommen sollen. Vermutlich liegt der Hinderungsgrund in mir? ...

Anmerkung: Der äußere Grund lag natürlich darin, daß unserem Divisionarzt Oberstarzt Dr. Haaßengier mein Einsatz für die 50 Mann im Stützpunkt Bythen und für die dortige Zivilbevölkerung gefiel und er mich deshalb ganz für die Division anforderte. Und mich dann nach der schwierigen, aber vorbildlichen Versorgung der über 300 Verwundeten und Kranken im Krankensammelpunkt Bolchow Ende Oktober und Anfang November zum Abteilungsarzt beim Divisionsnachschubführer, verantwortlich für 10 Einheiten ab 1.12. machen wollte. Dies war eine Planstelle, die 1941 normalerweise noch von einem Sanitätsoffizier besetzt werden mußte, aber nicht von einem frisch gebackenen Unterarzt (Oberfeldwebelsrang).

21.2.42.

Weißt Du, an sich ist mir ganz klar, was dieser Krieg bedeutet: Ein furchtbares Gericht über ein Europa, das seinem Auftrag untreu wurde: Die Botschaft vom Kreuz über die Erde zu tragen und den Boden für die Wiederkunft Christi zu bereiten. Und mit seinem Auftrag verliert es den Führungsanspruch in der Welt. Die Engländer haben um ihrer Geld- und Machtpolitik willen ihren christlichen Auftrag verraten. Die Franzosen zerbrechen am Ehrgeiz und Sexus, und wir Deutschen gehen wie die Russen daran, Christus bewußt aus dem öffentlichen Leben zu verdrängen. Europa zerfällt. Mord, Wahnsinn und Zerstörung triumphieren. Ich sehe ja, das kommt alles nicht von ungefähr, es sind lauter Dinge, die im Neuen Testament klipp und klar drinstehen, die sich ganz konsequent aus dem christlichen Glauben ergeben. Der Satan hat eine Macht wie nie zuvor. Aber „er weiß, daß er nur wenig Zeit hat".

27.2.42

Ich spüre, daß seit ich in Rußland bin, viele zu Hause für mich gebetet haben, denn nur so ist es mir erklärlich, daß ich bis jetzt so bewahrt blieb. Diese Kraft spürt man ja auf Schritt und Tritt. Gerade z.B. neulich bei meiner Fahrt nach Orel hatte ich überall so großes „Glück", daß selbst meinem völlig atheistischen Begleiter, einem Oberleutnant, die Sache komisch vorkam, zumal ich ihm vorher geschrieben hatte, ich könne die Fahrt aus bestimmten Gründen nicht verschieben. Und ihm dann nacher erzählte, daß „diese bestimmten Gründe" eben in dem inneren Gefühl bestanden, daß die Fahrt jetzt richtig sei. Ich hatte ja schon vorher nach meinem Kopf 4 mal versucht, nach Orel zu kommen, und immer kam mir irgend etwas dazwischen: eine Panne oder eine Straßensperre, oder lief der Motor nicht an oder sonst etwas kam dazwischen. Aber mit der Fahrt am 9.2. hatte ich, wie schon gesagt, „Glück". Ich traf meinen Freund Roland Mayer, Arzt bei der 17. Panzerdivision, und wir hatten einen netten gemeinsamen Abend auf seiner Bude. (Bild Nr. 29) Dann telefonierte ich an alle Feldlazarette, um Vetter Konrad zu finden, und beim letzten Anruf sagte mir der Mann am Telephon nach anfänglicher Ablehnung, daß ein Oberarzt Ernst als Patient im Haus liege. So fand ich Vetter Konrad, der am andern Tag von dort entlassen wurde. Am Tag darauf gingen wir ins Offiziersbad und badeten nach 5 Monaten zum ersten Mal wieder mitteleuropäisch und nachmittags holte ich mir pfundige Krankenkost für meine Kranken im Revier: Kognak, Rum, Spargel, Bohnen, Butter, Kaffee, Tee usw.. Abends versuchte ich Dich anzutelephonieren, kam aber nicht durch. Am nächsten Tag versuchte ich es dann wieder und als ich schon gehen wollte, klappte es plötzlich! Nur mußte ich zunächst sehr dienstlich sein wegen der Kontrolle! Ein Mann auf der Vermittlung hatte sich so kräftig ins Zeug gelegt, daß es geklappt hat. Ich ging mit einer Riesenfreude morgens durch die verschneiten Straßen und hab mein Lieblingslied „Lobe den Herren!" gesungen.

10.2.42 Postkarte vom „Ernsttag in Rußland"
Euch allen herzliche Grüße! Ich war einige Tage als Objekt im Lazarett und habe dort nur noch den Besuch von Sieger abgewartet, der blühend und wohlgenährt aussieht. Er übernachtet drum heute auch bei einer Bäckereikompanie! Alles Gute, Konrad!
Ich glaubte, Konrad schwer krank vorzufinden, aber nach einer der hier gängigen Krankheiten geht es ihm auch wieder ganz gut und ich traf ihn heute mit meinem üblichen Spürsinn. Hoffentlich seid Ihr nun beruhigt, nachdem Ihr hier ja schwarz auf weiß bestätigt bekommt, daß sogar Familienfeste in Rußland stattfinden können!
Außerdem liegt ja nun ein glaubhaftes Gutachten über meinen EZ und KZ (Ernährungs- und Kräftezustand) vor!
Mit herzlichen Grüßen Euer Sieger.

Die Ferntrauung
22.2.42
Was meinst Du nun wohl zu einer Ferntrauung am 8.3.42 Soviel ich bis jetzt sehen kann, gibt es vorerst keine Möglichkeit, nach Hause zu kommen, und es wird sicher in absehbarer Zeit auch keine geben, denn nachdem wir wieder Infanterienachersatz bekommen haben (den ich untersuchen mußte) glaube ich nicht daran, daß wir hier wegkommen...
Meine Unterschrift setzte ich am 8.2., nachmittags 5 Uhr, unter die Heiratserklärung in Gegenwart unseres Adjutanten Leutnant Seyfried. Es ist mir doch ein wenig feierlich gewesen wie eigentlich noch nie bei einer Unterschrift, und ich hab riesig gerne unterschrieben und einen Aufschnaufer gemacht, als das Schriftstück abreiste. Wenn ich dann in den nächsten sechs Monaten vielleicht

doch mal Urlaub bekomme, dann brauchst Du nur aufs Rathaus zu gehen und zu unterschreiben und alle Formalitäten sind erledigt... (Bilder Nr. 30+31)
Es ist nicht immer leicht, der Wirklichkeit in die Augen zu sehen. Und als Mensch möchte man eben immer auf dieser Welt schon einen Idealzustand erreichen für sich und die Welt. Aber der Idealismus stirbt in Rußland, es bleibt nur noch Gottes Gebot und die Pflicht (beides ist ja dasselbe). „Gebet Eure Leiber zum Opfer!" sagt Paulus. Das fällt mir gerade mit meinen Idealen so schwer. Ich erlebe immer wieder ganz ungeheuer Gottes Gnade in meinem persönlichen Leben. Wie oft bin ich doch schon auf wunderbare Weise bewahrt geblieben. Wie ein großes Kind bin ich manchmal durch alles hindurchgegangen und hinterdrein gings mir wie dem Reiter über den Bodensee. Und da wollte dann oft nachträglich der Unglaube und die Angst über mich kommen.
Das Ja zu Gottes Weltordnung, der dem Menschen die Freiheit gab, von Ihm abzufallen und gegen Ihn aufzustehen und der nur einen Weg geschaffen hat, sie zu erlösen und zu erneuern, den der vollkommenen Hingabe und Liebe, fällt mir immer so schwer. Ich möchte gern immer mal wieder dreinhauen und die Welt menschlich erobern und säubern. Und dann fallen mir oft meine Versäumnisse den gefallenen Freunden gegenüber auf die Nerven.
In letzter Zeit verbessert sich mein Revier von Tag zu Tag, und ich mache allmählich alles, was ich hier irgendwie selbst machen kann. Nun gibt es auch keine Läuse bei meinen im Revier liegenden Kranken mehr, seit wir alle mit unseren neuen, aus zwei Benzinfässern konstruierten Entlausungsöfen entlaust haben. Ich selbst hab seit vier Wochen auch keine mehr gefangen. Das Bild stellt übrigens nicht eine Flohsuche, sondern Entlausung dar. Einen halben Tag später saßen die Russen in dieser Stube drin und sie sitzen dort heute noch. Das Bild mit der Landschaft und den Bäumen an der Seite stellt den Abend des denkwürdigsten Tages des ganzen Feldzugs dar (23.12.41). Am anderen Morgen saßen an dieser Stelle auch die Russen. Wir fuhren damals in der Nacht anschließend durch einen Wald bei einem wunderbaren Sternenhimmel und einer blaß scheinenden Mondsichel Stunde um Stunde auf den Schlitten. Am Wege und rings herum brannten die Dörfer. Auf einem meiner zwei Schlitten lag ein Schwerverletzter mit Bauchschuß, der uns am anderen Morgen starb. Nun hat er wenigstens ein Grab bekommen. Zunächst sollte er schon zurückgelassen werden, da die anderen Verwundeten keinen Platz hatten. Zufällig war ich auch da und konnte ihn und einen weiteren Verwundeten mitnehmen und ihm wenigstens mit meiner Spritze die Schmerzen lindern.
Am Heiligen Abend lag bei meinen Kameraden vor dem Haus ein toter deutscher Infanterist auf dem Schlitten. Ich selbst hatte am anderen Morgen einen PKW erwischt und war losgefahren, um Sanitätsmaterial zu holen. Wird die Front halten oder wird alles zerbrechen? Das war die fürchterliche Frage des 24.12.41. Und am 23. glaubten wir, daß sie nicht mehr zu halten sei. So habe ich noch nie für mein Volk gebetet wie an dem Tag. Aber sie hat dann doch gehalten und nun gehts wieder voran. Die 25. Infanteriedivison mot., die im Wehrmachtsbericht als die württembergische Division in letzter Zeit immer erwähnt wurde und die sich so fabelhaft geschlagen hat, liegt nicht weit weg von uns. Einige unserer Regimenter haben in Teilen mit ihr die letzten Abwehrkämpfe durchgestanden...

1.3.1942

Lange habe ich das Christusbild angeschaut und darüber nachgedacht, daß ich doch so oft und oft versagte im letzten Jahr, ganz im Gegensatz zu früher, wo mich oft tagelang nur der Gedanke beherrschte: Wie gehorche ich Ihm am besten? Wie aber im letzten Jahr mich dieser Gedanke immer mehr verließ und eigentlich nur in den wenigen Augenblicken der Besinnung noch da war, aber dann nie mehr richtig zur Tat wurde. Seit dem Treffen im Monbachtal hab ich mit keinem Menschen mehr zusammen gebetet. Das hängt aber lediglich an mir und meiner Feigheit und Bequemlichkeit. Es ist mir heute ganz klar, daß Gott mich mit dieser Einstellung, die nicht mehr optimal war, nicht heimlassen konnte, denn unsere Ehe soll doch wirklich das Schönste und Vollkommenste werden, und da ist der Start vielleicht das Entscheidendste, ob er ganz aus dem richtigen Geist heraus kommt.

Und der war nicht da.Ich bin froh, daß ich nicht von Byten aus direkt heimgekommen bin. Natürlich gab es immer wieder lichte Momente. - Dies waren so etwa meine Gedanken. Und dann hab ich den ganzen Packen dort abgeladen, wo ich ihn immer wieder hinbringen darf, und hab mich hingekniet und wurde so richtig froh und dankbar für all das Große, was wir geschenkt bekamen, für all die Wunder an Führung und Bewahrung im Großen und im Kleinen im vergangenen Jahr. Und ich spürte Dich an meiner rechten Seite, legte den Arm um Deine lieben Schultern und hörte wie einst am Denkmal oben die Glocken: „Nun danket alle Gott!" klingen und wir beide haben es leise mitgesungen...

Eine ganz große Freude hast Du mir mit dem reizenden Gedicht gemacht, das heute ankam...

Frühlingsträume in Russland
15.3.1942

Aus weiter, weiter Ferne rühren
vertraute Bilder, wie im Nebel, mich.
Undeutlich, unwirklich und führen
dorthin, wo mir im Traumland fast verblich
die Heimat. - Wie durch matte Scheiben
die Farben leuchten nur gedämpft und still,
die schemenhaft in weiter Ferne bleiben
vor Wirklichkeiten frostig, hart und kühl.
Ich möcht Euch fassen, ihr vertrauten Züge,
will flüchten aus dem weiten Raum zu Euch,
doch weiß ich, daß ich mich nur selbst betrüge
und daß ich Schatten fasse leer und bleich.
Ob Ihr wohl seid? - Gab es denn je ein Leben,
wo sorglos glücklich wir zu Haus gelacht?
Wo nicht nur Haß und Kampf und Elend uns umgeben
und eine Welt zerbricht unter des Wahnsinns Macht!
Ein Jahr zurück, zurück an Deine Seiten,
Du liebe Braut, zu Dir nach Haus zurück

aus diesen toten, endlos weißen Weiten
ins frohe Leben und ins reine Glück!
Die Augen brennen und die Wangen glühen,
der eisge Schneesturm fährt mir ins Gesicht, -
doch warm zu Dir meine Gedanken ziehen,
die mir kein Krieg, kein Wintersturm zerbricht!
O Du, mein fernes Glück, ich will Dich lieben,
könnt ich im Frühling doch nur bei Dir sein?
Muß nicht der böse Spuck dann in ein Nichts zerstieben,
halt ich im Arm Dich und bin endlich Dein!? -

17.3.42
Man merkt, daß der Frühling kommt, denn die tollsten Gerüchte kreisen in der
Gegend, und die ganze trostlose Winterstimmung, der „Ru.Ko" ist bei allen im
Schwinden! Der „RuKo" ist nämlich der Rußland-Koller. Der K.V.I. (Kriegs-
verwaltungsinspektor) hat eben seine Füße im warmen Wasser gewaschen und
will nun von mir ein Hühneraugenpflaster, um in wärmeren Gegenden beim
Baden auf die Umwelt einen besseren Eindruck zu machen! Der Veterinär hat
zur Feier des Tages seine gute Mütze aufgesetzt. Jedenfalls sind wir sehr erbaut
über die neuen Gerüchte, und wenn sie sich je nicht bewahrheiten sollten, dann
haben sie doch einige Zeit uns bei guter Stimmung gehalten! Ich selbst kam
endlich dazu, Dir einen kleinen Osterhasen zu schicken. Jedenfalls am schönsten wäre es, wenn ich selbst zum Osterhasen würde, aber das läßt sich vermutlich schlecht machen. Immerhin, Du siehst: Wir sind hier gut aufgelegt, und ich
habe heute morgen schon beim Aufstehen gesungen: „Meine Mutter hat gesagt:
„Einen Kuß in Ehren soll man einem Studio nimmermehr verwehren!" usw
Worauf sich der Veterinär sehr wunderte. Nun macht der K.V.I. sogar Mani-
küre! Du siehst also, wie sehr er von dem Gerücht überzeugt ist. Der Veterinär
hat einen kleinen Sohn, der auch Peter heißt und auf den Bildern wie der Papa
aussieht. Er zeigt sie mir immer wieder in mächtigem Vaterstolz und meint
dann, die Ehemänner, die den Beweis bereits geliefert hätten, müßten zuerst in
Urlaub fahren. Worauf ich ihm natürlich sage, er werde bald überrundet sein!
Frechheit was! Aber Du siehst jedenfalls daraus, daß es uns gut geht und wir
uns freuen, komme nun, was wolle. Die Tatsache, daß es der Roten Armee
nicht gelungen ist, unsere Stellungen 20 km östlich von hier zu durchbrechen,
obwohl sie es eineinhalb Monate mit allen Mitteln probierte, macht natürlich
viel aus an unserer guten Stimmung. In einigen Tagen soll das Eis nach Ein-
wohneraussagen brechen. Jedenfalls ist bald Frühlingsanfang da, wenn auch der
Veterinär gerade den dicken Pelzmantel anzieht! ...

März 1942
Mein liebes Dorle,
Sicher denkst Du: Was ist das?!
Ja, das ist der Osterhas!
Der aus Rußlands weißen Fluren
nach verschiednen langen Touren
aus dem unwirtlichen Land

ist nach Deutschland durchgebrannt!
Unterwegs hat er gefunden
und zu einem Strauß gebunden
all die Frühlingsblumen hier,
und er schenkt sie alle Dir!
Und er wackelt mit dem Ohrle,
flüstert dazu: „Hör mal Dorle,
laß Dir was ganz leis erzählen:
Willst Du Dich nicht bald vermählen?
Denk, ich hab was läuten hören,
kanns Dir aber nicht beschwören,
daß es endlich Urlaub gibt,
und daß wer schon lang verliebt
sich im wunderschönen Maien
endlich doch einmal darf freien!
Sag mal Dorle:" Machst Du mit?
Eh die Blümchen noch verblüht,
kommt wer, der für eine nette
liebe Frau Interesse hätte!
Darf ich ihm wohl gleich berichten,
diesem auf die Eh Erpichten,
daß Du damit einig bist?
Ganz diskret nur! Pst! Pst! Pst!"
Also liebes Häslein lauf!
Nehm es bitte recht gut auf,
denn vielleicht, wenn Gott es will,
komm ich plötzlich leis und still
zu Dir und dann sind wir beide
bald ein Paar! Gibt das ne Freude!
Mit nem frohen Ostergruß
und mit einem lieben Kuß
grüßt Dich heut Dein wilder Krieger!
Vielleicht kommt er bald! Dein Sieger!

Frühlingsanfang 1942

Allein geht vieles viel schwerer, und auf die Dauer gehts womöglich gar nicht.
Und so werd ich, wenn ich zu Hause bin, auch wieder ganz von vorne anfangen
müssen. Denn, wenn auch manche Augenblicke dieses Krieges uns zu einer ge-
steigerten inneren Abgeklärtheit gebracht haben, so bringt doch andererseits der
Alltag des Krieges eine Abstumpfung alles Geistlichen und eine erhöhte Dies-
seitigkeit mit sich, und man wird nur zu leicht müde. Aber zu zweit wird das sicher besser gehen. Wichtig scheint mir der Start in die Ehe für uns beide...

Der Mutter meines lieben gefallenen Freundes
Uli Römer gewidmet:

Aus Winternächten Eis und Tod
wächst langsam Hoffnung wieder,
und läßt im zarten Morgenrot
sich auf die Erde nieder.

Der Wind aus West weht warm und lind
wie tausend Mutterhände,
die suchen tastend nach dem Kind
im Schneeland ohne Ende.

Als wollt zerbrochenes Mutterglück
das Eis vom Grabe lüften,
weicht in der Sonne Stück für Stück
der Schnee von tausend Grüften.

Schon stehn die Kreuze eisbefreit,
die ersten Blumen blühen,
und über Tod und Grab und Leid
die Lerchen aufwärts ziehen

Die Mutterliebe sucht und weint
in Rußlands Frühlingsblüten,
wo kalte Erde tot und feind
vom Liebsten sie geschieden

Aus Gräbern grünend Leben bricht,
bringt sacht aus dem Verließe
der Mutter hin ins Sonnenlicht
des Toten Ostergrüße;

„O Mutter, wir verlöschen nie
in Eis- und Grabesbanden!
Heb auf Dein weinend Auge, sieh:
Christus ist auferstanden!"

30.3.1942
Aus einem Brief an die Eltern:
Der Gedanke ans Heimkommen würde bei uns, wenn er tatsächlich Wirklichkeit würde, die merkwürdigsten Reaktionen auslösen.
Freude und Trauer - eine Riesenfreude, die Heimat wieder zu sehen und doch
die Frage: Warum gerade ich!? - Peter Brodersen ist nun auch im Osten gefallen, wieder einer unserer Besten. Alles kommt mir hier so unwirklich vor und
ich fürchte, es wird erst in dem Moment Wirklichkeit, wo ich mal wieder zu

Hause bin. Und ob Ihr nicht alle enttäuscht seid, wenn ich heimkomme? Ob Ihr nicht erwartet, daß ich viel zu geben habe und es dann vielleicht doch nicht kann.

Froh bin ich nun doch, daß die Ferntrauung erledigt ist, wenn ich ja auch gerne dem Herrn Standesbeamten im braunen Talar bei der Ziviltrauung ins Gesicht gegrinst hätte, wenn er den Pfarrer markiert. Ich glaube, ich hätte laut gelacht in Erinnerung an den Film, den ich kürzlich sah. Paradies der Junggesellen! In dem einer, der drei mal heiratet, als Standesbeamter fungiert und auch große Reden hält.- ...

In der Karwoche 1942:
Was wir nicht zu hoffen wagten, wurde Wirklichkeit. Offensichtlich hatte man beim Oberkommando der Wehrmacht ein Einsehen, zumal unsere 167. bespannte Infanteriedivision nicht nur am weitesten nach Osten marschiert war, sondern auch noch die Hauptlast getragen hatte, daß das „Wunder an der Oka" möglich wurde, als die ganze Front im Mittelabschnitt zusammenzubrechen drohte und eine totale Katastrophe möglich schien.

Plötzlich kam in der Karwoche der Befehl: Die 167. ID wird zur Auffrischung und Erneuerung herausgezogen und nach Holland verlegt. Und am Ostermorgen, als gerade die rotglühende Ostersonne über dem Horizont sichtbar wurde, hob unser Adjutant, Leutnant Seyfried, den Stab zur Abfahrt aus Rußland. Für uns war es ein wirkliches Ostern, eine Auferstehung. Die Fahrt ging hindurch zwischen den immer noch zwei - drei Meter hohen Schneewällen am Rande der Rollbahn in das 60 km entfernte Orel, wo wir am Ostermontag in einen langen Güterzug verladen wurden. Ich benützte die Zeit zum Besuch einer nach der deutschen Besetzung wiedergeöffneten, provisorisch hergerichteten Kirche, in der einige alte Frauen beteten. (Bilder Nr. 33-35) Im Chor hing eine große Ikone mit dem für die orthodoxe Kirche so typischen Christus Pantokrator, dem thronenden Allherrscher. Lange stand ich vor diesem Bild, dessen Wirklichkeit wir im vergangenen Jahr so drastisch erfahren hatten, und der thronende Christus begleitete mich wie eine letzte Vision aus diesem von den Furien des Krieges zerrissenen Land auf der Fahrt nach Westen in das wiedergeschenkte Leben.

Vier Tage fuhren wir durch Rußland und Polen, durch den Korridor bei Thorn nach Deutschland, an Berlin vorbei bis nach Utrecht hinein in das holländische Blütenmeer in den Frühling!

Holland 1942

Im Westen 12.4.42
Mein liebes Dorle!
Inzwischen hast Du wohl meinen letzten Brief erhalten und aus dem geringen Abstand zwischen Datum und Tag der Ankunft gemerkt, daß ich Rußland Valet gesagt habe und mich zwar noch nicht auf der Reise nach Hause, aber doch nicht mehr allzuweit weg von zu Hause befinde! Die Umstellung kam ganz überraschend und wir sind alle noch ganz benommen von den vielen völlig ungewohnten neuen Eindrücken. Wir sind aus dem größten Dreck und tiefsten

Winter in den Frühling und in die reinlichste Gegend Europas gekommen, und zwar ohne jede Überleitung außer dem auch nicht gerade besonders sauberen Eisenbahnwagen, und begannen uns zuerst natürlich einmal zu genieren! Es gab hier (Utrecht) zunächst einen Volksauflauf, so daß die Polizei die Leute auseinandertreiben mußte, als die Ersten von uns eintrafen.

Den einen hats gegruselt und die anderen haben dumme Bemerkungen gemacht, als sie uns sahen mit unseren dreckigen, zerschundenen und zerbeulten Wagen und den dreckigen Uniformen. Und wir sind uns vollkommen blöd vorgekommen und haben gemerkt, daß wir zur Kulturwelt jeden Kontakt verloren hatten und uns fühlten, wie es etwa einem Neger zumute ist, wenn er zum ersten Mal nach Europa kommt, - ausgerechnet in eine Stadt, in der es noch sauberer ist als bei uns zu Hause. Alles war uns ungewohnt: Das Pflaster, die Häuser, die gut gekleideten Leute, der Frühling, die Blumen, die Wärme, die Flukomädchen, die hier sehr zahlreich vertreten waren und meinen Gedanken für unsere Zukunft natürlich alle guten Möglichkeiten eröffneten. Daß die Menschen per Arm gehen, Straßenbahnen und auf Hochglanz polierte Autos fahren, daß es einen Gasherd gibt und Kaufläden und Schaufenster, Wirtschaften und Cafes, das waren ja lauter so ganz ungewohnte Entdeckungen, und ich weiß zur Zeit gar nicht richtig, ob das Ganze nur ein Traum ist! Und doch haben wir nun nicht einen Freudentaumel gekriegt, denn es ist alles so fremd geworden, wie wenn es gar nicht mehr zu unserem Leben gehören würde, und wir müssen uns erst langsam wieder daran gewöhnen. Ich kenn mich da mit mir selbst noch gar nicht so recht aus, denn ich bin innerlich so unbeteiligt an vielem und bin vor allem froh, daß ich von hier aus in Urlaub fahren und mich hier erst noch an die Atmosphäre Europas gewöhnen kann, ehe ich heimkomme, denn dann hindert all die Umstellung nicht und vielleicht finde ich auch hier wieder die lang ersehnte geistige Aufmöbelung!

Z.Zt. sitze ich in einem wunderbaren Zimmer mit Schreibtisch, Schrank, Bett, usw. Heute habe ich mir schon auf dem Asphalt die Füße wundgelaufen, weil wir das Pflaster nicht gewohnt sind.

Aber eines merk ich doch: Wir alle haben unheimlich aufgeatmet und sind im Begriff, wieder andere Menschen zu werden, und hoffentlich wird es dann auch bald wahr, daß ich zu Dir, mein Liebes, heimkommen kann und wir zusammen im Frühling den Mai erleben und ich Dich vielleicht doch (als Flukonmaid) nach hier mitnehmen kann. Aber wohin wird erst verraten, wenn ich komme! Über den Abschied aus Rußland werd ich Dir bald mehr berichten! Nun steig ich in mein Bett und grüß Dich herzlich!

Auf ein baldiges Wiedersehen! Dein Sieger.

Im Westen, **20.4.1942.**

Weißt Du, es geht mir z.Zt. immer noch merkwürdig: Die Fülle der neuen Eindrücke und Probleme, die nun wieder so ganz anders sind als die der letzten zehn Monate, treiben mich um und es ist, wie wenn ein See Wellen schlägt, dann sieht man nicht mehr richtig in die Tiefe. So gehts mir z.Zt..Ich kann mich auf die Briefe gar nicht mehr so richtig konzentrieren, und dann werden sie alle so kalt. Aber wenn ich dann in mein Bett krieche und anfange zu träumen ich steige im Traum aus dem Zug und kann bei Dir all den Trubel der Welt vergessen, all die Dämonien, die über die Menschheit hergefallen sind und alles zu verschlingen drohen. Oder ich sitze irgendwo in der Großstadt in einer Versammlung oder in einem Lokal und dann kommen die Toten, die in Rußland liegen, zur Zwiesprache: Uli Römer und Peter Brodersen und Hans Hummel und sie sagen mir:

„Halte klaren Kurs auch weiter, wir sind nicht gefallen für ein Deutschland ohne Christus!"

Und dann sucht das Ich, das leben möchte, das eine Stellung in der Welt möchte, das nicht nur gehorsam sein will und das nicht leiden will, das Erfolg sehen will, nach einem Weg, die Gegensätze zu vereinen, und findet ihn nicht...

....Gestern war ich in Groningen...

Mein größter Wunsch war es, in Holland so bald wie möglich einen meiner Freunde von der Oxford Gruppe besuchen zu können, und so benutzte ich das erste freie Wochenende, um nach Groningen zu fahren und dort meinen alten Freund Hein Ubbens zu besuchen. Der Besuch wurde allerdings zu einer Enttäuschung, denn er erzählte mir die ganzen zwei Stunden nur von allen Schandtaten der Deutschen, und zu einem echten Austausch oder gar zu einer gemeinsamen Stille kamen wir nicht. Beim Abschied wollte ich ihm schon sagen, daß er mich nicht auf die Straße begleiten solle, damit er nicht mit mir zusammen gesehen werde. Aber er kam mir zuvor und sagte mir, daß er nicht mit mir gesehen werden wolle. So fuhr ich wieder nach Utrecht, enttäuscht, daß die „Brücken", die wir vor dem Krieg in Oxford bauten, eben doch nicht so stabil waren, daß sie „niemand sprengen kann", wie wir damals sangen. Aber Gottes Führung war anders.

Ich hatte in dem Kreis des Marinepfarrers Lützen von dem neuen Buch von Dr.med.Paul Tournier „Krankheit und Lebensprobleme" kurz erzählt und wurde dann gebeten, beim nächsten Zusammensein darüber ausführlich zu berichten.

Ich war ja Ende August 1937 dabei gewesen, als Dr. Tournier sich am Thunersee nach der großen Hausparty in Oxford zusammen mit einigen Freunden entschieden hatte, die Erfahrungen mit der Oxford Gruppe konsequent bei der Behandlung seiner Patienten anzuwenden. Das erste Ergebnis davon war nun dieses Buch. Unser Marinepfarrer ging am nächsten Tag in die Buchhandlung Ten Have in der Hauptstraße von Amsterdam und fragte nach dem Buch. Der Inhaber, Jürgen Ten Have, sagte darauf: „Das interessiert mich sehr, denn wir verlegen das Buch gerade in Holländisch!" Als er dann hörte, daß ich beim nächsten Bibelabend darüber berichten würde, bat er darum, auch dabei sein zu dürfen. So saß am nächsten Abend ein Zivilist zwischen den deutschen Soldaten. Ich hatte leider keine Zeit, mich ausführlich vorzubereiten und war dann erstaunt, daß der holländische Zivilist mich bei meinem Bericht plötzlich unterstützte und ich an seinen Formulierungen sah, daß er ein Mitarbeiter Frank Buchmans sein müsse. Anschliessend machten wir noch zwei Stunden einen Spaziergang und beschlossen, uns nun ständig zur gemeinsamen Stille und zum Austausch zu treffen, denn Jürgen war 1936 ebenfalls auf der großen Tagung in Oxford gewesen, obwohl wir uns damals nicht persönlich begegnet waren.

Er hatte keinerlei Angst, mit einem deutschen Unterarzt und später Offizier gesehen zu werden, denn er meinte: „Wer mich kennt, weiß, daß ich deshalb kein Vaterlandsverräter bin.

Zu unseren Zusammenkünften kamen dann noch ein paar andere Freunde der Oxford Gruppe, u.a. mein Freund Dick van Tetterode, der damals Medizinstudent war, Bert Wolverkamp, Ab van der Woude, usw. Und so erlebten wir doch, daß die „Brücken von Mann zu Mann" auf diesem Grunde eben dennoch stärker waren als Haß und Feindschaft mitten im blutigsten Weltkrieg. Ich wußte, daß mein Freund Jürgen in seinem Keller ab und zu Flugblätter gegen Übergriffe der deutschen Besatzung druckte und daß er eine Anzahl jüdischer Familien versteckt hatte, denen er ständig Essen bringen mußte. Als ihm dann die Gestapo sein Fahrrad wegnahm, lieh ich ihm mein Wehrmachtfahrrad, was natürlich, wenn es entdeckt worden wäre, sehr negative Konsequenzen gehabt hätte. Die Gestapo kam dann durch ein abgehörtes Telephongespräch hinter diese Beziehung und überwachte uns. Da unsere Abende oft sehr lange gingen, konnte es dann passieren, daß ich einmal nachts um 1 Uhr erst in mein Quartier in einer kleinen Seitengracht der Heerengracht heimkam und auf den Stufen zwei deutsche Zivilisten schlafend fand, die dann behaupteten, sie würden hier auf einen Omnibus warten, den es natürlich um diese Zeit und an diesem Ort nie gab.

In Holland gab es 1942 noch fast alles zu kaufen, von Verpflegung, Textilien bis hin zu Silberwaren, Ringen usw., was in Deutschland schon lange nicht mehr zu bekommen war.

So kaufte ich mir auch einen Photoapparat mit Zubehör und für meine Frau einen Ring. Das angebotene Silberbesteck erwarb ich uns allerdings nicht, weil ich spürte, daß dieser Ausverkauf nicht recht war. Als ich dann nach dem Krieg im Jahr 1956 auf einer Weltkonferenz in Caux neben einem holländischen Arbeiter saß, der mir berichtete, wie sie im Jahre 1944 hungern mußten, bat ich die anwesenden Holländer um Verzeihung, daß ich 1942 auch einmal einen Käselaib mit nach Ulm genommen hatte, und wir schenkten der Frau des Arbeiters den Ring. Der Fotoapparat wurde mir in Caux 1947 gestohlen.

Das Nächste, auf das wir alle warten, ist der Urlaub, der hoffentlich recht bald kommt und da freu ich mich ja so riesig drauf!...

21.4.42

Stell Dir vor, ich wußte nicht, daß mein Vetter Berthold Bürger in der Division neben mir war, und ich erfahre das nun, nachdem ich aus Bolchow weg bin. Dabei liegt er ja ganz in der Nähe von Bolchow begraben. Das ist schon scheußlich, gerade so wie Erich Wagner, der mit Otto Bretschneider zusammen in einem Regiment war, und ich erfuhr es drei Wochen, nachdem er gefallen war. Das schlaucht mich schon, denn wenn wir es vorher gewußt hätten, hätte ich doch Berthold meine Telefonnummer schreiben und er hätte mich holen lassen können. Aber wir wollen es der lieben Tante Berta nicht sagen...

140

Abb. 1
Als Volontärassistent der
Chrirurgischen Universitäts-
klinik im Dezember 1939
(Station 10) 1. von rechts.
(Im Buch Seite 18)

Abb. 2
Büste von Prof. Magnus, Chef der
Chrirurgischen Univesitätsklinik
München, zu seinem 80. Geburts-
tag. (Seite 18)

Abb. 3
Theologiestudent Erhard Fritz wurde
beim Hinwegtragen eines verwundeten
Soldaten erschossen. (Seite 41)

I

Abb. 4
Letzte Begegnung nach der
Verlobung im Monbachtal
im April 1941. (Seite 41)

Abb. 5
Bugübergang am 26.6.1941. (Seite 53)

Abb. 6
Ljuba Makarewicz und Kolja Grintschik mit 18 Jahren. (1941) (S. 61)

Abb. 7
als Ehepaar (Seite 65)

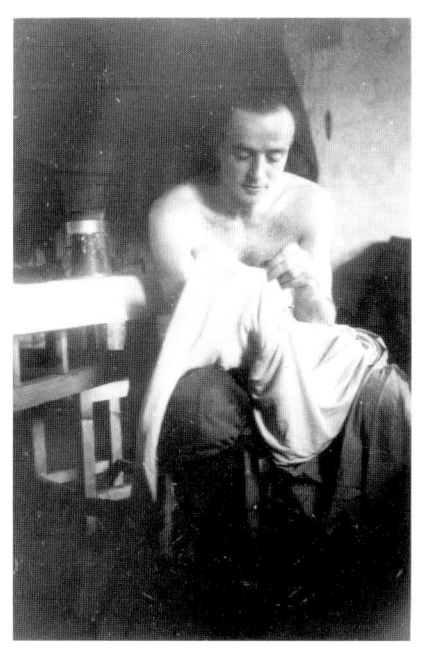

Abb. 8
Läusefangen (Seite 62)

Abb. 9 Einer meiner besten Freunde,
Dr.med. Walter Bostel, fiel während einer
Wundversorgung einer Granate zum Op-
fer. (Seite 72)

Abb. 10
Kathedrale von Smolensk. Sie wurde in ein Gottlosenmuseum verwandelt. (Seite 72)

Abb. 12
Deutsche Kriegsgräber. Von Partisanen bei Orel ermordete Soldaten. (Seite 72)

Abb. 11
Von "Stukas" (Stürzkampfbomber) zerstörte "Ratas" (russische Flugzeuge) auf ihrem Flugplatz. (Seite 73)

Abb. 13
Russische Bauernstube.
Mittelpunkt ist der Ofen
mit sämtlichen Bewoh-
nern und Haustieren
(Katzen, Schweine
usw.) (Seite 78)

Abb. 14
Kathedrale in Bolchow
(Getreidespeicher). (Seite 81)

Abb. 15
Alte Kirche als Pferdestall. (Seite 81)

Abb. 16
Kathedrale von Orel in eine Fabrik umgewandelt. (Seite 81)

Abb. 17
Sonnenuntergang bei Bolchow. (Seite 81)

Abb. 18
Typische russische Straße. Nach Dauerregen bleiben manche Pferde im Schlamm
stecken. (Seite 82)

Abb. 19
Wäschewaschen in einem Loch im Eis

Abb. 20
Rückmarsch bei Schneesturm und grimmiger Kälte aus dem Buch:
"Kriegstagebuch Infanterieregiment 315". (Seite 96)

Abb. 21
Unser Christbäumchen. Neujahrsfoto
nach langem Gespräch über den christlichen Glauben. von li.nach re. Leutnant
Hans Prigge, Veterinär Dr. Bons, Leutnant Hofmeister, Hauptmann Taupitz.
(Seite 107)

Abb. 22
Eisgekühlt! Ilja mit Pferdeschlitten. (Seiten
108+118)

VIII

Abb. 23
Mein Fahrer Ilja Welikorodni (Seite 108)

Abb. 25
Frische Luft! (Seite 124)

Abb. 24
Eingekesselt versorgt uns eine "Ju 52" (Junkersmaschine) aus der
Luft. (Seite 114)

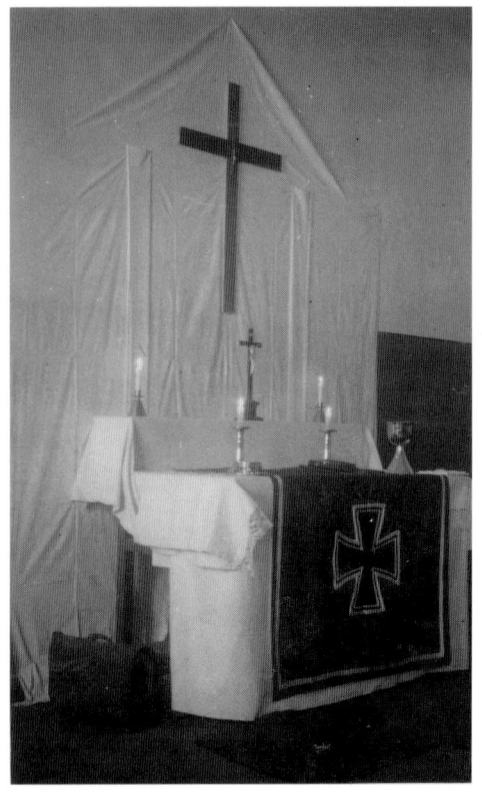

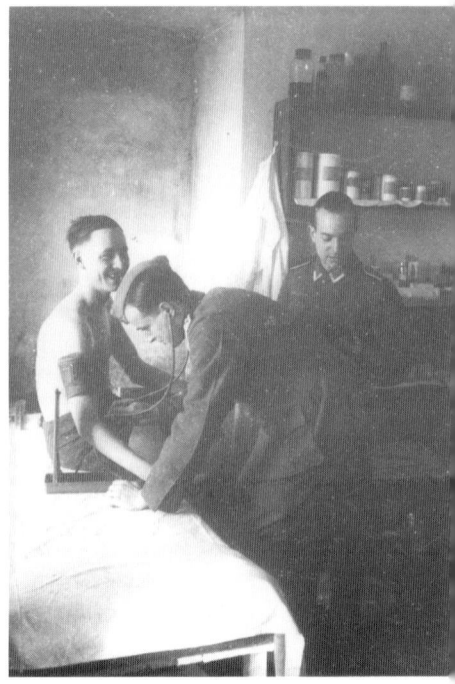

Abb. 27
In meinem Revier in Bolchow.
(Seite 126)

Abb. 26
Der Altar unserer Kriegspfarrer

Abb. 28
Mein Krankenrevier mit
29 "Betten" in Bolchow.
Februar 1942. (Seite 126)

Abb. 30
Ferntrauung am 7.3.1942. Meine
Frau mit meinem Vater. (Seite 132)

Abb. 29
Assist. Arzt Dr. Roland Mayer
(17. Panzerdivision) Gefallen 1943.
(Seite 131)

Abb. 33
An Ostern 1942 wiedereröffnete Kirche in
Orel. (Seite 137)

Abb. 31
"Lebenslänglich!" (Seite 132)
Abb. 32 s. nächste Seite

XI

Abb. 32 s. nächste Seite

Abb. 32
Christus Pantokrator, dessen Wirklichkeit wir so drastisch erfahren haben.
Der thronende Christus begleitete mich wie eine letzte Vision aus diesem
vom Krieg zerrissenen Land. (Seite 137)

Abb. 34
Altar der Kirche von Orel. (Seite 137)

Abb. 35
Innenraum der Kirche von Orel. (Seite 137)

Abb. 36
In der Burriahöhle am Bosler,
Schwäbische Alb. (Seite 141)

Abb. 38
Hochzeit am 3. Mai 1942. (Seite 143)

Abb. 37
"Sehnsucht" -
Blick vom Bosler
nach Osten auf
Dreikaiserberge.
(Seite 141)

Abb. 39
Abend am Dnjepr 1943. (Seite 159)

Abb. 40 Abschied in München vor meiner Abfahrt nach Rußland am
7.2.1943 von Ehefrau und Eltern. (Seite 159)

Abb. 41
Trauung in Schepetowska 1943. (Seite 159)

Abb. 42
Einsegnung der Gräber in Poltawa
1943

Abb. 43
Oberpriester und Diakon in Poltawa
1943

Abb. 44
Alter Priester in Schepetowka 1943.
(Seite 159)

Abb. 45
Armeearzt Oberstarzt Dr. Kern, links Ass. Arzt Dr. Vogel und
rechts Oberfeldarzt Dr. Plötz. (Seite 160)

Abb. 46
Kathedrade von Dnjepropetrowsk mit Kuppel und Resten der ehemaligen Ikonostase. Die Russen kamen zu tausenden, um ihre Kinder taufen zu lassen. Uns
deutschen Offizieren und Pfarrern war es vom NS-Regime verboten, die Kirchen
zu betreten. (Seite 160)

Abb. 47 Ikonostase. (Seite 160)

Abb. 48
Wegzeiger (Da wir nicht schreiben durften, wo wir uns befanden, photographierte
ich die Schilder mit den Ortsnamen und schickte sie unentwickelt nach Hause).
(Seite 162)

Abb. 49 Kirche in Kamenskoje, zum Klubhaus umfunktioniert.
Kuppel wurde durch Pavillon ersetzt. (Seite 162)

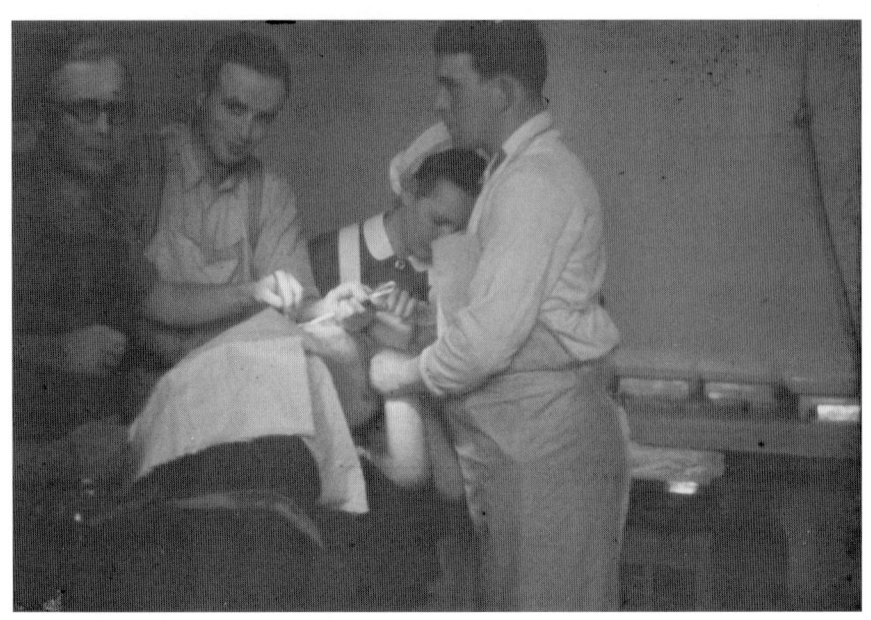

Abb. 50
Rippenresektion im Kriegslazarett 591. (Seite 163)

Abb. 51
Wiedereröffnung der alten Holzkirche in Nowomoskowsk an Ostern
1943. (Seite 168)

22.4.42

Eben habe ich davon geträumt, wo wir auf unserer Hochzeitsreise am besten hinfahren könnten, und ich dachte eigentlich an den Bosler, wenn es nicht zu kalt ist, denn dort wären wir halt völlig allein, während doch sonst überall großer Betrieb ist. Nur müßten die Buchen auf der Alb schon grün sein und die Wiesen blühen. Am Schönsten wärs da ja schon Mitte Mai. Ein schönes Zimmer mit zwei Betten gibst dort, und morgens würden wir uns zu einer ganz versteckten Quelle begeben, abends von den Felsen in unsere schwäbische Heimat schauen und mittags auf den Wiesen in den Himmel sehen! Und kein Mensach würde uns stören! Das wäre doch herrlich! Nur das Wetter müßte schön sein!... (Bild Nr. 37)

Und die Träume wurden Wirklichkeit, als wir mit einem Leiterwägelchen, das wir in Gruibingen beim Ruesseengele bekamen, mitten auf der Autobahn Richtung Bosler zogen, ohne von irgendwelchen rasenden Autos belästigt zu werden! Und niemand störte uns; nur ein Polizist schnaufte einmal den Berg hinauf um zu kontrollieren, ob wir auch eine Heiratsbescheinigung hätten, denn im Dritten Reich legte man sogar im Kriege noch auf gute Sitten wert. Und dann kam eines Tages ein Schäfer mit seiner Schafsherde, der gehört hatte, daß ein Arzt dort sei und brachte mir ein Lamm, das sich einen großen dreieckigen Fetzen aus Haut und Fell gerissen hatte. Wir kochten eine normale Nähnadel und einen Faden aus und nähten den Fetzen wieder schön an, worauf er befriedigt wieder abzog. Damals war es noch üblich, daß Ärzte vieles umsonst machten und nicht gleich die Hand aufhielten wie in der sozialen Marktwirtschaft! Um die Mittagszeit gings dann herunter zum „Deutschen Haus", wo es noch ohne genaue Markenabrechnung ein prima Mittagessen gab.
Das frisch renovierte, neu eingerichtete Boslerhaus war offensichtlich für uns als einzige so schön gemacht worden, denn im Kriege wurde es nicht mehr benützt und nach dem Kriege bekamen die Naturfreunde ihr 1933 beschlagnahmtes Haus wieder zurück, so wie wir ja auch unser zwangsverkauftes Normannenhaus nach 1945 wieder erhielten.
Natürlich machten wir auch unserer „Burriahöhle" einen Besuch, die 20 Minuten vom Haus am Albrand gelegen war, und dachten daran, wie wir im Sommer 1939 die Kameradschaft Langemarck in einem nächtlichen Schweigemarsch bei Vollmond zu dieser „Kultstätte unserer Ahnen" geführt hatten, und dabei nicht wenige den Schwindel geglaubt hatten, daß dies nicht eine Verhöhnung von NS germanischen Kulten war, sondern eine echte Kultstätte gewesen sei. (Bild Nr. 36)
Ein Besuch in München in der Chirurg. Univ. Klinik, bei Alo Münch, bei Familie Schefold und bei Ludwig Zissel, dem Grünwalder Brückenwirt, war natürlich auch fällig, wo wir das Hospiz „Drei Löwen" in der Schillerstr zu unserem Stammlokal machten.
Aus dem Urlaub auf dem Bosler sandte ich an unseren Kommandeur, Major Leopold, nach Amsterdam den Vers:

Schöner sind die Maienwonnen
als Entlausung der Kolonnen!

Schöner ist normalerweise
als Rückmarsch eine Hochzeitsreise.
Schöner ist's im Boslerhäusle
hier, wo weder Wanz noch Läusle
uns die Lebensfreud verderben,
wo markenfrei noch was zu erben!
Schöner sind die schwäbschen Höhen
als die Grachten und die Seen!
Schöner ist's hier überhaupt,
was auf's Wort uns jeder glaubt!
Drum, wenn ich nach Amsterdam
nach drei Wochen noch nicht kam,
um dem Wonnemond zu huldigen,
bitt ich dieses zu entschuldigen!
Möchte für die dritte Woch
Urlaub herzlich danken noch!
Unterarzt Dr.Siegfried Ernst.

Aufatmen - Heirat und Aufenthalt in Holland

26.4.42

Mein Kommandeur hat mir gerade gesagt, von ihm aus könne ich in Urlaub fahren, wenn es mein Oberstarzt genehmige!!
Also gehts morgen zur Division, und hoffentlich klappts! Weißt Du, ich kann kaum schreiben und platze vor Freude, wenn ich daran denke!...
Es wäre ganz wunderbar, wenn wir uns wirklich in 6 Tagen sehen würden, abends oben am Denkmal stehen könnten, der Mond auf die Heimatstadt schiene und wir wieder das Glockenspiel des verstorbenen Karl Höhn klingen hörten: „Nun danket alle Gott", und wir gemeinsam danken könnten! Darauf freue ich mich am allermeisten!...

Und mein Divisionsarzt, Oberstarzt Haaßengier, sagte „Ja"! Und so fuhr ich am 30. April abends schwer bepackt nach Ulm und wurde dort am anderen Morgen von der ganzen Familie vom Bahnhof abgeholt.
Eineinhalb Tage hatten wir noch Zeit um die Hochzeit vorzubereiten. Unser treuer Freund, Oberst Ulrich Dinkelacker, sandte uns eine schöne Pferdekutsche, mit der ich meine Braut von zu Hause abholen durfte. Als wir in das Münster eintraten, warteten die fünfzig Hochzeitsgäste in der Ehrenhalle für die Gefallenen. Der Hochzeitszug formierte sich, und dann erschütterte Beethovens „Die Himmel rühmen des Ewigen Ehre!", das unser alter Freund, Musikdirektor Hayn, auf der Münsterorgel mit ihren neuntausend Pfeifen erklingen ließ, den wunderbaren Raum des Münsters. Unser Familienpfarrer Ernst Class hielt die Trauung.
Der Predigttext aus dem Philipperbrief war auch der Hochzeitstext meiner Eltern gewesen: „Denen, die Gott lieben, müssen alle Dinge zum Besten dienen!" Im Anschluß daran feierten wir alle das heilige Abendmahl. Und dies alles nach 11 Monaten Rußland! Ich versuchte, meiner Frau ein paar Monate später in Versen diesen Tag noch einmal zu schildern: (Bild Nr. 38)

Zur Erinnerung an unseren Hochzeitsmorgen am 3. Mai 1942

Durch der alten Reichsstadt Gassen
klappert hell ein Hochzeitswagen,
sacht sich drin zwei Hände fassen,
froh bewegt zwei Herzen schlagen!
Sehnen mancher langen Jahre
nach dem schönsten Glück auf Erden,
heut soll Dir am Traualtare
herrliche Erfüllung werden.
Traulich alte Häuser grüßen,
die die Jugend schon bewachten
und sie scheinen es zu wissen,
wars nicht grad, als ob sie lachten?!
Manche Häuschen haben Runzeln,
kommts vom Sorgen, kommts vom Grübeln?

Doch heut liegt ein leises Schmunzeln
auf den lieben alten Giebeln!
Ja, sie haben uns gesehen,
schon vor manchen schönen Jahren,
oft durch ihre Gassen gehen,
die wir holpernd nun durchfahren!
Und sie freun sich, daß die beiden,
die der Jugendliebe Schimmer
einst vereint nun Seit an Seiten
wolln durchs Leben gehn für immer!
Wie die Pferdchen fröhlich traben
und an den Geschirren rütteln,
ob sie's auch erfahren haben
und drum froh die Mähnen schütteln? -
An des Ulmer Münsters Pforten
halten sie, das mit den Türmen
wie in brausenden Akkorden
scheint zum Himmel hochzustürmen!
Den Allmächtigen zu loben
ziehen seine schlanken Streben
unsre Augen steil nach oben
hin zu gottbefreitem Leben.
Stein gewordene Gebete
unsrer Ahnen, Lobgesänge,
wurden Form an dieser Stätte
Sehnsucht aus der Erdenenge
hin zum Himmel sich zu schwingen
aus den Ketten und des Bösen
Todesbanden durchzudringen
und im Ewigen sich zu lösen!
Gottes Haus! Gebete füllen
deine riesenhohen Räume
und in deiner heilgen Stillen
wohnen Leid und Glück und Träume
aller, die in großen Stunden
hier in Gottes Nähe traten,
die fürs Leben sich verbunden
und um Seinen Segen baten.
In des Domes Dämmerlichte
wie durchs Tor der Ewigkeiten
hin zu Gottes Angesichte
wir zum Traualtare schreiten.
Klänge Raum und Herz erschüttern
wie der Sang der Engelchöre,
lassen Stein und Luft erzittern,
rühmen hoch des Ewigen Ehre!
Kaum vermögen es zu fassen

ihre Herzen, es vergehen
fast die Sinne und verlassen
sie, die nun am Altar stehen.
Gottes Wort, für uns geschrieben,
liest sein irdscher Diener ihnen:
„Denen, die den Herren lieben,
muß all Ding zum Besten dienen!"
Wollt Ihr immer fest Euch halten,
einst Euch in den Himmel ziehen
und vereint die Hände falten,
still vor Eurem Schöpfer knien?
Wollt Ihr treue Liebe schwören?
Eins stets sein fürs Andre da?
Wollt für immer Euch gehören?
So antwortet vor Gott mit „JA"!
„JA, ich will!" Es ist verklungen
in des Münsters heilgen Hallen
und zu Gottes Thron gedrungen
vor den irdschen Zeugen allen!
Der Herr Christ kommt zu uns Armen,
legt zusammen unsre Hände,
schaut uns an voller Erbarmen
seine Gnade hat kein Ende!
Daß es immer uns gelänge,
uns zu lieben, zu beglücken,
tauschen wir die goldnen Ringe
unter seinen ernsten Blicken.
Und der Ehe erste Schritte
uns zu seinem Tische führen,
um in Lob und Dank und Bitte
Seine Gegenwart zu spüren!
Seinen Leib dürfen wir brechen
und Sein Blut durchströmt uns beide,
reinigt uns von Schuld und Schwächen,
schenkt uns Frieden, Heil und Freude!
Unsre Ehe ist sein Wille,
unsre Liebe seine Führung,
und es schenkt des Lebens Fülle
seine göttliche Berührung!
Danken wolln wir, preisen, loben,
Dich Herr Jesus! Deine Güte
hat zu Dir uns hochgehoben,
die um uns sich plagt und mühte!
Du Herr, Du nur und Dein Walten
hast uns unser Glück bescheret,
Du hast uns bewahrt, erhalten,
hast uns Hilfe stets gewähret,

wenn des Satans Dämonien
suchten unsren Bund zu sprengen
um nach unten uns zu ziehen
und in Sünd und Schuld zu drängen!
Durch den Segen Deiner Hände
ward so überreich das Leben!
Dein ist es! Bis wir am Ende
es zurück Dir wieder geben!

Holland nach der Hochzeit

Nach dem herrlichen Aufenthalt auf der schwäbischen Alb inmitten der frisch
grünen Buchenwälder und den blühenden Wiesen hinterließen wir für das Gästebuch des Boslerhauses folgenden literarischen Erguß

Hast Du gar nichts mehr zu beißen
und mußt ohne Marken reisen,
ist der Kurort voller Preußen,
wollen Wirte Dich bescheißen.
Pack den Rucksack und zieh aus!
Komm herauf aufs Boslerhaus!

Bist Du geldlich völlig pleite?
Hat's zu Haus Dir zu viel Leute?
Ärgern Dich die schlechten Zeiten,
wünschest Du Dir Maienfreuden:
Pack den Rucksack und zieh aus
Komm herauf auf's Boslerhaus!

Will Dein Lebensmut entsinken,
weil nur Dünnbier Du kannst trinken,?
Möchtest Du gern Ei mit Schinken,
wenn die Urlaubstage winken:
Pack den Rucksack und zieh aus,
Komm herauf aufs Boslerhaus!

Willst Du ohne Störung leben
und in höheren Sphären schweben?
Hast Du eine Frau daneben
und willst nicht viel Geld ausgeben?
Pack den Rucksack und zieh aus,
komm herauf auf's Boslerhaus!

Willst Du auf dem Berge stehen
auf die Welt heruntersehen?
Willst Du auf des Lebens Höhen
frisch vermählt spazieren gehen?

146

Pack den Rucksack und zieh aus,
komm herauf auf's Boslerhaus!

Willst Du mal als Ehmann walten,
jeden Morgen Hölzer spalten?
Deine Kräfte voll entfalten
und den Wassereimer halten.
Pack den Rucksack und zieh aus,
komm herauf auf's Boslerhaus!

Soll dem alten Eheknochen
Deine Frau 'ne Fleischbrüh kochen,
hättest in den Flitterwochen
gerne Du Dich mal verkrochen?
Pack den Rucksack und zieh aus,
komm herauf aufs Boslerhaus!

Frischvermählte Eheleute,
wollt Ihr Hochzeitsreisen heute?
Suchet hierher schnell das Weite,
macht es grad so, wie wir beide:
Packt den Rucksack und zieht aus!
Kommt herauf aufs Boslerhaus!

Dorle und Sieger Ernst, im Mai 1942.

13.6.1942
..Ich habe mich so gefreut über Deine schönen Rosen, die mir Wolfram mitgebracht hat. Gestern abend habe ich zum ersten Mal bei dem hiesigen Standortpfarrer bei einem offenen Abend mitgemacht. Leider war er selbst nicht da, weil er mit Grippe im Bett lag. Ein mecklenburgischer Pfarrer, der hier als Gefreiter bei einem Landesschützenbatallion ist, zog den Abend auf. Er versuchte etwas über den Katholizismus zu berichten und war dann sehr erstaunt, als ich ihm in einigen wesentlichen Fragen, in denen er die katholische Kirche sehr oberflächlich darstellte, energisch widersprach. Er selbst war einmal katholischer Priester gewesen und hatte dann umgesattelt; und wie bei allen, die einmal kath. Priester waren, war's auch bei ihm, daß sie dadurch im Grunde innerlich immer noch völlig unsicher geworden waren. Er stellte dann viele Stellen im Neuen Testament in Frage, was wiederum auf meinen Widerstand stieß. Dann kam er noch auf die Jungfrauegeburt zu sprechen, an die er auch nicht glaubte, und ich sagte ihm dann, wieso und warum ich das für absolut notwendig halte, weil unsere ganzen Erbanlagen bereits so und so viele Fehler aufweisen und daß bereits aus diesem Grund jeder Mensch sündigen muß, weil seine Vorfahren gesündigt haben. Und daß deshalb Christus, der uns die Möglichkeit gibt, aus der Schuldverkettung der Geschlechter herauszukommen, selbst nicht darin verkettet sein darf. Jedenfalls war es so, daß ich an dem Abend zum Erstaunen des übrigen Publikums als Mediziner den christlichen Glauben gegen

den Theologen verteidigen mußte. Ich selbst dachte nachher, daß der Abend überhaupt keinen Wert gehabt hatte, aber anscheinend sind die Menschen im Norden in diesem Punkt so wenig anspruchsvoll, daß ihnen bereits so etwas als völlig außergewöhnlich vorkommt. Es besteht dann nur die Gefahr bei mir, daß ich mir dabei irgendwie bedeutend vorkomme, anstatt mir darüber klar zu sein, daß ich im Grunde nur ein elender Stümper bin und im letzten Jahr völlig zu der Kategorie der ungetreuen Knechte gehört habe, die ihr Pfund (und das ist bei mir nach allem, was ich erlebt habe wahrhaftig nicht klein) vergraben haben. Aber darüber war ich glücklich, daß ich endlich einmal wieder in einem Kreis als Soldat sein konnte, in dem die Möglichkeit besteht, Zeugnis abzulegen und anderen vielleicht wenigstens in einigen Kleinigkeiten weiter zu helfen.

26.6.42:

Heute ist mir schon etwas ganz Pfundiges passiert! Ich habe einen Austauschpartner gefunden. Ich sollte aus dem Buch von Dr.Tournier „Krankheit und Lebensprobleme" im Kreis des Standortpfarrers etwas vorlesen, und da fiel mir einer, der in Zivil dabeisaß, durch seine Sprache auf, die dieselbe wie die des Buches war, und nachher stellte es sich heraus, daß wir schon im Juli 1936 zusammen auf einer Tagung waren, ohne uns zu kennen, und daß er mit Erich Peyer längere Zeit im selben Zelt geschlafen hat. Es waren noch so viele Einzelheiten dabei, daß ich nur staunen konnte! Ich werd sie Dir alle einmal erzählen. Jedenfalls bin ich ganz glücklich, daß wir uns gefunden haben und gleich anschließend einen eineinhalbstündigen Spaziergang machen konnten. Es ist mir ein Zeichen, daß Gott mich doch nicht vgergessen hat, zumal ich am Tage darauf zu einem anderen gehen und von mir aus anfangen wollte. Nun hat mir Gott einen in den Weg geschickt. Am Sonntag morgen um 8 Uhr 30 Uhr wollen wir die erste Stille Zeit zusammen halten.

28.6.42
Heute habe ich schon einen ganz besonders schönen Tag gehabt: Um neun Uhr hatte ich eine eineinhalbstündige Stille Zeit mit meinem neuen Freund, und dann gingen wir gemeinsam in die deutsche Kirche und waren bis 20.45 Uhr zusammen. Am Nachmittag besuchten wir noch die Gemeindehelferin der deutschen Gemeinde und erzählten ihr von unseren gemeinsamen Freunden und Erlebnissen, und als ich am Abend nach Hause kam, da wartete als besondere Überraschung noch eine Gehaltsaufbesserung von über 100.- monatlich auf mich, da ich nun Assistenzarzt geworden bin! Also nun ist's mit Deiner militärischen Autorität als Unteroffizier endgültig vorbei und ich hoffe, daß Du anständig die Haken zusammennimmst, wenn ich demnächst einmal wieder bei Dir erscheine. Natürlich wurden auf dieses Ereignis hin noch ein paar Gläser Wein getrunken, und ich werde wohl in der Beziehung noch einmal saftig dran glauben müssen...

9.7.42:
„....Heute abend bekamen wir plötzlich einen Anruf, daß wir ab 15.7. für 8 Wochen in ein hiesiges Lazarett kommandiert werden und morgen früh mitteilen

sollen, wohin wir gerne möchten. Wir haben uns beide (Dr.Wolfram Sauter und ich) für Chirurgie entschlossen..."
So kamen wir in das Reservelazarett Arnheim und konnten dort unsere chirurgischen Kenntnisse wieder auffrischen.
Von Arnheim aus war die Möglichkeit für Dorle und mich, uns an der Grenze in Emmerich oder später in Kleve über ein Wochenende zu treffen, auch noch besser als von Amsterdam aus, und wir nützten dies dreimal aus. Im Reservelazarett hatte ich eine Station mit 42 Betten zu betreuen, das gab natürlich viel Papierkrieg, aber wir hatten doch ab und zu Zeit, Tennis zu spielen. Dabei lernte ich den damaligen Direktor der Agfa in Arnheim kennen, der mir dann auch später nach Rußland immer wieder Farbfilme schickte.
Der Internist am Lazarett untersuchte mein Herz und schrieb mich wegen einem im Arbeitsdienst erworbenen Herzmuskel- und Herzklappenschadens gvH, das hieß garnisonsverwendungsfähig Heimat. Das führte dann im Dezember zu meiner Versetzung nach Miesbach und von dort über einen kurzen Aufenthalt in Brannenburg und München zum Feldlazarett 771 (mot) an der Ostfront. Aber unmittelbar nach den zwei Monaten in Arnheim bekam ich noch zwei Wochen Urlaub, den wir dann am Weissensee in Kärnten erlebten. Die Monate Oktober bis Dezember benützte ich zu Vorträgen vor den Sanitätsoffizieren und vor der Truppe über die damals in Holland grassierenden Geschlechtskrankheiten mit Farbdias aus den Lazaretten und verabschiedete mich dann am 21.Dezember von meiner Division und meinen Kameraden.
Wir konnten dann unser erstes gemeinsames Weihnachten in Ulm feiern.

Die Tragödie von Stalingrad

Kurz vor Weihnachten 1942 wurde ich von der 167. Inf. Division zurück nach Miesbach zur Ersatzabteilung versetzt und durfte das Christfest zu Hause verbringen. In der Gartenwohnung der Säntisstr.16 hatten wir unseren ersten Christbaum als junges Ehepaar und feierten unser erstes gemeinsames Weihnachten. Dann wurde ich nach Brannenburg abgestellt, um dort Einstellungsuntersuchungen durchzuführen. Dorle konnte mitkommen, und nach Dienstschluß hatten wir Zeit, gemeinsam etwas zu unternehmen. An einem Samstag fuhren wir mit der Gondel auf den Wendelstein bei herrlichem Winterwetter. Aber wir versäumten die letzte Gondel und mußten dann den Abstieg, um uns im Dunkel nicht zu verirren, in dem Bahngeleise machen.
Es war die Zeit, als die Tragödie von Stalingrad sich ihrem Ende zuneigte. Natürlich wußte ich schon nach den ersten Meldungen des Durchbruchs der Russen nördlich und südlich von Stalingrad bei den rumänischen und italienischen Verbündeten, was die verklausulierten Wehrmachtsberichte in Wirklichkeit bedeuteten. Und leider hatte Generalfeldmarschall Paulus nicht denselben Mut wie Generaloberst Guderian im Dezember 1941, auch gegen den Willen Hitlers den Durchbruch nach Westen zu befehlen und eben dann eine Bestrafung durch den **Gröfaz** (Größter Feldherr aller Zeiten) auf sich zu nehmen. Denn für jeden, der Rußland kannte, war es schon im Sommer 1942 klar, daß entsprechend der Beurteilung von Generaloberst Halder, dem damaligen Generalstabschef des deutschen Heeres, man entweder Stalingrad angreifen oder den Kaukasus er-

obern könne, aber nicht beides zugleich. Halder wurde deshalb von Hitler in die Wüste geschickt, und es fand sich prompt ein anderer General, der aus persönlichem Ehrgeiz statt sich mit Generaloberst Halder solidarisch in der Beurteilung der Lage zu erklären, froh war, den Posten zu bekommen (Generaloberst Zeitler). Eine schwere Hepatitisepidemie hatte im Sommer und Herbst 1942 die 6. Armee ganz besonders geschwächt (vermutlich bis zu 25% Ausfälle). Statt abzuwarten, bis die Wolga zugefroren war und Stalingrad dann einzukreisen, schickte man die deutschen Divisionen in den frontalen Häuserkampf um Stalingrad, bei dem natürlich die deutschen Verluste als Angreifer mindestens so hoch waren wie die des Verteidigers. Die linke und rechte Flanke dann aber so unzuverlässigen Truppen wie den Rumänen und Italienern anzuvertrauen, war der Gipfel strategischer Blindheit. Er bedeutete geradezu eine Einladung an den russischen Generalstab, hier durchzubrechen und die Sechste Armee einzukesseln. Der Größenwahn Hermann Görings, der behauptete, mit seinen Transportmaschinen die 6. Armee aus der Luft versorgen zu können, zeigt ebenfalls die totale Unfähigkeit Hitlers, die Lage realistisch zu beurteilen. Für ihn war der Name „Stalingrad" eine ideologische Prestigefrage, die alle militärischen Überlegungen verdrängte. Und er opferte ihr 300 000 deutsche Soldaten. Vielen von uns, die die Lage auf Grund unserer Erfahrungen im Feldzug 1941/42 richtig einschätzten, war der ganze Irrsinn einer solchen „Strategie" klar. Unsere Gedanken waren ständig bei unseren Freunden im Kessel von Stalingrad, denn wir hatten eine realistische Vorstellung davon, was das Eingeschlossensein in der eisigen Steppe ohne Unterkunft und Verpflegung und ein Kampf ohne genügend Munition, Geschütze, Panzer, usw. für diese Truppen bedeutete. Ich selbst bekam damals die ersten grauen Haare.

Der letzte Brief meines Freundes Gottfried Klenner aus Dresden, der uns 1939 in Tübingen bei unseren Tagungen und Gesprächen mit unseren Mitstudenten geholfen hatte, spricht für sich selbst: an Obergefreiten Hans Prehn:

Mein lieber Hans! Stalingrad, 12.Januar 1943.
Vor einiger Zeit sagte mir der Teufel mit Nachdruck, was er mir schon immer geraten hatte: „Nun fang doch endlich zu klagen an! Du hast doch allen Grund dazu!" Ich hatte nämlich beim plötzlichen Abmarsch aus unseren Winterquartieren und dem tagelangen Herumziehen durch die Steppe mein Gepäck und vor allem mein Horn eingebüßt. Auf dem Horn hatte ich jahraus, jahrein immer geblasen! Es hatte mich auf allen meinen Reisen in Krieg und Frieden begleitet und war mein guter Freund geworden. Wieviel Freude hatte ich damit bereiten können! Hier draußen waren seine Klänge für manchen Kameraden ein Stück Heimat! In kritischen Lagen hatte ich dem Kleinmut und der Trübsal zum Trotz unsere glaubensstarken Choräle geschmettert! Und das Horn war nun endgültig verschwunden. Hatte der Teufel nicht recht, wenn er mich verzagt machen wollte? - In der Stille wurde mir beim Lesen meines Neuen Testamentes klar: Der Gottfried Klenner ist tatsächlich ein verzagter Kerl! Aber der Herr Christus läßt ihn dennoch nicht sinken und schenkt ihm auch ohne Horn ein getrostes und fröhliches Herz! Und wenn's später einmal Urlaub gibt, wird sich sicher ein anderes Horn finden! - Diese einfache Erkenntnis war mir ein rechter Lichtblick und ich fing an zu danken, daß mich Gott bis hierher so wunderbar bewahrt

hatte.

Immer deutlicher wurde mir: Die dunklen Tage sind dazu da, sich dem Licht des Glaubens zu öffnen und es weiterzugeben! - Das verlorene Horn wurde mir immer mehr zum Anlaß, mich fester an den Herrn Christus zu klammern, der mir größter Reichtum ist und bleiben soll! - Unter meinen Kameraden, die mich täglich hatten blasen hören, sprach es sich bald herum: Der Klenner hat sein Horn eingebüßt! Eines Tages erklärte mir ein Leutnant wohlwollend: „Klenner, ich kann Ihnen zu einem anderen Horn verhelfen! Es wäre auch mir eine Freude, wenn Sie wieder blasen könnten!" Lieber Hans, Du kannst Dir denken, daß ich fast sprachlos war! Hier in der Steppe des Südostens hatte ich auf kein anderes Horn zu hoffen gewagt! Doch kurz darauf stand ich in einem Erdbunker und konnte mir aus einer Anzahl Instrumenten einer aufgelösten Regimentskapelle ein Flügelhorn auswählen! Vor all der Güte stand ich im Gedanken an meine ursprüngliche Verzagtheit ganz beschämt da! Noch im Bunker blies ich frohen und dankbaren Herzens den alten Adventschoral: Macht hoch die Tür, die Tor macht weit! Es kommt der Herr der Herrlichkeit! ... Inzwischen hatte ich nun schon wieder viele Choräle, vor allem zu Weihnachten, geblasen! Dabei schloß ich Bekanntschaft mit einem Mann, der mich vor zwei Jahren im Wehrmachtsgefängnis Torgau hatte blasen hören! Die Klänge von damals lagen ihm noch so deutlich im Ohr, daß ihm bei meinem Spiel im Bunker der Gedanke durch den Kopf schoß: Das muß der gleiche Mann wie in Torgau sein! Auch meine Freude war natürlich groß!

Die Geschichte mit dem Leutnant, der mir wieder zu einem Horn verholfen hat, geht noch weiter. Wir kamen in nähere Beziehungen und ich erzählte ihm in seinem Bunker während der langen Winterabende noch viel von dem, was Christus heute noch tut. Auch auf Gängen durch die Steppe sprachen wir Auge in Auge von dem, was unser Herz bewegt. Ich bin so dankbar für die Stunden, die ich mit diesem Leutnant gerade in den Weihnachtstagen erleben durfte! Seine große Aufgeschlossenheit öffnete auch mir Herz und Mund. Am Neujahrstag fiel dann die große Entscheidung seines Lebens! Ich hatte gerade Wache, da erschien er und ging mit mir auf und ab! Ganz schlicht und einfach unterstellte er dem Herrn Christus sein Leben! Dessen wurde ich Zeuge! Er hat den sehnlichsten Wunsch, schon jetzt und erst recht später in der Heimat an der großen Sache des Herrn Christus mitzuarbeiten. Auch in mir wurde damals aufs neue der Entschluß gefestigt, alles mit unserem Sieger Christus zu wagen! Auch im neuen Jahr und alle Zeit soll ihm mein Leben bis zum letzten Blutstropfen gehören!

Unverzagt und ohne Grauen!

Dein Gottfried.

Nach Monaten kamen noch zwei Briefe von Angehörigen vermißter Stalingradkämpfer, die sich bei der Schwester Gottfried Klenners bedankten, daß ihr Sohn in seinem letzten Brief schrieb, daß er durch Gottfried Klenner im Kessel von Stalingrad den Glauben an Jesus Christus gefunden hatte.

Sein Freund, Pfarrer Hans Prehn, und andere Freunde arbeiteten nach dem Krieg im Sinne und im Geist Gottfried Klenners weiter. Daraus entstand der Volksmissionskreis Sachsen, der mitten unter dem kommunistischen Terror, vielen bis heute einen besseren Weg zeigte. Daß wir von der „World Federation Of Doctors Who Respect Human Life" das scheinbar unmögliche Wagnis unternahmen, mit ein paar Freunden zusammen im Kulturpalast von Dresden im September 1990 einen internationalen Kongreß mit über tausend Menschen aus 26 Ländern in drei Monaten zu organisieren und durchzuführen, geht letzten Endes auf Gottfried Klenners Einsatz und Opfer mit zurück.

Oberarzt Dr.med. Kurt Reuber und die Madonna von Stalingrad

Was Gottfried Klenner mit seinem Horn tat, geschah durch den Oberarzt und Theologen Dr.med.Kurt Reuber, ein ganz persönlicher Freund Albert Schweitzers mit seiner außerordentlichen Gabe, Menschen zu sehen und zu zeichnen. Die verzweifelte Lage, die Sehnsucht und die Hoffnung im Kessel von Stalingrad und danach noch in der schrecklichen Gefangenschaft bis zu seinem Tod im Januar 1943 kamen vor allem durch die beiden mit Kohle gezeichneten Madonnen für seine Kameraden und für uns alle zum Ausdruck. In der Dezemberausgabe 1982 unseres Informationsblattes der Europäischen Ärzteaktion veröffentlichten wir anläßlich der 40 jährigen Wiederkehr der Tragödie von Stalingrad einen Beitrag von Rektor Heinrich Crede aus Sontra.

Licht - Leben - Liebe Die Weihnachtsmadonna von Stalingrad
des Wichmannshäuser Pfarrers Dr.med.Reuber:

In diesen Tagen der Heiligen Nacht und Neujahr blickt man nicht nur in Wichmannshausen, sondern auch über Deutschland hinaus, auf jenes Vermächtnis, das der einstige Wichmannshäuser Pfarrer Arzt und Künstler, Dr. Kurt Reuber, mit der Madonna von Stalingrad zurückließ. In unserer engeren Heimat ist sie fast in jedem Hause zu finden, ebenso sein letztes Selbstbildnis und die am 17. Februar 1946 von Marineoberpfarrer Arno Pötzsch gehaltene Gedächtnispredigt, die unter dem Psalmworten stand: „Bettete ich mich in die Hölle, siehe, so bist du auch da! - Dennoch bleibe ich stets an dir!"

Der Frühvollendete, mit 38 Jahren, ist ein begnadeter Mensch. Als künstlerisch hochbegabter Abiturient geht er nicht den Weg zur Maler-Akademie, sondern Theologie und Medizin sind seine Schwerpunkte. Aber vor der Entscheidung ob Arzt oder Theologe holt er den Rat seines Freundes Albert Schweitzer ein, der ihm mitteilt: „Ich darf nur einige arme Worte schreiben. Sehr müde, wie Sie an der Schrift sehen, und erdrückt von Arbeit. Die große Frage für Sie ist: Im Predigtamt bleiben oder Medizin. Wäre es vor dem ersten Weltkrieg, würde ich sagen Medizin, jetzt wo es auch nötig ist, daß Menschen mit feurigem Wollen und weitem Horizont in der Kirche wirken, würde ich eher sagen: in der Kirche bleiben! Ich sehe Sie ganz im christlich-menschlichen Tun aufgehen!" Wie eng die Freundschaft mit dem Urwalddoktor Albert Schweitzer wurde, zeigt die Tatsache, daß Albert Schweitzer die Patenschaft über Kurt Reubers Sohn Erdwin 1933 übernahm.

Der musisch ungemein begabte Pfarrer Kurt Reuber war mit einem ganz tiefen, unmittelbaren Künstlertum gesegnet und begnadet. Er zeichnete und malte aus innerer Nötigung, aus Getriebensein und innerem Muß heraus. Wir staunen darüber, wie oft es in den Briefen anklingt, daß er mit diesem Zeichnen einer Pflicht gehorche, deren Erfüllung ihn dann freilich wieder tief beglückt und mit den letzten Wesenheiten in Verbindung bringt. Das Letzte ist es, das sein Künstlertum macht, das Letzte, das ihn zwingt, das Letzte, von dem aus er schaut und das er in den Gegenständen aufsucht. Er spricht einmal davon, daß es sich bei ihm um eine Gesamtschau von Auge, Seele und Denken handele. Es komme darauf an, was einer sieht und wie einer sieht, und dann sagt er: „Ich bemühe mich, nichts zu übersehen, vor nichts die Augen zu schließen, sondern bleibe allen Wirklichkeiten aufgeschlossen und lasse mich von ihnen ergreifen, und es ergreift mich hier, ohne daß ich es ausdrücklich wollte, in allem die dunkle Seite des Daseins!"

Welche Erfahrungen und Gesichte, welche Nöte und inneren Kämpfe stehen hinter diesen Worten. Wir erkennen immer deutlicher aus den 170 Bildblättern, darunter 150 Köpfe russischer Menschen, aus den Leidensantlitzen russischer Menschen und aus seinem letzten Selbstbildnis um welche unheimlichen, hintergründigen und abgründigen Tiefen des Daseins Pfarrer Dr. Kurt Reuber wußte, in welche Abgründe der Hölle er geschaut und gestarrt hat - und freilich auch, und dafür ist seine Weihnachtsmadonna aus dem Kessel von Stalingrad das mächtigste, eindrucksvollste Zeugnis, welche noch tieferen Tiefen des Daseins, welche bergenden Wirklichkeiten er noch hinter und über und unter den schauerlichen und grausigen Wirklichkeiten des irdischen Daseins sah, erkannte und wußte. Welch ein Ausdruck seines Lebens ist es, daß er, der so rückhaltlos die Dämonien des menschlichen Daseins, der russischen und aller Welt, durchschaute, dieses Bildnis der Geborgenheit geschaffen und andeutend - deutend mit den unerschöpflichen Johannes-Worten „Licht-Leben-Liebe" versehen hat!

Das Erlebnis der Begegnung mit der Stalingradmadonna schilderte ein Freund Kurt Reubers: „Heiligabend 1942 führte der Oberarzt Dr. Kurt Reuber seine Soldaten in einen Bunker. Im Bunker brannten zwei Kerzen, die eine stand auf einem kleinen Tisch, die andere auf einem Holzscheit, der in die Lehmwand getrieben war. Über dieser auf dem Holzscheit brennenden Kerze hing an der Bunkerwand eine auf die Rückseite einer Landkarte gemalte große Kohlezeichnung - eine Madonna mit Kind. In großen Buchstaben las man die Worte: Licht-Leben-Liebe, Weihnachten im Kessel 1942. Kurt Reuber schloß die Bunkertür. Gedrängt standen wir vor dem Bild. Ein unheimlicher Anblick, das flakkernde Kerzenlicht. Wir standen wie gebannt in dem kleinen Raum. Stumm, mit weit offenen Augen. Das Bild strahlte eine gespenstige Ruhe aus: Geborgenheit. Wir setzten uns nach langem Betrachten an den kleinen Tisch. Das Bild ließ uns nicht los. Viele Augen wurden feucht, es gab Tränen ...

Am Feldflughafen Pitomnik übergab mir kurz vor Neujahr Kurt Reuber die Stalingradmadonna, sein Selbstbildnis und einige Zeichnungen für seine Frau in Wichmannshausen, die auf dem Wichmannshäuser Friedhof ruht. Sie starb bald nach dem Ende des Krieges. Die Stalingradmadonna aber lebt weiter mit der Johannes Losung: 'Licht-Leben- Lieben!',,

Wie schrieb Dr. Kurt Reuber dazu: „Licht, Leben, Liebe, diese Worte werden zu einem Symbol einer Sehnsucht nach allem, was äußerlich so wenig da ist!" Sollten uns diese Worte nicht auch eine Losung für das Jahr 1979 sein, dann hätten wir das Vermächtnis von Dr. Kurt Reuber nicht nur gehütet, sondern gemehrt!
Heinrich Crede, Rektro, Sontra, Sudetenstrase 16

In Gedanken an diese beiden und viele andere Freunde, die in Rußland gefallen sind, schrieb ich folgende Verse:

Die Letzte Botschaft

Dreihunderttausend der sechsten Armee
sind in Stalingrads Hölle gestorben,
gefallen, erstarrend in Eis und im Schnee
in unsagbaren Leiden verdorben.

Vom „Führer" verraten, an den sie geglaubt
getreu ihrem Schwur auf die Fahnen,
dem Dämon, der Gott seine Ehre geraubt
im frevelnden Rausch des Titanen.

Vergessen, verloren, verhöhnt und verlacht.
das Opfer, das sie uns gegeben? -
Erloschen im Schneesturm der sieglosen Schlacht:
Die Liebe, das Licht und das Leben? -

O Wunder - von Engeln geführt und bewacht,
wie kostbare Märtyrerkronen,
erreicht uns die Botschaft der Heiligen Nacht
aus dem „Kessel": Des Lichtes Ikonen!

Des Kreuzes erlösender Glaube, er bricht
wie niemals verlöschendes Sehnen
aus der Gottesmutter verhärmtem Gesicht,
im Leid ohne Namen und Tränen.

Soll der Ruf zur Umkehr vergeblich sein,
mit der Sterbenden Herzblut geschrieben? -
Ist er bei den Menschen verhärtet zu Stein,
ohne Echo und Antwort geblieben? -

Muß der liebenden Mutter tottrauriger Blick
nur noch das Gericht uns verkünden?
Führt für die Verführten kein Weg mehr zurück
aus dem **Gulag** der Schuld und der Sünden?

O könnt uns noch einmal der Christnacht Gnad
in den tiefsten Tiefen aufwühlen,
das Weh der Madonna von Stalingrad
mit erschütterten Herzen zu fühlen!

Russische Weihnacht

Weihnacht, - keine Glocke läutet
von den kahlen toten Türmen,
wie ein Leichentuch hinbreitet
sich der Schnee in eisgen Stürmen.

Heilge Nacht, - unendlich ferne
dehnen sich die weißen Fluren,
strahlen kalt und her die Sterne
in des Krieges Todesspuren.

Kreuze starren kahl, verlassen
aufgeworfne Gräber gähnen,
weiß das graue Holz umfassen
die zu Eis gefrornen Tränen.

Winde sausen durchs Gehäuse
leerer Kirchenkuppeln draußen,
Eulen nur und Fledermäuse
in den Trümmerhöhlen hausen.

Wo einst Weihnachtschöre klangen,
grollen dröhnend die Geschütze,
drohen, wie der Hölle Zangen,
fahle aufzuckende Blitze.

Blutdurchronnene Russenerden
Tummelplatz aller Dämonen,
kann auf Dir nicht Frieden werden? -
Flehend knien vor den Ikonen

alte Menschen in den Hütten
und nur dumpfe Erdöllichter
flackern zu den müden Bitten
eingefallener Gesichter. -

Sieh dort!: Warme Kerzenstrahlen
aus dem Schoß der Erde dringen,
glitzernd auf den Schnee sie fallen,
klingt da nicht gedämpftes Singen? -

Eingemummt, dunkle Gestalten
stehen staunend still und hören
nach den Klängen, die den kalten
haßerstarrten Winter stören.

Abb. 52
Erster Ostergottesdienst in Nowomoskowsk. Die Kirche war vorher ein
Getreidespeicher. (Seite 168)

Abb. 53
Der Chordirigent beim Ostergottesdienst. (Seite 168)

Abb. 54
Frauen in der Kirche. (Seite 168)

Abb. 55
Blumengruß aus der Ukraine für meine
Frau. (Seite 171)

Abb. 58
Pope nach dem Pfingstgottesdienst in
Trostjanez, Juni 1943. (Seite 176)

Abb. 56
Kinderhochzeit in Achtyrka - Ukraine. (Seite 172)

Abb. 57 s. Seite 23

Abb. 57
Hochzeitsgesellschaft in Achtyrka. (Seite 172)

Abb. 60
Kirche als Zuckerfabrik in
Trostjanez. (Seite 176)

Abb. 59
Wiedereröffnete Kirche in Trostjanez im Juni 1943. (Seite 176)

Abb. 61
Sonnenblumenfeld in der Ukraine. (Seite 179)

Abb. 62
Kirche in Graiworon im Juni 1943. Sie wurde als Steinbruch benutzt. (Seite 179)

Abb. 63
Unzerstörte Kirche in
Graiworon. (Seite 179)

Abb. 64
Ikonostas. Beachtenswert die
drei Sonnenstrahlen aus der
Kuppel als Symbol der Dreifal-
tigkeit. (Seite 179)

Abb. 65
Bettler vor der Kirchentüre. (Seite 179)

Abb. 66
Physikalisches Institut Charkow, in
der ehemaligen Kirche. Einzige goldene Kuppel die wir sahen. (Seite 180)

Abb. 68
Oberschenkelgips-
verband für Knie-
gelenkstbc und ein Ei
als Honorar in Boris-
sowka im Juni 1943.
(Seite 180)

Abb. 69
Deutsche Pantherpanzer bei Kursk. Größte Panzerschlacht der Geschichte im Juli 1943. (Seite 184)

Abb. 70
Transportflugzeug für Verwundete im Juli 1943. (Seite 187)

Abb. 71
Umladen der Verwundeten. (Seite 187)

Abb. 72
Lazarett für Kopfverletzte bei Großdeutschland im Juli 1943. (Seite 188)

Abb. 73
Vera, herzkranke Patientin, gläubige
orthodoxe Christin. (Seite 189)

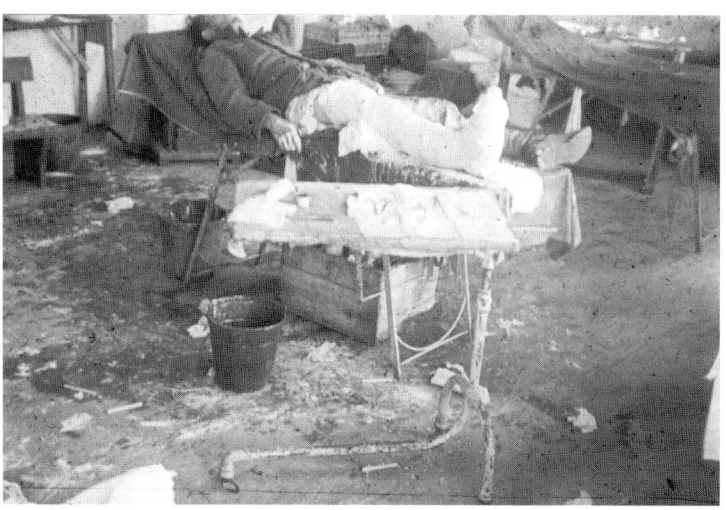

Abb. 74
Nach Fliegerangriff in Mirgorod. (Seite 191)

Abb. 75
Leninmausoleum Berditschew, Standort unseres Lazaretts bei Kiew.

Abb. 76
Sophienkathedrale, Älteste Kirche Rußlands als Architekturmuseum
verschandelt. (Seite 194)

Abb. 78
Der Blick zur Kuppel wurde absicht-
lich durch ein Brettergerüst zerstört.
(Seite 194)

Abb. 77 (oben links)
Innenraum Sophienkathedrale,
Oberteil der Ikonostase wurde ver-
kauft. (Seite 194)

Abb. 79
Zerstörtes Lawra Kloster in Kiew.
(Seite 195)

XXXI

Abb. 80
Stabsarzt Dr. Hesse (jetzt 93 Jahre).
Kommissarischer Chef des Feldlaza-
retts. (Seite 196)

Abb. 81
Hurra ich bin Papa! Dorothee im November 1943. (Seite 196)

Abb. 82.
Italienischer Soldatenfriedhof.

Abb. 83
Kommandeur und Offiziere der Panzerjägerabteilung. (Seite 203)

Abb. 84
Kommandeur in Erwartung des russischen Panzerangriffs bei Schitomir. Die Panzer sind nur 500 m entfernt. (Seite 203)

Abb. 85
Johanneshaus in Tarnowitz. (Seite 204)

Abb. 86
Schloß Repten vor der Zerstörung. (Seite 204)

Abb. 87
Turm des Marstalles als einziger Rest des ganzen Schlosses bei meinem Besuch 1993. (Seite 204)

Abb. 88
Das zerstörte Haus der Großeltern meiner Frau am Bahnhof nach dem Bombenangriff vom 17.12.1944.

Abb. 89
Maria Poetsch, Wien "Noch zweimal darfst Du nach Hause fahren."
(Seite 239)

Abb. 90
Unser Motorrad DKW 250 - siebenmal entwendet, siebenmal
zurückbekommen. (Seite 264)

Abb. 91
Unser Mercedes Diesel mit dem wir nach Hause fuhren. (Seite 265)

Abb. 92
Denkwürdiger Augenblick unserer Heimkehr am 13. Mai 1945,
v. li. n. re.: Dr. Ernst, Toni Morgenthaler, Dr. Christel Austerer, Chauffeur Reichle
und Bruder Hans, der uns begrüßte. (Seite 273)

Abb. 93
Erste Tagung der Moralischen Aufrüstung 1946 in Bad Boll.
(Seite 281)

Abb. 94
US Vizepräsident Barkley im Juli
1947 in Caux, Schweiz mit Frank
Buchmann, dem Begründer der Moralischen Aufrüstung. (Seite 281)

Abb. 95
Ankunft der Omnibusse während der
Deutschlandreise des Musicals "The
Good Road" der Moralischen Aufrüstung in Ulm, Oktober 1948. 250 Delegierte aus 25 Nationen wirkten bei
diesem Musical mit. Es war die erste
größere internationale Gruppe nach
dem Krieg, die die Isolation Deutschlands durchbrach. (Seite 283)

Abb. 96
Zur Begrüßung der Delegation läuteten die Glocken des Münsters. Hunderte von Ulmern hörten dem Lied: "Es kann alles anders werden" zu. Getextet wurde des Lied von einem Schweizer, von einem Engländer und Norweger gemeinsam komponiert und arrangiert. Ein französischer Chor sang es in deutscher Sprache. (Seite 283)

Abb. 97
Die kommunistischen Funktionäre Max Bladek und Paul Kurowski an der internationalen Konferenz in Caux 1949. (Seite 283)

Hartgefrorne Männer drängen
durch die enge Bunkerpforten,
wo in Bild und Christnachtsängen
Glauben zur Vision geworden.

Vor dem Kind das Kreuz sie schlagen,
„Mutter!" zucken manche Mienen,
Einer wagt das Wort zu sagen:
„Christus ist erschienen!"

Aus den Tiefen bricht nach oben
Licht trotz Krieg und Erdenwehe:
Leben, Lieben, Danken, Loben:

Ehre sei Gott in der Höhe.

(Meinen gefallenen Freunden)
geschrieben im Osten 1942
Siegfried Ernst

In Stalingrad verlor Hitler und damit das Deutsche Volk den gigantischen
Kampf, weil er ihn nicht für die Befreiung der russischen Völker von den Ketten und Greueln des Stalinismus geführt hatte, sondern im Rassenwahn der Her
renrasse gegen die Menschen im Osten, die uns mit Salz und Brot, Blumen und
Tränen der Freude anfangs als Befreier begrüßt hatten. Sein größenwahnsinni-
ges Ziel war der sog. Lebensraum des Deutschen Volkes und damit die Eroberung und Unterdrückung der slawischen Völker. Insbesondere war er von der
Raubidee besessen, die er schon in seinem Buch „Mein Kampf" ausspricht, die
„Kornkammer Europas", die Ukraine unter seine Herrschaft zu bringen. Aber
genau diese Idee kostete ihn den Sieg. Denn als im August 1941 Moskau und
Leningrad von den deutschen Truppen ohne weiteres hätten eingenommen werden können, befahl Hitler, gegen all seine Generäle, diesen Angriff abzubrechen
und zuerst die Ukraine und die Krim zu erobern, um erst einmal seinen verbre-
cherischen Jugendwunsch zu erfüllen. Dadurch konnte Stalin die Verteidigung
Moskaus und Leningrads organisieren, und die deutsche Offensive, die dann
schließlich fast zwei Monate später auf Moskau losging, blieb erst im Schlamm
und dann in der Kälte stecken und verwandelte sich im Dezember in eine ver-
heerende Niederlage, die fast schon damals zur totalen Katastrophe geführt
hätte.

Stalin, der völlig verhaßt gewesen war wegen seinen Massenliquidationen und
Greueln, wurde dadurch zu einem von innen und außen unangreifbaren Volks-
helden und Befreier von den deutschen „Faschisten" und „Okkupanten" im
„grossen Vaterländischen Krieg". Hitlers Taktik der „Verbrannten Erde" im
Winterrückzug 1941 und gewisse Erleichterungen gegenüber der Orthodoxen
Kirche sowie die anfängliche schlechte Behandlung der Millionen von Kriegsgefangenen als eine Art „Untermenschen" auf Grund des Hitler'schen Rassen-

wahns halfen ihm bei der Mobilisierung der Vaterlandsliebe in diesem Kampf, den er sonst verloren hätte. Als dann besonders Himmler 1943 und 1944 den Fehler erkannte und den Russen erlaubte, unter General Wlassow eigene Divisionen aufzustellen, war es zu spät, und man schuf damit nur noch eine grössere Tragödie, weil die Amerikaner und Engländer bei der Kapitulation all diese russischen Patrioten, die nur ihr Land von dem Massenmörder Stalin befreien wollten, diesem auslieferten, der sie dann alle liquidierte.

Zum 2. Mal in Rußland

Unmittelbar nach der Kapitulation der sechsten Armee bekam ich den Versetzungsbefehl zum chirurgischen Einsatz beim Armeefeldlazarett 771 nach Saporosche am Unterlauf des Dnjepr. (Bild Nr. 39)
Dorle und ich waren noch ein paar Tage in München gewesen und konnten wieder in unserem Hospiz „Drei Löwen" wohnen, wo wir auch während unserer Hochzeitsreise ein paar Tage gewesen waren. 1944 wurde es dann leider durch Bomben zerstört. Mutter und Vater waren auch aus Ulm zum Abschied gekommen, und gemeinsam besuchten wir noch einen Abendmahls-Gottesdienst unseres Freundes Alo Münch. Das Schlußlied begleitete mich die nächsten Monate: „Nun aufwärts froh den Blick gewandt und vorwärts fest den Schritt! Wir gehn an unsres Meisters Hand, und unser Herr geht mit!" Und die Tageslosung lautete: „Haltet mich nicht auf! Denn der Herr hat Gnade zu meiner Reise gegeben!" (Bild Nr. 40)
In Wien half mir mein Freund Walter Ottmann beim Umsteigen und wir sahen uns dabei zum letzten Mal, ehe auch er fiel.
In Krakau konnte ich noch fast zwei Tage bei meinem Mitassistenten Dr. Reis sein, der mit meinem alten Oberarzt von der Münchner Chirurgischen Universitätsklinik, Prof. Schörcher, an die dortige Chirurgische Klinik versetzt worden war. In Krakau machte ich natürlich auch einige Farbaufnahmen der alten polnischen Königsstadt, u.a. die schöne Marienkirche mit dem Veit Stoßaltar, der späteren Kirche von Kardinal Woytila, dem jetzigen Papst Johannes Paul II.
Von Krakau ging's weiter nach Przemysl im Lazarettzug und von dort nach Uman in der Ukraine. Von da war nächster Halt das Städtchen Schepetowka, wo ich am Sonntag in einem zum Kirchenraum umgewandelten Saal einen orthodoxen Gottesdienst mit einer Trauung erlebte. (Bilder Nr. 41+44) Auf einem der Bilder sieht man die Hochzeitskronen, die wohl in früheren Zeiten aus Silber waren, aber nun aus Pappe. Die müssen bei der Trauungszeremonie über den Köpfen des Paares gehalten werden. Man kann unschwer erkennen, daß der Bräutigam kaum einen inneren Bezug zu der kirchlichen Trauung hat, während die Braut sicher an der kirchlichen Hochzeit stärker interessiert war. Vermutlich deshalb, weil eine kirchliche Trauung in ihren Augen eben doch eine größere Sicherheit für die Haltbarkeit der Ehe hat. Vor mir stand ein russischer Starez im Gebet versunken, der sich eine Stunde lang nicht von der Stelle rührte. Dann fuhr ich weiter nach Snamenka. Auf dem Bahnhof von Snamenka standen hunderte von rumänischen Soldaten, die keine Gewehre mehr hatten und offensichtlich zu den von den Sowjets zerschlagenen Regimentern gehörten. In Snamenka erfuhr ich den neuen Standort in Saporosche, wo ich meine neue Einheit, das Armeefeldlazarett 771, schließlich traf.
Saporosche war ein moderner sowjetischer Industrieort, in dem sogar wieder Straßenbahnen fuhren, offenbar nach der Wiederherstellung des großen Staudammes über den Dnjeper, den die Sowjets gesprengt und die Deutschen wieder aufgebaut hatten.
Von außen sahen die Häuserblocks ganz ordentlich aus. Beim näheren Hinschauen war die Arbeit aber äußerst schlampig und die Türen und Fenster waren häufig nicht dicht.

Der Chef des Feldlazaretts war ein alter, „sitzengebliebener" Oberfeldarzt, Dr. Plötz, der medizinisch keine Ahnung hatte und als aktiver Sanitätsoffizier es nur zum Chef eines Feldlazaretts gebracht hatte. Als solcher hatte er im Unterschied zu seinen gleichrangigen Offizierskollegen keinen „Adjutanten", was ihn offensichtlich sehr wurmte. Als er dann einmal von Saporosche nach Dnjepropetrowsk fahren mußte, nahm er mich mit und stellte mich dann überall als seinen „Adjutanten" vor. Es war das erste Mal, daß ich in Rußland in einem Hotel mit fließendem Wasser wohnte. (Hotel Astoria) (Bild Nr. 45 und 46-47) Um im Kreis der Sanitätsoffiziere beim Mittagessen große medizinische Kenntnisse demonstrieren zu können, las er vorher immer mal wieder einen Artikel aus einer medizinischen Zeitung über irgend eine Spezialität und stellte dann an uns Ärzte entsprechende Fragen, ohne natürlich zu sagen, daß er seine Kenntnisse kurz vorher aus dem Journal entnommen hatte. Als nach der Schlacht von Kursk der neue Rückzug begann, setzte er sich in die Heimat ab. Stabsarzt Dr. Hans Hesse aus Obermenzing bei München übernahm dann kommissarisch die Führung des Feldlazaretts.
Er war Psychiater und ein überzeugter Katholik und hatte sechs Kinder. Da Stabsarzt Dr. Hans Kusche, unser Internist, ein alter überzeugter Sozialdemokrat war und wir unter den Offizieren keinen echten Nationalsozialisten hatten, bestand eine weitgehende ideologische Einigkeit in der Einschätzung Adolf Hitlers und seiner Kriegführung als „Gröfaz" (Größter Feldherr aller Zeiten).

Hurra, ich werd Papa!

Am 8. März, unserem Verlobungstag, gelang es mir doch nachts nach Hause zu telefonieren und dabei sagte mir meine Frau, daß sie mit aller Wahrscheinlichkeit ein Kind erwarte. In dem Brief an sie vom **8.3.43** heißt es dann u.a.: „...Weißt Du, ich kann es mir noch gar nicht richtig vorstellen, daß Du nun wahrscheinlich ein liebes Mütterle werden sollst! Weißt Du, erst jetzt kommt mir das Ungeheuerliche der Gabe, die wir geschenkt bekommen haben, daß wir zusammen einem Menschen das Leben schenken sollen, ein wenig zum Bewußtsein. Und das gibt eine merkwürdige Gefühlsmischung von Freude, Staunen, Dankbarkeit, Beschämung und so einer gewissen Bangigkeit. Und der 8.3. scheint es eben doch mal wieder auf sich zu haben, daß es heute mit dem Gespräch klappte und ich heute durch Dich davon erfuhr. Weißt Du, Liebes, ich kann das eigentlich gar nicht so recht glauben, wenn ich mir vorstell, daß ich selbst Papa werden soll, und daß solche Kräfte in uns liegen sollen; so kann ich immer wieder nur staunen. Es ist halt doch etwas ganz anderes, ob man es nur bei den anderen beobachtet und gar nicht weiter darüber nachdenkt, oder ob man es selber erleben soll..." Es war ja unser größter gemeinsamer Wunsch, und wenn es ein Mädchen würde, sollte sie Dorothee, das „Gottesgeschenk", heißen. Das Staunen vor diesem Wunder hat uns bis heute nicht verlassen, wo wir außer unseren sechs Kindern schon zwanzig Enkel haben dürfen. Vermutlich kommt es daher, daß wir bis heute alle Manipulationen mit diesem Wunder der Entstehung eines Menschen restlos abgelehnt haben und weder Kontrazeption, noch „Natürliche Familienplanung", noch moderner Sexualismus uns interessierten, sondern nur wirkliche Liebe und Treue als Konsequenz einer „Familienplanung" nach dem Plan Gottes, wie meine Eltern und Großeltern. Das ergibt sich für den denkenden Menschen verstandesmäßig und gefühlsmäßig daraus eigentlich von selbst. Kinder sind ein Geschenk, ein sichtbarer Segen und ein Beweis der Liebe Gottes.

Wer diesen Segen ablehnt, und diese Berufung, „Mitschöpfer" zu sein, mit Pillen und anderen Tricks zugunsten blosser Lust ausschaltet, lehnt den Schöpfer selbst ab und nimmt dem Leben damit seinen tiefsten Sinn.

Der Schlafsack

Mein Großvater mütterlicherseits, August Stein, war „königlicher Hofsattlermeister", und sein Sohn Otto Stein hatte die Sattlerei und den Lederwarenladen übernommen. Er nähte mir einen wunderbaren Schlafsack mit Reißverschluß, der mich nach den schlechten Erfahrungen von 1941/42 dieses Mal nach Rußland begleitete. Leider ging er dann beim Rückzug mit meinem Gepäck, Akkordeon usw. bei den Panzerjägern verloren. Ein Dankesgruß an meinen Onkel ist gleichzeitig eine kleine Milieuschilderung:

Wer im finstren Rußland sitzt,
weiß, was so ein Schlafsack nützt!
Denn, wenn Läuse, Flöh und Wanzen,
nachts dir auf der Haut rumtanzen,
wenn die Mäuse fröhlich krabbeln,
Ratten unterm Stroh rumzappeln,
wenn die Küchenschaben eilen
und nach Deiner Nase peilen,
Ja, dann wird es Dir erst klar:
Ein Schlafsack wäre wunderbar!
Denn da könnt man sich reinflüchten,
wenn nach wohlgetanen Pflichten
man des abends seine Glieder
legt aufs Stroh zum Schlafen nieder!
Ja, so dacht vor Jahresfrist
oftmals ich, wenn kalt und wüst
voller Wanzen, Flöh und Läuse
so ein unwirtlich Gehäuse,
wie es schön gewesen wär.
Wo nehm ich 'nen Schlafsack her?
Doch aus dieser großen Not- o
rettete mich Onkel Otto!
Der als Sattler es versteht,
wie man einen Schlafsack näht!
Und der glaubhaft es verspricht:
daß er Wanz- und Wasserdicht!
Seither bin ich ungestochen
aus dem Schlafsacke gekrochen

und ich schlafe stets ganz groß
wie im Abraham seim Schoß!...
träume selig von zu Haus
ohne Floh und Wanz und Laus!

Da auch das Feldlazarett durch den Rückzug im Winter erheblich ramponiert
war, wurden wir zur Auffrischung nach Kamenskoje nordwestlich von Dnjepropetrowsk verlegt. (Bilder Nr. 48+49) Dort war ein großes sowjetisches Ei-
senwalzwerk, dessen Maschinen usw. aber hinter den Ural geschafft worden
waren. Immerhin war es für uns interessant, auch zahlreiche Frauen an den
Glühöfen und Maschinen mit Schwerarbeit beschäftigt zu sehen. Diese typisch
bolschewistische Zerstörung des Frauentums und der Familie wurde ja nun
auch von uns, vor allem auch in der ehem. DDR, zum Teil als große sozialisti-
sche Errungenschaft übernommen.
Wie dies einmal „reformiert" werden soll - auch in der ehemaligen DDR - ist
mir unerfindlich. Denn was wird aus Rußland, wenn statt der alten Babuschkas,
die der Bolschewisierung standgehalten haben, einmal nur noch für jede Zeit-
strömung anfällige Emanzen existieren?
Vom Dach des Hüttenwerkes hatte man einen herrlichen Ausblick auf den Dnjeper mit den schönsten Sonnenuntergängen.
Auch in der Ukraine regte sich ab Mitte März der Frühling, aber die Frühlingsblumen konnte man leider nur als Blumenkarten oder auch als Farbfotos nach
Hause schicken.
So entstanden die folgenden Verse auf einer Karte mit Narzissen:

Ukraine, **18.3.43.**
Einen Strauß mit frischen Narzissen
würd ich schenken, mein Herz, Dir so gern,
mit des Frühlings duftenden Grüßen
manch goldenen blühenden Stern!
Wollt lauschen den jubelnden Lauten,
der Vöglein jauchzendem Lied,
mit Dir in den Wäldern, den trauten,
wenn alles ergrünt und erblüht,
wollt abends die flutenden Düfte
der Blüten einatmen mit Dir,
des Lenzes beglückende Lüfte,
dann wären so nahe uns wir
wie einst im herrlichen Maien,
als der Mond uns freundlich gelacht,
und unter der Vöglein Schalmeien
und Singen der Morgen erwacht.
Doch kann ich zu Dir hin nicht kommen,
muß ausharren weit in der Fern,
wenn des Mondes Sichel erglommen,
dann seh ich auch unseren Stern
Und ich sag ihm: O schaust Du hernieder

zum Dorle, so bring meinen Gruß
voll duftender Frühlingslieder
und gib ihr im Traum einen Kuß!

Kriegslazarett in Kamenskoje (Dnjeprodscherschinsk)

Ab 23.3.43 wurde ich für 14 Tage an das Kriegslazarett in Kamenskoje zur chirurgischen Tätigkeit kommandiert. Meine Station hatte ca. 80 Patienten, meistens leichte Fälle, bis auf zwei Lungenschüsse, die mir viel Sorgen machten, denn wir hatten ja damals noch keinerlei Antibiotika, um die Eiterungen und Abszesse nach Lungenschüssen zu bekämpfen. Aber ich hatte mein eigenes, für russische Verhältnisse komfortables Zimmer, und der Kontakt mit den älteren Kollegen war ausgezeichnet. (Bild Nr. 50) Daß diese 14 Tage aber entscheidend wurden, weil der Internist, ein Oberarzt, mich, als ich am 31.12.43 als vermutlicher Paratyphuspatient in dieses Kriegslazarett wegen eines sowjetischen Panzerdurchbruchs aus dem Feldlazarett 778 verlegt worden war, und auch das Kriegslazarett wegen des russischen Vorstoßes rasch geräumt werden mußte, kurzerhand in den Lazarettzug beförderte, so daß ich im Reservelazarett Tarnowitz in Oberschlesien landetete. Vielleicht tat er dies auch deswegen, weil auch er gegen meine Strafversetzung (weg von der Chirurgie als Truppenarzt zu den Panzerjägern) reagierte. Ich ließ dies geschehen ohne zu widersprechen. Denn nach meiner Strafversetzung sah ich keinen Grund zu besonderem Heroismus, zumal ich dann in dem dortigen Reservelazarett nach meiner Wiederherstellung zwei Monate chirurgisch eingesetzt wurde und viel mehr als Chirurg helfen konnte, denn als Truppenarzt, wo ich nur einen besseren Sanitäter spielen konnte.

Die 14 Tage Arbeit im Kriegslazarett waren für mich eine erfüllte ärztliche Zeit. Aber wir wurden dann leider weiter nach Norden, nach Nowomoskows (Neumoskau) verlegt, kamen aber auch dort als Feldlazarett noch nicht zum Einsatz. Es ging auf Ostern zu und der Frühling begann sich immer mehr zu regen. Deshalb beschäftigte ich mich auch intensiv mit den Auferstehungsgschichten im Neuen Testament und schrieb darüber meiner Frau am **10.4.43:**
„Heute früh hab ich mich mal wieder intensiv mit der Auferstehungsgeschichte befaßt. Ich habe alle Einzelheiten in den fünf Berichten genau verglichen. Es ist nicht alles leicht zu verstehen. Immerhin berichten Lukas, Johannes und Paulus sehr übereinstimmend, während Matthäus und Markus etwas abweichen. Wie muß ich mir den neuen Leib Christi vorstellen usw?- Das waren so Fragen, die mich bewegten. Anscheinend erschien nun ja Christus seinen Jüngern gar nicht mehr in der gewohnten Gestalt, denn sie erkannten ihn vielfach gar nicht mehr sofort. Maria Magdalena hält ihn für den Gärtner, die Emmausjünger erkennen ihn am Brotbrechen. Am See Tiberias erkennen ihn die Jünger auch nicht sofort. Die Auferstehung selbst hat nach den Berichten niemand von den Jüngern miterlebt. Die Frauen und die Jünger finden lediglich am Ostermorgen den Stein vom Grab gewälzt und die zusammengefalteten Tücher im Grab. Konnten sie sich schließlich nicht auch geirrt haben? Warum glaube ich selbst an die Auferstehung? - Es ist mir nun ganz klar geworden, daß das Wie und das Was

absichtlich ein Geheimnis Gottes bleiben muß, der von uns eben nirgends das Wissen, sondern überall das Wagnis des Glaubens verlangt. Wir aber glauben, weil wir erfahren haben, daß das Wort des Auferstandenen Wirklichkeit und Wahrheit ist: „Mir ist gegeben **alle** Gewalt im Himmel und auf Erden!...“ Weil Christus sich uns als der Lebendige immer und immer wieder gezeigt hat..“

Es ist sicher kein Zufall, daß wir heute, nach 54 Jahren in einer Zeit, in der dieser Auferstehungsglaube noch mehr angefochten und bezweifelt wird als im Dritten Reich, für diese unsere Erfahrung und unseren Glauben durch die intensiven wissenschaftlichen Forschungen und Entdeckungen am sog. **Turiner Grabtuch** noch geradezu einen Beweis für die Wahrheit der ganzen Passionsgeschichte bekommen haben. Es geht uns dabei vielleicht wie dem Thomas, der einen sichtbaren Beweis haben wollte, weil er sonst nicht glauben konnte. Daß dieses Grabtuch für die ersten Christen schon eine besondere Rolle spielte, geht besonders aus dem Johannesevangelium hervor. Insbesondere ist natürlich die jüdische Behauptung, daß seine Jünger ihn weggetragen hätten, um dann seine Auferstehung zu verkündigen, schon deshalb ein Unsinn, weil kein vernünftiger Mensch und erst recht kein Jude am Sabbat den Leichnam erst ausgewickelt haben würde und sich dann an dem blutigen Körper beim Wegtragen verunreinigt hätte. Er hätte ihn selbstverständlich in den Tüchern weggetragen. Das Tuch, das Josef von Arimathia extra (nach Johannes) kaufte, enthält den Abdruck der Vorder- und Rückseite des Körpers eines gekreuzigten und gegeißelten, etwa 1.80 cm großen Mannes, bei dem man nun selbst die Münzen, die man nach damaliger Sitte dem Toten auf das Oberlid der Augen gelegt hatte, als Münzen aus der Zeit des Pilatus identifizieren konnte. Dank unserer modernen biologischen, photographischen und anderen wissenschaftlichen Untersuchungsmethoden konnte dieses Grabtuch erst jetzt wirklich entschlüsselt werden. Das Geheimnis und Wunder der Auferstehung und Verwandlung Christi bleibt zwar ein Geheimnis, aber es ist Wirklichkeit und es ist die einzige Erklärung für die Entstehung des Negativbildes auf dem Tuch, da jede andere Möglichkeit, vor allem die der Fälschung, ausscheidet. Wer das Negativbild des Angesichtes, (als Positivbild erstmals sichtbar gemacht durch die photographische Aufnahme bei der Entwicklung auf einer Platte 1898) in seiner Hoheit und Majestät betrachtet, der staunt über das Wunder seiner Entstehung. Es lohnt sich, dieses zusätzliche „Evangelium“, das älter ist als die geschriebenen Evangelien, wirklich zu studieren. Hoch interessant sind auch die Vorstellungen, daß atomare Strahlung bei der Verwandlung des Körpers von Christus als einzige Möglichkeit übrig bleibt, um die Versengungen in dem Tuch, die zu dem Abbild führten, zu erklären. In dem Bericht von Matthäus heißt es, daß die Gestalt des Engels, der bei der Auferstehung erschien, wie ein **Blitz** war, bei dem die Wächter das Bewußtsein verloren. Es ist anzunehmen, daß diese Schilderung von einem der Wächter stammt (die ja bestochen wurden, um die Auferstehung zu verheimlichen), den Matthäus vermutlich selbst gesprochen hat.
Die Methode der Ableugnung der Auferstehung durch Bestechung hat sich aber offensichtlich in den letzten 2000 Jahren nicht geändert. So erzählte mir mein verstorbener Freund Professor Jérôme Lejeune (Der bekannte Fundamentalgenetiker von Paris) einige Monate vor seinem Tode, daß eines der Institute, die

ein Stückchen Tuch nach der C 14 Methode untersuchten, für das Ergebnis (es stamme aus dem 12.Jahrhundert!) 4 Millionen DM erhalten habe. Weitere Nachprüfungen von russischen und einer jüdischen Wissenschaftlerin ergaben einwandfrei, daß es aus der Zeit von Christus stammt. Nachdem aber der Versuch, es falsch zu datieren, gescheitert war, machten die Kräfte, die das Tuch vernichten wollten, offensichtlich nun den Versuch, es durch einen Feuersbrand am Aufbewahrungsort in der Kapelle im Turiner Dom zu vernichten unter der fadenscheinigen Behauptung, der Brand - ausgerechnet am Aufbewahrungsort des Tuches- sei durch einen Kurzschluß entstanden und es sei reiner Zufall, daß die Feuerwehr eine halbe Stunde brauchte, ehe sie am Brandort erschien, so daß eigentlich, weil die ganze Kapelle in Flammen stand, keine Rettung mehr möglich war. Aber wiederum wie bei dem Brand im 15. Jahrhundert wurde das Tuch durch den Lebenseinsatz eines Feuerwehrmannes in letzter Sekunde gerettet und der Anschlag schlug fehl. Aber es zeigt, daß die Feinde von Jesus Christus dieses Tuch durchaus für ein echtes Beweisstück halten und deshalb versuchen, es mit allen Mitteln zu beseitigen.

Ostern 1943 in Nowomoskowsk
Von Kamenskoje fuhren wir etwas nordöstlich nach Nowomoskowsk (zu deutsch „Neumoskau"), einem kleinen Städtchen mit einer wunderbaren alten Holzkirche mit 9 Türmen, die allerdings auch von den Kommunisten völlig ausgeplündert und als Getreidespeicher benützt worden war, und nun zum diesjährigen Osterfeste provisorisch wieder eröffnet werden sollte.
Dort erreichte mich die Trauernachricht, daß mein Freund Vikar Siegfried Grape gefallen war.
In meinem Brief an meine Frau vom **19.4.43** schrieb ich dazu:
„Das ist schon eine Hiobsbotschaft auch für mich gewesen! War doch Siegfried einer von denen, die wir am nötigsten gebraucht hätten; einer, der noch so viel hätte wirken können... Aber trotz allem ist es eben doch ein Trost zu wissen, daß er lebt, wirklich und wahrhaftig, und daß unser Endziel noch nie auf dieser Welt war, sondern darüber hinausreicht. Auch das Ziel unserer Mannschaft war ja doch nur, einander zu helfen, daß wir selbst für das kommende „Reich" bereit werden. Ich bin trotz allem Schmerz dankbar, gerade für Siegfried, aber es wird nun an uns allen liegen, daß seine Frau erfährt, daß sie nicht allein steht. Auch bei den beiden hat sich doch die Führung Gottes herrlich bewiesen. Als Siegfried im 7.Semester bei Kriegsausbruch - oder kurz vorher? - plötzlich sagte, daß es ihm klar sei, daß er und Dorle Fritz heiraten sollten, da haben ihn viele für einen Schwärmer gehalten, denn ohne erstes, geschweige denn zweites theologisches Examen, ohne Wohnung, ohne Geld, ohne Zukunft zu heiraten schlug doch sämtlichen vernünftigen menschlichen Berechnungen ins Gesicht! Und nun haben die beiden in drei Jahren ihrer Ehe doch noch viele schöne Stunden gehabt und durften gemeinsam arbeiten, und Gott hat bis zur Trennung alles ganz wunderbar bei ihnen geführt. (Anm.: nach dem Tod von Siegfried kam auch noch ein Sohn zur Welt!) Und darum ist es für mich gewiß, daß es kein zufälliger Schuß ist, der Siegfried traf, sondern daß auch dies, (für uns so völlig Unverständlich), Gottes Wille war."

Passion und Ostern 1943

O, daß doch stets die Besten fallen!
daß uns der Tod entreißt, die wir fürs Leben noch
so dringend brauchten, daß uns allen,
die wir so schwach, unfertig doch,
Du Gott, sie nahmst! O Herr, verstehen
kann ich es nicht. Ich kann nur klagen
um all das Leid, um das Vergehen,
das um uns ist, und ohne Antwort fragen!
Du nimmst von uns, die Dich von Herzen suchten,
und läßt uns einsam ohne sie zurück,
wenn im Zerbrechen der schuldvoll verfluchten
Welt mit zerbricht auch unser irdisches Glück!
Die Trümmer unsrer Heimat, öde Todesstätten,
sie schaun uns an, die Gräber unsrer Helden!
Was kann uns, Herr, vor der Vernichtung retten
im Untergang der Völker und der Welten?-
Verzweiflung will die wunden Herzen lähmen,
und wilder Trotz läßt uns die Fäuste ballen;
Doch kann uns nichts mehr dem Gericht entnehmen,
durch unsre Schuld sind wir dem Tod verfallen!
Karfreitag! Größtes aller Leiden,
das Menschenhaß dem besten Menschen brachte!
Das schwerste Opfer, das für alle Zeiten
Dir selbst, o Herr, die größten Schmerzen machte!
Wir aber haben stolz es nicht geachtet!
Wir alle haben Deinen Tod am Kreuz gesehen!
Du bist aus Lieb zu uns auf Golgatha verschmachtet,
wir aber ließen Dich verschmäht im Winkel stehen!
Nun Dein Gericht uns trifft, das wir heraufbeschworen,
stehen wir hoffnungslos im leeren Raum,
erkennen, daß die Welt, die Dich verstieß, verloren,
erwachen jäh aus trügerischem Traum!
Karfreitag, Zeichen unsrer Schuld und Schande.
Mal menschlicher Verworfenheit!
Nur Deine Todesqualen brachen unsre Bande!
Dein Blut macht frei für Zeit und Ewigkeit!
Drum auch in Trümmern strahlt am Ostermorgen
die Sonne im zerschlagnen Heimatland!
Und alle Tränen, alles Leid und Sorgen
bleiben im Grab, aus dem Christus erstand!
Er hat auch uns dem ewgen Tod entrissen,
hält uns den Frieden seines Reichs bereit!
Wo wir in seiner Gegenwart die Freunde wissen,
hinausgehoben über Raum und Zeit!
Laßt uns zusammen hin zum Grabe eilen!

Sieh, der Verzweiflung Stein, der uns erdrückt,
ist fort! Des Todes Wunden heilen!
Christus ist frei! Der Stein vom Grab gerückt!
Drum laßt das Grab! Der Herr will uns erscheinen!
wenn eilend wir zu unsren Brüdern gehn!
Um die Vollendeten wolln wir nicht weinen,
damit auch wir den Auferstandnen sehn!

24.4.1943 Im Osten (Nowomoskowsk)
Es ist Karsamstag abend und ich sitze auf meiner Bude, nachdem ich geschwind in der russischen Kirche war, wo heute Hochbetrieb ist. Angeblich soll die ganze Nacht hindurch Ostergottesdienst sein, und von 11 - 1 Uhr heute Nacht soll es am interessantesten sein. Morgen früh um vier Uhr ist auch eine große Zeremonie. Dazwischen will ich versuchen, Dich anzurufen und Dir ein frohes Osterfest zu wünschen... Und dann wollen wir daran denken, daß Christus in dieser Nacht auferweckt wurde und uns voranging, um uns „eine bleibende Statt zu bereiten". Auferstehung! Es ist in Rußland doch etwas ganz besonderes um Ostern! Letztes Jahr fuhren wir am Ostermorgen, als die Sonne aufging, aus Bolchow ab in den Westen, und dieses Jahr ist Frühlingsanfang. Seit heute blühen hier viele Aprikosenbäume, und andere Bäume sind über Nacht grün geworden. Vielleicht können wir uns in dieser wundervollen Nacht um die Stunde vor Sonnenaufgang sprechen. Mit einem frohen „Christ ist erstanden!" Herzlichst Dein S.

Ostern 1943

Ostern in sturmzerwühlter Zeit,
in der die Dämonien rasen.
Da über uns kam Not und Leid,
und alle Teufel losgelassen
auf dieser Welt, die Gott verstieß,
um sich den Götzen zuzuwenden,
die sich ihr eigenes Paradies
wollt bauen mit befleckten Händen!
Und mancher fragt voll Hohn: „Wo bist,
wo bleibst Du, Gott?! Du bist gestorben!
Du lebst nicht mehr! Du, Jesus Christ,
bist längst in Deinem Grab verdorben!
Denn „Gott ist tot!" In blindem Haß
schreit es die Menge, die verblendet
zum Grab sich schleppt, ohn Ziel und Maß
im Aufruhr gegen Gott verendet!-
Doch Christus lebt! Du kannst ihn sehen
durch Krieg und Leid, durch Raum und Zeiten,
durch Tod und Schuld und Aufruhr gehen
und durch Dein eigenes Leben schreiten!
Unsichtbar dem, der ihn nicht liebt,

der ihn begräbt in Schutt und Steinen,
wird er dem, der sich ganz ihm gibt
als Auferstandener erscheinen!-

Ihr, die Ihr um den Toten klagt,
den unsre Welt ans Kreuz geschlagen,
die Ihr nicht mehr zu hoffen wagt,
hört auf mit Jammern und mit Zagen!
Schaut auf! Wie durch Nacht und Gericht,
durch Trümmer und durch Kriegesqualen,
die goldne Ostersonne bricht,
und ihre liebewarmen Strahlen
auch Euch bescheinen, die im Leid
und in Verzweiflung ganz erstarren!
Seht! Christus geht durch unsre Zeit
und sammelt die, die seiner harren!
Du weinst?! - Sieh auf! Er schaut Dich an!
Hörst Du ihn Deinen Namen sagen?
Steh auf! Er lebt! Er geht voran!
Was willst Du nach dem Wege fragen?!
Wenn auch im Krieg zerbricht die Welt,
ja wenn die Menschheit geht zu Schanden,
der Jubelruf durchs Chaos gellt:
„Christus ist auferstanden!"

Meine Tätigkeit hier ist sonst nicht bedeutend. Morgens bilde ich z.Zt. aus im
Gelände. (Maschinengewehr usw.) Nun wird's auch bei uns Frühling. Das
Städtchen liegt an einem Fluß, und daran anschließend ist ein kleiner Kiefern-
wald. Da blühen nun die Zillas und die gelben Anemonen, und die Birken haben grüne Knospen. Die Elstern und die Raubvögel, die wilden Enten und die
Wildgänse fliegen über uns weg, und im Wäldchen schmettern die Buchfinken
ihr Lied. Im Wasser der Samara quaken in den angrenzenden Abwässern die
Ochsenfrösche, und kleine Eidechsen wimmeln im trockenen Gras. Und überall
an den Bauernhäusern spielen Kinder mit den kleinen Zicklein, die in verwege-
nen tolpatschigen Sprüngen sich des Lebens freuen. Natürlich haben's die Hühner und die Enten auch besonders wichtig, und zwischen all diesem Frühlings-
treiben marschiert Dein Sieger und schaut mit seinem Fernglas bald mal nach
dem Habicht in der Höhe und den Elstern, und bald nach den pflügenden Bauern und dann wieder nach seinen Männern, die sich durchs Kuschelgelände an-
schleichen und mit Platzpatronen in den Frühling schießen. Und dann denke ich
an Dich und Euch alle zu Haus und wünsch Euch ein recht frohes, schönes, ge-
segnetes Osterfest!

Aus einem Brief nach Ostern vom **30.4.1943**
Anfangen möcht ich mit dem Erzählen mal bei Ostern: (Bilder Nr.51-54)
Ein wenig hab ich Dir ja schon geschrieben vom Ostersonntag. Das nächtliche
Ostern in der Kirche, die ganze Nacht hindurch, gesteckt voll mit Menschen,

war wunderschön. Um 12 Uhr Mitternacht zogen Pope und Gemeinde drei mal mit dem Chor um die Kirche. Und dann wurde die Kirche wieder geöffnet und alle strömten hinein. Wir standen oben auf der Empore und hörten die jubelnden Chöre, in denen immer wieder das „Krestos wos krest" (Christus ist auferstanden) erklang und die sich im Wechsel ablösten. (2 Chöre und die 3 Popen, die abwechselnd sangen). Ein alter Dirigent, der den Chor auf der Empore leitete, holte aus den einfachen russischen Bauern doch allerhand heraus. Schade, daß Du nicht da warst! Ich wäre so gerne mit Dir zusammen oben bei dem Chor gestanden. Es war wirklich wunderschön, dieser Mitternachtsgottesdienst am Ostersonntag. Anschließend sind wir ja dann bei herrlichem Sternenhimmel zur Vermittlung gegangen, und es hat wunderbar mit der Verständigung geklappt! Meinen Kamerad, Assistenzarzt Hans Huber, brachte ich anschließend auch sofort nach Würzburg durch, so daß er sich auch noch eine Viertelstunde mit seiner Braut unterhalten konnte... Um halb vier Uhr sind wir dann noch einmal zur Kirche gegangen. Um die Kirche war alles voll Menschen, die um einen Gang, den sie freigelassen hatten, ein Spalier bildeten und ihre Osterkuchen aufgestellt hatten, damit sie der Pope einsegnen konnte. Die Kirche selbst war leer, und es wurde langsam hell. Ein feiner roter Streifen stand im Osten am Himmel, und in der leeren Kirche sangen in den Kuppeln die Vögel ihr Osterlied. Das war ganz wunderschön.- Wir gingen dann weiter nach Osten über die Samara in eine herrliche Landschaft hinein. Die Birken hatten ein hellgrünes Kleidchen an und überall brach ein leuchtendes Gelb-Grün durch. Auf den Wiesen waren die Zillas und Schmalzblümchen aufgegangen und die Lerchen trillerten in der Luft. In einem kleinen Teich gaben Unken und Frösche ein großes Osterkonzert, auf den Feldern stelzten die Elstern mit wippenden Schwänzen und langsam blitzte dann über dem Wald das rote Gold der aufgehenden Ostersonne über den aufleuchtenden Schwaden der Bodennebel. Wir sangen zu zweit wie ein paar richtige Jungen Wander- und Frühlingslieder und ließen uns dann von einem kleinen Russenjungen mit dem Boot über die Samara setzen. Dann gingen wir in der frischen Morgenluft nach Hause, wo uns bei Hubers Quartierleuten ein ukrainisches Osterfrühstück mit Osterkuchen, Wurst, Sülze, Bohnenkaffee, Eiern usw. erwartete. Dann haben wir noch im Garten den Osterhaas beim Eierlegen erwischt und geknipst; und die verschiedenen jungen Mädchen, die natürlich alle fotographiert sein wollten, teils richtig, teils falsch geknipst..."

Am Nachmittag stand ich noch einmal auf der Empore der Kirche und hörte wieder den Chören zu. An sich war es ja durch Führerbefehl deutschen Offizieren verboten, in Uniform russische Kirchen und Gottesdienste zu besuchen. Den deutschen Wehrmachtspfarrern wurde ausdrücklich verboten, russische Kinder zu taufen. Da mich aber die Frage am meisten interessierte, was unter der bolschewistischen Herrschaft aus der russischen Kirche geworden war, ging ich in jede Kirche, und sprach mit den Menschen und machte Fotos. Als ich den Chor verließ, grüßte ich sie mit dem russischen Ostergruß „Krestos wos krest!" „Christus ist auferstanden!" Es brauchte eine Sekunde länger, bis die Antwort, aber dann umso kräftiger kam: „Wo istino wos krest!" „er ist wahrhaftig auferstanden!" Dieser Gruß ging mit mir, und die Szene ist mir bis heute gegenwärtig! Wenn ich in die ausgehungerten und von Leid und Verfolgung gezeichneten Gesichter mancher ukrainischer Christen sah, dann wurde mir erst wirklich bewußt, worin unsere Schuld als Deutsche diesen Menschen im Osten gegenüber bestand. Es war die systematische Zerstörung dieser einzigen Brücke, die uns verband. Denn unsere Philosophen, Ideologen, liberalistischen Theologen und Politiker riefen den Menschen des Ostens jahrhundertelang zu: „Gott ist tot!" Und auf dieser Grundlage entstand das bolschewistische System, das versuchte, den Glauben an Jesus Christus völlig auszurotten und 66 Millionen Menschen liquidierte. Der millionenfache Schrei: „Gott ist wahrhaftig tot!" war die bolschewistisch-materialistische tödliche Antwort auf den Materialismus des Westens.

Alle Leiden, alles Unheil, ob persönlich, ideologisch, wirtschaftlich, militärisch oder politisch, stammte aus dieser Wurzel! Denn aus dem „Tod Gottes" kommt automatisch auch der Tod der Menschen! Und alle Entschuldigungen und Schuldbekenntnisse sind sinnlos, wenn wir diese zentrale Schuld nicht zuerst bekennen und den Menschen im Osten wieder glaubwürdig die Botschaft von Ostern verkündigen: „Krestos wos kres!" Wenn das geschieht, wird die millionenfache Antwort „Er ist wahrhaftig auferstanden!" die Folge sein, und die Wiedergeburt Rußlands und Europas, ja „das gemeinsame europäische Haus", wird auf diesem Fundament und dieser Ordnung entstehen.

Als mein ältester Sohn und ich Ende August 1990 die Allianzkonferenz in Bad Blankenburg in Thüringen besuchten, trafen wir dort einen russischen Chor mit ca. 40 Mitgliedern aus Bryansk. Da meine Division am 10. Oktober 1941 Bryansk erobert hatte, bat ich darum, zu ihnen sprechen zu dürfen, und entschuldigte mich für unsere deutsche Schuld am russischen Volk. Ich erzählte ihnen dann das Erlebnis von Ostern 1943 in Neumoskau, und daß ich seither erkannte, daß dieses" Krestos wos kres" - „wo istino wos kres!" die einzige wirkliche Brücke zwischen unseren Völkern in Vergangenheit, Gegenwart und Zukunft ist, die auch im schlimmsten Krieg ihre unaufhebbare Tragkraft bewiesen hatte. Sie baten mich dann noch davon zu erzählen, wie ich als deutscher Arzt immer versucht hatte, auch russische Patienten zu behandeln. Am Ende des Gesprächs sagte der Chorleiter „Und nun singen wir noch für den Doktor unser Lied: Krestos wos kres!" Uns kamen die Tränen in die Augen bei diesem wunderbaren Lied, das uns eine Vorahnung dessen vermittelte, was geschehen könnte, wenn erst wieder Millionen in West und Ost diese Brücke betreten und sich auf ihr begegnen!

Achtyrka - Trostjanez

Von Nowomoskowsk aus ging es am 30. April 43 weiter in Richtung Achtyrka, zunächst in ein kleines Dorf inmitten einer hügeligen, teilweise bewaldeten, schönen Landschaft, wo wir in Bereitschaft lagen und mitten im blühenden Mai 8 Tage lang die „Gäste" der freundlichen ukrainischen Dorfbewohner waren. Wir machten unsere Frühlingsspaziergänge und gingen sogar an einen kleinen Fluß mit einem herrlichen Sandstrand zum Baden. Da haben wir mitten im Frühling in der Sonne gelegen und von zu Hause geträumt und mir fielen dabei die folgenden Verse ein: (6.5.1943)

170

Ukrainischer Frühling

Blaues Band im gelben Sande zieht durch silbergrünes Land,
über sonndurchwärmtem Strande strahlt im Frühlingsfestgewand
Rußlands Himmel, weiße Wolken glänzen auf dem blauen Kleid
und die trunknen Augen folgen ihrem Flug nach Westen weit!
Störche schreiten durch die Wiesen, fern im Wald der Kuckuck ruft!
Aus den weißen Bäumen fließen Maiensehnsucht, Blütenduft!
Überm Boden tönend Schwingen hallt, von einem kleinen Teich
tiefen Flötentones Klingen, Unkenrufe voll und weich.
Als ob Deine lieben Hände streichen meine Haare lind,
fächelt sacht und ohne Ende meine Stirne Frühlingswind.
Glitzernd tanzen Sonnenstrahlen auf dem herrlich blauen Fluß,
in das Blütenland sie fallen, wie ein lichter Frühlingskuß.
Über hellergrünten Birken streift ins weite Blau mein Blick,
fern am Horizonte suchen meine Augen Dich, mein Glück!
Schau ich dort am Fluß Dich schreiten?
Lacht mir froh Dein lieb Gesicht? -
Seh ich Dich die Arme breiten
in dem warmen Frühlingslicht? -
Doch - ein Schatten deckt die Sonne,
und vor dunkler Wolkenwand
allen Liebesfrühlings Wonne
wie ein schöner Traum entschwand!
Nur mein Wunsch, mein tief Verlangen
zaubert mir Dein liebes Bild!
Hoch im Blau geborn, vergangen
Heimatweh die Brust erfüllt!
Frühling, Frühling, könntst Du bringen
mir mein Lieb ins ferne Land!
Leih, o leih mir Deine Schwingen,
daß ich flieg, bis ich sie fand!
Laß doch Tod und Leid nicht siegen,
trag mich über Feld und Wald,
wenn die Welt trotz Mord und Kriegen
jauchzt und klingt und widerhallt!
Frühling, Frühling, Freud und Schmerzen
bringst Du Sehnsucht ungestillt!
Wenn Dein Blühen unsre Herzen
ganz mit Seligkeit erfüllt!

Aber weil wir die Frühlingsblumen nicht heimschicken konnten, sandten wir
Fotos (Bild Nr. 55) mit einem großen Strauß Trollblumen nach Hause.
Nach acht Tagen war die Idylle zu Ende und wir fuhren weiter nach Achtyrka
einem Städtchen mit ein paar schönen Kirchen, von denen nur die Kleinste
noch als Kirche benutzt wurde, während die Größte auch als Getreidespeicher
von den Sowjets mißbraucht worden war. Das Feldlazarett wurde aufgemacht,

aber nur als Seuchenlazarett für internistische Fälle. So war ich als Feldchirurg ohne Arbeit und konnte mich in der Gegend umsehen. Dabei kam ich auch an die kleine Kirche, als dort gerade eine Trauung zu Ende ging, bei der ein 17 jähriger Junge ein 15 jähriges Mädchen geheiratet hatte, um sich so der Arbeitsverschickung nach Deutschland entziehen zu können. Ein alter Priester, der an einem Magencarzinom litt, und sein jüngerer Diakon hatten die Trauung vorgenommen. Ich benützte natürlich die Gelegenheit zu einigen interessanten Aufnahmen. (Bilder Nr. 56+57)

Bei meinem anschließenden Rundgang durchs Städtchen kam ich zufällig an dem Haus vorbei, wo die Hochzeitsgesellschaft im Erdgeschoß feierte. Als sie mich sahen, nötigten sie mich, hereinzukommen und auf dem Ehrenplatz neben der Braut mitzufeiern. Der lange Tisch war voll mit dem Hochzeitsessen, vor allem Huhn, Schweinebraten, Kartoffelsalat usw. Natürlich wollten sie alle mit mir „nastarowie!" machen, also auf meine und die Gesundheit des Brautpaars mit ihrem Rübenschnaps anstoßen. Da ich sie nicht kränken wollte, mußte ich bis an die Grenze des Tragbaren „nachkommen"! Meiner Tischdame zur Linken, „Tamara", einer intelligenten jungen Ukrainerin, schenkte ich eines meiner Neuen Testamente in ukrainischer Sprache, was ja eine absolute Seltenheit für die Menschen dort war und deshalb immer große Begeisterung auslöste.

Nach ein paar schönen Tagen in Achtyrka wurden wir 30 km nach Norden verlegt, nach Trostjanez, wo das Feldlazarett wieder als Seuchenlazarett eingesetzt wurde, obwohl es, Gott sei Dank, fast keine Seuchenfälle gab.

Trostjanez war schon typische Etappe. Der Korpsstab hatte sich dort einquartiert. Man konnte ab und zu einen Film sehen, und auch die „Frontbetreuungstheater" des Herrn Josef Göbbels trieben dort ihr Unwesen.

Aus einem Brief vom **1.6.43:**

„...Eine KdF (Kraft durch Freude) Truppe macht hier zur Zeit die Gegend unsicher, und ich geriet neulich auch aus Versehen in eine ihrer Vorstellungen." Dabei traten zwei „Tänzerinnen" auf, die sich dann nach der Vorstellung noch bis morgens vier Uhr mit den Offizieren des Korps und dem Generalleutnant vergnügten. Die waren so dumm und geil und eindeutig, daß ich ihnen einen saftigen Vers machte. Einer meiner Soldaten überreichte ihn dann einer der Damen nach der Vorstellung als „Liebesbrief von meinem Assistenzarzt". „Ein Gedicht! Ein Gedicht!" rief sie und begann auf der Straße laut vorzulesen. Beim weiteren Vorlesen gerieten sie allerdings in heftigen Zorn, denn die Verse waren ebenfalls absolut eindeutig:

„Möglicherweise werden sie sich, da ich voll unterschrieb, über mich beschweren, und vielleicht bekomme ich dann einen auf den Deckel. Aber nitschewo!..."

Der „Liebesbrief" an die K.D.F.
Schreiben an die KdF zum Hinter den Spiegel Stecken! Oder was den deutschen Landser im Osten nicht interessiert!

O lieber Chef der KdF! ...
An Eurem Abend

mich tief erlabend,
ob Eurem Spiel
mit viel Sexappeal
hab ich und noch hundert
mich mächtig gewundert!
Von Euren Weibern
und ihren Leibern
und sonst manchem Dreck
war ich vollständig weg!
Mit Fleisch wenig geizend
warn die Bauchtänze reizend
und in der Musik,
da lacht mir das Glück!
Welch herrlich Gefühl
beim Akkordeonspiel!
Vergeblich Bemühen
durch Drücken und Ziehen
leicht zu versprühen
im Saal Melodien!
Wie schön warn doch gestern
die herrlichen Schwestern!
Zwar der Tanz, der war greulich
und die Stimmen abscheulich!
Doch Hauptsache Fleisch,
Sexappeal und Gekreisch
und Augengeklapper
mit seichtem Geplapper!
Vom Augen verdrehen
wärs um mich geschehen
fast um ein Haar,
als das Schwesternpaar
in edler Verzückung
verhieß geile Beglückung
am Abend allein
beim Mondenschein!
Und als sie nicht geizten,
die Landser aufheizten
mit dem Busen rumschnakelten
und dem Hinterteil wackelten,
um mit Körperteilen
das Volk aufzugeilen,
und mit Busen und Hintern
den ältesten Sündern
durch Wiegen und Schaukeln
das Glück vorzugaukeln,
durch brünstige Töne
ohne Schmelz, ohne Schöne,

durch Grimassen und Blicke
zu reden vom Glücke,
das Volk zu verführen,
daß siedentheiß spüren
so manche Soldaten
vergangene Taten,
als Welle um Welle
strömt in Frankreichs Bordelle!
So wird das Hirn in Rausch und Wahn
nur zur Funktion vom Geschlechtsorgan!
Ist Geilheit und Brunst
jetzt neudeutsche Kunst?
Ist 'ne geile Figur
schon deutsche Kultur?
Dafür tun wir nicht
hier unsere Pflicht!
Ist das „Kraft durch Freude"?
Nein! finsterste Pleite!
Steckt in die Fabriken
statt herumzufagieren
mit „keuschen Manieren"
und uns zu beglücken
die herrlichen Frauen
und uns zu erbauen!
Statt den Busen zu räkeln
laßt Pullover sie häkeln!
Statt die vier Buchstaben zu schwenken
laß sie zu Haus ein Fuhrwerk lenken!
Statt sich die Haare gelb zu färben,
laß sie daheim die Felle gerben!
Statt auf der Bühne rumzuspinnen,
laßt lieber baldig sie beginnen,
daß sie mit den lackierten Zehen
zu Hause Nähmaschinen drehen!
Zwar die beiden Herrn,
die sahen wir recht gern!
Zauberei und auch Lieder
die bringet uns wieder!
Das Staunen und Lachen,
das sind die zwei Sachen,
die Freude uns machen!
Doch rat ich, entlaßt
die zwei Schwestern und faßt
Euch Ukrainerinnen!
Zieht damit von hinnen!
Die singen und tanzen
weit besser im Ganzen

174

und reden daher
nicht so ordinär!
Ein schöner Körper, der ist und bleibt schön!
Doch geile Popanzen, die wolln wir nicht sehn!!
Sonst pfeifen wir nächstens geschlossen Euch aus!
Drum schont uns und lasset die Geilheit zu Haus!
Habt Ihr einen besseren Frauenstab,
dann schneidet Ihr künftig viel besser ab!

Mit wilden Zornesrufen rannten die Damen sofort zum Generalleutnant, an dessen Seite sie sich die letzte Nacht bis in die Morgenstunden amüsiert hatten, und forderten die sofortige Bestrafung dieses bösartigen Assistenzarztes für seinen „Liebesbrief". Andernfalls würden sie sofort alle geplanten Veranstaltungen absagen und den Korpsbereich verlassen!
Der Generalleutnant forderte daraufhin meine Bestrafung beim General der Armee, und der Vers ging durch sämtliche Instanzen vom Armeegeneral zur Armeesanitätsabteilung und dort zum Feldlazarett 771 und zu meinem Oberfeldarzt, der mich aufforderte, eine Stellungnahme dazu zu schreiben. Ich verfasste ein messerscharfes Schreiben, in dem ich diesen Animierbetrieb schärfstens verurteilte und auf die 33% geschlechtskranke Mädchen in dieser Gegend hinwies. Deshalb bezeichnete ich solche Vorführungen als Sabotage an Gesundheit und Moral der Truppe und mein direktes Vorgehen als einzig möglichen Weg, etwas zu unternehmen. Das Schreiben mit dem Vers machte wiederum die Runde durch alle Instanzen, wurde überall abgeschrieben und weiter verbreitet. Nach ein paar Wochen dachte ich, ich muß doch einmal einen Besuch beim Armeearzt machen und herausfinden, was aus der Sache wurde. Als ich gerade bei seinem Adjudanten saß und ihm abschreckende medizinische Dias zur Vorführung bei der Truppe zeigte, kam ein Anruf vom Korps: Der Generalleutnant sei ungeduldig und wolle endlich wissen, was aus der Bestrafung des Assistenzarztes Ernst geworden sei! „Gehen Sie gleich mal rüber zum Alten" sagte der Adjutant, und sprechen Sie mit ihm!"
Oberstarzt Dr. Kern, unser Armeearzt, empfing mich sofort und erklärte: „Sie hatten vollständig recht! Ich bekam neulich auch solch einen Mist vorgesetzt, und niemand kann Ihnen verbieten, Ihre Meinung zu sagen!" Da er sich ganz auf meine Seite stellte, wurde aus der Bestrafung nichts, und ich bekam lediglich eine Ermahnung, das in Zukunft nicht mehr zu machen. Nach vier Wochen kam aber eine Anfrage an unser Feldlazarett von der Armee, weil in Berlin eine neue Stelle für Presse, Propaganda und Nachwuchswerbung eingerichtet werden sollte: „Es ist zu melden, ob der Assistenzarzt Ernst für diesen Posten in Frage kommt!?"
Ich schickte darauf einige Gedichte, Aufsätze und Bilder ein, darunter bewußt auch ein paar religiöse Gedichte, um klar meine Position zu zeigen! Darauf bekam ich die Stelle natürlich nicht, was letzten Endes sicher ein Glück war, weil ich in Berlin entsprechend meiner Anti-Hitler-Einstellung sicher mit den Kreisen des 20. Juli 1944 in Kontakt gekommen wäre und dann mit allen Konsequenzen in die Sache hineinverwickelt worden wäre.
Von heute aus gesehen waren allerdings Josef Göbbels und seine KdF-Damen

noch harmlose Spießbürger, und es mag manchem direkt komisch vorkommen, daß wir damals als Soldaten daran überhaupt Anstoß nahmen. Wenn man allerdings die meisten „kulturellen" Leistungen von heute ansieht, und sich vergegenwärtigt, daß die größte internationale „Messe für Pornographie" jetzt in Berlin in der Kongreßhalle stattfand und „Deutschlands Hauptstadt" Berlin damit die Welthauptstadt der schlimmsten Perversitäten und Zerstörungen der Menschenwürde, die überhaupt denkbar sind, geworden ist, so scheint sich nicht nur der Siegmund Freud zugeschriebene Satz zu bewahrheiten: „Der Verlust der Scham ist ein Kennzeichen des Schwachsinns!", sondern selbst ein Josef Goebbels würde angesichts der modernen Schamlosigkeit noch rot werden!

Beim LIII. Korps in Trostjanez war auch Prinz Wilhelm von Preußen als Offizier. Er hatte sein eigenes schönes Reitpferd, das natürlich täglich bewegt werden mußte. So benützte ich einige Male die Gelegenheit in aller Frühe in den Wald auszureiten und möglichst vorher noch den Versuch zu machen, mit meiner Frau über die Telephonzentrale des Korps ein Gespräch nach Hause zu führen.

Eines Tages begegnete mir dort ein Unteroffizier, Pfarrer Johannes Horstmann, den ich auf einer unserer Gruppentagungen 1940 in Niendorf an der Ostsee kennengelernt hatte. Das war natürlich eine Riesenfreude, und wir trafen uns, solange wir am selben Standort waren, so oft wie möglich zur gemeinsamen Stille und zum Austausch. Inzwischen hatte ich von zu Hause das Buch von Dr. Paul Tournier, „Krankheit und Lebensprobleme", erhalten, das ich ihm auch zum Lesen gab. Da seit November 1942 laut Veröffentlichung im Heeresverordnungsblatt jede Betätigung im Sinne der Oxford-Gruppe oder einer Nachfolgeorganisation verboten war, machten wir uns natürlich im Grund durch die Weitergabe der Literatur der Oxford-Gruppe straffällig, was uns aber nicht interessierte.
Trostjanez hatte zwei Kirchen. Die eine war in eine Zuckerfabrik verwandelt worden, während die andere, die Kornspeicher war, wieder provisorisch durch den freiwilligen Einsatz von orthodoxen Gemeindegliedern renoviert wurde. (Bild Nr. 60)

Pfingsten 1943

Am Pfingstsonntag (13.6.) hatte ich dann Gelegenheit, auch an einem orthodoxen Pfingstgottesdienst teilzunehmen. (Bilder Nr. 58-59) Der orthodoxe Priester war hier ein wenig das Opfer jener Praxis auf den Dörfern und kleinen Städten, daß man seinen Lebensunterhalt durch Abgabe von Nahrungsmitteln ermöglichte, weshalb dann viele Popen an entsprechendem Übergewicht litten.
Der Pfingstgottesdienst selbst war zwar ebenfalls schön. Aber es scheint doch typisch zu sein für alle drei großen Kirchen, daß das Fest des Heiligen Geistes eher eine gewisse Verlegenheit auslöst. Denn sowohl in der Orthodoxen als auch in der Katholischen Kirche widersetzt sich ganz offensichtlich der Heilige Geist der Institutionalisierung, zumal ein großer Teil der Theologen sofort nach

der Feuerwehr ruft, wenn er wirklich irgendwo in Erscheinung tritt. Während das Ereignis der Geburt Christi und das seiner Passion und Auferstehung für die Gläubigen in den Großkirchen nachvollziehbar ist, fehlt in diesen Kirchen die Erfahrung des Pfingstwunders schon deshalb, weil sie nicht mehr, wie die Jünger am Pfingstfest, „einmütig versammelt" sind. „Der Geist weht, wo Er will!" Er ist deshalb einerseits nicht an die verfaßte Kirche gebunden, andererseits hat er auch mit vielen Schwarmgeistereien außerhalb der Kirchen nichts zu tun. Der Geist der echten Inspiration, Wahrhaftigkeit, Versöhnung, Prophetie, Führung, Erleuchtung, Gemeinschaft, Liebe, Heilung usw. hat eben innerhalb der Kirchen und auch dort, wo er außerhalb in Erscheinung tritt, zwei Voraussetzungen: „Wer aus der Wahrheit ist, der hört meine Stimme!" sagt Christus (Joh.18,Vs 37) und „Selig sind, die reines Herzens sind, denn sie werden Gott schauen!" (Matth.5, Vs 8) bzw. Paulus (1.Kor.6, Vs 19 und viele ähnliche Stellen) „Wisset Ihr nicht, daß Euer Leib ein Tempel des Heiligen Geistes ist!" Absolute Wahrhaftigkeit und Reinheit sind in und außerhalb der Kirchen die Bedingung für die Gabe des Heiligen Geistes. Deshalb gehörte das Sündenbekenntnis und die Taufe als Sinnbild auch der radikalen inneren Reinigung vor die Handauflegung, die den Heiligen Geist vermittelte. Wo aber finden wir diese radikale Wahrhaftigkeit und den ständigen Willen zur inneren Reinigung und Reinheit heute noch in unseren Kirchen?-

Ohne radikale Sündenerkenntnis und das Bekenntnis der eigenen Schuld, auch der Schuld der Kirchen in der Vergangenheit, gibt es aber keine Reinigung und Bereinigung. Und ohne Bereinigung gibt es keine Einigung und kein neues Verständnis für die Sprache des anderen. Die babylonische Sprachenverwirrung bleibt innerhalb der Kirchen und zwischen Kirchen und Welt bestehen.

Wenn heute ein Großteil der katholischen Moraltheologen es ihren evangelischen Kollegen gleichtun wollen und Antibabypillen, voreheliche und außereheliche Sexbetätigung, Homosexualität, Ehescheidung, ja selbst Abtreibung zu einem Verhalten in der Christenheit machen wollen, das von dem nur noch liebenden und alles verstehenden Gott abgedeckt wird, dann muß das Verständnis für den dritten Glaubensartikel über den Heiligen Geist und die Erfahrung des Pfingstwunders zu einem im besten Fall schwärmerischen New Age Mythos oder einem kanonischen Rechtsanspruch oder liturgischen Ritual degenerieren.

Dafür wurde zum Weltspektakel um „Die Heilige Geistin" - denn der Heilige Geist muß feminin sein - der Ökumenische Weltkongreß in Canberra in Australien. Eine tolle Mischung von Geistern unter der Führung einer jungen koreanischen Professorin, von den Geistern der Ahnen und den Schamanen bis hin zu den Geistern und Dämonen der Aborigenes marschierte in Canberra auf. Aber der Apostel Johannes sagt klar (1.Joh. 4, Vs. 1 - 3) „Ihr Lieben, glaubt nicht einem jeglichen Geist, sondern prüfet die Geister, ob sie von Gott sind; denn es sind viele falsche Propheten ausgegangen in die Welt. Daran sollt ihr den Geist Gottes erkennen: Ein jeglicher Geist, der da bekennt, daß Jesus Christus ist im Fleisch gekommen, der ist von Gott; und ein jeglicher Geist, der Jesus nicht bekennt, der ist nicht von Gott..." Und das ist der Geist des Widerchrist, von dem ihr gehört habt, daß er kommen werde und ist schon jetzt in der Welt".

Die Vermischung dieser Botschaft mit dem jeweiligen Zeit-Geist, um „besser anzukommen" bedeutet letzten Endes Kapitulation. Einerlei, ob man dann mit dem Absolutismus, dem Liberalismus, dem Nationalismus, dem Sozialismus oder dem Rassesozialismus, und heute dem Pazifismus, Sexualismus und Feminismus gemeinsame Sache macht und sich anpaßt. Die Verunreinigung der Botschaft und der Verlust des „Heiligen Geistes" sind immer die Folge.

Sicherlich liegt hier die Ursache, daß die nichtregistrierten Baptisten unter allen Verfolgungen in der Sowjetunion die größte Pfingstwirkung hatten, weil durch ihr Leben und ihren Glauben der Heilige Geist selbst für radikale Atheisten ohne Vermischung mit dem Zeitgeist am sichtbarsten wurde.
Die Zukunft der Weltchristenheit hängt deshalb nicht von Weltversammlungen für Frieden, Gerechtigkeit und Bewahrung der Schöpfung, (wie 1989) in Basel oder für Gerechtigkeit und Versöhnung (1997 in Graz) oder von anderen geistlich sterilen Zusammenkünften mit endlosen Diskussionen und Deklamationen des Weltrates der Kirchen oder emotionalen Ekstasen und Vorführungen und Vermischungen sämtlicher „Geister" ab, die immer ein Zeichen von Unreinheit sind, sondern von der Bereitschaft zu radikaler Wahrhaftigkeit und inneren Reinigung als Voraussetzung einer neuen Taufe mit dem Heiligen Geist. Oder könnte man sich vorstellen, daß bei der ersten Pfingstversammlung in Jerusalem durch Delegierte „sexuelle Gewalt gegen anwesende Frauen" ausgeübt worden wäre, wie dies in der Presse von Canberra berichtet wurde?
Dies ist ja nur vorstellbar bei Delegierten von Kirchen, in denen sowohl das Recht der ungeborenen Kinder auf Leben (wie in der ehem. DDR) als auch das Wissen um sexuelle Reinheit als eine Bedingung der Gotteserkenntnis und damit als wesentliche Voraussetzung jeder echten „Ökumene" jahrzehntelang verteufelt und als Moralismus abgetan wurde.

Das Ende dieser schönen Tage kam näher und ich schrieb meiner Frau noch ein paar Verse vom Baden an einem kleinen Fluß:

Ukrainischer Sommer 1943

Leise plätschern die Wellen
mir an den staubigen Fuß,
schimmernd huschen die schnellen
Möwen vorüber am Fluß.-
Sommersonne, sie glühet,
satt auf dem sandigen Strand,
rund um mich reifet und blühet
wachsend zur Ernte das Land.
Sonnenblumen, sie strahlen
wogend im goldgelben Feld;
Lieder verklingen, verhallen
über der herrlichen Welt.
Die Wiesen am Ufersaum gleiten
ins tiefblaue Wasser hinein,

zwei muntere Füllen, sie weiden
und grasen im sonnigen Schein.
Kindliches Lachen erklinget,
abgerissen und weit,
Erde und Menschen durchdringet
Freude der Hochsommerzeit.
Könntest, mein Lieb, Du doch sehen
all dies lebendige Glück,
könntest Du bei mir doch stehen
nur einen Augenblick!
Meine Gedanken, sie fliegen
zu Dir in die Ferne so weit,
und es tanzen die Wellen und wiegen
ihr ewiges Lied durch die Zeit!
(Bild Nr. 61)

Feldlazarett 4/552

Am **4.7.1943** wurde ich zum chirurgischen Einsatz zum Feldlazarett 4/ 552 abkommandiert, das nordöstlich von Trostjanez in Graiworon lag. (Bilder Nr. 62-
65) Aus einem Brief an meine Frau vom 7.7.43:
„...meine Einheit besteht zum größten Teil aus Schwaben. Aus Ulm ist Oberarzt
Unseld (vom Robert Bosch Krankenhaus in Stuttgart), dessen Bruder Dieter
Unseld mit mir befreundet ist und dessen Eltern ganz in unserer Nähe wohnen.
Dr. Vogelsang (Internist) aus Söflingen war auch hier, wurde aber im Februar
auf dem Rückzug von Pawlograd nach dem Dnjepr von Partisanen erschossen.
Hier ist es in dieser Beziehung ganz ruhig. Die Russen haben deutsche Solda-
tenuniformen an und sind als sog. HiWi = Hilfswillige in deutschen Diensten.
Da es ihnen so besser geht als früher haben sie keine Lust, den Kopf zu riskieren... Eine russische Niederlage hier müßte die Überläuferbewegung sicher um
einiges vergrößern, so wie eine deutsche stimmungsmäßig natürlich verheerend
wirken würde...“
Vor dem chirurgischen Einsatz bei der bevorstehenden Schlacht um Kursk
sandte ich meinem Oberarzt an der Chirurgischen Universitäts Klinik, Professor
Dr. Jäger, einen Gruß:

Wenn man nach Fahrten kreuz und quer,
wie einst Odysseus auf dem Meer,
gelandet ist im sicheren Hafen,
so kann man wieder ruhig schlafen,
wenn einen nicht in Bauch und Rücken
wie hier die lieben Wanzen zwicken!
Auch ich soll nun nach manchen Wirren
in Rußland wieder operieren
in einem Lazarett des Feldes,
das, mangels Haus, sich eines Zeltes
bald wohl bedient, weil sich was tut

hier in der Gegend, wo kaputt
bald jede Hütt vom hin und her,
es steht hier fast kein Städtchen mehr
Anstelle eines Vollchirurgs
sitz ich und hoff, daß keinen Murks
ich machen werd beim Operieren,
und unsre Klinik sich blamieren
nicht braucht mit mir, wenn ich die Zunft
vertreten werde mit Vernunft!

Charkow

Auf der Fahrt nach meinem neuen Lazarett kam ich auch durch Charkow. Dort traf ich einige Freunde von meiner alten Abteilung bei der 167.ID und hatte Gelegenheit, mir die Stadt anzuschauen.

Die große Kathedrale mit ihrem rot-weiß gestreiften Backsteinbau bildete den krassen Kontrast zum sog. Roten Platz, dessen amerikanische Quaderbauten im ausgebrannten Zustande einen geradezu dämonischen Eindruck machten. Ein Denkmal des ukrainischen Dichters Schewtschenko symbolisierte die Oktoberrevolution und war im Gegensatz zu den sonst üblichen Gipsplastiken aus Stein. In Charkow sah ich noch auf einer früheren, im Renaissancestil gebauten Kirche eine goldene Kuppel. Sie wurde als physikalisches Institut benützt. (Bilder Nr. 66-67) In Graiworon traf ich einen russischen Psychologen, der an einem Institut in Charkow gearbeitet hatte, in dem auch Hypnotiseure ausgebildet wurden, die Stalin ja für seine Prozesse gegen seine früheren Freunde und Mitkämpfer und auch gegen Marschall Tuchatschewski und die Offiziere der Roten Armee eingesetzt hatte, um die für das Todesurteil jeweils notwendigen „Geständnisse" zu erhalten.

Unser Feldlazarett in Graiworon hatte nur einen ganz reduzierten Betrieb, so daß wir vor allem Zivilisten behandelten. (Bild Nr. 68) In Borissowka, wohin wir dann für drei Tage verlegt wurden, ist mir ein junges etwa 18 jähriges ukrainisches Mädchen noch in schrecklicher Erinnerung geblieben, das durch eine sowjetische Bombe schwer verletzt worden war. Einen Fuß hatte es ihr weggerissen und das andere Bein war so schwer verletzt, daß es unterm Knie amputiert werden mußte. Dazu kamen zahlreiche Splitter im Rücken. Sie war außerordentlich tapfer, und als wir weiter mußten, übergaben wir sie einer nachrückenden Sanitätskompanie. Der für sie verantwortliche Mediziner aber war offensichtlich einer von den, Gott sei Dank, seltenen Euthanasieverbrechern, der Ihr dann, wie wir später hörten, „aus Mitleid" Luft in die Vene spritzte und sie damit tötete.

An einem der ersten Nachmittage ging ich mit dem aus Ulm stammenden Oberarzt Unseld zum Baden an einen kleinen Fluß und erzählte ihm dann, ohne zu wissen, daß er selbst aktiver Mitarbeiter des NS Sicherheitsdienstes war, was ich von Adolf Hitler und dem weiteren Verlauf dieses Krieges dachte. Er gab sich nicht zu erkennen und zunächst ging es noch gut. Wir warteten auf die Großoffensive, die nun beginnen sollte, und ich schaute mir wieder das Schicksal der Kirchen an. Zwei von ihnen wurden nur noch als Steinbruch benützt, aber eine dritte Kirche war noch völlig intakt. - Auch die schöne Ikonostas (Ikonenwand) war noch ganz in Ordnung. Die Kuppel war so gebaut, daß drei Lichtstrahlen von dort auf die Kreuzigungsgruppe fielen, als Symbol für die Dreieinigkeit.

An einem schönen Sommernachmittag, an dem romantisch gelegenen kleinen See, fielen mir folgende Verse an meine Frau ein:

Sommerzauber in der Ukraine

Eine blaue Glockenblume
schwankt vom Sommerwind umhaucht
in den Gräsern, sonndurchglühte
Wiesen sind ins Licht getaucht.

Alte Eichen wölben mächtig
ihre Äste um uns rund,
Himmelsbläue spiegelt prächtig
sich im See am Wiesengrund.
Leben, Lieben, Pfeifen, Klingen
tönt um mich aus Flur und Wald,
Kuckucksruf und Amselsingen
aus den alten Bäumen schallt.

Meisen zirpen, Finken schlagen,
eine dicke Hummel brummt,
laut vom See die Frösche quaken
und die Wiese klingt und summt.

Durch die Gräser Käfer steigen,
in dem buntdurchflochtnen Grün
tausend Blütenkelche neigen,
öffnen sich zum Lichte hin.

Leuchtend die Libelle schillert,
blitzt im goldnen Sonnenstrahl,
hoch im Baum der Pirol trillert, -
Im Gezweig die Nachtigall

Will ihr schönstes Lied beginnen,
das wie tiefe Sehnsucht klingt
und mir in mein stilles Sinnen
Klänge froher Liebe singt.

Falter schaukeln durch die Blüten
Bienen trinken Honigseim.

Wie im allertiefsten Frieden
lieg am Waldrand ich und träum.

Träum vom Lieben, träum vom Leben,
dessen Fülle mich umschließt,
träum vom Schenken und vom Geben,
träum, daß Du nun bei mir bist.

Und der Sommerjubel klinget
auf zur schönsten Symphonie!
Wie ein Meer des Glücks umschlinget
uns des Schöpfers Harmonie.

Die weltanschauliche Zusammensetzung des Feldlazaretts war ziemlich das
Gegenteil vom Feldlazarett 771. Der Chef war Mitglied der Zivil-SS, ebenso
der Apotheker, und der Internist, wie schon erwähnt, war Mitglied des Sicherheitsdienstes. Meine kritischen Bemerkungen, etwa zu Meldungen, daß Mussolini zurückgetreten und eine neue italienische Regierung unter Marschall Bado-
glio gebildet worden sei, daß sich aber dadurch an der Bündnistreue Italiens
nichts ändern würde, wurden als Wehrmachtszersetzung empfunden. Wenn ich
also sagte, daß Mussolini niemals freiwillig zurücktreten würde, sondern höchstens verhaftet worden sei und der Putsch das Umschwenken der Italiener in die
feindliche Front bedeute, so stimmte das natürlich, aber man wollte es nicht hören. Eines Tages kam ich, ohne daß die am Tisch sitzenden Offiziere es be-
merkten, in das Zimmer herein und hörte, wie Oberarzt Unseld zum Chef des
Feldlazaretts gerade sagte: „Mit dem Assistenzarzt Ernst kann das nicht so
weitergehen, der zersetzt den Geist unserer Truppe."
Dann merkten sie, daß ich eingetreten war. Es ist verständlich, daß er mir nach
dem Kriege immer auswich, als sich leider meine Prognosen nur zu sehr be-
wahrheitet hatten.
Aber vor der Abfahrt zum chirurgischen Einsatz beim Feldlazarett Großdeutschland schickte ich noch einen letzten, vielleicht etwas sentimentalen
Rückblick auf die schicksalhafte erste Begegnung mit meiner Frau am
18.7.1931 an sie ab:

Im Osten 10.7.1943
„... Mein Gepäck ist schon verladen, und es soll in zwei Stunden weitergehen,
nachdem ich nun schon sieben Tage hier bin und etwas Zeit zur Vorbereitung
hatte. In 8 Tagen ist nun unser 12. Jahrestag, und da möcht ich heute noch einen
klein wenig festlichen Brief an Dich senden:
Weißt Du, als ich heute dran dachte, wie ich vor 12 Jahren an einem schönen
Samstag nach der Schule startete und am Postamt um die Ecke sah, bis Du mit
Deinem Regenschirm und dem gelben Käpple an mir vorbei warst, und dann
mit einem Riesenherzklopfen hinterdreinrannte, da war's mir zwar todernst,
aber die Konsequenzen konnte ich ja nur ahnen! Und nun, nach 12 Jahren sind
wir nun bald zu Dritt! Ich war wohl selten so glücklich wie damals, und ich
muß sagen, das ist eben so etwas Herbes und Zartes und Schönes, wie das wohl

im Leben nur einmal in dieser Art möglich ist. Ich bin nach Hause gerannt und dann auf den Zug, um nach Stuttgart zum Tennisturnier zu fahren, und war selig! Und dann die „unabsichtlichen" Begegnungen. Weißt Du, diese Spaziergänge an die Illerspitze sollten wir direkt im nächsten Urlaub einmal wiederholen! Ich hab immer noch diesen zarten Duft in Erinnerung, dieses Vertrauen und doch so scheue Zusammensein, als wir uns von unseren Jugendstreichen erzählten und schüchtern nebeneinander hergingen. Ja, und dann hab ich zunächst mal Glück in der Liebe gehabt, aber keines mehr im Spiel, denn ich verlor alle Tennisspiele, weil ich wegen dem Dorle immer vorher die Donau herunterschwamm und das natürlich entsprechend Kraft und Energie kostete. Aber es war mir wurscht und ich verlor lieber das Tennisturnier, als daß ich einen der paar Nachmittage mit Dir ausgelassen hätte. Und das Glatteste war ja, daß wir nie etwas miteinander ausgemacht hatten, sondern uns immer „zufällig" trafen und uns direkt genierten, uns zu verabreden, denn das hatte so einen schlechten Beigeschmack von wegen „Poussieren" und so. Und wir poussierten doch beileibe nicht, das hätten wir uns schwer verbeten, wenn man unsere Liebe als Poussage bezeichnet hätte und von „Liebe" war ja zwischen uns überhaupt nicht die Rede. Wir wollten davon nichts wissen bis zum April 1932, als wir uns in der Wohnung auf einem Bänkle so ganz vorsichtig fragten, ob wir uns mögen! Und ich weiß noch gut, daß damals, als ich Dir meinen Arm so ein wenig unterhakte, d.h. das war's eigentlich nicht ganz, denn ich hab die Hand dabei auf die Bank gestützt, daß ich dabei dachte: „Der Würfel ist gefallen! Das Dorle wird Deine Frau, und ich will sie nie mehr fortlassen und immer mit Dir zusammenbleiben. Ja, und dann auf der Ostertagung des BK in Schorndorf, da reifte der Entschluß, Dir den Arm um die Schulter zu legen, und das passierte dann ja auch prompt, und aus der Freundschaft wurde eine richtige Liebe. Warum es aber wohl nicht so ging wie bei unseren anderen Freunden und Freundinnen mit der Jugendliebe (die doch fast immer auseinandergingen)? Wenn ich mir das heute überlege, so kommt's mir wirklich immer wieder als Wunder vor. Die Erziehung und das Ideal des BK, die klare Linie, die Vater der mir Vorbild war, in diesen Fragen hatte, und dann später die Oxford-Gruppe haben es uns ermöglicht, rein in die Ehe zu gehen. Gott hat uns an allen Klippen vorübergeführt, und da glaub ich, war doch wesentlich das Gebet unserer Eltern mit schuld.

Entscheidend aber war von heute aus gesehen doch immer wieder die Bereitschaft, in der Stille auf Gott zu hören, sich an den vier Maßstäben zu messen und das auszutauschen, was nicht stimmte. Deshalb meine Mahnung - die auch mir selbst immer wieder galt - am Schluß des Briefes, immer wieder Stille Zeit zu halten: „

Schlacht um Kursk beim Feldlazarett Grossdeutschland
Brief vom **15.7.43:**
Gestern abend war ich noch geschwind bei Major Leopold und dem Stab und hab auch meinem alten Oberstarzt, der sich richtig freute, mich mal wieder zu sehen, Grüß Gott gesagt. Als ich kaum dort war, wurde ich wieder zu einem 11 Kilometer entfernten Feldlazarett abgeholt und bin seit heute morgen um sieben

Uhr für einige Tage zum Feldlazarett Großdeutschland abkommandiert..."
Der neue Divisionsarzt von Großdeutschland, Oberstarzt Wegerhoff, war vier
Jahre in Berlin die rechte Hand des Heeressanitätsinspekteurs Hahnloser und
hatte ganz offensichtlich Halsschmerzen, weil er noch keine Kriegsauszeich-
nung hatte. Als „zackiger" Preuße war er das Gegenteil unseres väterlichen Armeearztes Oberstarzt Kern, der jede militaristische Angeberei haßte. Ich meldete mich bei dem Divisionsarzt entsprechend „zackig", was ihm offensichtlich
gleich imponierte. Er meinte dann, er habe einen „schneidigen Einsatz" des
Feldlazaretts bereits 4 km hinter der Front angeordnet, obwohl der Armeearzt
einen Standort weiter hinten für richtig hielt. Er war ganz offenbar der Überzeugung, daß der Krieg nun eine entscheidende Wende nehmen werde, zu der
er entsprechend beitragen wollte.
Weiter aus dem Brief vom **15.7.43**:
„Wie Du ja inzwischen aus der Zeitung weißt, geht es hier z.Zt. ordentlich rund,
auch wenn ich selbst außer den üblichen Namenschildern noch nicht viel gemerkt habe. Gestern hat ein einziger Tiger- Panzer 40 russische Panzer abgeschossen... (Bild Nr. 69) Leider hat uns Petrus einen dicken Strich durch die
Rechnung gemacht. Seit 8 Tagen regnet es fast jeden Tag, und heute haben wir
einen richtigen Landregen. Das hat uns gerade gefehlt! Die Straßen sind eine
einzige Schmiere! Hoffentlich wird das bald besser!

16.7.43 „... Es gefällt mir sehr gut hier, auch wenn die Verhältnisse äußerst
primitiv sind, aber es gibt positive Arbeit und nette Ärzte. Großdeutschland hat
ja an sich eine gewisse Auslese an Offizieren und Mannschaften und es ist natürlich auch schöner bei einer guten Einheit und Division zu sein..."

18.7.43. „... Nun sind's heute genau 12 Jahre, seit wir uns zum ersten Mal begegneten. Ich sitze mitten in Rußland im „Feldlazarett" in einem elenden Dorf
und wir arbeiten früh und spät und Tag und Nacht, um möglichst viele noch
durchzukriegen, denn die Verluste gerade an dieser Stelle sind unheimlich! Der
Russe hat allerdings noch größere! Unter dem Rumpsen der Abschüsse unserer
Geschütze und dem ewigen Brummen und Schwirren der Flieger aller Beteiligten werden in einer elenden Panjebude, die allerdings ganz gut eingerichtet
ist, Kämpfe um Leben und Tod ausgetragen; und heute haben wir einen gewonnen und einen verloren. Der erste war ein schwerer Bauchschuß mit sehr großem Blutverlust, der plötzlich am Schluß der Operation vollkommen kollabierte
und vielleicht noch 1 - 2 Minuten vom Tod entfernt war. Alle glaubten, es ist
nichts mehr zu machen, und der Chirurg wollte schon mit großen Stichen zunähen. Ich selbst glaubte auch, daß es zu Ende sei, denn ich hatte noch nie gesehen, daß ein Sterbender, der in der Minute vielleicht noch drei Schnapper,
machte in diesem Zustand wieder lebendig wurde. Ich war im Nebenraum, als
mich der Nakosearzt rief, ich möge doch dem Patienten ein Kreislaufmittel ein-
spritzen. Ich rannte mit der Spritze, doch weil das Herz praktisch still stand
fand ich keine Vene mehr für die Injektion. Mit affenartiger Geschwindigkeit
gelang es mir aber, mit einem Messerschnitt in die Ellenbeuge eine Vene frei-
zulegen und das Herzmittel einzuspritzen. Das verlängerte den Zustand des
Sterbens vielleicht um 2 - 3 Minuten und das genügte, um ebenso schnell eine

große Kanüle einzuführen und Blutersatzflüssigkeit die das vollkommen ausge-
blutete Gefäßsystem wieder füllte und nun eine kleine Besserung eintreten ließ,
durch den Schlauch einlaufen zu lassen. Eine 2. Flasche, die wir einlaufen ließen, machte die Atmung schon etwas besser, und nun kamen wir auf den Gedanken, einfach in die Flasche Blut nachzufüllen, das wir aus dem Arm eines
Unteroffiziers mit Blutgruppe 0 in sterile Gläser laufen liessen. Um Ersatzflüs-
sigkeit und Blut unter Druck in die Vene zu jagen, war uns die Idee gekommen,
den Pumpballon mit Schlauch von einem Blutdruckapparat abzumachen und
ihn auf das obere Flaschenende aufzusetzen und dann Luft in die Flasche zu
pressen, so daß trotz des schwachen Herzschlags die Flüssigkeit rasch in den
Körper kam. So pumpten wir noch eine Flasche Tutofusin und 600 ccm Blut
hinein, und das Unwahrscheinliche gelang; er wachte wieder auf und kam
gleich so zu Kräften, daß wir ihn kaum mehr auf dem Operationstisch halten
konnten. Keiner von uns hat sowas bisher erlebt, aber ich will mir's zur Lehre
sein lassen, immer alles zu probieren, ehe ich einen aufgebe. Hoffentlich
kommt er nun auch sonst durch.
Schreckliche Verletzungen kommen teilweise herein. Heute früh wurde ein
junger Ingenieurstudent aus Mannheim hereingetragen, dem ein Splitter an der
Halswirbelsäule wahrscheinlich das Rückenmark durchtrennt hatte, so daß er
von den Armen an abwärts gelähmt war und gerade noch mit dem Zwerchfell
atmen, aber nicht mehr husten konnte. Ich setzte mich eine halbe Stunde zu ihm
und suchte ihn auf sein Schicksal ein wenig vorzubereiten, denn er fragte mich
immer: „Sagen Sie mir Doktor, muß ich sterben?" Ich sagte ihm, daß ich das
nicht sagen könne, weil ich nicht genau wisse, was verletzt sei. Ich machte ihm
Hoffnung, denn es bestand ja noch 5% Möglichkeit, daß er vielleicht doch
durchkommt und sagte ihm dennoch, daß es so oder so gehen könne, weil ihn
alle bisherigen Ärzte nur angelogen hatten, denn er fragte mich immer „auf Ehre und Gewissen". Seine Mutter wollte er noch einmal sehen und er wollte lieber für immer gelähmt bleiben als sterben. Das war schrecklich, denn er war ein
prächtiger Bursche, und einer seiner beiden Brüder war schon gefallen. Ich habe
ihm noch gesagt, daß ich an die Auferstehung glaube und Christ sei, und er
wurde dann sofort mit dem Flugzeug nach Charkow transportiert. Einem wak-
keren Schwaben aus Heilbronn, dessen Pantherpanzer auf eine Mine gefahren
war und der dabei an den Deckel der Kuppel geschleudert wurde holten wir eine Anzahl Knochensplitter aus dem Gehirn, weil ihm der spitze Griff am Dek-
kel in den Schädel gedrungen war. Er hatte keinerlei Bewußtseinsstörungen, so
daß ich die Wunde zunächst nur für eine einfache Kopfplatzwunde hielt. Erst
während der Versorgung entdeckte ich die Gehirnverletzung und versorgte sie
dann entsprechend. Er ist bis jetzt ganz fidel. Hoffentlich packt er's auch. Eine
grosse Menge Schwerverletzter liegt hier und es gibt unheimlich Arbeit. Durchschnittlich 4 - 5 Stunden Schlaf, aber nachts immer prima Bohnenkaffee, der
uns wieder munter macht... Wenn ich an die Zeit denke, die wir zusammen
hatten, so muß ich mir immer wieder sagen: Es könnte so schön sein hier auf
dieser Welt, wenn die Menschen nach Gottes Willen fragen würden anstatt sich
umzubringen. Und man könnte verrückt werden, wenn nicht eines absolut fest-
stehen würde: Der, der uns zusammengeführt hat, der aus uns eine Einheit
machte, der uns die Wunder seiner Führung und Bewahrung an jedem Tag un-

seres Lebens und Zusammenseins so absolut klar zeigte, der uns seine Macht zu bewahren, so eindeutig bewies, der hat unser Leben in seiner Hand. Er gab ihm sein Ziel und später, Gott sei Dank um Christi willen die Auferstehung... Christus lebt, Christus führt, Christus siegt! ..."

Nach fünf Tagen chirurgischen Einsatzes bei Großdeutschland hatten wir uns nachts vier Uhr erschöpft zum Schlafen hingelegt und wurden dann um sieben Uhr vom Divisionsarzt Wegerhoff persönlich geweckt. „Herr Assistenzarzt Ernst, die Russen sind bei Orel und Bryansk durchgebrochen und Großdeutschland muß um 13 Uhr abrücken. Ich habe versucht, sie vom Armeearzt für Großdeutschland frei zu bekommen. Er hat aber abgelehnt. Es wäre schade, wenn der gute Operationserfolg bei den 30 Bauchschüssen und 33 anderen Schwerstverwundeten durch einen zu frühen Abtransport gefährdet würde. Ich habe deshalb die fünf Fieseler Störche, die von der Armee herbeordert wurden, um sie auszufliegen, wieder weggeschickt. Sie bekommen zwei Sanitätsdienstgrade und übernehmen die 63 Schwerverwundeten, bis eine Sanitätskompanie sie ablöst. Bauen Sie sich einen guten Splittergraben, Sie werden Artilleriebeschuß bekommen!" Und weg war der feine Herr mit dem „schneidigen Einsatz" des Feldlazaretts. Der Oberarzt einer Sanitätskompanie einer Nachbardivision, der ebenfalls zur Hilfe zu GD kommandiert war und mit mir im Zelt wohnte, war natürlich ebenso geschockt wie ich selbst. „Wissen Sie, was das ist?" sagte ich ihm: „Das ist ein Himmelfahrtskommando!"
Denn es war jedem, der die sowjetische Strategie länger erlebt hatte, klar was nach dem Abzug von Großdeutschland und dem SS Panzerkorps mit den Divisionen „Leibstandarte" und „Das Reich und Wiking", die wegen der Landung der Amerikaner in Italien schnell herausgezogen werden mußten, an diesem Frontabschnitt passieren würde. Großdeutschland hatte sich in einem mörderischen Kampf durch ein 20 km tiefes Minenfeld an Kursk herangekämpft. Der schmale, nun minenfreie Streifen mit der sog. „Rollbahn" war wenigstens 15 km lang und lag bereits unter sowjetischem Artilleriebeschuß. Die Sowjets würden natürlich sofort an der Stelle, wo Großdeutschland gelegen hatte, nachstoßen und die Front wahrscheinlich auch durchbrechen. Ich würde mit den 63 Schwerstverwundeten vergeblich nach irgend einer Einheit, die sie mitnehmen könnte, Ausschau halten und müßte dann versuchen, sie auf Lastwagen zu werfen, um, wenn überhaupt, wenigstens noch einige zu retten. Denn die Störche würden möglicherweise schon am nächsten Tag nicht mehr landen können, weil der Feldflugplatz unter sowjetischem Beschuß liegen würde. (was dann auch geschah!) Ich selbst müßte natürlich bei den Schwerverwundeten bis zum Schluß aushalten und mich mit ihnen von den Sowjets fangen oder umbringen lassen. Diese Konsequenz war für mich absolut sicher.
Ich konnte zunächst nicht mehr richtig denken und war vor allem mit meinem eigenen bevorstehenden Schicksal beschäftigt, und ich brauchte fast eine Stunde, bis mir der Gedanke kam, eine Stille Zeit zu machen. Ich setzte mich in eine ruhige Ecke und da kam es mir wie ein Befehl: „Warum interessiert Dich Dein eigenes Schicksal mehr als das Deiner Verwundeten?: „Es geht ja in erster Linie um das Leben der 63 Schwerverwundeten!
Der Befehl ist falsch! Sie müssen sofort mit den Fieseler Störchen von hier

wegtransportiert werden! Gehe zum Chef des Feldlazaretts und kämpfe darum, daß der Befehl des Oberstarztes zurückgenommen wird!" Ich rannte sofort los, traf den Oberstabsarzt und sagte ihm, daß er genau so gut wie ich wisse, daß dies ein völlig falscher Befehl sei von einem Mann, der von der Ostfront keine Ahnung habe. Als aktiver Sanitätsoffizier, der Gehorsam gewohnt war, wollte er zunächst nicht, gab aber dann nach, weil ich mich nicht abbringen ließ. „Probieren Sie, ob Sie noch einen von den Störchen zurückhalten können!" Ich rannte los auf die Wiese, auf der sie gelandet waren. Vier waren schon wieder verschwunden und der fünfte rollte gerade weg, als ich ihm mit beiden Armen heftig winkte, so daß er fluchend den Motor noch einmal abstellte! „Befehl zurück! Das Lazarett muß leer geflogen werden! Holen Sie Ihre vier Kameraden, die schon abgeflogen sind, wieder zurück!" Er fluchte erneut, gehorchte dann aber dem Befehl und holte seine vier anderen Kameraden mit ihren Maschinen wieder zurück. Wenn auch er weggeflogen wäre, hätten wir keine Möglichkeit mehr gehabt, sie von ihrem uns unbekannten Standort wieder zurückzuholen.

Aus dem Brief vom **25.7.43**:
Es war wunderbar, daß wir unsere 63 Schwerverwundeten in ganz kurzer Zeit noch mit den Fieseler Störchen abtransportieren konnten. In einem der letzten bin ich dann abgeflogen. Heute sitzen die Russen längst wieder in dem Dorf. Am Schluß, nachdem ich so ziemlich den ganzen Nachmittag auf dem Feldflugplatz zugebracht hatte, holte ich noch schnell meinen Rucksack, und als ich damit wieder langsam auf den Flugplatz zuging, sah ich ca. 200 m von der Wiese entfernt zehn russische Jäger auf die Wiese zukurven, auf der gerade vier Fieseler Störche, einige Sanitätskraftwagen und unsre Leute herumstanden. Ich dachte: Die meinen uns! und verschwand schnell in einem Unterstand, den die Sowjets hier ausgehoben hatten, und schon krachte es von Bomben und Bordwaffen! Aber sie haben überhaupt nichts getroffen, es war direkt wie ein Wunder! Ich dachte: Jetzt zum Schluß noch alles hin! Aber nicht einmal ein Splitter hatte einen Storch getroffen, obwohl die Bomben mitten auf die Wiese fielen! Na, und dann gings weiter 30 km nach Tomarowka, wo die Verwundeten mit der Sanitäts- Ju 52 nach Charkow weitertransportiert wurden. Sonst würde wohl heute kaum einer mehr leben! ..." (Bilder Nr. 70+71)

Ich fand einen Teil meiner Patienten in gutem Zustand auf dem Feldflugplatz vor und half beim Umladen in die Junkersmaschine. Um 11 Uhr kam der Armeearzt Oberstarzt Kern. Als er erfuhr, daß der Divisionsarzt von Großdeutschland gegen seinen Befehl die Störche zurückschicken und sich auf so billige Art der Verantwortung entziehen wollte, die er sich durch seinen zu weit in Frontnähe gelegten Einsatz des Feldlazaretts aufgeladen hatte, geriet er in heftigen Zorn und stauchte den eitlen Divisionsarzt vor den Offizieren zusammen. Es stimmte natürlich, daß der Operationserfolg etwa bei den 30 Bauchschüssen ein hervorragender war, weil wir nur insgesamt sechs von 36 nicht hatten retten können, während die Erfolgsquote damals bei 5 - 10 % lag. Der Chirurg beim Feldlazarett GD operierte zwar nicht übermäßig schnell, aber sorgfältig, und dann schaute er nach jedem einzelnen Verwundeten täglich mindestens ein Mal, berührte ihn kurz mit der Hand und sprach ihm Mut zu. Er war einer jener begnadeten Ärzte, von denen Kraft auf ihre Patienten ausgeht.

Unsere Kopfschußpatienten waren in einer üblen Lehmhütte auf dem Boden auf Stroh gelagert. Das Bild Nr. 72 zeigt sie. Ich konnte natürlich damals nicht wissen, daß unter ihnen ein Innsbrucker Apotheker, Michael Pfurtscheller lag, der schon seit Beginn des Rußlandfeldzuges beim Infantrieregiment 339 der 167 Inf.Division alle Einsätze mitgemacht hatte und nun mit einem schweren Kieferschuß und einer Handverletzung auch in dieser Lehmhütte lag.
1990 kam zufällig dieser Zusammenhang in einem Gespräch in Seefeld auf. Da auch mein ältester Sohn erst im Herbst 45 auf die Welt kam, hat möglicherweise diese Stille uns beiden das Leben gerettet und unsere beiden Kinder und die fünf Enkel aus dieser Ehe würden sonst auch nicht existieren!

Ich fuhr anschließend wieder zurück zum Feldlazarett 4/552, und wir setzten uns dann weiter ab über Bjelgorod, Sumi, Achtyrka, nach Trostjanez. Dort hatten wir im Lazarett in 36 Stunden 600 Durchgänge.
Aus dem Brief vom **11.8.43:**
„... Ich möcht ja so gern mal wieder zu Dir kommen und alles vergessen, was hier um mich vorgeht. Aber es ist auch gut, daß ich hier immer wieder sehen muß, daß diese Welt nicht unsere bleibende Statt ist, sondern daß wir, wie Paulus sagt, die Zukünftige suchen müssen... Wenn ich Gott nicht hätte, wäre es unerträglich, und ich würde wie mancher meiner Kameraden denken, der eben eines Tages glaubt, sich eine Kugel in den Kopf schießen zu müssen. Aber Gott kann uns auch aus dieser Situation retten. Neulich, als die Lage besonders kritisch war, sah es aus, als ob im nächsten Augenblick ein schweres Gewitter kommen würde. Rings um uns war alles schwarz, und wenn die Wege aufgeweicht worden wären, wäre die Lage katastrophal geworden. Und da hab ich von ganzem Herzen gebetet, daß doch Gott es nicht regnen lassen möge und auch geglaubt, daß er es kann! Und es regnete nicht. Ich glaube, wenn Gott will, ist Ihm wirklich kein Ding unmöglich, aber er will vor allem, daß unser Volk aus seinem Taumel und seiner Gottesferne aufwacht. Aus der Selbstsicherheit und Überheblichkeit, die nur noch auf die eigene Kraft pochte und Gott nicht mehr brauchte. Das Deutsche Volk hat unter den Völkern der Welt den Auftrag erhalten, das Christentum in der tiefsten Weise zu erfassen und immer wieder zu verarbeiten und zu erneuern. Sein Auftrag lautete nie: „Du sollst die Welt erobern!" Die Macht ist nicht das höchste Ziel Deutschlands, so nötig sie für ein gesundes Volksleben sein mag. Diesem Auftrag sind wir untreu geworden, und wenn wir nicht zurückfinden, wird auch mit unserem geschichtlichen Auftrag unser geschichtliches Dasein zu Ende gehen..." „Ich würde ja so gerne unserem Kind von dem allem einmal erzählen, aber ich weiß nicht, ob es einmal möglich sein wird..."

Vera
28.7.43:
Ich möchte Dir auch einmal ein nettes Erlebnis erzählen: Unser Oberzahlmeister wohnte etwas abseits, und wir begleiteten ihn einmal zu zweit nach Hause. Auf einer Bank am Nebenhaus saß eine Ukrainerin, ein Mädchen, das auf seine

Anrede zunächst kaum reagierte, und nur den Kopf in die Hände stützte und ziemlich verzweifelt vor sich hin starrte. Er erzählte uns, daß sie z.Zt. bei Nacht immer in den Wald ausreiße, um nicht von der Polizei abgeholt und nach Deutschland zum Arbeitseinsatz geschickt zu werden. Schon ihre beiden Schwestern seien dort hingeschickt worden, und eine von ihnen sei bereits gestorben. Die alte Mutter und die Großmutter wären dann ganz allein, sie selbst sei krank und wegen eines schweren Herzfehlers zwei Jahre im Krankenhaus in Charkow gelegen. Da die Untersuchung beim Abtransport nach Deutschland entsprechend oberflächlich ist bzw. an diesem Ort überhaupt nicht stattfand, hatte sie eben schrecklich Angst. Die Polizei holt hier immer bei Nacht die „Freiwilligen" zum Arbeitseinsatz nach Deutschland aus den Betten und verfrachtet sie sofort. Nun, ich untersuchte sie und schrieb ihr dann ein entsprechendes ärztliches Zeugnis, daß sie arbeitsunfähig sei. Die Freude war natürlich groß, zumal der Vater vor vier Monaten von den Bolschewiken nach Osten weggeschleppt worden war. Einen Einsatz in einem Lager hätte sie wohl nie ausgehalten. Wir baten uns dann einen musikalischen Abend als Gegenleistung, aus und rückten am nächsten Abend drei Mann hoch an und haben einen ganz prima Abend in der Bauernstube erlebt, bestritten von der Gv.H (Garnisonsverwendungsfähig Heimat) geschriebenen Vera, die sehr gut Mandoline, Gitarre und Balalaika spielt, und einer Lehrerin, die aussah wie zwanzig, aber schon zwei Kinder hatte, und 27 Jahre alt war und ganz ausgezeichnet sang. (Bild Nr. 73) Man findet hier ja überhaupt wohl mehr gute Stimmen im Durchschnitt als in Deutschland. Bei den Liedern hätte ich jedenfalls stundenlang zuhören können. Die Mädchen gingen so richtig natürlich aus sich heraus, als sie merkten, daß wir keinerlei erotische Nebenabsichten hatten. Vor allem die kleine Vera, die vorher diesen absolut depressiven Eindruck machte, wurde wieder munterer. Charakteristisch für die Verschlossenheit und den Stolz war, daß sie nicht einmal ein Stückchen Schokolade annahm, das wir ihr anboten, obwohl sie sicher seit Jahren keine mehr gegessen hatte. Zur Abwechslung sangen wir dann unter Handharmonika und Violinebegleitung auch deutsche Volkslieder. Schade, daß Du nicht diese so ganz charakteristischen Dinge, die ich ein wenig als „Begegnungen mit der russischen Volksseele" bezeichnen möchte, miterleben kannst. D.h., die Bilder von Dir sind immer dabei und werden prompt herumgereicht und auch immer gebührend bestaunt, schon um allen Mißverständnissen von vorneherein zu begegnen. Am anderen Nachmittag haben wir dann eine kleine Konfirmandenstunde über alle möglichen Themen gehalten, wie Abstammung des Menschen, Materialismus, Christentum usw. Dabei stellte sich heraus, daß die Vera aus einer durch und durch christlichen Familie stammte und als bisher einziges russisches Mädchen, das ich traf, deshalb auch nicht in der kommunistischen Jugendorganisation war. Sie sei in ihrer Schulklasse die einzige gewesen. Als sie zwei Jahre allein und ohne Bekannte in der Klinik in Charkow lag, wurde sie von ihrem Onkel, der ein sehr frommer Mann (Starez) war, der dauernd alles, was er habe, weggebe und in völliger Armut lebe, immer besucht worden, und er hat ihr sehr sehr viel erzählt. Dort habe sie viele religiöse Bücher und das Neue Testament gelesen. Ihr Kreuzchen, das sie mir auch zeigte, hatte sie in der Schule immer verstecken müssen. Mir war durch diese Erzählung der auffallende Ernst, die große Zurückhaltung und auch die Depression klar, denn ich kann mir vorstellen, wie schwer es war, als junger Mensch im bolschewistischen Rußland Christ zu sein! Mein Freund, Horst Rohlmann, der auch sehr aktiv ist, und ich haben deshalb auch versucht, ihr all die wissenschaftlichen Probleme und Fragen, die sie hier in Rußland natürlich nie beantwortet, bzw. immer falsch dargestellt bekam, zu erklären und zu beantworten. Sie hatte daran ein Mordsinteresse, und das hat uns beide natürlich auch gefreut. Da sie kein Neues Testament hatte, habe ich ihr eines von den vieren gegeben, die mir Walter aus Warschau geschickt hatte, und ihr auch ein kleines Bildchen mit einem Spruch darauf als Lesezeichen geschenkt. Das hat ihr natürlich eine Riesenfreude gemacht. Mit welcher Begierde und Freude sie das Buch in die Hand nahm hättest Du sehen sollen! Hier ist es wirklich das wertvollste Buch, das es gibt. Es war eine ganz neue russische Bibel in moderner Sprache und Schrift.

Welch große Vorzüge hatten wird doch, daß wir diese Dinge von Jugend auf haben und kennen, und wie wenig wissen wir es zu schätzen! Ich hab ihr noch kurz einiges von mir erzählt und dann fuhren wir ab. Aber ich hatte eine ganz große Freude, daß aus dem völlig depressiven Mädchen wieder ein fröhlicher Mensch wurde, zumal es sich eigentlich um den innerlichsten Typ handelte, den ich bisher hier traf. Ich hatte so richtig das Gefühl: Da hat Gott uns hingeführt. Meine vier russischen Neuen Testamente sind bereits nach drei Wochen auf eines zusammengeschmolzen, das ich natürlich nicht hergebe, bis ich wieder neue habe. Ich könnte Dich hier so gut brauchen, denn es ist ja nicht damit getan, daß man den Menschen ein Buch in die Hand drückt, man muß es ihnen auch erklären und es sie lesen lehren, aber dazu reicht die Zeit gewöhnlich nicht. Eines hat eine Zahnärztin und ihr Mann, der Techniker ist, bekommen. Sie waren bisher beide Atheisten. Und das Dritte hat eine Patientin aus Achtyrka, Tamara, die ich bei der Hochzeit traf, erhalten..."

Brief vom **30.7.43.**
„... Wir haben z.Zt. wieder ein ruhiges Dasein. Selbst die Flieger lassen uns im Augenblick in Ruhe. Dagegen scheint es bei Orel und Bryansk momentan mal wieder heiß herzugehen. Ich habe augenblicklich etwa 40 Leichtverletzte einer sächsischen Infanteriedivision zu betreuen, deren Verwundetenbestand wir übernommen haben... Ja, weißt Du, auf das Heimkommen bin ich allmählich doch reichlich gespannt, aber vorerst bleib ich brav hier und hab das Gefühl, daß ich allmählich weiter von der Front weg bin als Ihr! Denn wenn die Italiener bald einen Sonderfrieden machen, dann wird die Lage für uns Süddeutsche nicht sehr rosig..."

Sumi, **5.8.43**
„... Zur Zeit habe ich wieder etwas Arbeit und habe mich in letzter Zeit auch durch einige Nebenbeschäftigungen um das Lazarett verdient gemacht. Z.B. habe ich am letzten Sonntag mit meinen Verwundeten mal eine Besprechung über das Thema Materialismus und Gottesglauben abgehalten und dann ab und zu abends mit ihnen unter Ziehharmonikabegleitung gesungen oder einheimische Kräfte zu Unterhaltungskonzerten organisiert..."

7.8.43:

„...Ich weiß nicht, ob ich Dir in nächster Zeit viele Briefe schreiben kann, denn es ist wieder einmal anders gegangen, als wir alle dachten. Aber ich bin gewiß, daß, wenn Gott will, es Ihm ein Leichtes ist, uns mitten im Tohuwabohu zu schützen und zu bewahren, wie ich es seit dem 5. Juli und nun vor allem in den letzten Tagen ganz wunderbar erfuhr. Zur Zeit bin ich wieder in einem Ort, wo ich im Juni war, und wir hatten die letzten Tage unheimlich viel zu tun. Ich bin gespannt, wann wir wieder ruhige Tage haben. Betet ohne Unterlaß für den Osten! Unverzagt und ohne Grauen" grüßt Dich...“

25.8.43:

„Auf Regen folgt Sonnenschein!", heißt's bei mir zur Zeit wieder mal, nachdem ich seit vorgestern bei meiner alten Einheit im Feldlazarett 771 bin, das nun eingesetzt ist, - endlich einmal chirurgisch, und dazu in einem mittelgroßen Städtchen (Mirgorod) und dem bisher besten russischen Gebäude, in dem ich tätig war.

Wir haben zwar den ganzen Tag zu tun, aber nachts hatten wir bisher, Gott sei Dank, Ruhe... Hier ist ein Fliegerhorst, und alles ist schön gerichtet mit einem prächtigen Garten. (Bild Nr. 74)

Ein Chirurg (Stabsarzt) ist zur Zeit zu uns kommandiert und gestern und heute war der beratende Chirurg der Armee, Professor Bartsch, bei uns und wir haben manches gelernt. ... Der alte Haufen macht einem ja auch an sich schon viel mehr Spaß; wenn man nicht so 5. Rad am Wagen ist, wie beim letztenmal und vor allem noch mit einem Chirurgen zusammenarbeitet, von dem man einiges lernen kann, was beim Letzteren nicht der Fall war, da er in punkto Kriegschirurgie weniger Erfahrung hatte als ich...“

Eines Tages wurde ein Oberleutnant der Luftwaffe mit einem Bauchschuß und gleichzeitig einer Rückenmarksverletzung mit Lähmung beider Beine eingeliefert. Es hatte 17 Stunden gedauert, bis er nach einem Partisaneneinsatz schließlich bei uns gelandet war. Sechs Stunden rechnete man damals, die nach einem Bauchschuß nicht überschritten werden durften, wenn der Verletzte noch eine Chance haben sollte, gerettet zu werden. Das brachte uns manches Mal in schreckliche Situationen, wenn gleichzeitig eine Anzahl Bauchschußverletzungen eingeliefert wurden, die dann ja meistens auch schon 2 - 6 Stunden alt waren. Eine Operation dauerte zwischen 1 1/2 und 2 Stunden. Und wir mußten deshalb auswählen, wen können wir noch operieren und wen müssen wir sterben lassen, obwohl ihm noch geholfen werden könnte! Dabei sah man der Verletzung meistens von außen gar nicht an, welches die leichtere und welches die schwerere war, so daß es gut sein konnte, daß wir die schwere Verletzung, die an sich schon weniger Aussicht hatte, zuerst operierten und die leichtere vielleicht nicht mehr operiert werden konnte. Diese „Selektion" zum Sterben ist mit das Schlimmste, was einem Arzt passieren kann.

Unser Oberleutnant hatte nach 17 Stunden leider keine Chance mehr, da die Bauchfellentzündung nach der Dickdarmverletzung schon weit fortgeschritten war. Er fragte unseren Stabsarzt, der ihm in brutaler Ehrlichkeit sagte, daß er nur noch zwei Tage leben werde. Der Oberleutnent, der keinen Glauben hatte, schrie und verfluchte alles zwei Tage lang, bis er bewußtlos wurde. Als ich zu ihm wollte, um mit ihm zu reden, verbot es mir der Stabsarzt, aus welchem Grund ist mir bis heute unerfindlich.

Nach einer Woche hartem Einsatz mußten wir weiter zurück in Richtung Kiew. Als wir bei Lebedin über einen Fluß zurückgingen versuchten Feldjäger, die zurückgehenden Truppen aufzuhalten mit dem „Führerbefehl": „Lebedin muß unter allen Umständen gehalten werden!" Dies war aber völlig unmöglich, da das Ostufer des Flusses wesentlich höher lag als das Westufer und ein Widerstand an dieser Stelle sinnlos war. Das Wort „Führerbefehl", das aus der Wolfsschanze in Ostpreußen, ferne der Realität der Front, stammte, löste beim Durchschnittslandser bereits damals nur noch ein mitleidiges Lächeln und Spott aus.

Brief vom 6.9.43:
„...Der Betrieb läuft hier den ganzen Tag weiter, wenn wir auch heute, Gott sei Dank, etwas Luft gekriegt haben durch einen Lazarettzug, der uns 100 verwundete Leute mitnahm, aber es kommen eben dauernd neue! Heute habe ich mal einen eingeklemmten Schenkelbruch allein operiert, was im Gegensatz zu den ewigen Splitterausschneidungen doch wieder wesentlich mehr Spaß macht. Heute abend bin ich einmal wieder auf zwei Stunden ausgerückt und bin dabei mein 4. russisches Neues Testament losgeworden in einer volksdeutschen Familie, in der der Großvater eine Herzinsuffizienz hat. Das macht mir doch immer die größte Freude, wenn ich dann mal richtig erzählen kann. Es ist hier direkt ideal zu arbeiten, vor allem auch, weil hierher im wesentlichen doch nur die schweren Fälle kommen. Über meine alte Division gehen die verschiedensten Gerüchte. Etwas Sicheres konnte ich bis jetzt nicht erfahren. Jedenfalls scheint nicht mehr viel davon übrig zu sein, aber ich hoffe daß der Divis.Nachschubführer rechtzeitig wegkam, wenn das ja auch bei der draufgängerischen Natur von Major Leopold wenig wahrscheinlich ist. Ich trage mich zur Zeit ernsthaft mit dem Gedanken, aus der Partei auszutreten, denn die übereinstimmenden Berichte von zu Hause gehen dahin, daß trotz unserer schweren Lage der von der Partei angezettelte Kulturkampf zu Hause eifrig weitergeführt wird und der Kurs wesentlich eindeutiger geworden ist, als er im Jahre 1939 noch war. Ich glaube, daß ich dies auch meinen gefallenen Bundesbrüdern und Freunden gegenüber schuldig bin, die nach wie vor in allen möglichen Pamphleten (z.B. „Sörensen: „Die Stimme der Ahnen") beschimpft werden..."

12.9.43 :
Nachdem wir wieder einen kleineren Stellungswechsel gemacht haben im Sinne der „beweglichen Kampfführung!" hab ich nach drei Wochen heftiger Arbeit, (die letzte Woche vor allem) endlich mal wieder Zeit, Dir zu schreiben. Die Arbeit in den letzten 3 Wochen war teilweise sehr schön und ich hab von meinem Stabsarzt, der zu uns kommandiert war, viel gelernt. Die letzten beiden Tage allerdings waren verheerend, weil viel mehr Verwundete kamen, als wir versorgen konnten. Wenn man einfach aus Zeitmangel Leute sterben lassen muß, so befriedigt das nicht mehr, sondern deprimiert entsprechend. Aber nun scheinen wir wieder ein paar Tage Ruhe zu haben...

17.9.43:
Wir haben neulich nach einem etwas unruhigen Tag einen ziemlich großen Stellungswechsel gemacht und sind nun in Kiew. Hier ist alles ruhig und friedlich, und ich hab mir gestern die Gegend schon etwas angeschaut. Vor allem konnte ich heute einmal wieder eine lange Stille Zeit halten und eine General-überholung vornehmen. Nachdem ich das Buch „Nur für Sünder" von Russell zum ersten Mal wirklich ganz durchgelesen hatte, so begierig wie einen Räu-berroman, habe ich wieder einmal lange über die vier absoluten Maßstäbe (Ehrlichkeit, Reinheit, Selbstlosigkeit und Liebe) nachgedacht: Dabei kam einiges zum Vorschein...
Hier gibt es herrliche alte Kirchen und ich will sehen, daß ich heute und auch sonst noch einige Aufnahmen machen kann. Wir übernehmen ein sehr schönes Reservekriegslazarett, wo es fast so sauber ist wie zu Hause, und es wird bald wieder allerhand zu tun geben..."

18.9.43:

Es scheint nun ja endgültig zu sein, daß ich nicht dabei sein kann, wenn das kleine Herzle auf die Welt kommt, und es fällt mir gar nicht leicht, dazu Ja zu sagen. Und doch hat es sicher auch seinen Sinn und ich muß eben erkennen, daß Gott uns in seine Schule nehmen will, um uns zu vollenden und um unsere Hingabe auf ihre Echtheit zu prüfen. Und mir ist manchmal bang, ob ich das auch bestehen werde! Zwar ist es momentan ganz ruhig, aber es wird wohl auch wieder anders kommen, und dieses ewige Zurückgehen mit all den häßlichen Seiten für die Verwundeten macht mir keinen Spaß. Das Ja sagen zu dieser Situation ist schwer, und das Wandern „im Finstern Tal" will einem, der bis jetzt nur auf den Höhenwegen des Lebens ging, keine Freude machen, aber es muß sein und ich sehe: Das ist der Sinn, daß ich lerne, immer mehr mein eigenes dickes Ich hinzugeben und immer völliger nur auf Gott zu vertrauen. Daß ich all die vielen menschlichen Sicherungen loslasse und auch bereit bin zu leiden. Vielleicht würde mir dieser ganze Rückzug und all die Möglichkeiten, die er bei weiterem Anhalten in sich trägt, gar nicht so schwer fallen, wenn nicht Du und das Kleine da wärt: Aber der Gedanke an Euch ist eine viel stärkere Bindung an das Leben, als alle früheren Bindungen..."

Strafversetzungen 1943 und 1944

Unser Feldlazarett 771 mußte nach intensivem Einsatz in der zweiten August-hälfte 1943 von Mirgorod in der Ukraine zurück über den Dnjeper, um in der Zitadelle von Kiew ein bisheriges Lazarett der Luftwaffe zu übernehmen. Unser Oberfeldarzt Plötz hatte sich in die Heimat krank versetzen lassen, als der deutsche Sieg in unendliche Ferne rückte und Stabsarzt Dr. Hans Hesse (Facharzt für Psychiatrie in München, Obermenzing) übernahm kommissarisch die Führung unseres Feldlazaretts.
Der Zustand, in dem sich das Luftwaffenlazarett bei der Übernahme befand, war alles andere als überzeugend. Offensichtlich hatte das lange Etappendasein die Ärzte und das Sanitätspersonal, das zum Teil aus Rotkreuzschwestern be-

stand, ziemlich demoralisiert. Der Alkoholkonsum war erheblich und dement-sprechend auch die Dienstauffassung, was wir an den teilweise vernachläßigten Patienten feststellen mußten. Wir stürzten uns in die Arbeit, und bald kamen auch die neuen Verwundeten von der näherrückenden Front, so daß wir Tag und Nacht voll ausgelastet waren. Ende September mußten wir dann wieder zu-rück, ein Lazarett in Berditschew aufmachen und das Kiewer Lazarett einer Sa-nitätskompanie übergeben. Es war das erste Mal, daß ich einen Nachmittag Zeit hatte, und ich benützte ihn, um mir die Stadt Kiew anzusehen, die die bisher schönste Stadt war, die wir in den zwei Jahren Rußland gesehen hatten. Am meisten interessierten mich die alten Kirchen, und so suchte ich zuerst die So-phienkathedrale auf, die aus dem Jahr 1000 stammte und von den Sowjets, nachdem sie die mit Gold überzogene Ikonenwand verkauft hatten, in ein „Ar-chitekturmuseum" verwandelt worden war. (Bilder Nr. 76-78) Es ging ihnen dabei offensichtlich darum, den außerordentlichen Eindruck, den diese wunder-schöne alte Kathedrale mit ihrem mystischen Halbdunkel, ihren wunderbaren byzantinischen Mosaiken, Ikonen und Bildern und der herrlichen zentralen Kuppel auf jeden Besucher machen mußte, zu zerstören. Sie rissen deshalb die Hälfte des Bodens heraus, um die darunter liegenden Stufen und Steinschichten zu zeigen, zogen in die Kuppel Holzbretter ein, um ihr die Wirkung zu nehmen, kratzten die Farben zur Hälfte von alten bemalten Bildern, um zu zeigen, daß sie restauriert worden waren. Natürlich waren auch die goldnen Kuppeln von den Kuppeltürmen entfernt worden. Alles in allem ein erschütterndes Bild anti-christlicher Zerstörung eines Heiligtums. Nachdem ich zahlreiche Farbaufnah-men gemacht hatte, ging ich weiter und kam zu den Resten des Nationalheilig-tums der ukrainischen und russischen Kirche, dem Lawrakloster, das aus dem 12. Jahrhundert stammte und in dem der Heilige Wladimir begraben war, der sich im Jahre 988 n. Chr. hatte taufen lassen und das Christentum einführte.
Hitler und Himmler dachten ja nicht daran, dem ukrainischen Volk die Freiheit nach all den furchtbaren Leiden zu geben, die die ukrainische Bevölkerung von 45 Millionen im Jahre 1917 auf 25 Millionen im Jahre 1945 dezimiert hatte. Die Herren Gauleiter und Parteibonzen schwärmten von der Idee, dort die Kol-chosen als Rittergüter zu erhalten und die Ukrainer weiter als Sklaven zu hal-ten, die uns doch mit Brot und Salz und Blumen als Befreier begrüßt hatten.
Schon die Tatsache, daß die Ukrainer und Russen zu zehntausenden zu unseren Divisionspfarrern kamen, um ihre Kinder taufen zu lassen und unsere Pfarrer und Offiziere den Einheimischen halfen, die zu Getreidespeichern, Pferdeställen, Kinos, Clubhäusern, Steinbrüchen usw. verwandelten Kirchen wieder zu öffnen, paßte in keiner Weise in die Pläne Hitlers. Darum kam ein Befehl vom Oberkommando der Wehrmacht als Führerbefehl, daß das Taufen verboten wurde und es deutschen Soldaten und Offizieren ebenfalls verboten wurde, rus-sische Kirchen zu betreten und an Gottesdiensten der russischen Kirche teilzu-nehmen. Man fürchtete, daß die wiedererstandene Kirche das Zentrum einer nationalen Erneuerung der Ukrainer werden könnte, und das Kernstück dieser Kirche war nun einmal das Lawrakloster. Schon bei meiner Einheit hatte ich das Gerücht gehört, daß das Lawrakloster 1942, ein Jahr nach der Besetzung Kiews, angeblich von einem Kommando Totenkopf SS, die in Räuberzivil ver-kleidet gewesen seien, in die Luft gesprengt worden sei, und daß die Behaup-

tung nicht stimme. Dies sei ein Partisanenanschlag auf den Präsidenten der Slowakei Tiso gewesen, den man eine Stunde vorher das Kloster hatte besichtigen lassen. Als ich zwischen den Trümmern des zu 2/3 zerstörten Klosters bzw. seiner Kathedrale stand und photographierte, packte auf Grund dieser Fehlinformation mich ein schrecklicher Zorn über diese - in diesem Fall vermeintliche - Verbrecherbande der Totenkopf SS, denen ja sonst nichts an echter Tradition und christlicher Kultur heilig war und die damit, wenn sie es (wie wir angenommen hatten) getan hätten, die Ukrainer aus Freunden zu unseren Feinden machen mußten und sie in die Arme der Partisanen trieben. (Bild Nr. 79)

Als ich gegen Abend wieder in die Zitadelle kam, saßen wir noch zusammen mit unseren Offizieren und denen der übernehmenden Sanitätkompanie, dem beratenden Chirurgen der Armee und seinem Adjutanten und tranken noch zur Übergabe und zum Abschied ein Glas Sekt. Während der Unterhaltung berichtete ich auch von meinem Nachmittagsbesuch im Lawrakloster und dem, was ich dort sehen mußte! Ich machte meinem Zorn Luft und sagte: „Das müssen unsere Landser mit ihrem Blut bezahlen, was diese Verbrecher hier anrichteten. Man macht aus unseren Freunden mit Gewalt Partisanen. Und es sind dieselben Leute, die hier die Bevölkerung derartig behandeln, die zu Hause die Geisteskranken umbrachten und jetzt die Juden umbringen und nach dem Krieg werden sie die Pfarrer umbringen!" Der beratende Chirurg, ein a.o. Professor aus Bonn, war als Oberfeldarzt der ranghöchste Offizier im Kreise und also verantwortlich, wenn derartige „zersetzende Kritik" geübt wurde. Deshalb unterbrach er mich: „Das stimmt nicht und ist eine Unterstellung. Rudolf Heß hat im April 1941 im Auftrag des Führers einen Erlaß herausgegeben, nach dem jeder das Recht hat „nach seiner eigenen Fasson selig zu werden!" Ich erwiderte, das stimme nicht, die wirkliche Zielsetzung sei die Ausmerzung des Christentums nach dem Kriege und erzählte zum Beweis dafür eine Geschichte, die ich im November 1940 in München anläßlich einer Tagung des Volksbundes der Deutschen im Ausland erlebt hatte.

Ein alter Freund aus der Zeit der Ferienfahrten unserer schwäbischen Schülerbibelkreise, Walter Renz aus Stuttgart, war inzwischen Adjutant von Reichsstudentenführer Dr. Scheel geworden. Zufällig traf ich ihn in München auf der Straße und wir unterhielten uns. Da sagte er plötzlich: „Könntest Du mich nicht heute nachmittag und abend bei einer geschlossenen Versammlung des Reichsbundes der Deutschen im Ausland vertreten? Ich sollte dort im Auftrag des Reichsstudentenführers teilnehmen, habe aber schon ein Rendezvouz verabredet und absolut keine Lust, das wegen dieser Sache schnappen zu lassen! Da nimm die Einladungskarte dazu!" Ich sagte,: Es interessiert mich immer, was hinter verschlossenen Türen geredet wird!", nahm die Karte und ging dort hin, setzte mich in die letzte Reihe und hörte mir die großen Reden der Gauleiter aus Danzig, vom Warthegau und anderswoher an, die klipp und klar erklärten: „Jeder hier im Saal muß sich entscheiden! Es gibt keinen Kompromiß, entweder Christentum oder Nationalsozialismus! Nach dem Kriege werden wir mit den Pfaffen aufräumen usw.!" „Dann glauben Sie also, daß Hitler lügt?!" sagte der Oberfeldarzt darauf. Ich erklärte: „Jawohl! Hitler sagt: „Man darf einem kranken Kind nicht die Wahrheit sagen!" „Dann halten Sie Hitler also für einen Verbrecher!?" fuhr er mich wütend an. Ich schwieg, aber mein Freund, Stabsarzt Dr. Hesse neben mir sagte: „Jawohl!" Der Oberfeldarzt sprang auf, schlug auf den Tisch und schrie in Erregung: „Bin ich noch unter deutschen Offizieren oder unter Hochverrätern?!" „Ja" lenkte ich ein wenig ein, Hitler ist natürlich genial!" Dabei dachte ich, daß es ja auch geniale Verbrecher gibt. Aber vom Verbrecher und vom Lügner rückten wir nicht ab.

Als Dritter im Bunde äußerte sich auch unser inzwischen verstorbener Internist, Stabsarzt Dr. Hans Kusche (ein ehemaliger Sozialdemokrat) kritisch gegen Hitler. Die Sache war aber damit nicht abgetan. Sicher hatte ich Glück, daß die beiden Stabsärzte sich neben mich stellten, zumal Stabsarzt Dr. Hesse als komissarischer Führer des Feldlazarettes noch Vater von sechs Kindern war, die der Oberfeldarzt vermutlich doch nicht zu Waisen machen wollte. (Bild Nr. 80) Und drei Ärzte vor dem Kriegsgericht hätte natürlich auch seine Stellung in der Armee nicht unbedingt gefördert. So beschloß er, damit wenigstens etwas getan wurde, mich zur Infanterie strafzuversetzen im Austausch gegen einen Infanteriearzt. Zunächst konnte ich aber noch Ende Oktober in Urlaub nach Hause fahren, denn am 15. Oktober war unser erstes Kind, unsere Dorothee, in der Frauenklinik Tübingen zur Welt gekommen. Als ich 8 Tage nach der Geburt dort eintraf war die Freude natürlich groß. (Bild Nr. 81) Mein alter Lehrer Professor August Mayer und meine Examenskollegin Ursula Weichert hatten die Geburt durchgeführt. Ich benützte die Gelegenheit, um mein altes Korporationshaus zu besuchen, mit dem mich doch die schönsten Erinnerungen aus der Studentenzeit verbanden.

Das schöne große Haus auf dem Österberg mit dem riesigen Garten, dem großen Kneipsaal und all den vertrauten Räumen, in denen wir lebten, diskutierten, fochten, unsere Feste feierten in einer idealistischen heilen Welt mit klaren Zielen. Absolute Wahrhaftigkeit Enthaltsamkeit bis zur Ehe, Ehre, Freiheit, Vaterland waren die Ideale, denen wir verpflichtet waren. Jeder konnte in dieser Burschenschaft denken und reden, was er für richtig hielt. Aber im Verhalten unterwarfen wir uns strikten gemeinsamen Normen, die sich aus den Idealen Vigor = Männlichkeit, Virtus = Tugend und Libertas ergaben. Einer meiner Confüxe, Siegfried Traub, der Theologie studierte, hatte bereits mit 16 Jahren 1929 in Stuttgart den Nationalsozialistischen Schülerbund gegründet, aber dann war ihm klar geworden, wohin der Weg Hitlers führen werde, so daß er 1932 wieder austrat und bei jeder Gelegenheit im Kreis der Bundesbrüder erklärte: „Hitler ist vom Teufel besessen." Als nun der Nationalsoz. Studentenbund einen Teil der Korporationen (mit Ausnahme der katholischen CV und KV Korporationen und ein paar evangelischer Gruppen) in sog. NS Kameradschaften verwandelte, da war es die Absicht der damaligen Führer des Studentenbundes, vor allem auch die Tübinger Burschenschaft Normannia, die damals mit die größte und angesehenste schlagende Korporation war, in eine Kameradschaft zu verwandeln. Der damalige Gaustudentenführer Reinhold Bäßler war Tübinger Normanne und hatte eine totale Konversion zum Nationalsozialismus durchgemacht. Eine Anzahl anderer älterer Bundesbrüder waren in teilweise bedeutenden Positionen in der SA, der Reichsstudentenführung oder einer sogar, der schon 1931 Tübinger Studentenführer war, im Reichssicherheitsdienst.

Aber der Gaustudentenführer verlangte von uns, daß wir unseren Confux Siegfried Traub wegen seiner antinazistischen Gesinnung ausschließen sollten. Es kam zu harten inneren Auseinandersetzungen und schließlich beschlossen wir im Konvent der Aktiven, den Bund lieber aufzulösen als einem der unseren die Treue zu brechen. Die Abstimmung war mit 21:4 Stimmen eine ganz klare Entscheidung. Nach der Auflösung mußten wir das Haus verkaufen, und so wurde es NS Bräuteschule. Die Leiterin war die Tochter eines alten Normannen, die mir bereitwillig zeigte, wie man das Haus innen durch weißen Anstrich verschandelt hatte. Am Schluß meines Besuches in der Uniform eines Assistenzarztes der Deutschen Wehrmacht durfte ich noch ins Gästebuch schreiben. Und ich machte einen Vers, in dem ich zum Ausdruck brachte, daß ich hoffe, daß dieses Haus einmal wieder für junge Normannen zur Verfügung stehen werde, was natürlich bedeutete, daß ich an den Untergang des NS Systems glaubte. Die Leiterin der Bräuteschule machte deshalb ein sehr bedenkliches Gesicht über meine Prognose.

Wie fast immer bei wichtigen Ereignissen unseres Lebens war auch am 15. November, am Tag meiner Abreise nach Rußland am Ende des Urlaubs, eine entsprechende Tageslosung im Losungsbüchlein der Herrenhuter aus 1. Mose 24. Vers 46: „Haltet mich nicht auf, denn der Herr hat Gnade zu meiner Reise gegeben!" Und aus dem Neuen Testament: Paulus sprach: „Was macht Ihr, daß Ihr weinet und brechet mir mein Herz? Denn ich bin bereit, nicht allein mich binden zu lassen, sondern auch zu sterben um des Namens willen des Herrn Jesus!" (Apostelgesch. 21, Vs.13.)

Ich hatte keine Ahnung, daß einer meiner alten Freunde aus dem Schülerbibelkreis, mit dem ich dann nach dem Krieg und vor allem in den letzten Jahren eng verbunden war, da wir seit 1971 gemeinsam in der Landessynode der Evang. Kirche in Württemberg saßen und zusammenarbeiteten um die gleiche Zeit durch wunderbare Fügungen nach Deutschland versetzt wurde und auf derselben Bahnstrecke in umgekehrter Richtung fuhr. Erst aus einem im Quell Verlag in Stuttgart erschienenen Kriegstagebuch (anhand der Losungen!) „Tragen und Erretten" - Kurt Hennig - sah ich dann, wie diese Losung auch ihn den ganzen Tag auf der Rückfahrt begleitet hatte.

Aber als ich wieder zu meinem Feldlazarett am 21.11.43 kam, hatte sich doch vieles verändert, und die nächsten 14 Tage sah es gar nicht danach aus, als ob „Gott Gnade zu meiner Reise gegeben" hätte.

Und die Bereitschaft „mich binden zu lassen und möglicherweise auch zu sterben" war zunächst keineswegs so radikal vorhanden wie bei einem Paulus. Unser Feldlazarett hatte einen neuen Chef erhalten, Oberstabsarzt Dr. Gimmerthal, ein Thüringer und überzeugter Nationalsozialist. Außerdem war unser Armeearzt, Oberstarzt Kern, nicht mehr der für unsere Sanitäts Abteilung zuständige Chef. Bei ihm hatte ich ja einen besonderen Stein im Brett, denn er war ein scharfer Gegner Hitlers und machte daraus auch in den Gesprächen mit uns nie ein Hehl. In diese veränderte Lage kam dann plötzlich der Befehl, daß ich im Austausch gegen einen anderen Arzt zu einer Artillerieabteilung einer Infantriedivision versetzt sei. Ich war mir klar, daß das eine Strafversetzung war - im Grunde natürlich nur das geringste Übel, das mir nach dem Krach mit dem Oberfeldarzt und beratenden Chirurgen der Armee passieren konnte. Aber gerade deshalb lehnte ich mich zunächst innerlich heftig dagegen auf, und mein Freund Dr. Hesse versuchte, ob er nicht durch eine Fahrt zu der übergeordneten

Dienststelle doch noch eine Änderung erreichen könnte, aber vergeblich. Aus den Briefen vom 1. Advent 1943, vom 30.11. und 04.12. geht dies ja klar hervor.

Mein neuer Chef erklärte mir, er verstehe gar nicht, daß ich keine Lust habe, Truppenarzt zu sein. Ein schneidiger Waldkampf sei doch eine prima Sache. Nun, ich hatte dies anders in Erinnerung, als ich einmal bei Bythen in eine solche Lage gekommen war, daß unsere Gruppe bereits in einem Waldstück war, als darin eine wilde Schießerei begann. Ich war gerade am Waldrand angekommen und mich dann zwang, Schritt für Schritt in den Wald hineinzugehen und nicht zu wissen, ob hinter dem nächsten Baum einer steht und mich aus nächster Nähe abknallt. Hochgefühle wie Dr. Gimmerthal hatte ich dabei keine. Zum Glück kam ich damals nicht in die Lage, jemanden erschießen zu müssen, obwohl ich den Karabiner ebenfalls schußfertig in der Hand hatte. Es war eine jener vielen Führungen, die mich auch da bewahrte. Ich setzte mich dann am 1.12. zu meiner neuen Einheit in Marsch unter der Tageslosung: „Der Herr sprach zu Abraham: Gehe aus deinem Vaterlande und von deiner Freundschaft und aus deines Vaters Hause in ein Land das ich dir zeigen will. Da zog Abraham aus, wie der Herr zu ihm gesagt hatte."

Da gab es eine Überraschung. Der Arzt, den ich ablösen sollte, war schon vor vier Wochen gefallen, aber im Durcheinander des Rückzuges war die Meldung erst jetzt an die Sanitätsabteilung abgegangen. Da gefallene Ärzte von der Ersatzabteilung in der Heimat ersetzt wurden, holte mich die Sanitätsabteilung wieder zurück, und der Befehl, daß ich wieder zu meinem Lazarett zurück und dann gegen einen Arzt bei einer anderen Einheit ausgetauscht werden solle, lag schon da, als ich mich meldete. Ich wurde dann am 6.12.43 zu einer Abteilung Panzerjäger versetzt.

Als ich mich am 1. Advent (28.11.) abends noch zu den Schwerverwundeten in unserem Lazarett begab, nahm ich ein paar Tannenzweige und eine Kerze mit, um mit ihnen Advent zu feiern. Mein kleines Akkordeon hatte ich mit, und dann berichtete ich in dem dunklen häßlichen Raum zwischen den eisernen Bettgestellen den Schwerverletzten darüber, was für mich Advent, die Vorbereitung auf die Ankunft von Christus, bedeutet. Unter dem Eindruck der eigenen Versetzung zu einer zusammengeschlagenen Artillerieabteilung und dem inneren Ja zu Gottes Willen auch im Falle einer Strafversetzung waren meine Worte wohl wirksamer, als ich mit ihnen auch über die Notwendigkeit der inneren Reinigung durch die Beichte sprach. Ein Schwerverletzter mit einem Lungenschuß, der trotz allem versuchte „Macht hoch die Tür" und andere Adventslieder mitzusingen, sagte: „So, jetzt weiß ich, was ich zu tun habe!" Er diktierte an seine Eltern einen Abschiedsbrief und bereinigte sein Leben in einer Beichte. Am anderen Tag starb er in völligem Frieden. Dasselbe geschah mit einem anderen aus dieser Stube, und auch die zehn übrigen werden diese bewegende Adventsfeier wohl nie vergessen haben. Es scheint ein geistliches Gesetz zu sein, wenn wir selbst völlig bereit werden, Gott zu gehorchen, benützt er uns sofort, um anderen zu helfen. Den Brief meines Freundes Siegfried Odenwald, ehe er als Kommandeur seiner Einheit fiel, hatte ich bei der Adventsfeier ebenfalls vorgelesen. Ich möchte ihn hier einfügen als beispielhaft für die Haltung und das Sterben von vielen meiner Freunde.

Brief von Siegfried Odenwald an seine Eltern

Liebe Eltern!
Gestern war 1. Advent, und die frohe Botschaft von Weihnachten wirft schon jetzt mitten im Kampf und Mühsal ihren Schein voraus, wenn wir einen Moment stille halten. Für uns hat dieser Herbst Leid gebracht, und unser Hans hat sein reifes junges Leben vollendet. Trotz aller Trauer schien mir darin eine weise Fügung zu liegen, daß Hans uns vorangegangen ist. Gerade mir war es ein Anruf, erneut auf das Wesentliche zu schauen, daß dieser Krieg nicht ungenützt an uns vorübergehe, uns zur Reife bringe und die Bewährung fordere. Welch herrliche Freiheit ist es, in die Hans hinübergegangen ist. Auch ich sehe in dem Wort eine offene Tür, eine weite Freiheit vor mir: „Fürchte Dich nicht! Ich habe Dich erlöst. Ich habe Dich bei Deinem Namen gerufen, Du bist mein!" Zu Anfang war es inmitten Kampf und Tod immer meine Sorge und Angst, sinnlos zu sterben, d.h. ohne innere Reife, denn zum Tode muß man reif und berufen sein! Und nun habe ich in meinem Gesangbuch dieses Wort gelesen und ich erfuhr: Alles Suchen ist ein Laufen ohne Ziel, wir müssen ein Bestimmtes suchen, um ein Bestimmtes zu finden! Wie man in die Welt und in Gott hineinfragt, so hallt es heraus! Man stirbt nicht jung oder alt, sondern reif oder unreif! - Dann las ich auch das Paracelsuswort und ich erfuhr es täglich: Der Tod kommt nicht morgen, sondern heute! Wir wollen nicht Christen werden aus Lebensangst oder Todesfurcht, sondern um unser Leben und unser Dasein, Persönlichkeit und Arbeit, recht zu erfüllen und auszufüllen. Und dies ist es: Wir sollen an uns arbeiten, aber uns nicht um die Erfüllung sorgen! Was an dem fehlt, was wir an uns selbst tun, vollbringt die Erlösung: In Gottes allmächtigem Wirken hebt sich unsere Schuld auf! Fürchte Dich nicht! Ich habe Dich erlöst! Und wir sind gerufen, weil wir gesucht haben! Wir sind beim Namen gerufen! Ich suchender Einzelmensch! Nicht ein Stück Masse oder Zahl, das zufällig lebt oder stirbt! Wir müssen das Gotteswort langsam aufnehmen, nicht hinunterschlingen! Ich habe dieses eine Wort bei mir! Im Winter will ich mir langsam die Bibel vornehmen! - Ich hatte immer Angst, daß ich aus Angst anfangen könnte zu beten! Ich habe mich gezwungen, nie aus Angst für mich zu beten! Ich habe gedankt, ich habe das Vaterunser und für meine anvertraute Batterie gebetet. Für mich selbst brauche ich nicht zu beten, denn ich habe das Wort: Fürchte Dich nicht!... Es kann sein, dass ich jeden Tag abgerufen werde, denn es gilt auch für mich das Wort: Führer voran! Aber Ihr sollt wissen, daß nicht unser Lebensalter und Lebensberuf, den wir für richtig halten, das Wesentliche an uns ist, sondern daß wir reif aus diesem Leben gehen können! - Wie schwer ist das Wort vom Vorleben und Vorsterben, und Gottfried hat mich einmal gemahnt: Der Typ Walter Flex Offiziere sei leider selten! (Aber es gibt ihn und leider fallen die Besten!) Neulich fiel neben mir ein guter Kamerad und ich konnte ihm in seinen letzten Minuten nicht mehr beistehen, weil mir Wort und Herz versagten, auch der Mut zum Vaterunser. Das Sterben ohne Gott, d.h. ohne Reife, ist furchtbar! Der Krieg tritt jetzt in das Stadium, wo unser Herz fest sein muß! Umso mehr brauchen wir jetzt Führer, die frohen und freien Herzens vorangehen! Dazu helfe mir Gott!
Herzlich grüßt Euch Euer Siegfried

Dies war der erste Brief nach 6 Wochen und der letzte vor seinem Tod am 13.12.1941 vor Moskau.

Vier Tage nach meiner Versetzung zu den Panzerjägern bekamen wir einen neuen Kommandeur, einen aktiven Major, der zwar zunächst nicht viel von den „Blaupasspolierten" (Ärzte und Sanitätssoldaten hatten blaue Schulterklappen und blauen Mützenrand) hielt, mit dem ich mich aber rasch anfreundete und der dann doch in einer entscheidenden Phase am 24.12. nachts auf meinen Rat hörte.

Als er nach seiner Ankunft die Geschützstellungen besichtigte, kam er mit dem Adjutanten auch an ein Geschütz, das ein Feldwebel kommandierte, der sonst einer der schneidigsten Geschützführer war, aber an diesem Tage saß er in seinem Schützenloch, den Stahlhelm auf dem Kopf, - was bei den Feldwebeln sonst gar nicht üblich war. Er sprang nicht, wie das militärische Sitte war, aus dem Loch heraus, um dem Major Geschütz und Besatzung zu melden und vorzuführen. Der Major mußte ihn herausbefehlen und wunderte sich dann außerordentlich, warum der Feldwebel solche Angst hatte, obwohl es doch gerade ruhig an der Front war. Der Oberleutnant erklärte ihm, daß er das auch nicht verstehen könne, weil dieser Feldwebel immer Mut zeigte. Kaum entfernte sich der Major, sprang der Feldwebel wieder in sein Schützenloch hinein und war nicht mehr herauszukriegen. Eine Stunde später schlug eine einzelne russische Granate auf dem Rand des Schützenloches ein und ein Splitter fuhr ihm in die Leber. Er verblutete daran. Aber uns allen war sein Verhalten klar, weil der Mann innerlich wußte, daß er heute fallen würde. Unsere Geschütze auf Selbstfahrlafetten vom Kaliber 7,5 cm waren bedauerlicherweise nur schlecht gepanzert, so daß sie bereits von den Panzergewehren der Russen durchschlagen werden konnten. Dennoch waren Mannschaften und Unteroffiziere von außerordentlich guter Haltung. Ein Feldwebel hatte auf seinem Geschützrohr bereits 26 Kerben. Wobei eine Kerbe immer gleich einem abgeschossenen T 34 Panzer zählte. Wenn er einen sowjetischen Panzer auftauchen sah, dann faßte ihn förmlich ein Jagdfieber.

15.12.1943

Heute habe ich an Vater einen Geburtstagsbrief mit einem etwas plötzlichen Schluß geschrieben, und drum will ich Dir doch gleich einen hinterher schreiben. Der Russe ist zwar durchgebrochen, aber er wird eben wieder durch die Leibstandarte rausgeworfen. Ich selbst sitze in einer Panjebude und bin guter Dinge, denn eben habe ich meinen Freund Walter Necker aus Tübingen (Ehemaliger Fachschaftsleiter der Medizinstudenten) als Truppenarzt bei einem Bataillion der Leibstandarte „zufällig!" getroffen. Ich stand am Wege und sah zu, wie Einheiten der Leibstandarte vorbeifuhren, da kam auch ein Ärztewagen und ich wollte grüßen, da ging die Tür auf und heraus kam Walter Necker. Das war eine Freude! Nach 4 Jahren! Und unter diesen Umständen! Wir waren ganz weg vor Freude! Er hat mich ganz vollgepackt - sie kamen gerade aus Italien - mit Schokolade, Schnaps und Verbandpäckchen, die mir gerade fehlten. - Eben hat hier eine Russenfrau stehend ein Kind bekommen, draußen im Stall innerhalb von fünf Minuten! So was gibt's auch nur hier!...

Weihnachten 1943 bei Schitomir

Siehst Du das Weihnachtslicht dort überm Wald,
wenn Frost die Erde bricht, der Schritt einsam hallt
klirrend wohl über dem Schnee, die Sterne so hell
strahlen aus endloser Höh! Leuchtend und schnell
seh ich durch nächtlichen Raum Sternschnuppen ziehn,
wie einen Weihnachtstraum aufleuchten, verglühn.-
Dort am verschneiten Hang rinnt unterm Eis
schlafend der Bach entlang, glitzernd und weiß
liegen im Sternenlicht Hütten so klein
in niederen Fenster sich bricht des Mondes Schein.
Das Dorf es ruht und schweigt, nur ein Posten wacht,
hört still vornübergeneigt in die Heilige Nacht,
Hört in den Winter hinaus dorthin, wo im West
die Lieben ferne zu Haus das Weihnachtsfest
nun unterm Lichterbaum feiern allein.
Und durch den weiten Raum ins Herz hinein
aus ferner Heimat dringt Glockengeläut.
Erde und Himmel klingt: Christnacht ist heut!
Weit in vergangene Zeit die Augen sehn,
wo voller Weihnachtsfreud im Vaterhaus stehn
Eltern, Geschwister dort im Kerzenlicht;
und der Vater nimmt Gottes Wort, liest vor es und spricht:

Es begab sich aber zu der Zeit, daß ein Gebot von dem Kaiser Augustus aus-
ging, das alle Welt geschätzt würde. Und diese Schätzung war die allererste und
geschah zur Zeit, da Quirinius Statthalter in Syrien war. Und jedermann ging,
das er sich schätzen ließe, ein jeder in seine Stadt. Da machte sich auch auf Josef aus Galiläa, aus der Stadt Nazareth in das jüdische Land zur Stadt Davids,
die da heißt Bethlehem, weil er aus dem Hause und Geschlechte Davids war,
damit er sich schätzen ließe mit Maria, seinem vertrauten Weibe, die war
schwanger. Und als sie dort waren, kam die Zeit, daß sie gebären sollte. Und sie
gebar ihren ersten Sohn und wickelte ihn in Windeln und legte ihn in eine Krippe, denn sie hatten sonst keinen Raum in der Herberge.

Und es waren Hirten in derselben Gegend auf dem Felde bei den Hürden. Die
hüteten des Nachts ihre Herde. Und der Engel des Herrn trat zu ihnen, und die
Klarheit des Herrn leuchtete um sie; und sie fürchteten sich sehr. Und der Engel
sprach zu ihnen: „Fürchtet Euch nicht! Siehe, ich verkündige Euch große Freude, die allem Volk widerfahren wird; denn euch ist heute der Heiland geboren,
welcher ist Christus, der Herr in der Stadt Davids. Und das habt zum Zeichen:
Ihr werdet finden das Kind in Windeln gewickelt und in einer Krippe liegen.“
Und alsbald war bei dem Engel die Menge der himmlischen Heerscharen, die
lobten Gott und sprachen: „Ehre sei Gott in der Höhe und Frieden auf Erden bei
den Menschen seines Wohlgefallens!“

Und er schließt die Bibel und legt sie zur Seit,
aufklingen Jubel und Weihnachtsfreud,
und die Kerzen, sie strahlen und spiegeln zurück
von den Kugeln, den Augen des Christfestes Glück!
Und ein Weihnachtslied macht alle Herzen weit:
„O Du fröhliche, o Du selige, gnadenbringende Weihnachtszeit!"
Und der Posten lauscht in die Heilige Nacht,
mit den Lieben zu Hause vereint,
„O Heimat, auch heut stehen wir auf der Wacht!
Im Russenland gegen den Feind!"

Doch im Osten und Westen, im Süd und im Nord
in der Christnacht auf tobender See,
da klingts trotz Vernichtung, trotz Hölle und Mord:
„Ehre sei Gott in der Höh!
Und Frieden auf Erden in Krieg und in Not,
wenn die Menschheit von Furien gequält!
O höret es alle!: Frieden von Gott,
den Menschen, die er sich erwählt!" (geschrieben 18.12.1943.)

Es war am **24.12.1943**. Den ganzen Tag über war rechts von uns ununterbrochen heftiger Geschützdonner zu hören, denn die Sowjets benützten immer Weihnachten zum Angriff, obwohl es bei uns ruhig war. Wir hatten ein kleines Christbäumchen mit Kerzen, und ich zündete, als es dunkel wurde, gerade die Kerzen an, damit wir in unserer Panjebude, unserem „Offizierskasino", Weihnachten feiern könnten. Da ging plötzlich das Telefon und der Befehl kam durch: „Die Sowjets sind bei der SS Division „Das Reich", die rechts von uns lag, durchgebrochen. Der Kontakt mit der Waffen-SS ist abgebrochen. Panzerjäger sofort nach Süden vorstoßen, Kontakt suchen und den Einbruch abriegeln. Aus war es mit dem Heiligen Abend. Wir löschten die Lichter am Baum und fuhren mit vier Panzerabwehrgeschützen, einem Schützenpanzerwagen und mit 45 Mann Infanterie in die Nacht hinein. Ich selbst bildete mit meinem Opel Kadett und zwei Sanitätssoldaten das Schlußlicht. Mein Kommandeur wollte zunächst einfach nach Osten fahren und dann durch einen Fluß, der südlich von uns war, hindurchfahren bzw. durchmarschieren. Ich hielt ihn von diesem Plan ab. Denn wenn die Soldaten nasse Stiefel bekommen hätten, wären ihre Füße bei der klirrenden Kälte die herrschte, eingefroren. So fuhren wir zuerst nach Westen und fanden eine heile Brücke, um uns nach dem Übergang wieder vorsichtig nach Norden vorzutasten, immer gefaßt, daß wir auf Sowjets stoßen würden. Wir fanden aber in der Nacht nichts. Wir, die wir, wie die Hirten auf dem Felde im Freien verbrachten und in der wir über die Sterne am klaren Himmel die Verbindung mit unseren Lieben zu Hause unterm Christbaum in Gedanken suchten. Am Christtag fuhr ich selber mit meinem Kadett los, um vielleicht doch irgendwelchen Kontakt mit der SS Division zu bekommen. Ich hatte Glück und fand in einem Bauernhaus einen SS Sturmbannführer (Major), der im Bett lag vor einem Tisch, auf dem gut 20 leere Sekt- und Weinflaschen standen. Er selbst schlief offensichtlich gerade seinen Weihnachtsrausch aus.

Ich fuhr sofort zu meinem Major zurück und holte ihn. Er warf den SS Führer, der uns erklärte, es könne überhaupt nichts passieren, weil sie hervorragend bewaffnet seien (insbesondere auch mit motorisierten Kampfwagen und Geschützen), unsanft aus dem Bett. Nachdem der Kontakt wieder hergestelt war, bezogen wir links von einer Einheit der SS Division „Das Reich" Stellung. Am anderen Tag mußte ich einen Verwundeten auf dem Pferdefuhrwerk ins Lazarett fahren und war auf dem Rückweg auf einer Straße, die parallel hinter der Front verlief. Plötzlich sah ich, wie über die Hänge östlich von uns das Granatwerferfeuer der Russen immer näher auf uns zukam, die SS Soldaten sich schnell zurückzogen und die Rotarmisten in großer Zahl angriffen und immer näher kamen. Ich merkte, daß sie schneller die Straße nördlich von mir erreichen würden als ich und ich von meinen Leuten abgeschnitten würde. Ein Panzerspähwagen der SS brachte sich nach Süden fahrend in Sicherheit, ohne auch nur daran zu denken, mit seiner Kanone auf die angreifenden Russen zu feuern. Als einzelner hatte ich keine Chance. Da kam zum Glück noch ein Lastwagen, der ebenfalls der Front entlang nach Süden fuhr. Ich sprang auf sein rechtes Trittbrett und ließ mich außen dran hängend mitnehmen, bis wir aus der direkten Zone des sowjetischen Durchbruchs heraus waren. Es war das erste Mal in meinem Leben, daß ich zur Flucht gezwungen war, und ich kam mir dabei entehrt vor. Meine Mütze war mir beim Aufspringen vom Kopf gefallen und ging verloren. (Bilder Nr. 83+84)
Am nächsten Tag fand ich meine Einheit wieder, die sich heil und ohne Verluste durchgeschlagen hatte. Obwohl die Russen bei ihnen genau so angriffen wie bei der SS Einheit, waren sie zunächst nicht zurückgegangen, sondern hatten den überlegenen russischen Angriff gestoppt. Als aber die Russen rechts von ihnen bei der SS durchgebrochen waren, mußten sie wohl oder übel nach vorne und nach rechts kämpfend zurückgehen. Diese Episode zeigte mir aber etwas sehr Grundsätzliches. Da die Waffen SS-Divisionen 1943 noch im wesentlichen aus Freiwilligen bestanden und die SS bis dahin nicht die Möglichkeit hatte, deutsche Staatsbürger ohne deren Einwilligung zu rekrutieren, sondern lediglich Volksdeutsche aus Ungarn, dem Banat, Südtirol, und Elsaß Lothringen einberufen konnte, entstanden oft sehr zusammengewürfelte Einheiten, wobei nicht nur schlecht ausgebildete Rekruten plötzlich sehr gegen ihren Willen und ihre Überzeugung zwangsrekrutiert hier im Osten eingesetzt wurden. Die SS Division „Leibstandarte Adolf Hitler" unter Sepp Dietrich oder die SS Division „Wiking" oder auch die SS Division „Hitlerjugend" waren Elitedivisionen. Als aber Himmler herging und als Gegengewicht gegen die Wehrmacht (und zur eigenen Machtvermehrung) vierzig neue SS Divisionen aufstellte, waren dies keineswegs mehr Eliteeinheiten. Aber sie bekamen die beste Ausstattung und wurden den normalen Wehrmachtsdivisionen in punkto Ausrüstung weit vorgezogen. Statt die neuen Tiger- und Pantherpanzer den alten bewährten Besatzungen der Panzerdivisionen zu geben, die vorher mit ihren Panzer IV-Tanks einerseits große Erfolge hatten, andererseits aber mit dem Wachsen der Durchschlagskraft der russischen Panzerabwehrkanonen und der Kanonen der sowjetischen und amerikanischen Panzer alle abgeschossen wurden, setzte man neue, völlig unerfahrene und kämpferisch gar nicht wirklich motivierte Leute der neu aufgestellten SS Divisionen hinein, und die alten Panzerbesatzungen konnten

sich als simple Infanteristen verheizen lassen. So schwächte man in Wirklichkeit die deutschen Armeen im Osten, denn es geschah dann immer wieder, daß solche Panzerbesatzungen entweder falsch manövrierten oder bei den geringsten Schwierigkeiten ausstiegen und die Panzer stehen ließen. Das Beispiel, das uns die SS Division „Das Reich" bei Schitomir lieferte, machte dieses Problem mehr als deutlich sichtbar. Ein SS Obersturmbannführer aus Ulm, Hans Sayle, der „z.b.v. Adjutant" Heinrich Himmlers war und eine weitläufige Base von mir geheiratet hatte, wurde bei Schitomir von einem herabfallenden Balken am Kopf getroffen und verstand es dann, sich für den Rest des Krieges nach Hause abzusetzen und dann nach 1945 zunächst in die Schweiz zu verschwinden. Schitomir ging zwischen Weihnachten und Neujahr verloren. Am 28. Dezember bekam ich plötzlich sehr hohes Fieber und wir vermuteten, daß es Fleckfieber oder Paratyphus sei. Da es sich nicht besserte beschlossen wir, daß ich mich ein paar Tage in das Feldlazarett 778 legen sollte, dessen Ärzte ich gut kannte, um mich auszukurieren. Ich ließ all mein Gepäck bei der Einheit, und nahm nur das Nötigste mit und begab mich am 30.12. unter die Obhut der Kollegen des Feldlazaretts 778. Aber am nächsten Tag kam der sofortige Abmarschbefehl für das Feldlazarett wegen eines neuen russischen Panzerdurchbruchs. Ich wurde in das nächste Kriegslazarett verlegt, in dem ich bereits im April 1943 einmal 14 Tage aushilfsweise als Chirurg mitgearbeitet hatte. Dort traf ich einen Internisten wieder, einen Oberarzt, der mich behandelte, aber sich natürlich wunderte, wieso ich plötzlich zur Truppe versetzt worden war. Kaum war ich dort, kam auch schon der Räumungsbefehl für das Kriegslazarett. Mein Fieber war noch nicht verschwunden, und so verlegte man mich in einen bereit stehenden Lazarettzug zum Abtransport nach Oberschlesien oder Ostmähren (Troppau). Der Lazarettzug stand allerdings noch 24 Stunden, bis er schließlich abfuhr und dann in der Nacht vom 5./6. Januar Oberschlesien durchquerte. „Tarnowitz!" rief ein Sanitätsunteroffizier „Wollen Sie raus in Tarnowitz ins dortige Lazarett?" fragte er mich als den Nächstliegenden. Ich hatte auf meinem Krankentransportschein Reservelazarett Troppau als Endstation stehen. Aber aus einem unerklärlichen Grund sagte ich ja und ließ mich bereits hier ins Reservelazarett Tarnowitz, Abteilung Johanneshaus, einweisen. (Bild Nr. 85) Da das Reichsgebiet war, konnte ich bereits am nächsten Tag dem 6. Januar (dem Erscheinungsfest) meine liebe Frau zu Hause anrufen und ihr erzählen, was sich ereignet hatte. Natürlich ging die Möglichkeit des Telefonierens dann auf Kosten des Briefschreibens, so daß die schriftlichen Aufzeichnungen aus diesen Wochen spärlich sind. Ich wartete darauf, daß ich, sowie mein Fieber verschwunden war, sofort wieder zu meiner Einheit geschickt würde. Die alte Herzinnenwandentzündung und der Herzmuskel hatten aber nach dem EKG offensichtlich wieder auf den Infekt reagiert und ich war insgesamt noch erheblich angeschlagen. Sowie ich mich allerdings ein wenig besser fühlte, bot ich mich sofort zur Hilfe an, da das Reservelazarett mit seinen verschiedenen Teillazaretten nur noch 4 statt 9 Ärzten hatte und ich in dieser Lage nicht tatenlos herumliegen und herumsitzen wollte. Eines der Teillazarette war im Schloß des Grafen Henkel von Donnersmarck in Repten eingerichtet, und da dort kein Arzt war, wurde ich hinausverlegt und betreute nun das Lazarett Schloß Repten und das Teillazarett Schule Nord. (Bild Nr. 86+87) Graf Kraft Henkel von Donnersmarck war ein Edelmann, wie man ihn suchen mußte. Die Familie des Fürsten Donnermarck war ja vor dem ersten Weltkrieg die reichste Familie Deutschlands gewesen, weil ihr enorme Ländereien und ein großer Teil der oberschlesischen Kohlegruben gehörte. Graf Kraft, der Bruder des leider an multipler Sklerose erkrankten Fürsten Guidotto von Donnersmarck, verstand noch den Adel als radikale Verpflichtung, für seine Leute in der Verwaltung und den Gruben zu sorgen. So hatte er bei Ausbruch des Krieges auch sofort sein schönes Schloß, das um die Jahrhundertwende gebaut worden war und deshalb auch allen modernen Komfort besaß, zu zwei Dritteln als Lazarett einrichten lassen und betreute nun die verwundeten Soldaten ebenfalls mit, so gut er konnte. Er lud mich an seine Mittagstafel ein, und als er erfuhr, daß meine Frau und Kind in Ulm waren, lud er sie sofort ein, nach Repten zu kommen, und bot uns ein schönes Appartement mit Schlafzimmer, Salon und Bad an. Sogleich machte sich Dorle mit der kleinen, vier Monate alten Dorothee auf die Fahrt nach Oberschlesien, was 26 Stunden Eisenbahnfahrt damals bedeutete, und wir hatten im Schloß des Grafen eine wunderbare Zeit, denn die verantwortlichen Leute des Reservelazaretts und der Sanitätsabteilung hielten mich noch 3 Wochen länger fest, weil sie eben keine Ärzte zur Versorgung hatten. Ich selbst sah keinen Grund, dagegen zu protestieren, da ich sowieso nun über die Ersatzabteilung mußte und es gar nicht sicher war, ob ich wieder zu meiner alten Einheit geschickt werden würde. Nach drei Wochen herrlicher Zeit im Grafenschloß in Repten fuhren wir wieder nach Ulm in zwei Wochen „Einsatzurlaub". Dann mußte ich mich bei der San. Ersatzabt. 11 in Bückeburg wieder zur neuen Verwendung melden. Da ich noch „gvF" (garnisonsverwendungsfähig Feld") war, wurde ich zunächst an das Reservelazarett Bad Harzburg zum chirurgischen Einsatz versetzt. Natürlich kam Dorle mit unserer kleinen Dorothee trotz der nun immer häufigeren Fliegerangriffe auch nach Bad Harzburg, und wir wohnten in einer kleinen Pension (Käsewiederbusch). Neben vielen positiven ärztlichen Tätigkeiten gab es aber auch traurige.

Mein Chef an der Chirurg. Universitätsklinik, Professor Magnus, hatte uns immer gewarnt, bei Operationen am Hals keine Evipannarkose zu geben. Einen Grund konnte er dafür nicht angeben, aber wir hielten uns immer an diese Warnung. Nun kam ein Verwundeter mit einer Halsverletzung und einer Vorwölbung unter dem re. Unterkiefer, die etwas bläulich schimmerte. Der verantwortliche Stabsarzt und Chirurg ordnete für den operativen Eingriff eine Evipannarkose an. Ich sagte ihm meine Bedenken. Er wollte davon aber nichts wissen und gab dem Narkotiseur den Auftrag, die intravenöse Spritze zu machen. Kaum war der Patient am Einschlafen, blieben Atmung und Herzschlag aus, und alle Wiederbelebungsversuche konnten ihn nicht mehr wach bekommen. Seine Verwundung war eine Verletzung der Vertebralarterie, die dann ein Aneurisma bzw. eine arterielle Blutung machte, die sich nach vorne durchdrückte. Einer von den Ärzten am Lazarett war ein ca. 50 Jahre alter Stabsarzt, ein „Landsmannschaftler" mit einem Rangierbahnhof von Schmissen im Gesicht. Seine Konversation im Casino bestand vor allem im Erzählen von zweideutigen Witzen. Dabei erzählte er immer, daß irgend ein bedeutender Professor im Kolleg diese jeweiligen Witze erzählt habe. Mir paßte das nicht, und als er auf mein Schweigen nicht reagierte und wieder einen solchen Witz erzählte, sagte ich vor den anderen Ärzten: „Ach Herr Stabsarzt, dieser Professor muß ein dummer Mensch gewesen sein, denn zu einem guten Witz braucht man Geist, zu einem dreckigen aber nicht!" Er bekam einen roten Kopf, die anderen schwiegen peinlich berührt. Er sah mich von da ab nicht mehr an, erzählte allerdings auch keine Zote mehr in meiner Gegenwart.

Über Pfingsten durfte ich noch einmal nach Ulm fahren und genoß die Schönheit der alten Reichsstadt im Blütenmeer vom Michelsberg in dem klaren Wissen, daß dies das letzte Mal sein werde, daß ich sie unzerstört sah. Ich machte damals noch zahlreiche Farbaufnahmen von der Schönheit der alten Häuser und Straßen. Nach unserer Rückkehr nach Bad Harzburg rief mich Mitte Juli der Chefarzt des Reservelazarettes (Oberstabsarzt Dr. Riekert) und sagte mir: „Herr Ernst, (ich war inzwischen zum Oberarzt - Oberleutnantsrang - befördert worden) sie sind der Jüngste und müssen wieder ins Feld! Sie sind durch Befehl der San. Ersatzabteilung ab sofort zur Waffen-SS versetzt. Denn die Waffen-SS braucht für ihre vierzig neuen Divisionen 800 Ärzte von der Wehrmacht, und Sie sind einer davon!" Ich fiel natürlich aus allen Wolken und erklärte ihm: „Herr Oberstabsarzt, die SS ist eine Weltanschauungstruppe! Ich teile diese Weltanschauung nicht! Mich kann deshalb niemand zur SS versetzen!" „Das spielt keinerlei Rolle mehr! Bei manchen SS Divisionen gibt es sogar Divisionspfarrer! Sie sind versetzt!" Darauf erklärte ich ihm rund heraus: „Herr Oberstabsarzt, Sie können machen, was Sie wollen, Ich gehe nicht zur SS! Denn ich bin nicht bereit, diese Uniform anzuziehen und damit all die Taten, die die SS in diesem Krieg begangen hat, mit meiner Person zu decken! Ich gehe nicht!" „Dann kann ich nichts machen! Sie werden sehen, was daraus wird!" erklärte der Oberstabsarzt.

Ein paar Tage später war der 20. Juli 1944, und die Meldung vom Attentat von Oberst Graf Staufenberg kam über den Rundfunk und wirkte überall als Schock! „Das war die letzte Möglichkeit, daß Ulm nicht zerstört wird!" sagte ich zu meiner Frau. Ich bewunderte damals zwar den Mut der Verzweiflung dieser Männer und erinnerte mich lebhaft an meine eigenen Reaktionen, als Hitler und Himmler im Februar 1941 einen Besuch in unserer Chirurg. Universitätsklinik in München machten und ich mit anderen Ärzten hinter ihnen drein ging, nachdem ich Hitler kurz mit meiner Kamera am Eingang zur Klinik gefilmt hatte. Damals dachte ich: „Wenn Du jetzt eine Handgranate hättest, könntest Du sie in die Luft sprengen!" Aber ich hätte sicher nicht den Mut dazu gehabt, und außerdem hielt ich den Tyrannenmord nicht für richtig. Dies war auch meine Kritik am 20. Juli bei allem Haß auf Hitler als dem Zerstörer Deutschlands. Denn nach meiner eigenen damaligen Einschätzung hätte ein Gelingen des Attentats einen Bürgerkrieg ausgelöst, weil damals ca. 80 % der Armee noch hinter Hitler stand und dann die Legende vom Dolchstoß aus Hitler erst den großen einmaligen deutschen Führer und Helden gemacht hätte. Bei all den mißglückten Attentaten auf ihn (siehe auch Bürgerbräukeller am 9. November in München) mußte einem auch der Gedanke kommen, daß nicht nur Gott die Seinen schützen und bewahren kann, sondern auch der Teufel seine Werkzeuge schützt.

Am 21. Juli mußten wir dann alle auf einem Platz in Bad Harzburg zu einer „Treukundgebung" antreten, und der NS Kreisleiter verkündigte uns, daß

Himmler den Oberbefehl der „Heimatfront" übernommen habe und die Wehrmacht nicht mehr durch Handanlegen an die Mütze grüßen dürfe, sondern mit dem „Deutschen Gruß" durch Ausstrecken des rechten Armes und der Hand grüßen müsse.

Ich konnte meine Gefühle nicht verbergen und machte meinem Kollegen, der neben mir stand, gegenüber immer wieder negative Bemerkungen, so daß er mich warnen mußte. Da mir diese neue Grußpflicht nicht paßte, zog ich mich dadurch aus der Affäre, daß ich die Hand nicht mehr ganz an die Mütze legte, sondern sie mit gespreizten Fingern immer etwa 10-20 cm entfernt von der Mütze mit abgewinkeltem Arm erhob. Zur Stabilisierung der Armee hatte man ja schon früher besonders zuverlässig Offiziere als „NS Führungsoffiziere" entsprechend den Kommissaren der Roten Armee eingesetzt.

Natürlich hatte meine Befehlsverweigerung Folgen. Am 27.7.44 bekam ich den Befehl, mich sofort bei einer „Infanteriebrigade", zu deutsch einem Infanteriebataillion ohne Zugehörigkeit zu einer Division, in der Kaserne in Northeim zu melden. Nachdem an der Front bereits so und so viele Hauptverbandplätze und Feldlazarette ohne Chirurgen waren und ich außerdem nicht „kv", also „kriegsverwendungsfähig", geschrieben war, gab es keinen Zweifel darüber, daß dies eine Strafversetzung zu einem verlorenen Haufen war. Ich war, wie sich später herausstellte „unter dem Sonderbefehl von Reichsführer SS Himmler" („Darf nicht mehr bei rückwärtigen Einheiten Verwendung finden!") durch meine Befehlsverweigerung gekommen. Natürlich hatte ich Glück, daß ich Arzt war, so daß man mich dringend bei einer solchen Infanterieeinheit brauchte. Wenn einer von den Elsäßern, Südtirolern, Ungarndeutschen usw., die Himmler zu seinen Divisionen einzog, den Befehl verweigert hätte, wäre er zweifellos erschossen worden. Daran mußte ich denken, als Präsident Reagan mit Bundeskanzler Kohl zusammen den großen Soldatenfriedhof in Bitburg besuchte, auf dem die Gefallenen der letzten großen deutschen Offensive im Westen - unter ihnen 49 Soldaten der Waffen SS, begraben waren. Jüdische Organisationen in der ganzen Welt machten deshalb einen Höllenspektakel und wollten es Reagan verbieten, wegen diesen 49 unter einigen tausend Gefallenen der Wehrmacht den Friedhof zu betreten! Ich schrieb damals in der Deutschen Tagespost einen Artikel: „Haß über das Grab hinaus!" und wies darauf hin, daß diese im Sommer 1944 eingezogenen Soldaten der Waffen-SS, wenn Sie Elsässer usw. waren, sich mindestens ebenso im „KZ" befanden wie offizielle KZ-Insassen und keineswegs mehr Überlebenschancen hatten als KZ Gefangene. Da sie keine Ärzte waren wie ich selbst, konnten sie nicht mit solch einem Sondereinsatz rechnen, der ihnen ersparte, unmittelbar wegen Befehlverweigerung erschossen zu werden, falls sie dem Einberufungsbefehl keine Folge leisteten. Die erneute Strafversetzung war zuerst ein Schock, denn ich wußte, daß dies natürlich ein „Himmelfahrtskommando" war. Aber ich brauchte dieses Mal keine vier Tage mehr, ehe ich innerlich zu einem „Ja" auch zu dieser Führung Gottes (oder Zulassung) bereit war. Denn ich hatte es ja beim letzten Mal erlebt, wie ich von den Panzerjägern weg im Schloß des Grafen Henkel von Donnersmarck landete. „Sie hatten es böse gemeint! Der Herr aber hat es gut gemacht!" Zum Verständnis der Situation ist es notwendig, daß man weiß, daß es im Osten kein „rotes Kreuz" gab, weil die UDSSR die Genfer Konvention nicht unterzeichnet hatte. Ein Sanitätsoffizier bei der Infanterie war deshalb im Grunde auch ein Offizier wie die anderen. Wir brachen Hals über Kopf unsere Zelte in Bad Harzburg ab und fuhren zusammen nach Northeim, wo Dorle und Dorothee in einem primitiven Übernachtungsheim des Roten Kreuzes Unterschlupf fanden. Das Bataillion wurde in höchster Eile zusammengestellt, und ich war den ganzen Tag unterwegs, um meine persönlichen Ausrüstungsgegenstände und die Sanitätsausrüstung für das Bataillion zusammenzutragen. Am Abend wurde verladen, und in der Nacht sollte es losgehen. Der Abschied fiel uns nicht leicht, aber unsere kleine fröhliche Dorothee half uns über vieles hinweg. Dann verließ ich die beiden um Mitternacht, wann die Fahrt losgehen sollte. Doch bald stellte sich heraus, daß der Zug noch nicht abfahrtsbereit war. So ging ich wieder zurück ins Rotkreuzheim und blieb dort wieder zwei Stunden. Erneuter Abschied. Aber als ich auf dem Bahnhof war hieß es wieder, er fahre erst in zwei Stunden. So ging ich noch einmal zurück zu meinen Lieben und verschwand dann endgültig auf dem Bahnhof. Als Dorle und Dorothee morgens um 6.30 zum Bahnhof gingen, sahen sie dann gerade noch dem letzten davonfahrenden Güterwagen nach.

Northeim 27. Juli 1944

Im dunklen Raum in einer Julinacht
weint eine Mutter, ruhig schläft ihr Kind, -
da öffnet sich die Kammertüre sacht
und eine Hand streicht übers Haar ihr lind:
„Noch einmal darf ich jetzt zu Euch herein,
noch zehn Minuten hat man uns gegonnt,
dann, Liebste, werd ich auf dem Wege sein,
denn fern im Osten, da zerbrach die Front!

Ist jetzt um uns auch Dunkelheit und Nacht,
sind Tod und Leben doch von Gott gesandt!
Selbst in der Hölle der Vernichtungsschlacht
führt uns der ewige Vater an der Hand!" -

Am frühen Morgen stand verlassen und allein
die Mutter mit dem Kind am Schienenstrang,
die Augen starrten trostlos ohne Schein
an den Gleisen tränenlos entlang,
wo unaufhaltsam Glück und Freud entschwand
und wo ihr Herz nur Leid und Dunkel sah. -
Doch unsichtbar auf jenen Schienen stand
der Christus und das Kreuz von Golgatha! -

13. Mai 1945:
Durch Wunder über Wunder hat gelenkt
er unsre Wege durch den Weltenbrand,
hat uns das Leben tausendfach geschenkt,

gab neuen Anfang uns im Heimatland.
Das Kreuz verschwand, - doch einmal wird es stehen
erneut im Leben, - einmal kommt die Zeit,
wo wir durchs Kreuz zur Auferstehung gehen,
vereint am End in Gottes Herrlichkeit! -

S. Ernst

Ich saß mit drei jungen Leutnants zusammen auf Stroh in einem Güterwagen und wir rollten durch den Korridor auf Posen zu, als einer von ihnen an mich die Frage richtete: „Glaubst Du an ein Fortleben nach dem Tod?" Wohl drei Stunden unterhielten wir uns intensiv über diese Frage, und ich versuchte ihnen klar zu machen, warum ich selbst überzeugt sei, daß es eine „Auferstehung der Toten" gäbe.

Besonders wichtig war mir der Gedanke angesichts der vielen gefallenen Freunde, die doch alle zunächst einmal die Erfahrung machten, daß Gott uns führen und schützen kann, die aber dennoch auch dazu ein Ja fanden, daß sie selbst fallen könnten. Daß solche Menschen, die von Gott geliebt sind, doch nicht einfach von einer Kugel weggeputzt werden können; denn die Liebe des ewigen und allmächtigen Gottes zu seinem Geschöpf und „Ebenbild" trägt den Charakter des Ewigen und Unsterblichen an sich und kann nicht durch menschliche Verbrechen oder Willkürhandlungen einfach aufgehoben werden. Weil dieser Schöpfer diese Welt so geliebt hat, „daß er seinen eingeborenen Sohn gab, damit alle, die an ihn glauben, nicht verloren werden, sondern das ewige Leben haben!" Darum kann nicht einfach eine verirrte oder gezielte Kugel diese Liebe beenden. Die Frage ist dann nur: Ist dieser Glaube eine Illusion, ein zweitausend Jahre alter Irrtum, der jetzt unwiederbringlich zu Ende geht, oder ist er tatsächlich erfahrbare Wirklichkeit. Wenn er aber Realität sein sollte, dann muß ich diese Realität in meinem täglichen Leben erfahren können. Sie muß sich „beweisen" inmitten der scheinbaren Gottlosigkeit und Irrationalität unserer modernen Welt.

Ich versuchte dann den drei jungen Leutnants einiges von dieser erfahrenen Wirklichkeit in meinem eigenen Leben zu berichten. Dabei war ich selbst damals ja erst 29 Jahre und konnte die riesige Kette von unglaublichen Wundern und Führungen, die ich heute übersehe, ja noch längst nicht in ihrem wirklichen Ausmaß erkennen.

Natürlich sprachen wir auch über viele der Phänomene, die wohl in der Geschichte der Menschheit dazu führten, daß eine wirkliche Kultur nur dort entstand, wo der Glaube an einen Gott und an das Weiterleben nach dem Tode (selbst beim Neandertaler demonstriert in den Grabbeigaben) vorhanden war. Die Ahnen- und Geisterkulte auch primitivster Kulturen auf der ganzen Welt sind ja keineswegs nur Wunschträume, sondern beruhen auf der Erfahrung der realen Existenz einer übersinnlichen Welt. Dazu gehört das „Abmelden" Sterbender oder gerade Gestorbener, ebenso wie die Erfahrung von Inspirationen, die nicht aus unserem eigenen Gehirn stammen können, von Führungen und Bewahrungen bis hin zu den Offenbarungswahrheiten etwa der alten jüdischen Propheten und der Menschen des Neuen Testamentes. Wie weit die moderne

„Thanatologie" als „Wissenschaft vom Tod" hier hereingehört, möchte ich nicht entscheiden. Immerhin gehören solche Erfahrungen aus der Urzeit der Menschheit sicher zu den Gründen des Glaubens an ein Fortleben nach dem Tode und keineswegs, wie materialistische Philosophen und Psychologen meinen, nur die Urangst vor dem Tod oder die Furcht vor den unerforschten Naturgewalten, denen sich der Mensch wie gegenüber Teufeln und Dämonen schutzlos ausgeliefert fühlt. In diesem Zusammenhang sind natürlich auch die Erkenntnisse des Freudschülers I. D. Unwin (Oxford Press 1936 „Sex and Culture") zu sehen, der bei der Untersuchung von 80 Primitivkulturen feststellte, daß sich nur dort eine höhere „deistische" Kultur entwickeln konnte, wo zunächst wenigstens über drei Generationen weg voreheliche Enthaltsamkeit und sexuelle Disziplin und damit Erhaltung der schöpferischen „Sozialenergie" Gesetz war. Die Erfahrung zwischen „Reinheit" und Inspiration, zwischen der nur beim Menschen anatomisch durch das „Hymen" zum Ausdruck gebrachten „Jungfräulichkeit" und „Unberührtheit" und dem Erleben der Existenz Gottes bringt Christus in der Bergpredigt zum Ausdruck: „Selig sind, die reines Herzens sind, denn sie werden Gott schauen!" Das ist nicht nur eine christliche Wahrheit, sie kommt im Tempeldienst der römischen Vestalinnen oder der griechischen Phytia im Orakel von Delphi und ähnlichen Vorstellungen und Sitten der Germanen und vieler anderer Kulturen zum Ausdruck.

Als wir nach drei Stunden das Gespräch beendeten befanden wir uns vor Warschau, wo wir 30 km südlich an der Piliza, am sog. Warkabrückenkopf, gegen die durchgebrochene rote Armee zum Einsatz kommen sollten. Bereits vier Wochen nach unserem Gespräch war keiner der drei prächtigen Leutnants mehr am Leben. Der jungen Witwe von einem der Dreien schrieb ich über dieses letzte Gespräch mit ihrem Mann über die „letzten Dinge".

Aber all diese Erfahrungen werden überboten durch die für jeden erlebbare Auferstehung von Jesus Christus, seiner unsichtbaren Weiterexistenz und der realen Möglichkeit, sich in allem an ihn zu wenden und sich von ihm die Schuld vergeben zu lassen, die uns daran hindert, den Sinn unseres Lebens zu erkennen und zu verwirklichen, nämlich Werkzeuge Gottes in seinem Weltplan zu werden, auf ihn zu horchen und ihm zu gehorchen und dann seine Existenz als Voraussetzung unserer jetzigen Existenz und späteren Neuexistenz zu erfahren. Als wir in den Abendstunden des 31. Juli in Warschau einfuhren, mußten wir von der schmaleren Eisenbahnspur Deutschlands auf die breitere der Russen umgeladen werden.

Die ganzen Etappendienste der deutschen Wehrmacht, die sich in Warschau befanden, waren zum größten Teil in großer Eile nach Westen zurückgezogen worden, denn man rechnete täglich mit dem Angriff der roten Armee auf Warschau.

In einem kleinen Raum auf dem Bahnhof richtete ich provisorisch ein Hilfsrevier ein, um Kranke zu untersuchen und zu behandeln. Da holten mich die Sanitäter zu einem Soldaten, der fast 40 Grad Fieber hatte und mit Schüttelfrost und Kreislaufkollaps hoffte, in ein Lazarett eingeliefert zu werden. Ich war mir klar, daß dies eine absichtlich herbeigeführte Nikotinvergiftung war, die man dadurch erreicht, daß man eine Zigarette in ein Glas Wasser legt und dann nach ein paar Stunden das Wasser trinkt. Ich sagte deshalb nur: „Nehmt seine Ziga-

210

retten an Euch, dann werden Schüttelfrost und Fieber von selbst verschwin-
den!" Von heute aus gesehen mag man mir vorwerfen, warum ich nicht das
Spiel mitspielte und ihn entsprechend seiner Absicht einwies? Auf Selbstver-
stümmelung stand damals Todesstrafe. Genützt hätte es ihm auf die Dauer sicher nichts. Aber natürlich ist eine Truppe, die damit rechnet, mit größter
Wahrscheinlichkeit vernichtet zu werden, eine Gemeinschaft von „zum Tode
Verurteilten", die ihre eigenen Gesetze entwickelt.
Und dazu gehört, daß man weiß, daß das eigene Leben entscheidend mit davon
abhängt, wieweit man sich auf die Einsatzbereitschaft und Kameradschaft des
Nebenmannes verlassen kann. Man ist deshalb viel weniger als im zivilen Leben bereit, diese Kameradschaft durch falsches Verhalten, durch scharfe Kritik
und andere Verstöße gegen diesen Geist der Todeskameradschaft zu gefährden.
Und das absichtliche Alleinlassen des anderen, um das eigene Leben zu retten,
gehört nun einmal zu den schwersten Verstößen gegen eine solche „Einheit".
Dieser „Geist" der kämpfenden Truppe machte es dann auch oft fast unerträglich, wenn man im Urlaub oder bei Verwundung usw. zurückkam und erlebte,
wie und mit welchen Methoden sich andere dann auf Kosten ihrer Kameraden
herumdrückten. Ich sprach mit dem Soldaten. Das Fieber verschwand wieder.
Was aus ihm weiter wurde, weiß ich nicht.
Am Nachmittag des 1. August 1944 entschloß ich mich, mit unserem gerade
abgeladenen Opel Kadett und zweien meiner Sanitätsdienstgrade in den riesigen Sanitätspark der Wehrmacht im Westen von Warschau zu fahren, um dort
wenn möglich noch Instrumente und Material zu bekommen. Denn die Tatsache, daß wir zu keiner Division gehörten und deshalb auch keine Sanitätskompanie mit Hauptverbandplatz hatten, ließ es mir geraten erscheinen, mir diese
Geräte selbst zu besorgen. Und ich nahm mit recht an, daß ein großer Teil des
Sanitätsmaterials in diesem größten Sanitätspark der Ostfront in der Eile nicht
nach Westen hatte abtransportiert werden können.

Warschauer Aufstand 1.8.1944.

Ich beschloß, die Zeit der Umladung unserer Einheit auf die breite russische Eisenbahnspur zu benützen und in den Sanitätspark zu fahren, um zu sehen, was
ich dort noch bekommen könnte als Zusatzausrüstung für mein Infanteriebataillion.
Wir fuhren zu dritt (zwei Sanitätsdienstgrade) durch die Straßen nach Westen.
Es war nachmittags 3 Uhr. Überall standen an den Straßenecken junge Burschen und Männer, die uns mit haßerfüllten Blicken musterten, als wir mit unserem PKW mit rotem Kreuz an ihnen vorbeifuhren. Hier stinkt doch etwas,
war mein Eindruck. Etwa um 15.30 Uhr kamen wir auf das Riesengelände des
Sanitätsparkes, der durch eine lange Straße von einem östlich davon gelegenen
großen Friedhof getrennt war. Am Eingang waren große rote Kreuze. Wir gingen durch die zahlreichen Baraken und suchten uns alles Material, das für die
wichtigsten Notoperationen - bis zu Bauchschüssen - notwendig war. Denn
auch die wertvollen Instrumente lagen herum und die ganze Besatzung des Sanitätsparkes bestand nur noch aus einem Heeresapotheker und 12 Hilfswilligen.
Auch eine größere Zahl von Infusionsflaschen (vor allem „Tutofusin") mit In-

fusionsbestecken wanderte in unseren PKW. Natürlich trugen wir alles Operationsmaterial, Narkosebesteck und Verbandmaterial zusammen. Nur etwas konnte ich nicht finden: Das damals bei der Wehrmacht übliche Bluttransfusionsbesteck zur Direktübertragung von Blut vom Arm des Spenders in die Vene des Empfängers. Aber gerade das schien mir besonders wichtig zu sein, um akute Blutverluste gleich vor Ort beheben zu können. Und deshalb suchte ich eine Baracke nach der anderen durch. Es ging auf 17 Uhr zu und meine beiden Sanitäter drängten: „Herr Oberarzt, wir müssen zurück, sonst fahren die ohne uns los!" Aber ich war zu unserem Glück wie versessen auf ein Blutübertragungsgerät und suchte weiter. Plötzlich Punkt 17 Uhr ging in der ganzen Stadt schlagartig eine riesige Schießerei los. Rauch stieg an vielen Stellen auf. Ein Leutnant der Luftwaffendivision „Hermann Göring", der mit einigen seiner Leute ebenfalls versuchte den Park zu verlassen, mußte aber feststellen, daß aus zwei Häusern an Kreuzungen geschossen wurde, so daß er wieder zurück kam. Wir telefonierten auf die Kommandantur in Warschau, denn die unterirdischen Telefonleitungen waren natürlich noch intakt! Fast alle deutschen Einheiten wurden schlagartig eingeschlossen! und die auf der Straße befindlichen deutschen Soldaten und Kraftwagen wurden um 17 Uhr alle abgeschossen. Was sollten wir tun? Der Versuch, zurück zum Hauptbahnhof zu fahren, wäre reiner Selbstmord gewesen. Und kaum war eine halbe Stunde vergangen, da trugen sie uns schon die ersten Verwundeten in den Sanitätspark, weil hier ja rote Kreuze den Eindruck erweckten, daß man sie dort versorgen könnte. In vielleicht 1 - 2 km Abstand sahen wir südwestlich von uns einen Militärtransport aus dem Bahnhof nach Süden herausfahren und wir nahmen an, daß das unsere Einheit war. Wir saßen jedenfalls fest. Es blieb uns nichts anderes übrig, als in einen Keller zu gehen, einen Feldoperationstisch aufzustellen, eine der üblichen Wehrmachtsoperationslampen zu holen und die Verwundeten operativ zu versorgen. Zum Glück war ein Zahnarzt gerade auch im Sanitätspark und zwei Sanitätsfeldwebel, die alle ebenfalls noch Material für sich zusammengesucht hatten und die ich nun in unseren „Operationssaal" einstellen konnte. Der Zahnarzt machte die Narkose, und die Feldwebel mußten mir assistieren. In der Zwischenzeit versuchte der Leutnant der Division „Hermann Göring", mit ein paar seiner Leute auszubrechen. Die Polen hatten unter den Augen der deutschen Besatzung in all jene Häuser, die Straßenzüge und Kreuzungen beherrschten, hinter den Vorhängen Betonbunker gebaut, aus denen sie nun herausschossen. Der Leutnant griff den ersten Bunker mit einer Panzerfaust an. Er traf den Schlitz, und das Feuer aus diesem Bunker schwieg. Als er etwa 30 Meter vom zweiten Bunker entfernt war, wurde er von zwei Kugeln in die linke und rechte Brust getroffen und blieb vor dem Bunker liegen. Da die Nationalpolen, die diesen Aufstand machten, um vor der Machtübernahme durch die Rote Armee die Hauptstadt selbst in die Hand zu bekommen und eine eigene nationalpolnische Regierung bilden zu können, das Rote Kreuz achteten, hofften wir, daß sie unseren beiden Sanitätern mit Rot Kreuz-binden erlauben würden, den Schwerverwundeten wegzutragen.
Meine beiden Leute hatten den Mut, den Versuch mit einer Trage zu wagen, und die Polen schossen nicht, so daß der Leutnant unmittelbar auf den Operationstisch gelegt werden konnte und ich ihm die beiden offenen Brustkorbwun-

den zunähen konnte. Wobei ich dann die Lungenflügel an die Brustkorbwand im Bereich der Verwundung annähte, so daß doch durch die Brustkorbbewegung eine gewisse Atmung möglich wurde. Zwei Tage lang machten wir Hauptverbandplatz, und es war ja das große Glück gewesen, daß ich alles mit Ausnahme des Bluttransfusionsgerätes schon zusammen hatte, so daß wir die Instrumente und das Material nur auspacken mußten. Der Leutnant erholte sich zusehends, und auch den anderen Verwundeten ging es gut. Wir erfuhren dann telefonisch von der Kommandantur, wo eine Sanitätskompanie mit einem Hauptverbandplatz war, und man sandte uns einen Stabsarzt, einen Hygieneprofessor der Universität Dorpat, mit einem Krankenwagen, der alle Verwundeten und, obwohl sein Sanka von zahlreichen Schüssen durchsiebt war, auch uns abholte. Es war ein Glück, daß ein deutsches Polizeibataillon den Friedof, in dem sich die Waffenlager der Polen in den Familiengräbern versteckt befanden, von Osten her angriff, so daß die Aufmerksamkeit der Polen nicht auf den angrenzenden Sanitätspark im Westen gerichtet war. Wir waren außer dem Sanka des Stabsarztes fünf Wagen. Er fuhr uns voraus, und wir bildeten mit unserem kleinen Opel-Kadett den Schluß des Konvois. Die Fahrt ging zunächst entlang der Friedhofsmauer, aber dann mußte unser Stabsarzt, der sich verfahren hatte, plötzlich auf der Straße umdrehen und wir machten alle ebenfalls kehrt. Er fuhr an uns vorbei, so daß wir an der zweiten Stelle waren, und ein Unteroffizier mit seinem leeren Sanka bildete den Schluß. Wir rasten durch die leeren Straßen nach Westen und kamen glücklich aus Warschau heraus. Nur unser letzter Wagen, der vermutlich zum Kugelfang geworden war, blieb zurück. Über die Armee fanden wir dann nach weiteren zwei Tagen unsere Einheit am Warkabrückenkopf wieder.

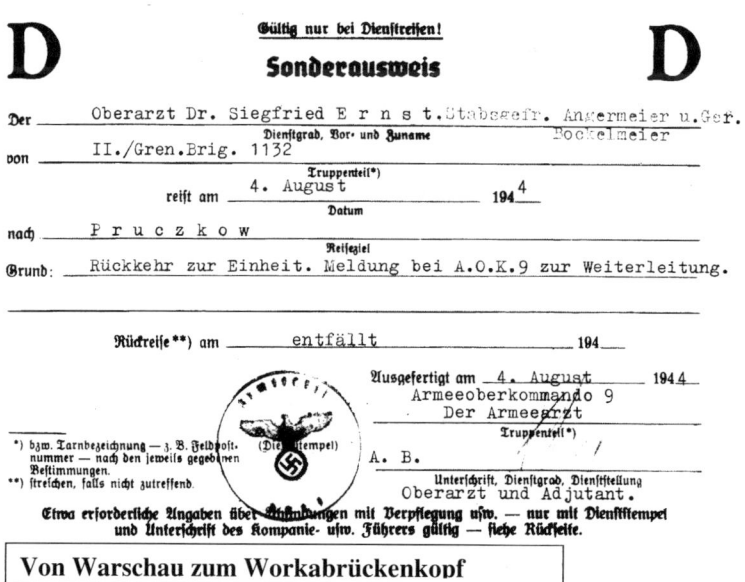

Von Warschau zum Workabrückenkopf

213

Sie hatten am Tage unseres Eintreffens bereits einen verunglückten Versuch gemacht, die Sowjets über die Pilizza zurückzuwerfen, und dabei starke Verluste gehabt. Uns hatten sie bereits als im Aufstand vermißt abgeschrieben. Das wäre uns natürlich auch tatsächlich passiert, wenn ich nicht so dickköpfig immer weiter nach dem Blutübertragungsgerät gesucht hätte und auf das Drängen meiner Sanitäter hin etwas früher losgefahren und z.Zt.des Ausbruches des Aufstandes um 17 Uhr auf der Rückfahrt zum Bahnhof gewesen wäre. Der Kommandeur und seine Leute waren natürlich heilfroh, als der Doktor mit allem Operationsmaterial bei der Einheit wieder auftauchte und dann für den nächsten Tag, an dem der Angriff wiederholt werden sollte, in einem Bauernhaus alles für sofortige operative Eingriffe herrichtete. Der Kommandeur unserer „Infanteriebrigade 1132", Major Naujoks, war ein tapferer Offizier, ein sog. „Zwölfender", der es durch Leistung und Tapferkeit im Kriege aus dem Unteroffiziersstand zum Offizier gebracht hatte. Während das Verhältnis von Mannschaften zu Unteroffizieren in der Wehrmacht etwa 100 zu 1 war, waren die Offiziersverluste etwa sieben Soldaten auf einen Offizier, also reltiv 15 x so hoch. Einer unserer Kompaniechefs war ein Göttinger Dozent an der philosophischen Fakultät, ein hoch intelligenter und charakterlich hervorragender Mann. Der Major hatte am Tage zuvor seinem Ratschlag, wie man den Angriff durchführen sollte, nicht gefolgt, und so war der Angriff fehlgeschlagen. Am nächsten Tag aber folgte er dem Rat seines Hauptmannes, und der Angriff hatte bei geringsten Verlusten Erfolg, es gelang, die Gegner wieder über die Pilizza zurückzuwerfen. Die Sowjets hatten zwei polnische Divisionen unter russischer Führung aufgestellt. Eine davon lag uns gegenüber. Am frühen Nachmittag brachte der Adjutant des Bataillons einen schwerverwundeten polnischen Soldaten mit Bauch- und Lungenschüssen auf einer Trage, von zwei Sanitätern getragen, und einen am Arm verwundeten anderen gefangenen Soldaten zu mir auf die Wiese, wo ich gerade das Geschehen beobachtete! Ich untersuchte die beiden. Der Adjutant, Leutnant Hartmann, fragte: „Na, Doktor, was fangen wir mit den beiden an?" Ich sagte ihm: „Bei dem Schwerverwundeten ist keine Hilfe mehr möglich, aber den anderen bekomme ich durch!" „Ach was, erwiderte er, „Warum sollen wir da viele Umstände machen, die liquidieren wir beide, dann ist der Fall erledigt!" Ich antwortete. „Lassen Sie doch die Leute leben!" Er darauf: „Ach Quatsch, Sie sind für die Nächstenliebe, ich bin fürs Praktische!" und zu dem dabeistehenden Unteroffizier: „Los lassen sie die beiden hinter das Haus schaffen und erledigen Sie die Sache!" Ich stand da wie vor den Kopf geschlagen und wußte nicht, was ich machen sollte. Die Soldaten schafften sie hinter das nächste Haus und ich hörte zwei Schüsse. Der Adjutant war, wie ich dann auch die nächsten Wochen feststellen mußte, einer der brutalsten deutschen Offiziere, die mir während des ganzes Krieges begegnet sind. Er war radikaler ideologischer NS Mann und trug das goldene HJ Abzeichen. Im zivilen Leben hätte ich mit diesem Mann zweifellos sofort einen Riesenkrach angefangen und alles versucht, ihn an diesem kaltblütigen Mord zu hindern. Aber bei meinem ersten derartigen Einsatz bei der Infanterie am ersten Tag stand ich wie gelähmt da und wußte nicht, was ich tun sollte. Zu der völlig anderen Situation während eines Kampfes auf Leben und Tod kam natürlich, daß ich eigentlich noch keinen der Einheit richtig kannte und deshalb noch eine

Art Fremder war, der noch nicht gleich mit einem Krach anfangen konnte. Wir richteten uns in einem Bauernhaus ein und legten uns abends in einen dazugehörigen Kartoffelkeller zum Schlafen. Nachts um ein Uhr wurde ich geweckt: „Doktor, Sie sollen sofort zum Kommandeur in ein benachbartes Bauernhaus kommen!" Als ich in die vielleicht 22 qm große niedere Bauernstube eintrat, standen die Offiziere mit dem Major darin zusammen mit zwei gefangenen Zivilisten und einem unserer Unteroffiziere. „Doktor," sagte der Major, als ich eintrat, „Wir haben hier vor unseren Linien die Partisanen gefangen, die gestern Nacht vier von unseren Leuten mit einer Mine schwer verwundet haben, indem sie sie deutsch anriefen und dann die Mine warfen! Wir wollten nur noch ihr Urteil hören." Ein Deutscher mit sog. Pritscheshosen, mit einer Schlappmütze, einem alten grauen Kittel, am Rever ein Parteiabzeichen der NSDAP, wie er angab 52 Jahre alt, und zwei dazugehörige Polen waren vor unserer Linie nachts gefangen worden und behaupteten, sie seien von einer ca. 40 km hinter uns befindlichen Dienststelle der Partei nach vorne geschickt worden, um vor der Front Gräben auszubauen, und dabei versprengt worden. Sie hatten keinerlei Papiere bei sich. Der Deutsche gab an, er sei Ostpreuße und Hauptmann bei der Wehrmacht gewesen, aber altershalber entlassen worden. Er hatte lediglich einen Brief aus Ostpreußen in der Tasche und der eine der Polen hatte ein Foto seiner Familie bei sich. Da riß sich der andere Pole außen los und konnte in die Nacht hinein flüchten und entkommen, was natürlich die Lage der beiden anderen verschlimmerte, weil es als Zeichen des schlechten Gewissens ausgelegt wurde. Der Major geriet in Wut und ließ den anderen Polen abführen und erschießen, obwohl ihn auf den Knien anflehte und ihm sein Familienbild hinhielt. Denn er war total überzeugt, daß er es mit diesen Partisanen der vorherigen Nacht zu tun hätte. Ich versuchte nun alles, um dem Deutschen die Möglichkeit zu geben, den Beweis für die Richtigkeit seiner Angaben zu erbringen. Er sagte schließlich, der Kreisleiter in Grojec, der ihn hergeschickt habe, heiße Wagner. Er selbst heiße Artur Wärmter und sei noch 1942 bei einem deutschen Baubataillon bei Orel als Hauptmann gewesen. Da es damals nach unserem Wissen keine Entlassung wegen Alters mit 52 Jahren für einen Offizier der deutschen Wehrmacht gab, erschien diese Angabe ganz unglaubwürdig. Ich versuchte nach dem 25 km entfernten Grojec zu telefonieren. Aber die rückwärtige Verbindung war gestört, so daß ich den angeblichen Kreisleiter nicht erreichen konnte. Da ich 1941/42 selbst an diesem Frontabschnitt eingesetzt war, fragte ich den Deutschen, welche Divisionen und Einheiten denn bei Orel gelegen seien, ehe dann 1943 die Sowjets bei Orel durchgebrochen waren und die Deutschen es aufgeben mußten. Er konnte keine einzige angeben. Als die Rede vom deutschen Rückzug bei Orel war, schien er zu grinsen, was den Major erst recht in Wut brachte, so daß er einen Stock nahm und auf seinen Rücken einschlug: „Ich will Ihnen das Grinsen schon austreiben! Wenn Sie nicht in zehn Minuten gestanden haben, werden Sie auch erschossen!" Der Adjutant, der auch im Zimmer war, hetzte immer wieder während meiner Entlastungsversuche: „Herr Major, machen Sie doch nicht so viel Umstände! Unter die Kartoffel mit dem Kerl!" Ich sagte: „Sie sehen zwar so aus wie kommunistische Partisanen, aber, Herr Major, es könnte sich auch um einen Verwirrtheitszustand handeln! Sperren Sie sie doch ein und schicken Sie sie morgen früh zurück,

dann können die hinten ja feststellen, was los ist!" „Ach was Doktor, Sie verstehen nichts von Partisanen, da habe ich mehr Erfahrung! Daß ich denen noch die Gelegenheit zur Flucht gebe!" Schließlich flüsterte der Major dem Unteroffizier etwas zu und ließ den Deutschen abführen. Ich glaubte, er habe ihm den Befehl gegeben, den Mann zum Erschießen abführen zu lassen, und der Deutsche war offensichtlich derselben Meinung. Ich wollte noch einmal dem Major sagen: „Sie lassen ihn doch einsperren heute Nacht!" Aber das Wort blieb mir im Hals stecken und ich stand da wie einer, der zusieht, wie ein anderer die Treppe hinunterstürzt, aber ihn nicht mehr halten kann. Der Unteroffizier führte ihn hinaus. Ein paar Sekunden später fiel draußen ein Schuß. Der Unteroffizier kam herein und sagte: „Er machte einen Fluchtversuch, da erschoß ich ihn!" Ob es ein tatsächlicher Fluchtversuch war, nachdem Artur Wärmter vermutlich ebenso wie ich dachte, daß er da draußen wie sein polnischer Begleiter erschossen werden sollte, oder ob es ein gestellter Fluchtversuch war, kann ich bis heute nicht mit Sicherheit sagen. - Jedenfalls kam die Aufklärung am nächsten Morgen, als ich beim Troß hinten war und zwei Leute in Parteiuniformen sah, die nach einem Deutschen und zwei Polen suchten, die sie heute Nacht verloren hatten. Ich sagte ihnen sofort: „Heute Nacht sind ein Deutscher und ein Pole vorne erschossen worden, die ohne Ausweise vor unseren Linien gefangen und für Partisanen gehalten wurden, weil sich kein Mensch vorstellen konnte, daß die Partei nachts Leute zum Gräben machen vor unsere Linien schicken würde, ohne daß man die Truppe davon vorher in Kenntnis setzt. „Sie sagten, daß sie kurz vorher einem Major begegnet seien, den sie auch gefragt hätten, der ihnen aber lediglich gesagt hatte: „Nehmen Sie eben an, daß sie zwischen den Linien gefallen sind!" Natürlich war dies ein schrecklicher Schock für mich, ja es war der wohl schlimmste Tag meines Lebens. Meine stille Zeit vom 8. August sagte klar, daß ich mitschuldig sei. Auch wenn es nachts zwischen 1 und 2 Uhr war, so hätte es doch genügt, wenn ich einfach zwischen dem Verhör einmal 5 Minuten hinausgegangen wäre, um klar zu werden. „Eine einzige stille Zeit hätte genügt, um zur Klarheit zu kommen! Du mußt lernen, Deine Ansicht scharf zu vertreten. Feigheit und mangelnde Zivilcourage haben das verschuldet. Du mußt das dem Major sagen! Du bist mitschuldig" Denn ich mußte mir vorwerfen: Hätte ich noch ein zweites Mal energisch dem Major gesagt: „Herr Major, Sie lassen ihn doch einsperren?!", dann hätte er mir antworten müssen, und Artur Wärmter hätte dann - falls es ein echter Fluchtversuch war - dies nicht gemacht. Natürlich erstatteten der Kreisleiter und seine Leute gegen den Major Anzeige. Artur Wärmter wurde untersucht. Man fand die Striemen auf seinem Rücken. Ein Verhör erfolgte. Dadurch war natürlich das Verhältnis zum Major und den anderen Offizieren erst recht gestört. Denn sie hatten Angst, daß meine Aussage und meine Zweifel, die ich an der Meinung des Majors und seines Adjutanten Leutnant Hartmann äußerte, sowie meine Forderung, die Leute zurückzuschicken, zur Untersuchung des Falles und zu ihrer Verurteilung führen würde. Die Gerichtsverhandlung sollte am 11. September in Berlin stattfinden, wurde aber dann im letzten Augenblick wieder abgesagt.
Ich mußte natürlich beim Verhör auf das unerklärliche Verhalten des auch für die Polen zuständigen Deutschen hinweisen: „Warum leistete er keinerlei Widerstand, sondern war nur voller Furcht?-

Warum schlug er nicht auf den Tisch, sondern machte den eindeutigen Eindruck eines Angeklagten? War er wegen psychischer Probleme schon mit 52 Jahren als Hauptmann aus der Wehrmacht entlassen worden (denn normalerweise gab es das ja nicht)? Aber in meinem Stillezeittagebuch stand klar die Erkenntnis: „Das war ein Verbrechen!" Ich hatte eine lange Aussprache mit meinem Kommandeur und seinem Adjutanten.

Aber warum berichte ich diese schreckliche Geschichte?
Wäre es nicht besser, wie mir jemand riet, sie einfach wegzulassen? War es nicht das schlimmste Versagen, daß ich nicht mit der genügenden Härte in beiden Fällen für das Leben der Leute kämpfte, sondern lediglich meine Meinung sagte?
„Du mußt lernen, Deine Ansicht scharf zu vertreten!" war die Weisung, die mir in meiner Stillen Zeit gesagt wurde. Vielleicht wird es für manchen verständlicher, der mir in den Auseinandersetzungen der letzen 50 Jahre um das Leben der ungeborenen Kinder vorwarf: „So scharf und hart wie Sie darf man nicht sprechen", „man müsse mehr Verständnis für die Politiker, die Mediziner und die Frauen haben!" „Ich würde dann mehr Erfolg haben!" usw. Daß ich in dieser schrecklichen Schule lernen mußte, rücksichtslos die Wahrheit zu sagen, gerade denen gegenüber, die die Macht haben, die mir schaden können und zu denen ich die Beziehungen nicht aufs Spiel setzen möchte (weil ich von ihnen abhängig bin oder sie bei anderer Gelegenheit brauche). Man wird ja heute sofort als „rechtsradikal", als „intolerant", als „Nazi" oder „Faschist" oder, wie der Spiegel uns bezeichnete, als „ultrakonservativ" verschrien, wenn man den modernen Massenmord an ungeborenen Kindern klar beim Namen nennt.

Wie werden Sie mit dieser Schuld fertig?" fragte mich ein junges Mädchen, als ich dies erzählte! Ich glaube, gerade das ist der Grund, warum ich sie berichten **mußte**! Es gibt hier nur einen Weg, den des ehrlichen Bekennens und der Vergebung durch Christus. Ich schrieb deshalb einen ausführlichen Brief an meinen Austauschfreund, Amtsgerichtsrat Dr. Alo Münch in München. Aber offensichtlich war die Sache damit noch lange nicht ausgestanden.
Es war im Sommer 1959 bei einer Weltkonferenz der Moralischen Aufrüstung in Caux. Da saß mir gegenüber in der Versammlung ein farbiger Brasilianer mit wenig schönen Gesichtszügen, und ich empfand eine ausgesprochene Abneigung gegen ihn. Neben mir saß ein alter Freund Dr. Frank Buchmans, ein bekannter Südafriker, Bremer Hofmeyr, der aus einer der führenden burischen Familien stammte. Ich sprach kurz mit ihm und sagte, daß ich hier offensichtlich rassistische Gefühle habe, mit denen ich nicht zurecht komme. Er riet mir, darüber still zu werden, um herauszufinden, was der tiefere Grund dafür sei. Als ich dies machte, da kam mir plötzlich die Geschichte mit den zwei polnischen Verwundeten in den Sinn, und ich sah den einen unschuldig erschossenen polnischen Zivilisten vor mir, wie er dem Major um Gnade bittend das Photo seiner Familie entgegenhielt. Und ich merkte plötzlich, daß mich damals der Tod des Artur Wärmter, des Deutschen, schrecklich umgetrieben hatte, während der Tod der zwei Polen mich keineswegs so tief getroffen hatte. Ich mußte erkennen, daß auch ich trotz allen Widerstandes gegen die Rassenideologie Hitlers

unbewußt davon geprägt worden war und den Wert von Menschenleben mit nationalistischen Maßstäben gemessen hatte. Ich tauschte das alles mit meinem Freund Eugen Zeller aus Zürich unten auf der Terrasse von Caux aus und sagte dann zum Schluß zu ihm: „Gibt es eigentlich bei der Konferenz keinen Polen? Ich möchte einen Polen deshalb um Vergebung bitten. „Da kommt gerade der einzige, der hier ist, ein polnischer Apotheker aus Bern!", der „zufällig" gerade auf uns zukam. Ich ging zu ihm und bat ihn um eine Unterredung. Aber er wollte sich, nach allem, was sich der Vergangenheit zwischen Polen und Deutschen ereignet hatte, nicht mit einem Deutschen unterhalten. Auf mein Drängen war er schließlich bereit, mich anzuhören, und ich erzählte ihm mein Versagen und meine Schuld und bat ihn als Polen um Verzeihung. Er bekam Tränen in die Augen und sagte nur: „Sie haben den Schlüssel für das deutsch-polnische Verhältnis." Am darauffolgenden Ostern war ich wieder bei einer Konferenz in Caux und saß am Ostersamstag abend mit einer Anzahl von Ärzten aus London beim Nachtessen. Einer unter ihnen war ausgesprochen unfreundlich und deutschfeindlich gegen mich. Und plötzlich sagte er: „Ich bin Pole!"
Ich berichtete ihm darauf, wie ich bei seinem Landsmann für meine Schuld um Vergebung gebeten hatte und wie ich erkennen mußte, daß ich auch ein Teil des Rassehochmuts der Deutschen war. Wir standen auf und wollten vom 2. Stock in den 4. Stock hinaufgehen. Da hielt er mich auf der Treppe plötzlich fest und sagte: „Ich muß Ihnen etwas sagen, was ich noch keinem Menschen erzählte; ich habe ohne Not zwei Deutsche umgebracht!" Am Ostermorgen begegneten wir uns wieder. Er hatte ein verändertes Gesicht und sagte nur: „Es war wunderbar!"
Ein Jahr nachdem Papst Johannes Paul II. zum Papst gewählt wurde war ich bei einer Tagung der europäischen Pro Life Bewegung in Rom, zusammen mit meinem Freund, Prälat Dr. Ingo Dollinger. Er war bekannt mit einem der engsten polnischen Freunde des Papstes, dem damaligen Bischof und späteren Kardinal Rubin. Ich sagte meinem Freund, daß mich die Schuld mit den Polen im Krieg immer noch bedrücke und ich das Bedürfnis hätte, von einem polnischen Bischof dafür die Absolution zu erhalten. Wir suchten das Amt des Bischofs auf. Sein Sekretär erklärte uns, der Bischof sei leider krank und heute beim Zahnarzt, so daß wir ihn sicher nicht sprechen könnten. Wir unterhielten uns dann ca. 20 Minuten mit seinem ebenfalls aus Osteuropa stammenden Sekretär. Als wir gerade gehen wollten, kam der Bischof zurück, und wir begrüßten ihn im Hausgang. Er nahm uns sofort in sein Zimmer, und ich beichtete ihm meine Schuld an den Polen. Er nahm mich in den Arm und erteilte mir die Absolution. Anschließend sprachen wir dann über den Papst und die Frage kam auf, ob er nicht nach Deutschland, in das Land der Reformation, auch kommen könne. Damals schien das noch nahezu unmöglich zu sein. Er meinte: „Wenn einer es kann, dann dieser Papst!" Ich fuhr zurück nach Deutschland und wir brachten auf der nächsten Tagung der Landessynode der Evang. Kirche von Württemberg den Antrag ein, daß die Kirchenleitung sich bei der EKD für eine Einladung von Papst Johannes Paul II. einsetzen möge. Der Antrag ging ohne Diskussion durch an den Bischof, und die erste Bresche in die antipäpstliche Front war gebrochen. Als klar war, daß die Mehrheit der Kirchenleitungen der EKD einen Papstbesuch begrüßen würden, kam das revolutionäre Ereignis zustande,

und Papst Johannes Paul II. kam 1980 in die Bundesrepublik und es gab das erste Treffen mit einer Anzahl von Bischöfen und Ratsmitgliedern der Evang. Kirche Deutschlands in Mainz.
Vergebene Schuld wird zur Waffe für die Erneuerung von Menschen und Verhältnissen. Dies lehrte uns Dr. Frank Buchman immer und immer wieder. Die Tatsache, daß Petrus Jesus verleugnet hatte und diese Schuld immer wieder bekannte, half in den letzten zwei Jahrtausenden christlicher Geschichte mehr Menschen als alle Wunderheilungen, die Jesus vollbrachte.

Ich muß hier, um Mißverständnissen vorzubeugen, darauf hinweisen, daß dieser brutale Stil, der sich in 5 Kriegsjahren auch in Teilen der deutschen Armee entwickelte, keineswegs spezifisch deutsch war. Drei Tage vor meiner Verwundung am 16.9.44 schrieb ich in einem Brief an meine Frau: „... Heut war ein ganz interessanter Tag. Ein Überläufer (ehemaliger deutscher Soldat), der bei Orscha im Dezember 1943 gefangen worden war, sagte uns, daß hinten die deutschen Gefangenen zu allen möglichen Arbeiten verwendet würden bei 600 Gramm Brot und Wassersuppen pro Tag, und daß die Offiziere teilweise umhergingen und gut behandelt würden. In den russischen Stäben seien zum Teil deutsche Offiziere!!!. Daher wohl auch die phantastische Planung der sowjetischen Offensiven seit einem Jahr!!! Die Polen und Russen würden sich auf das Abstechen der deutschen Frauen und Mädchen mit den Bajonetten freuen! Die polnische Division, die uns bisher gegenüber lag und die alle deutschen Gefangenen umbrachte, habe jetzt den ausdrücklichen Befehl, die Gefangenen nicht mehr umzubringen, da sie gebraucht würden! Aber das Ganze hat uns gezeigt, was aus unserem Volk würde, wenn diese Leute über uns herfallen könnten. Immerhin kannst Du das Dekan Sauter ausrichten, damit er die Hoffnung nicht aufgibt, daß sein Sohn Werner noch lebt...“

Daß dies alles nicht übertrieben war, bewies ja dann die Rote Armee beim Einfall in Ostpreußen, Schlesien usw. Dies war auch die Motivation, daß die deutschen Soldaten - nicht nur die Waffen SS - im Osten noch Tage nach der Kapitulation weiter kämpften und nicht verstehen konnten, daß die Engländer und Amerikaner Europa bis zur Elbe den Sowjets überließen.
Und die Forderung Roosevelds und Churchills auf bedingungslose Kapitulation vor der Roten Armee war der Grund, daß sich kein erfolgreicher innerer Widerstand gegen Hitler entwickeln konnte.
Eines der schlimmsten Massenverbrechen war die Auslieferung der Wlassowarmee an Stalin, die aus all den Russen, Ukrainern, Kosaken usw. bestand, die lediglich für eine Befreiung ihres Vaterlandes vom dem grauenhaften Terror und den Massenliquidationen Stalins kämpften, aber keinesfalls für die Unterjochung Rußlands durch die Deutschen unter Bruch des gegebenen Ehrenwortes. Stalin liquidierte sie auf bestialische Weise. Die Schuld trifft Eisenhower, Roosevelt, Montgomery und Churchill. Und der jüdische Sowjet- Schriftsteller Ilja Ehrenburg forderte ja in seinem Aufruf an die Soldaten der Roten Armee ganz offiziell dazu auf; „Tötet alle Deutschen! Nur ein toter Deutscher ist ein guter Deutscher!“ und „Vergewaltigt alle deutschen Frauen!“ - Was dann auch mit etwa zweieinhalb Millionen schrecklich gemacht wurde. Und was dann auf

dem Balkan, in Polen und in der Tschechoslowakei geschah, ließ auch Millionen in diesen Ländern persönlich schuldig werden. Wie soll die Blutschuld auf allen Seiten beseitigt werden?

Es gibt zwar eine Kollektivscham für die Greuel, die in unserem Namen, ohne daß wir davon wußten, begangen wurden. Eine Kollektivschuld aber gibt es nur für den Massenabfall von Jesus Christus und seinen Geboten. Ich habe in den letzten Jahren an vielen Orten und Versammlungen in den Ländern des Ostens diese Schuld als die eigentliche Ursache der schrecklichen Katastrophen öffentlich angeprangert. Unsere Philosophen, Wissenschaftler, Politiker und auch Theologen ihre „Aufklärung" und die aus dem materialistischen Atheismus geborenen Ideologien in die Länder des Ostens hineintrugen und wir Christen uns aus der ideologischen Verantwortung zurückzogen in persönliche Frömmigkeit oder in kirchlichen Separatismus und damit die Herrschaft an die materialistischen Ideologen und ihre „Weltanschauung" übertrugen, aus denen sich dann ganz automatisch diese fürchterlichen Konsequenzen ergaben. „Erlösung von Jesus Christus!" statt „Erlösung durch Jesus Christus!" war die weltanschauliche Parole im Dritten Reich. Nicht Gottes Wille und seine Gebote sind gut! Sondern „Gut ist, was dem Volke nützt!" Und was dem Volke nützt entscheidet der „Führer"! Und „Die Partei hat immer recht!" Und das bestimmt der Genosse Stalin und seine Helfershelfer! Oder: Recht oder Unrecht! Mein Land!" sagten die Engländer und die Franzosen, und vom „Sacro Egoismos", dem heilig gesprochenen Egoismus redete der Italiener Macciavelli! Hier lag die wirkliche Kollektivschuld! „Gott ist tot!" riefen unsere Ideologen dem Osten zu! Und die Millionenfache Antwort war: „Er ist wahrhaftig tot!" Die einzige Antwort auf diese Kollektivschuld der Deutschen und der Europäer aber würde der alte russische Ostergruß sein: „Krestos wos kres!" „Christus ist auferstanden!" „Wo istino wos kres!" „Er ist wahrhaftig auferstanden!"

Es gibt aber keine Kollektivvergebung, denn die persönliche Schuld und Sünde sind immer etwas ganz Konkretes und können deshalb nur konkret bereinigt werden. Kommt es vielleicht daher, daß die Vergangenheit heute übermächtig geworden ist, ja daß wir viel mehr mit ihr unter Druck gesetzt werden, von außen und von innen, als vor 30 Jahren? Wie anders soll man denn die Vergangenheit bewältigen - und zwar auf allen Seiten, nicht nur bei den Deutschen, als durch das Erkennen, das Bekennen und die Vergebung der konkreten Schuld? Und wie will ein Europa seine verhängnisvolle, schuldvolle Vergangenheit loswerden, die uns doch in immer neue Schuld hineinführt, wenn Jesus Christus, sein Kreuzestod und die Vergebung durch sein Blut immer mehr bekämpft, verhöhnt, verdrängt und vergessen wird?! - Wie anders kann denn Schuld überhaupt gelöscht werden? Denn das gegenseitige Aufrechnen und Verdrängen ist keine Antwort, genausowenig die einseitige Sippenhaft gegen Menschen, die noch gar nicht existierten, als die Verbrechen begangen wurden.

Unser Bataillon hatte eine lange Front, die als schmaler Keil in die sowjetischen Linien hineinragte, in dessen Spitze unser Bataillonsgefechtstand lag. Die Flanken dieses Keils waren sehr schlecht besetzt: Zwanzig Soldaten, dann 400 Meter niemand, dann wieder zwanzig Landser, und auf der anderen Seite eine Lücke von siebenhundert Metern. Dahinter standen einige schwere Maschinengewehre und zwei zehn Zentimeter Feldhaubitzen. Es wäre überhaupt kein Problem gewesen für die Sowjets, uns bei Nacht auszuheben. Das war auch der Grund, daß man in den langgezogenen Keil keinen Hauptverbandplatz legte, so daß wir die Verwundeten 30 km ohne Straßen in einem alten Sanitätskraftwagen zurücktransportieren mußten, der quer über die Äcker und Wiesen fahren mußte und schrecklich hoppelte. Für die Verwundeten war dies natürlich eine zusätzliche Katastrophe. Ich richtete deshalb vier Kilometer hinter der Front bei unserem Troß einen provisorischen Operationsraum ein, und ein Sanitätsunteroffizier mußte assistieren und wurde vom Gefechtsstand jeweils telefonisch verständigt, wenn vorne jemand verwundet wurde, so daß er sofort die Instrumente herrichten konnte. So konnte ich die meisten Notoperationen sofort versorgen - teilweise schon auf dem Bataillonsgefechtstand - und machte ihnen dann auch immer sofort Infusionen, um den gefährlichen Kreislaufschock abzufangen. Einmal machte ich einem unserer Leute, der vorne einen Bauchschuß bekam, schon auf dem Kompaniegefechtsstand eine Infusion. Die Lungenschüsse nähte ich grundsätzlich sofort zu, und die Arterienverletzungen versorgte ich immer durch Aufsuchen und Unterbinden der Arterie und nicht durch Abbinden des Armes oder Beines mit einer Abschnürbinde. Der Major und die Soldaten hatten es natürlich bisher noch nie erlebt, daß der Bataillonsarzt die Notoperationen schon an der Front machte, und ich war sicher der einzige Truppenarzt, der an der Ostfront Infusionen anlegte. Das alles gab mir natürlich bei unseren Leuten einen großen Kredit, so daß einige sagten, als ich verwundet wurde: „Jeden hätte es erwischen dürfen, nur nicht den Doktor!"

In einem Brief an meine Frau vom 30.8.44 kommt dies zum Ausdruck. „...Die Sache mit dem Fall Wärmter scheint übrigens noch einmal aufgerollt zu werden! Gestern hab ich bei einem Bauchschuß im Luftwaffenlazarett assistiert und anschließend mal wieder einen prächtigen Bohnenkaffee getrunken. Der Wunsch, von hier wegzukommen, ist nicht mehr groß, denn ich hab mich langsam gut eingewöhnt und es ist, glaub ich, doch für manche eine Beruhigung, das Gefühl zu haben, einen Truppenarzt bei sich zu haben, der alles tut was irgend in seiner Macht steht, um den Kameraden zu helfen; und das gibt doch auch das Bewußtsein, hier zu etwas nutz zu sein, auch wenn ich einmal ein paar Tage nichts zu tun habe." Der Gedanke, von diesem aussichtslosen Punkt wegzukommen, war ja immer wieder meine größte Versuchung. Denn es war klar, daß der sowjetische Großangriff unsere dünnen Linien mit Leichtigkeit zerreißen würde, und wir sahen täglich an den Schrapnellgeschossen in der Luft, daß sich immer neue Batterien Artillerie auf der anderen Seite auf uns einschossen und wir mit unseren zwei Feldgeschützen einer fünfzehnfachen Überlegenheit gegenüberstanden. Wir hatten an dieser Stelle, wenn der sowjetische Angriff losbrach, keinerlei Überlebenschance. Und das war ja nur eine Frage der Zeit. War es da, nachdem man mich zu dieser Infantriebrigade strafversetzt hatte und andererseits überall die kriegschirurgisch ausgebildeten Ärzte fehlten (z.B. operierten auf dem 30 km entfernten Hauptverbandplatz nach dem Ausfall des dortigen Chirurgen ein Ohrenarzt und ein Internist die Bauchschüsse). War es da nicht fast eine Pflicht, den Versuch zu machen, hier wegzukommen, anstatt einfach kaputt zu gehen? Einer meiner Oberärzte von der Chirurgischen Universitätsklinik München war ja schließlich Leibarzt bei Hitler. Er schätzte mich und ich überlegte mir immer wieder, ob ich ihm nicht schreiben sollte, daß er sich für mich verwenden könnte, damit ich wieder eine chirurgische Tätigkeit ausüben könnte. Und wenn ich es dem Armeearzt in Lodz mitteilte, daß ich Stationsarzt an der Chirurg. Universitätsklinik in München war, würde er mich vermutlich wegholen und in den Hauptverbandplatz versetzen. Aber immer, wenn ich eine lange stille Zeit über diese Frage hielt, wurde mir klar: „Du darfst nicht für Dich Schicksal spielen! Wenn Gott will genügt sein kleiner Finger, um Dich wegzuholen!" In meinem stillen-Zeit-Buch aus dieser Zeit standen nicht nur immer wieder die Worte: „Siehe, ich bin mit Dir, und niemand soll sich unterstehen, Dir zu schaden!" Oder die Verse aus dem 91. Psalm: „Wenn Tausend fallen zu Deiner Linken und Zehntausend zu Deiner Rechten, so soll es doch Dich nicht treffen!" Oder am 15.8. „Uns ist bange, aber wir verzagen nicht! Wir werden verfolgt, aber wir kommen nicht um!" Oder am 23.08. „... Dein Gejammer über das Unrecht, das Dir geschieht, ist Blödsinn! Sage voll Ja zu Deiner derzeitigen Aufgabe und vertraue auf Gott und versuche nicht, Dich in irgend einer Form zu drücken! Sag Ja!" Oder am 14.09.: „Nicht schimpfen! Lerne zu tragen!... Warum bist Du grantig! Sage ja zu Deiner Lage!". Heinrich Himmler, unter dessen „Sonderbefehl" ich seit meiner Weigerung, mich zur Waffen SS versetzen zu lassen, stand, war nur für das Ersatzheer zuständig. Und der Armeearzt hätte mich sicherlich chirurgisch eingesetzt. Aber bei dem später erfolgten Durchbruch der Sowjets wurde der Hauptverbandplatz 30 km hinter uns ebenso eingekesselt und vernichtet.

Bei einem Gang zu einem Kompaniegefechtstand mußte ich einmal über eine Waldwiese, von der ich glaubte, daß sie vom Gegner nicht eingesehen werden könne. Ich stand an einem Platz und machte eine kleine Pause. Plötzlich drängte es mich, von dem Platz wegzugehen, und als ich 20 Schritte weg war, schlug eine sowjetische Panzergranate genau auf die Stelle ein, wo vorher meine Füße gestanden hatten.

Sonst war die Lage für uns bis auf ein gelegentliches Trommelfeuer, etwa am 1.9.44 zur Erinnerung an den Kriegsbeginn 1939, ruhig und ich schrieb deshalb meiner Frau am 2.9. über die guten Seiten unserer Lage einen Brief. Darin heißt es:

„Nun möchte ich Dir endlich einen etwas längeren Bericht von unserem Leben hier schicken, damit Du Dir ein wenig vorstellen kannst, wie es hier aussieht und wie gut ich es z. Zt. habe. Hardl (Eberhard Stammler), der mich als Leutnant besucht hat, wird Dir ja schon einiges über meine genaue Lage berichtet haben, so daß Du über den großen Rahmen im Bilde bist. Wir leben zwischen polnischen Bauernhäusern, die doch wesentlich besser sind als die Panjebuden Mittelrußlands. Die Zivilbevölkerung ist evakuiert, und so sind wir Alleinbewohner in den Häusern. Auf unserem Hof steht neben unserem zum Bunker gemachten Kartoffelkeller ein Ziehbrunnen, der uns das nötige Wasser liefert. Vor dem Haus steht unter Bäumen in einem kleinen Garten ein Bänkchen und Tischlein, und daneben ein ins Freie gestellter Herd. Da die Feldküche bei Tag nicht zu uns vorfahren kann, wird mittags immer schwer gearbeitet und gebakken. Da gibt es z.B. Apfelpfannkuchen, Suppen usw. Die Kartoffeln, Tomaten und sonstige schöne Sachen wachsen ganz in der Nähe. Vor allem gibts eine Menge Obstbäume. Unseren Bunker mußt Du Dir etwas kleiner als den gewölbten Keller vorstellen, den wir zu Hause haben. In der einen Hälfte stehen Bank, Tisch, Regale und ein paar Stühle und in der anderen ein paar Holzpritschen, auf denen wir zweistöckig zu fünft schlafen. - Morgens, wenn ich aufwache, gehe ich erst im allgemeinen 150 Meter weiter seitlich, wo sich an einem kleinen Weg unter schönen Eichen zwischen den Feldern ein kleiner, trockener, mit Gras bewachsener Graben zieht, sing aus meinem Gesangbüchlein ein paar schöne Choräle für mich und lern sie bei der Gelegenheit gleich. Dann lese ich mein Losungsbüchlein und mein Neues Testament und habe oft herrlich Zeit, mich mit Christus über alles zu unterhalten, was mich hier umtreibt. Ich sehe dann immer, daß es eben unbedingt sein muß, daß ich von all den Geschenken Gottes unabhängig bleibe und darin **nur** seine Liebe für uns sehe, die uns bereit machen möchte, auch das Schwere, das uns erst richtig weiter bringen kann, aus seiner Hand zu nehmen. Ich denke dann über die Zukunft und die herrliche Vergangenheit nach und danke dafür, daß ich eine so liebe Frau habe, für all die schöne Zeit, die ich mit ihr erleben durfte, für unseren kleinen Spatz und für alles, was Gott uns in unserer Ehe geschenkt hat. Und dann dank ich für mein schönes Elternhaus, für die Begegnung mit Frank Buchmann und Erich Peyer und für alle meine Freunde und auch dafür, daß ich hier bin und diese Stille haben darf, mitten im Krieg, dicht am Feind (d.h. allzu dicht ist es nicht, 2 km sind sie doch weg). Und dann bete ich für Euch, daß wir alle immer mehr unsere Berufung erkennen und immer mutiger und radikaler Zeugnis ablegen für den, dem wir so viel verdanken: Am meisten bitt ich für meine liebe Frau und unseren kleinen Spatz und auch darum, daß Gott uns vor aller Schuld bewahren möge. Und dann denk ich an all die Freunde, und je länger ich so mit Gott rede, desto froher werde ich. Dann kommt wohl mal einer rüber zu mir und sagt, daß Kranke da sind oder ein Verwundeter, die, Gott sei Dank, z. Zt. nicht so häufig kommen, oder daß das Essen da ist und ich zu den Pfannkuchen kommen soll. Anfangs hatten wir ja einige Legehühner hier, aber dann kam der Sohn des Besitzers mit Säcken, um die Hühner einzufangen. Ich kam gerade dazu, als ihn mein Oberfeldwebel verjagen wollte, und half ihm dann einen Teil seiner Hühner - bis auf zwei, die noch bei uns sind und fleißig Eier legen, einzufangen. Ein paar Turteltauben sind auch noch da und freuen mich immer wieder, wie sie so nett auf dem Dach gurren und pussieren! Dann geh ich wohl mal in den Bataillionsgefechtstand hinüber und sage dem Major mittags Guten Morgen, oder reite ein wenig aus oder setze mich ein oder zwei Stunden hinter mein Chirurgiebuch. Abends sitz ich nach dem Essen, das die Feldküche nach vorne bringt, meistens noch bei einem Glas Wein oder beim Kommandeur in seinem Bunker, und wir unterhalten uns über die Lage und über Gott und die Welt, oder neulich haben wir auch mal einen Skat geklopft..." Dann fragte er mich manches Mal: „Doktor, wer gewinnt den Krieg?" Meine Antwort war dann immer: „Wer die erste Atombombe wirft!" Denn ich wußte seit 1943 von der Möglichkeit, eine solche Bombe zu entwickeln.- „...An Kranken hab ich teilweise echt Kranke und Simulanten, aber bei der schwierigen Lage kann ich im Allgemeinen kaum einen nach rückwärts schicken.

September 1944 auf dem Bataillionsgefechtstand am Warkabrückenkopf.

Über mir rauschen die Eichen
und die Mittagssonne sie blinkt.
Durchs Haar die Herbstwinde streichen
und die Wiese sie summt und singt.

Die Höfe, sie liegen verlassen,
und die Fluren um mich verwaist.
Nur des Krieges Morden und Hassen
die blutende Erde zerreißt.

Vergessen stehen die Ähren
auf dem Feld, in Garben gemäht,
als wollte der Augenblick währen,
die Erntezeit stille dort steht.

Als hielte mit Atmen inne
das Schicksal vor kommendem Leid,
daß nicht für immer verrinne
das sonnige strahlende Heut!

Als schreckte die Zeit mit Entsetzen
vor der Zukunft bange zurück
und hielte zurück noch die Fetzen
vom letzten zerrinnenden Glück.

Als bäte noch einmal um Schonen
die alte vergehende Welt,
eh noch das Heer der Dämonen
zerstörend die Lande befällt.

Als stände die letzte Ernte
dort auf dem Felde bereit,
und es nahte die klare besternte,
gerichtschwere Ewigkeit.-

Doch Du, laß die Wolken sich ballen,
Vernichtungsqualm decken das Licht,
der Siegesruf gilt uns doch allen,
Christus naht dort im Gericht!

Die Hölle mag rasen und toben,
sie hat von Gott ihre Zeit,
doch uns erwartet von oben
der Endsieg der Herrlichkeit.

Vor drei Tagen habe ich mal wieder im Hauptverbandsplatz bei einem Bauchschuß assistiert, bei einem unserer besten Leute, den es vorne erwischt hatte.
Ich hab ihm auf dem Kompaniegefechtstand gleich Blutersatz gegeben, und dadurch überstand er die zweistündige Fahrt zum Hauptverbandplatz prima. Ich
bin gespannt, ob er durchkommt. - Von hier aus werde ich wohl kein Gesuch
um Versetzung unter den derzeitigen Umständen einreichen. Ich möcht mich
auf diesem Weg nicht der Führung Gottes entziehen. Er hat so viele andere
Möglichkeiten, mich hier herauszuholen, wenn er nur will. Durchschnittlich jeden zweiten Tag fahr ich zum Troß. Dort steht die Ziehharmonika und mein
schwarzer Koffer. Ich besuche mein Revier, schaue nach Post und schmettere
ein paar Lieder auf meinem Instrument! Neulich war mal der Bataillionsarzt
vom Nachbarbataillon da, der hat große Augen gemacht über das, was wir hier
alles machen. ..."
Anmerkung: Als die Amerikaner im Mai 1945 Ulm besetzten und auch aus den
Häusern vieles mitlaufen ließen, nahm einer von ihnen 2 Legehühner aus unserem Hühnerstall in Ulm mit. Es mag dies vielleicht lächerlich erscheinen, aber
man könnte direkt denken, daß vielleicht hier doch eine höhere „Buchhaltung"
am Werk war, die die zwei Hühner vom Warkabrückenkopf, die ich zurückge-
halten hatte, ausglich.

Das Opfer

geschrieben im Sommer 1944 an der Ostfront

Wir können uns dem Opfer nicht entziehen,
dem Urteil Gottes, das uns schuldig spricht!
Uns hilft kein Jammern und kein feiges Fliehen,
um zu entgehen seinem Weltgericht!

Denn angstgefesselt haben wir geschwiegen,
als über uns schon das Gewitter droht,
da über Recht anhub Gewalt zu siegen
und frecher Hochmut Gott die Stirne bot!

Als Christus auf den Gassen ward verspien
und sein Gebot verfiel dem Haß der Welt,
begannen wir uns scheu zurückzuziehen
und haben ihn im Winkel abgestellt!

Du bäumst Dich auf! Warum darf dies geschehen?!
Weshalb schafft Gott uns Frieden nicht und Ruh?
Vernichtung, Massenmorden, Tod, Vergehen!
Wenn Gott je ist, - warum Läßt er dies zu?!

War uns denn nicht die freie Wahl gegeben?
Galt Gottes Plan nicht auch für unsre Zeit?
Doch liebten wir nur das bequeme Leben

und ganzen Einsatz haben wir gescheut!

Drum meutre nicht, kann uns nur Blut entsühnen,
von all dem Mord, der nach Vergeltung schreit!
Uns hat allein vom Tod, den wir verdienen,
das Opferblut von Golgatha befreit!

Walter Bostel

Eine besondere Erfahrung machte ich bei dieser Gelegenheit mit meinem gefallenen Confux und Bundesbruder, Dr. med. Walter Bostel, mit dem ich immer
sehr verbunden war. Er war im September 1941 als Unterarzt bei Dnjepropetrowsk gefallen. Da ich mir morgens immer viel Zeit zur Stille nahm, meditierte
ich immer wieder über den Namen meiner Freunde und fragte mich, was sie
wohl gerade besonders nötig hätten, um dann dafür zu beten. Da kam mir eines
morgens in der Stille, ich solle für meinen gefallenen Freund Walter Bostel beten, weil er nicht zur Ruhe gekommen sei. Ich hatte mit solchen Gedanken der
Fürbitte für Verstorbene als Protestant nie etwas zu tun gehabt, ja eine Abneigung dagegen. Aber dann tat ich es drei Wochen lang, bis mir in der Stille kam,
jetzt sei es genug. Im Jahre 1946 besuchte ich zum ersten Mal die Eltern meines
Freundes Walter in Göppingen, wo der Vater Tapeziermeister war. Die Eltern
waren nach wie vor untröstlich über den Verlust ihres einzigen Sohnes und
ganzen Stolzes, und die Mutter erzählte mir, daß Walter bis zum Herbst 1944
immer um sie gewesen und daß es fast eine Art Spuk gewesen sei, der aber
dann plötzlich aufgehört habe. Ich hatte ihr nichts davon gesagt, was mir selbst
passiert war.

Spätlese Herbst 1944

Das Laub fiel nieder zur Erde
und färbte rotbraun das Land,
und was der Sommer gewährte,
der Herbststurm den Bäumen entwandt.

Die Winzer in ihre Bütten,
im letzten Herbstsonnenschein,
die Trauben der Spätlese schnitten,
den besten und süßesten Wein.

Vereinzelte Eichen noch stehen
verglühend in goldgelber Pracht
und stemmen sich gegen Vergehen
wie Helden in siegloser Schlacht

Von Ferne ein Grollen und Beben

226

die zitternden Lande durchhallt,
wie ein Kampf um Tod oder Leben
dort hinter dem sterbenden Wald.

O hohnvolles „Frieden auf Erden",
Vernichtung rast nur blutig rot,
und Christnacht kann es nicht werden,
die Liebe auf Erden ist tot!

Die apokalyptischen Reiter
durchrasen die herbstliche Welt
und schrecklicher, drohender, weiter
ihr Reiten die Erde entstellt.

Wie Blätter wirbeln die Häuser,
versinken die Städte in Staub,
und Trümmer starren wie Reiser
im Wintersturm kahl ohne Laub.

Der ewige Weingärtner schreitet
durch eine vergehende Zeit,
die letzten Trauben er schneidet,
die für ihn gereift und bereit.

Es sammelt der Herr der Geschichte,
was ihm der Spätherbst gebracht,
und birgt seine herrlichsten Früchte
vorm Tode in eiskalter Nacht.

Was soll uns da Klagen und Weinen,?
Ja, stürzt selbst der Himmel uns ein:
Gott keltert im Weltherbst die Seinen
zum reinsten und köstlichsten Wein. -

Leutnant Herbert Bruder aus Stuttgart

Er stand Anfang September plötzlich auf unserem Gefechtsstand und meldete sich bei unserem Kommandeur als Beobachtungsoffizier der hinter uns stehenden beiden Feldgeschütze. Wir waren beide froh überrascht, uns nach 6 Jahren hier zu begegnen. Denn er war einer meiner „Füxe" bei der Kameradschaft Langemarck in Tübingen im Jahre 1937/38 gewesen, die ich damals als sog. „Jungenmeister" (früher Fuxmajor) zu erziehen hatte. Da ich selbst schon damals ein überzeugter Anhänger der Oxford Gruppe (später Moralische Aufrüstung) war, waren die geistigen und moralischen Erziehunsgrundlagen für meine Tätigkeit die christlichen Erfahrungen und Gedanken der Oxford Gruppe und nicht die antichristliche NS Ideologie. Das Ergebnis war, daß der größte Teil der Füxe sich uns anschloß und das eigentliche Erziehungsziel des NSDStB (Studentenbundes) völlig verfehlt wurde. Dies führte dann zu meiner Bestrafung und Absetzung im April 1938. Herbert Bruder war damals einer der wenigen, der mein weltanschaulicher Gegner war. Er hatte einen Onkel, der ein überzeugter Anhänger Mathilde Ludendorffs war und der ihn stark beeinflußte. Die Erfahrungen des Krieges hatten aber seine NS Weltanschauung zusammenbrechen lassen. Jedenfalls dachte keiner von uns mehr an die damaligen Konflikte. Wir waren hoch erfreut und machten von da ab jeden zweiten Abend einen Spaziergang zwischen seiner Beobachtungsstelle und unserem Bataillionsgefechtstand. Am 16.9.44 kam unser Adjutant zurück von Lodz (Litzmannstadt), wo er bei der Armee auch für mich Santitätsmaterial besorgen mußte, da mir vieles ausgegangen war. Als er mit meiner Anforderung von Operationsmaterial, Infusionsflaschen und einem Blutübertragungsgerät zur Direktübertragung von Blut zum Armeeapotheker kam, erklärte der ihm, das könne er für einen Infanterietruppenarzt nicht herausgeben ohne die Genehmigung des Armeearztes. So ging er zum Armeearzt, der dann natürlich wissen wollte, wieso ich all dies Material brauche. Der Adjutant machte ihm klar, daß ich Assistent der Chirurg. Universitätsklinik München sei und vier Kilometer hinter der Front alle Notoperationen selbst vornehmen würde. Der Generalarzt genehmigte alles, sogar einen Sanitätswagen mit Raupenketten wegen der verheerenden Anfahrt von 30 km zum Hauptverbandplatz über Ackergelände. Er erklärte ihm aber: „Den können Sie wahrscheinlich nicht behalten, ich werde in den nächsten Tagen vorkommen und mir die Sache ansehen. Den brauche ich evtl. an einem anderen Platz." Mit dieser Botschaft kam der Adjutant und ich wußte, daß meine Zeit hier wohl abgelaufen war. Als am Abend mein Freund Herbert Bruder kam, um mich zu unserem gewohnten Spaziergang abzuholen, fuhr es mir durch den Kopf: „Wenn Du jetzt mit ihm gehst, erwischt es Dich!" Der Gedanke war so stark, daß ich stehen blieb und mir überlegte, was ich tun sollte. Schließlich dachte ich: „Ob es mich erwischt oder nicht, das steht bei Gott! Aber der Herbert braucht mich, deshalb gehe ich mit ihm!" Herberts NS Glaube war zusammengebrochen und er interessierte sich dafür, wieso ich an einen persönlichen Gott glaubte, der in unser Leben direkt eingreifen könnte. So erzählte ich ihm von zahlreichen Führungen, die aus dem Horchen und dem oft harten Gehorchen in meinem Leben kamen. Als ich gerade anfing, ihm zu berichten, wie es mir ergangen war mit der Beziehung zu meiner Jugendfreundin Dorle, die ich schon 1931 mit sechzehn Jahren kennengelernt hatte und die sich dann zu einer echten Liebe entwickelte. Wie ich aber dann erkennen mußte, daß diese mit wichtigste Lebensentscheidung ja nur unseren eigenen Wünschen entsprungen war und daß dies eben nicht übereinstimmte mit meiner Grundsatzentscheidung, Gott die Herrschaft über mein ganzes Leben auszuliefern, die ich damals - kurz ehe wir uns in Tübingen kennen gelernt hatten - im Sommer 1936 in Oxford gefällt hatte. Denn ich hatte ja meine Partnerwahl getroffen, ohne wirklich auf Gott zu horchen. In dem Augenblick flog mir eine Kugel am Kopf vorbei. „Eine verirrte Kugel!" bemerkte ich, und wir achteten nicht weiter darauf. Ich sagte ihm, wie mir klar wurde, daß ich hier, wie die meisten Menschen, selbstständig ohne Gott eine wichtige Entscheidung getroffen habe und dann sozusagen hinterdrein von Gott die Unterschrift und Genehmigung verlangte, und daß ich deshalb keineswegs erwarten konnte, daß dies Gottes Plan für unser beider Leben sei. Wir waren während des Gesprächs beim Hin- und Hergehen wieder an dieselbe Stelle gelangt, wo mir vorher die „verirrte Kugel" am Kopf vorbei geflogen war, da machte es schschscht, und eine Kugel flog 10 cm vor meinen Füßen in den Boden. „Ich glaub die meinen doch uns! Wir drehen besser wieder um!" sagte ich, und wir machten kehrt. Ich fuhr dann fort und erzählte, wie wir uns unter härtestem Verzicht kurz vor Kriegsausbruch radikal trennten und dann nach eineinhalb Jahren im März 1941 durch eine ganze Menge von erstaunlichsten Führungen den klaren Auftrag bekamen, uns zu verloben und zu heiraten. Sechs Wochen nach der Verlobung wurde ich dann eingezogen und kam zur 167. Infatriedivision in den Osten, und wir marschierten bis südöstlich von Moskau und wieder zurück, wurden dann im April 1942 nach Holland verlegt, und von dort aus konnten wir dann heiraten. Ich sagte ihm, welch enormer Unterschied es gerade für mich sei, in diesem entscheidenden Punkt der Wahl der Lebensgefährtin hundertprozentig sicher zu wissen, daß dies nicht nur aus einer Verliebtheit oder Laune heraus kam, sondern aus dem sicheren Wissen, daß dies Gottes Plan und Wille war und ein Zurück deshalb später völlig unmöglich sei. In diesem Augenblick waren wir wieder an dieselbe Stelle gekommen, wo wir vorher beschossen wurden. Weil wir aber so intensiv im Gespräch über die Frage von Gottes Führung waren, hatten wir total vergessen, daß hier auf uns geschossen wurde. Ich hörte plötzlich das metallene Crescendo einer auf mich zufliegenden Kugel, spürte hinter der Hüfte den Schmerz eines Ausschußes und fiel zu Boden! „Verdammt, jetzt hats mich erwischt!" fuhr es mir heraus. Ich tastete zuerst nach dem Bauch, um zu wissen, ob es ein Bauchschuß sei, und holte dann meine Abschnürbinde aus der Arzttasche. Aber es war, Gott sei Dank, kein großes Gefäß verletzt, und auch der Hüftknochen war noch heil. Ein Zentimeter mehr rechts, und das Hüftgelenk wäre zerschmettert gewesen, und 10 cm weiter links und es wäre ein Bauch- und Blasenschuß mit möglicherweise tödlichen Folgen geworden. Herbert Bruder lud mich auf den Rücken und trug mich zurück zu unserem Bataillionsgefechtstand. Der Major war natürlich gar nicht erfreut. Als ich mir dann selbst die Tetanusspritze im Bunker verpaßte, meinte er, daß er zwar im Nahkampf schon einiges mitgemacht habe, aber eine Spritze könne er sich doch nicht selbst verpassen.

Bei einem Gespräch zwei Wochen vorher hatte er erzählt, daß er im Nahkampf wohl schon dreihundert Feinde erschossen habe und der Adjutant sagte, er wisse gar nicht, wieviele es inzwischen seien. Als ich darauf bekennen mußte, daß ich noch nie einen Menschen erschossen habe, meinte der Major, wir sollten uns möglichst bald zwischen die Linien hineinlegen und ich sollte dann auf den ersten Rotarmisten, der sich zeige, schießen, damit ich nicht mehr so weich sei. Als er dann einige Male darauf drängte, erklärte ich ihm scharf: „Herr Major, ich bin zwar jederzeit bereit, meine verwundeten Kameraden zu verteidigen, aber ich werde nicht einfach deshalb, um auch einmal einen Feind erschossen zu haben, zwischen die Linien liegen. Wenn dabei irgend etwas passiert, werden Sie für das Bataillion keinen Arzt mehr bekommen."

Anschließend wurde ich zum Hauptverbandplatz zurücktransportiert und nach Kontrolle des Durchschusses über Radom in das Kriegslazarett 1/531 in Litzmannstadt (Lodtz) verlegt.

Hätte ich mich durch den Gedanken: „Wenn Du mit ihm jetzt gehst, erwischt es Dich!" von dem Spaziergang mit Herbert Bruder abhalten lassen, könnte ich sicher dieses Buch nicht schreiben, denn ich wäre wohl genau so umgekommen wie mein ganzes Bataillion, als die Sowjets dann ihren Durchbruch am Warkabrückenkopf genau an der Stelle machten, wo mein Bataillion anschließend hin verlegt worden war. Aus dem Bericht von Herbert Bruder vom 5.6.47 geht ein wenig hervor, welche Katastrophe dann über diesen Frontabschnitt hereinbrach. Er schrieb:

„Lieber Sieger, über deinen Anruf und Deinen Brief habe ich mich sehr gefreut. Ich hatte zwar an den denkwürdigen Spaziergang in Frontnähe vor 3 Jahren nicht gedacht, aber vergessen habe ich dieses Erlebnis nicht. An sich betrachtet waren diese herbstlichen Gänge auf eingeschossenem Gelände reichlich leichtsinnig, aber schön war es doch! Ich bin heute noch dankbar dafür, daß der Verwundetentransport bei ruhiger Frontlage geschehen konnte, denn er wäre wohl nicht zu schaffen gewesen, als wir dann Mitte Januar 1945 aus der Stellung an der Pilitza geflüchtet sind, nachdem die metertiefen Gräben durch Beschuß eingeebnet waren und die russischen Panzer 400 m rechts und links durchgebrochen waren. Dabei hatten wir an dem an sich nicht hohen Steilhang am Fluß noch 1 1/2 Tage ausgehalten, weil die hauptsächliche Angriffsrichtung der Russen südlich Warka in der Ebene jenseits des Flusses lag (Anmerk. von mir: Wo unser Bataillion lag), wo schon der Brückenkopf war. Dort hatten die Russen schon einige Wochen zuvor - offenbar zur Probe - einmal angegriffen, damals aber ohne Erfolg. Was aber dann am 25. Januar an Artillerie und Truppen von den Russen aufgeboten wurde war unvorstellbar. Es war nicht mehr möglich, dort herauszukommen. Für mich ist der danach folgende Rückzug im eisigen Winter über Bromberg, Kulm, Schweidnitz nach Danzig und dann auf die Halbinsel Hela mit den tage- und nächtelangen Märschen, immer wieder von den russischen Panzern gejagt, ein fast vergessener, wüster Traum. Es ist wirklich ein Wunder, wenn man diese Zeiten und die Gefangenschaft überstanden hat, denn die Wahrscheinlichkeit des Nichtüberlebens war größer."

Zufall? Alles nur Zufall? Oder Gottes Führung und Gnade? -

An jedem 16. September nach der Rückkehr von Herbert Bruder aus der russischen Gefangenschaft, rief ich ihn in Stuttgart an. Leider starb er an einer Thrombose und Embolie als Folge einer zu radikalen Entwässerungstherapie nach einer Netzhautblutung.

Im Lazarett in Litzmannstadt bekam ich dann Besuch von Baronin Dina v. Hahn, einer baltischen Fürstentochter und Freundin von Dr. Frank Buchmann, die ich 1936 in Oxford getroffen hatte. Diese Frau hatte in ihrem Leben 14 mal vor den Kommunisten fliehen müssen und war 1940 aus Riga in die Nähe von Posen umgesiedelt worden, als die Sowjets das Baltikum besetzten. Als die Rote Armee im Januar 1945 in Posen einbrach, floh sie mit einer Begleiterin und zwei Fuhrwerken. Aber die sowjetischen Panzer holten den Flüchtlingsstrom ein und walzten und schossen alles nieder. Ihre Pferde brachen nach der Seite aus, die Wagen stürzten um. Da setzte sie sich auf eine Deichsel und fing an mitten in diesem Höllenlärm stille zu werden und zu beten. Sie erzählte uns, wie 30 Meter weg von den Panzern und dem Höllenlärm von ca. 100 russischen T 34 ihr die Gegenwart Gottes so stark und real wie nie zuvor bewußt wurde. Sie spannte dann die Pferde aus und zog weiter, Stunde um Stunde, ohne zu wissen wohin. Aber sie wurde wirklich nachtwandlerisch durch die einzige existierende Lücke des Kessels, den die Sowjets schlossen, hindurchgeführt, und kam schließlich am 13. Februar mit den ganzen Flüchtlingsströmen nach Dresden, wo dann am Abend jener fürchterliche Vernichtungsangriff der Engländer kam, der ganz Dresden in Schutt und Asche legte und Hunderttausende von Flüchtlingen verbrannte, in Stücke riß und vernichtete. Ein sinnloser Racheakt am Schluß eines doch zu Ende gehenden Krieges, wo jedermann wußte, daß dies keineswegs für den endgültigen Sieg der Alliierten und insbesondere der Roten Armee irgendeinen Sinn hatte. Auch dafür fehlt bis heute die Entschuldigung der Verantwortlichen. Dina v. Hahn berichtete uns, wie sie in einem Hausbunker saßen und ein Kind mit ihnen ununterbrochen betete. Als der Angriff schließlich vorüber war und sie das Haus verließen, war ihr Haus das einzige in weiter Umgebung, das nicht zerstört war. Ich traf sie dann im April 1946 in einer Dachstube in Friedrichshafen wieder. Alte Büchsen waren ihre Eßgeschirre, und ein paar Bretter dienten als Bänke und Tisch.

Im Lazarett in Lodz lag ich mit einem verwundeten Leutnant zusammen, der schon soweit genesen war, daß er jeden abend ausgehen konnte und sich dann mit irgendwelchen Mädchen amüsierte. Als ich mich weigerte, ihn zu begleiten, nannte er mich einen faden Kerl. Darauf sagte ich ihm sehr direkt: „Weißt Du, wenn Du allein im Zimmer bist und in den Spiegel schaust, dann denkst Du: „Du Lump, eigentlich würde ich dir am liebsten eine Kugel durch den Kopf schießen!" Das denkst Du in Wirklichkeit von Dir!" Er schaute mich fassungslos an und meinte dann: „Ja das stimmt! Woher weißt Du das?"

Da es in Lodz verboten war, daß man von Angehörigen aus dem Reich besucht wurde und es außerdem auch nicht den in den Reservelazaretten üblichen Genesungsurlaub gab, beschloß ich, mich vorzeitig entlassen zu lassen mit einem Marschbefehl zur Truppe über Tarnowitz und Radom, das südöstlich von Lodz liegt. Ich telefonierte nach Tarnowitz, ob sie bereit wären, mich aufzunehmen und auszuheilen, und als sie ja sagten, holte ich mir den Marschbefehl und fuhr noch humpelnd nach Tarnowitz ins Reservelazarett. Dort wurde ich dann wieder in das Teillazarett Repten verlegt, und der hocherfreute Graf Kraft Henkel von Donnersmarck lud wieder meine Frau und unsere kleine Dorothee als Gäste zu sich ein. Aus dem Kartoffelkeller ins Grafenschloß? Einen drastischeren Wechsel konnte man sich schlecht vorstellen.

Vielleicht denkt mancher, daß dies nicht ganz korrekt gewesen sei. Ich muß dazu sagen, daß ich den ganzen Krieg über auf dem Standpunkt stand: „Der Krieg ist ungerecht!" Ich war zwar gezwungen, entsprechend meinem Fahneneid allen Befehlen, die ich bekam, nachzukommen und so gut als möglich meine Pflicht zu tun. Aber jede Freiwilligkeit heißt Ja-Sagen zur Ungerechtigkeit des Krieges. Und nachdem ich nach dem großen Krach mit dem damaligen Oberfeldarzt Professor Dr. Bartsch aus Bonn, dem beratenden Chirurgen unserer Panzerarmee, im Oktober 1943 in Kiew strafweise erst zur Artillerie und dann zu den Panzerjägern versetzt worden war, weil ich erklärte, daß Hitler lüge und auf die Verbrechen an den Menschen im Osten, die Liquidationen von Geisteskranken und Juden und die Absicht der Nationalsozialisten, nach dem Krieg die Pfarrer zu liquidieren, hinwies, sah ich natürlich erst recht keine Notwendigkeit, mich möglichst aktiv in diesem Krieg einzusetzen. Die zweite Strafversetzung zu der Infantriebrigade 1132 wegen meiner Weigerung, mich zur Waffen SS versetzen zu lassen, geschah ja dazuhin, um mich zu bestrafen mit der Wahrscheinlichkeit, daß ich dort fallen würde. Meine Überzeugung war deshalb: Laß alles geschehen, stelle dich nicht dagegen, greife nicht in Dein Schicksal illegal ein, aber mache keinen Schritt freiwillig ohne Befehl in diesem ungerechten Kriege. Dennoch gehörte mein Herz so intensiv meinem Volk und meinen Kameraden, daß ich vor Kummer und Sorge um meine Freunde bei der Einschließung der sechsten Armee in Stalingrad im Frühjahr 1943, als ich gerade bei der Ersatzabteilung in Miesbach war, die ersten grauen Haare meines Lebens bekam. Und bei aller Gegnerschaft gegen Hitler und die NS Ideologie konnte ich mir eine deutsche Niederlage nicht wünschen, deren Folgen wir klar voraussahen mit der Vernichtung Deutschlands und dem Verlust von Millionen von Menschen und ihrer Heimat. Darum lehnte ich jede Form von Sabotage restlos ab. Ich versuchte auch nie, mich bei den Untersuchungen in den Lazaretten von Tarnowitz im Frühjahr 1944 oder in Repten im Herbst 1944 kranker zu stellen als ich war oder mit irgendwelchen Tricks dem „Heldenklau" zu entkommen.

Solche Tricks wurden immer mehr in den Reservelazaretten versucht, denn je aussichtsloser der Krieg wurde und je größer die Opfer, desto geringer war die Lust bei den meisten Verwundeten und Kranken, schnell wieder an die Front zu kommen. Das führte dazu, daß ein besonderer „Inquisitor" eingesetzt wurde, der die Aufgabe hatte, immer wieder die Reservelazarette durchzukämmen und rücksichtslos Leute gesund zu schreiben und wieder an die Front zu schicken. Der Generalarzt, der diese Aufgabe hatte, hieß deshalb bei den Soldaten der „Heldenklau" und war gefürchtet.

Bei einem Kameradschaftsabend im Lazarett widmete ich deshalb dem „Heldenklau" einen speziellen Vers:

Das Lied vom Heldenklau

Trapp, trapp, trapp, habt ihr's vernommen,
der Heldenklau will heute kommen!
Da wirds manchen im Kreis
so eng und so heiß,
weil sie Schreckliches wittern!
Die Knie, sie zittern.
Das Rückgrat wird weich
und die Hautfarbe bleich!
Die Augen, sie irrn,
kalter Schweiß auf der Stirn.
Die Lippen, sie beben;
auf den Stuhl ohne Leben
sinkt mancher erschossen,
zu eng sind die Hosen.
Das Herz hört man schlagen,
fast muß man ihn tragen,
denn das Schicksal droht stumm:
Trapp, trapp, trapp, ruck zuck bumm bumm:
Der Heldenklau geht um!

Die Ärzte sie rennen,
die Mädchen, sie können
nicht schnell genug tippen
was kommt von den Lippen,
wenn die Doktors diktieren
zum Stenographieren
und schnell noch frisieren
in den Krankenpapieren,
mit o.B. und Geschwüren,
mit Verbänden und Bett
und mit schlechtem K.Z.
Mit Granulationen
und vielen Funktionen,
schlechten Heilungstendenzen,
verbreiterten Grenzen.
Und mit blassem Gesicht,
wie vor dem Gericht,
und zitternden Händen
stehn da die Patienten
und machen fast schlapp,
wenn sie hören Trapp, trapp
ratsch, ruck zuck, bumm bumm:
Der Heldenklau geht um!

Da hört eine Gruppe
vor dem Haus eine Hupe,

und durch das Tor
ein Wagen fährt vor!
Ein Türschlag geht auf
und kurz darauf,
die Treppen empor,
wie vom Orkus hervor,
wie Totengräber,
die Raupenschlepper.
Und die Landser, sie flitzen
hinweg. Aus den Ritzen
der Türen, voll Grauen und Furcht,
hören sie heimlich, wies klappert und schlurcht:
Trapp, trapp, trapp,- ratsch, ruck zuck , bumm bumm!
Der Heldenklau geht um!

Und von Zimmer zu Zimmer,
trotz allem Gewimmer,
mit Schnaufen und Keuchen
sich vorwärts schleichen
mit kritischen Mienen
KV-Maschinen!
Wie sie alles entdecken,
da hilft kein Verstecken,
kein Weinen und Schmeicheln,
nicht mal ein Stück Wurst
oder Wein für den Durst!
Da hilft kein sich Tarnen -
wie Polypen umgarnen
sie schnell alle Glieder:
K.V. ist man wieder!
O maßloser Schreck!
Husch! - Schon sind sie weg!
Trapp, trapp, trapp, ratsch, ruck zuck bumm, bumm!
Der Heldenklau geht um!

Und alles Jammern
und alles Klammern,
und alles Kleben
an dem bißchen Leben.
Es hilft keinen Dreck
und hat keinen Zweck!
Die Massakrierten
und Amputierten,
mit steifen Beinen
und ärztlichen Scheinen,
mit Riesenbefunden
und ewigen Wunden!

Die Zurückgebliebenen,
g.v.H. geschriebenen,
die Analphabeten
und beinahe Blöden,
die Tauben und Lahmen,
die Wilden und Zahmen.
Die Rheumatissler
und selbst die Plattfüssler,
die mit Magengeschwüren
und die sonstwie sich zieren,
die Hermaphroditen
und die, die verschnitten,
Die Gesundheitsfanatiker
und die Prostatiker,
die Herzmuskelgeschädigten
und die geistig Erledigten,
sie alle, sie zittern,
weil sie Schreckliches wittern:
Trapp,- trapp,- trapp,- ratsch, ruck, zuck , Bumm Bumm!
Der Heldenklau geht um!

Und er schickt alle schon
zum Bataillion.
Macht kein Gesicht,
's ist das Letzte noch nicht!
Doch das gibt ein Fest,
holt er noch den Rest!
Drum lasset das Trauern,
auf Heldenklau-Lauern.
Hört auf zu markieren
und Wunden frisieren,
zu hinken und humpeln
wie die ältesten Kumpeln,
mit Ach und mit Au!
Denn vorm Heldenklau
hat keinen Sinn
eine Leidensmien!
Sagst Du einen Ton,
ist es Aggravation,
und du kriegst zum Schluß
einen Tritt mit dem Fuß!
daß das Hinterteil staubt,
und wer hätts geglaubt,
bist du wieder im Feld
am Adler der Welt!
Da kannst halt nix machen,
nur säuerlich lachen!

Entbiete zum Schluß
noch den Schwäbischen Gruß
den KV Maschinen
und schleich Dich von hinnen!
Und bist Du erst draus,
sticht dich wieder die Laus,
dann hörst Du im Traum,
wie er tappt durch den Raum!
Und denkst, wenn er tappt:
Hoffentlich schnappt
er auch noch den Rest
Das gibt dann ein Fest!

Trapp,- trapp,- trapp, ratsch, ruck zuck bumm, bumm!
Der Heldenklau geht um!

Vielleicht erscheint manchem diese galgenhumoristische Milieuschilderung aus
Lazaretten des Jahres 1944 übertrieben, aber dies war die Lage für die meisten
deutschen Soldaten, inbesondere für diejenigen, die im Dezember 1941 zum ersten Mal von den Liquidationen jüdischer Frauen und Kinder in Ostpolen hörten. Von da ab war uns klar: Verbrecher vor uns (Stalin) und Verbrecher hinter
uns (Hitler und Himmler). Wir können nur noch versuchen, uns für unsere
Frauen und Kinder und für unsere Heimat einzusetzen. Die Verbrechen aber
wird Gott strafen.
Für viele, die bis dahin von der Gerechtigkeit des Kampfes gegen Stalin überzeugt waren, war dies ein schwerer Schock. „Das muß sich rächen! Den Krieg
können wir nicht mehr gewinnen!" war die Reaktion von vielen.
In Tarnowitz gab es nur 4 Ärzte für die vier Lazarette, so daß der leitende Oberstabsarzt natürlich sehr froh war, daß ich, so gut ich konnte, gleich mitarbeitete.
Am 1.Advent kamen die Mädchen vom BdM (Bund Deutscher Mädchen) auch
ins Lazarett in Repten, um für die Verwundeten zu singen und Advent (verkehrt
herum) zu feiern (wobei dann nach NS Sitte am ersten Advent alle vier Kerzen
angezündet wurden und dann an den folgenden Sonntagen vor Weihnachten
jeweils immer eine weniger). Als sie fertig waren, luden wir sie in unseren Salon zu einer richtigen Adventsfeier ein, ich erzählte ihnen, was Advent wirklich
bedeutet, und daß auch möglicherweise dies für sie den letzten Advent bedeuten
könnte. Dann brach die Katastrophe ja auch über diese Mädchen mit dem Einbruch der Roten Armee im Januar/Februar in Schlesien herein.
Zur „Wehrmachtbetreuung" hielt ich vor den Verwundeten einen Lichtbilder-
vortragüber das Schicksal der russischen Kirche unter dem Bolschewismus und
zeigte damit auch den anwesenden SS Soldaten, daß der Kampf gegen die Kirche bei uns im Grunde zum selben Ergebnis führen werde. Die Verwundeten
erhielten dann alle von der NS-Partei ein Weihnachtspaket mit dem antichristlichen Büchlein von Wulf Sörensen (Pseudonym für den Verfasser Heinrich
Himmler) „Die Stimme der Ahnen". Ich entfernte dann heimlich all diese
Büchlein und vernichtete sie.
Bezeichnend war wohl auch ein Gespräch, das ich auf der Rückfahrt nach Ulm

im überfüllten D Zug mit einem Hitlerjugendführer hatte.
Als er stolz erklärte: „Ich glaube an den Führer!" meinte ich, daß ich als Arzt
wisse, daß jeder Mensch geisteskrank werden könne, der Führer auch nur ein
Mensch sei und deshalb der Glaube an ihn falsch sei, und was er dann tun wolle, wenn der Führer auch krank würde? -..Auf der Fahrt wurde uns dann in
Nürnberg beim Umsteigen das Gepäck gestohlen, aber sonst kamen wir wohl-
behalten in Ulm am 16.12.1944 zu einem kurzen Genesungsurlaub an.

Maria Poetsch

Schon Wochen vorher war ich nachts an einem schrecklichen Traum aufge-
wacht, als ich meine geliebte Heimatstadt Ulm in den Flammen untergehen sah.
Am nächsten Tag, dem Sonntag 17.12.44, wurde dieser Traum furchtbare
Wirklichkeit, als uns um 19.30 Uhr die Sirenen in den Luftschutzbunker trieben
und die Wellen der Bombenflugzeuge über uns wegzogen, die Tod und Vernichtung vom Himmel regnen ließen. Während Boden und Luft im von Menschen gefüllten Bunker unter den Explosionen zitterten, beteten wir, daß unser
wunderbares Münster doch erhalten bleiben möge. Ich kann mich nicht erinnern
vorher einen so dichten Nebel über unserer Stadt vom Michelsberg herab gesehen zu haben. Er war die Ursache, daß die ersten Bomber, die von Nordwesten
die Stadt anflogen, ihre „Christbäume", die das zu bombardierende Gebiet ab-
stecken sollten, 2 - 3 km zu früh ausklinkten, weil sie das Dorf Lehr wohl für
den Nordwestrand von Ulm hielten. So geriet das Münster in der Mitte der
Stadt an den südöstlichen Rand des Bombenteppichs und blieb vor der Vernichtung bewahrt, obwohl die Bombentrichter rings um das Münster waren und
eine schwere Luftmine 8 Meter neben dem Hauptturm einschlug, aber nicht explodierte. Als eine kurzdauernde Entwarnung gegeben wurde, verließen wir den
Bunker, um nach unserem Haus zu sehen. Es herrschte ein wüstes Chaos, aber
wir konnten außer den geborstenen Scheiben und vom Luftdruck durcheinan-
dergewirbelten Gegenständen keine Gefahr für das Haus entdecken. Wir waren
schon wieder auf dem Weg zurück in den Bunker, als ein Soldat von der höher
gelegenen Wilhelmsburg herunter rannte und uns zurief: „Dort oben auf dem
Dach dieses Hauses fängt es an zu brennen!" Wir hatten das wegen des Flach-
daches nicht bemerkt, und das Haus wäre sicher abgebrannt, während wir beim
zweiten Alarm im Bunker saßen. Aber so konnten wir den Brand gerade noch
löschen und das Haus retten. Mein Elternhaus in der Weststadt geriet durch diese Verschiebung des Bombenteppichs ebenfalls an dessen westlichen Rand, und
die letzten Bomben fielen hundert Meter östlich von unserem Haus. Dagegen
wurden die beiden Lagerhäuser und die Geschäftsräume meines Vater völlig
zerstört und brannten bis auf die Grundmauern nieder. Als der Vater noch in
dieser Nacht vor den Trümmern seines Lebenswerkes stand, nahm er seinen
Hut ab und sagte nur: „Der Herr hat's gegeben, der Herr hats genommen! Der
Name des Herrn sei gelobt!" Dann nahm er eine Schaufel und fing an die
Trümmer zu beseitigen. Die drei französischen Kriegsgefangenen, die als Arbeiter im Geschäft wohnten, nahmen die Eltern dann in das stehengebliebene
Haus auf. Sie lebten dort wie die eigenen Kinder, und als sie nach der Kapitula-
tion nach Frankreich zurückkehrten gingen sie zuerst noch auf die französische

Kommandantur und baten darum, daß man zum Schutz für unsere Familie in das Haus zwei französische Soldaten einquartiere, was dann auch geschah.

Oberdischingen

Am nächsten Tag aber nahm ich Frau und Kind und wir fuhren mit dem Wagen meiner Schwester nach Oberdischingen, 17 km westlich von Ulm, und fanden Aufnahme bei den Schwestern vom Heiligen Geist. In der schönen Rennaissancekirche des Klosters war es Tradition, daß in der Christnachtmesse Weihnachtslieder mit Violinbegleitung gesungen wurden. Die junge Musikschwester des Klosters, Cäcilitta, hatte aber dieses Jahr keinen Violinspieler. So sprang ich ein, und es kam dann auch zu manchen Gesprächen. Dabei ging es vor allem um die Frage der Marienverehrung. Ich hatte dazu keinerlei Beziehung. Wir waren ja als Protestanten ausgesprochen antimarianisch erzogen worden und sahen in der Marienverehrung eine Art Götzenkult.

Cäcilitta meinte dazu: „Sie wenden sich doch auch mit der Bitte um Unterstützung in Fragen, die Ihnen sehr wichtig sind, an Leute, die demjenigen näher stehen, der ihren Wunsch erfüllen kann! Warum also haben Sie etwas dagegen, wenn Christen die Mutter Jesu um ihre Fürsprache bitten und um die Unterstützung der Bitten bei ihrem Sohn?" „Oder sollte Jesus in einem „Himmel" leben, in dem kein Platz ist für seine Mutter und für diejenigen, die etwa wie die Märtyrer der Kirche ermordet wurden, weil sie dem Willen und den Geboten Christi gehorsam waren?" Ich konnte diesen Argumenten nichts Stichhaltiges entgegensetzen, und ich begann zu begreifen, daß Christus am jüngsten Gericht denen sicher keinen Vorwurf machen würde, die auch seine Mutter verehrt und geliebt haben. Hatten wir Protestanten etwa den „Himmel" ausgeleert und damit Christus zu einer abstrakten, theologischen Figur ohne „Fleisch und Blut" gemacht?! Und sollte das Wort, das Christus zum Schächer am Kreuz sagte: „Wahrlich, ich sage Dir, heute noch wirst Du mit mir im Paradiese sein!" nicht mindestens auch für seine eigene Mutter gelten!? - Wenn sie aber tatsächlich bei Ihrem Sohn ist, sollte sie dann keinerlei Aufgabe mehr zu erfüllen haben? Würde sie das Schicksal der Gemeinde Christi auf unserer Erde überhaupt nicht mehr interessieren, für das sie doch mit ihrem Sohn gelitten und gelebt hatte!? - Fragen über Fragen, die mich in meiner bisherigen stur antimarianischen Haltung erschütterten.

Aber was nützen alle theoretischen Überlegungen und theologischen Diskussionen.? - Letzten Endes bleibt das alles leeres Stroh, wenn es nicht im Leben selbst als Wirklichkeit und Wahrheit erfahren und erlebt wird!

Ich war schon zweimal strafweise an bestimmte Stellen der Front versetzt worden und in meinen Papieren stand, daß ich „unter Sonderbefehl des Reichsführers SS Himmler stehe" und nicht mehr bei rückwärtigen Einheiten eingesetzt werden dürfe. Natürlich wollte ich der nächsten Strafversetzung entgehen und vor allem wieder in den chirurgischen Einsatz entsprechend meiner Ausbildung und meinem Können. Ein guter Freund von uns, Bruno G., war Hauptfeldwebel in einer Kompanie der Sanitätsersatzabteilung 5 in der Bölkekaserne in Ulm. Meine Einheit, das Infantriebatailion 1132, war inzwischen einer Division unterstellt, deren Sanitätsersatzabteilung nicht mehr Bückeburg (11), sondern

Nr. 17 (Wien) war. Wir wollten also diesen Wechsel benützen und mich einfach in die Ersatzabteilung 5 meiner Heimatstadt Ulm hineinbringen und von dort aus dann zu einer Sanitätskompanie an die Westfront in den chirurgischen Einsatz abstellen lassen. Es war schon alles scheinbar papiermäßig geregelt und ich hatte bereits den Marschbefehl zu einer Sanitätskompanie im Westen in der Tasche, als ein Brief vom Chef des oberschlesischen Lazaretts, in dem ich mich auskuriert hatte, bei mir eintraf. Das Generalkommando Breslau suchte auf Wunsch meiner Infanteriebrigade, bei der ich verwundet wurde, nach mir. Denn sie wollten mich unbedingt zurückhaben, weil ich dort die Verwundeten schon auf dem Kompaniegefechtstand oder beim Bataillongefechtsstand chirurgisch versorgt hatte, was natürlich damals bei der Infantrie überhaupt nicht üblich war. Ich war mir klar, daß es nun schwere Komplikationen geben könnte, wenn ich das dem betr. Verantwortlichen der San. Ersatzabteilung 5 Ulm nicht meldete. Ich tat es und wurde dann sofort nach Wien in Marsch gesetzt, um von dort aus wieder an die Front versetzt zu werden. In Wien wurde ich zunächst im Hotel „König von Ungarn", ganz in der Nähe des Stephansdomes, einquartiert. So benutzte ich die Gelegenheit, um morgens immer zuerst in den Stephansdom zu gehen und dort eine Stunde der Stille und des Horchens zu verbringen. Ich war damals nicht glücklich über meinen plötzlichen Abschied von Ulm und von meiner Frau. Wir hatten insbesondere nicht den starken inneren Kontakt gehabt, der sonst unsere Ehe auszeichnete, und ich hatte den dringenden Wunsch, doch noch einmal vor der zu erwartenden Endkatastrophe nach Hause zu kommen, um das zu bereinigen, was ich als unklar empfand. Denn die Wahrscheinlichkeit war ja doch sehr groß, daß ich bei der zu erwartenden totalen Niederlage auch hineingerissen und meine Frau und unsere kleine Dorothee nie mehr sehen würde, wie dies bei so vielen Hunderttausenden gerade am Schluß des Krieges noch der Fall war.

Im Halbdunkel des Stefansdomes standen auf der rechten Seite viele Frauen um eine altes Bild, eine Mutter Gottes mit dem Kind, und dabei wurden viele kleine Kerzen angezündet und gesteckt. (Bild Nr. 89) Als Protestant war mir dies alles fremd, und ich fragte eine ältere Frau, was das zu bedeuten habe? Sie sagte: „Das ist ein Marienbild für besondere Anliegen!" Ich hatte, wie schon gesagt, den großen Wunsch, noch einmal nach Hause zu dürfen, wobei ich mir sagen mußte, daß es ja meine Schuld war, daß das Verhältnis zu meiner Frau nicht so klar und herzlich war, daß man ohne das Empfinden von Schuld in völliger innerer Harmonie aus dieser Welt hätte gehen können. Aber es gab ja dafür überhaupt keine Möglichkeit. Denn die Russen hatten bereits Budapest erobert und marschierten in Richtung Wien. Und es bestand deshalb vollständige Urlaubssperre. Zudem hatte ich ja gerade erst einen Genesungsurlaub hinter mir, und in meinen Personalpapieren nach zwei Strafversetzungen wegen „weltanschaulicher Unzuverlässigkeit" und meiner Weigerung, mich als Arzt zur Waffen SS versetzen zu lassen, stand ja der Eintrag: „Darf nicht mehr bei rückwärtigen Einheiten Verwendung finden!" Das hieß praktisch: „er soll an besonders exponierten Punkten eingesetzt werden". Die Chance war also für mich gleich Null, vor Kriegsende noch einmal nach Hause zu kommen. Als ich in solchen Gedanken auf das Bild sah und mich an die junge Schwester Cäcilitta erinnerte, die mir sagte: „Die Mutter Jesu kann uns, wenn wir in ganz persönlichen

Schwierigkeiten sind, doch mit ihrer Fürbitte bei ihrem Sohn unterstützen!" da wandte ich mich in meinen Gedanken an Maria mit der Bitte, ich würde gern noch einmal vor Kriegsende nach Hause fahren können! Kaum hatte ich den Wunsch innerlich ausgesprochen, da fuhr es mir durch den Kopf: „Du darfst nicht noch einmal, sondern noch zweimal nach Hause!" In den nächsten Tagen durfte ich, solange über meine Abstellung ins Feld noch nicht entschieden war (mein Infanteriebataillon war bei dem Durchbruch der Sowjets südlich Warschau, dem sog. Warkabrückenkopf, Mitte Januar vollständig vernichtet worden, so daß eine Rückversetzung dorthin nicht mehr in Frage kam) das Quartier wechseln und zu guten Freunden in das Haus des damals weltberühmten Professors für Augenheilkunde, Prof. Dr. Lindner, ziehen. Dort trafen sich jeden Morgen etwa 20 Freunde der früheren Oxford-Gruppe zu einem intensiven geistlichen Training, und Austausch und Gebet. Wir bereiteten uns auf die Eroberung Wiens durch die Sowjets durch innere Reinigung in einer Art Exerzitien vor. Die Tochter eines meiner Freunde, Marlene Stroh, hatte zufällig vor nicht allzu langer Zeit den Generalarzt und Chef der Sanitäts Ersatz Abt. 17, Dr. Henneberg, im Zug kennengelernt. Professor Lindner wollte versuchen, daß ich für einige Zeit an die Chirurg. Univers. Klinik in Wien zu Professor Schönbauer versetzt würde, um im angeschlossenen Reservelazarett mich weiter in Chirurgie ausbilden zu können. Doch statt dessen bekam ich plötzlich eine Abstellung als Truppenarzt zu einer schweren Artillerieabteilung nach Amstetten bei Wien, die umgehend an der Ostfront gegen die Rote Armee eingesetzt werden sollte. Ich war der letzte Arzt, der nach einer Verwundung zur Ersatzabteilung gekommen war und der erste, der sofort wieder zur Truppe versetzt wurde.

Marlene Stroh ging darauf zu ihrem Bekannten, dem Generalarzt, um ihn zu fragen, was der Grund dafür sei? Der Generalarzt ließ sich von seinem Adjutanten meine Personalpapiere bringen und sagte dann zu ihr: „Es tut mir sehr leid, ich hätte Ihnen gerne geholfen, aber Ihr Bekannter scheint ein zu anständiger Mensch zu sein! Er steht unter Sonderbefehl von Himmler und darf nicht mehr bei rückwärtigen Einheiten eingesetzt werden! Sie wissen ja - und er deutete auf den Adler auf der Brustseite der Uniform „Vogel hier gut!" und dann auf den Oberarm, wo die SS ihren Hoheitsadler hatte, „Vogel hier nix gut!" So blieb mir nichts anderes übrig, als mich zu der Artillerieabteilung in Marsch zu setzen.

Vorher hatte ich noch zwei für mich sehr wichtige Erfahrungen: Ich war gerade in der Stadt unterwegs, als Luftschutzalarm gegeben wurde und die Menschen sich in die Bunker flüchteten. Ich kam zu einem schmalen Eingang in eine der Wiener Katakomben, wo ca 10 000 Menschen hineinströmten. Vor dem schmalen Eingang drängte sich eine große Masse Menschen. Als man die ersten Bomben fallen hörte, entstand eine Panik, und plötzlich drohten die Menschen am Eingang erdrückt zu werden. Ich war schon ganz nahe an der Türe, war aber der einzige Offizier unter der Menge. So blieb mir nichts anderes übrig, als die Pistole zu ziehen, mich umzudrehen und die Leute in ihrer Panik zu bedrohen: „Zurück, oder ich schieße!" Ich konnte mir ein wenig Platz machen, und aus der Menschentraube heraustreten und mit der Pistole die Leute solange zurückhalten, bis sie alle der Reihe nach in den Bunker hinein konnten. Ich verstand dieses Erlebnis immer als Hinweis, daß die Forderung nach „Gewaltlosigkeit" als christliches Prinzip ein Unsinn ist, weil ich ja hier durch den Einsatz der Gewalt Menschenleben gerettet hatte.

Ein zweites Erlebnis, das vielleicht für viele etwas unverständlich sein mag, war aber für mich in Wien von entscheidender Bedeutung, weil es mich im Endergebnis zur Erkenntnis einer schweren geistlichen Verfehlung führte und zu der Befreiung davon. Ich hatte in einem Lazarett in Bad Harzburg im Juni 1944 kurze Zeit Dienst gemacht. Während der Luftschutzalarme hypnotisierte ein Gefreiter Patienten. Da ich in dem Buch „St. Michele" von Dr. Axel Munthe gelesen hatte, daß er oft Schwerverwundete durch Hypnose statt durch Morphium von ihren Schmerzen befreit hatte, ließ ich mir die „Technik" der Hypnose von dem Gefreiten zeigen und machte dies dann auch ein paar Mal. In Wien ging ich im Januar in ein Cafe, wo man, wenn man lange genug wartete, eine Art künstlicher Sahne zum Kaffee bekam. Da jedoch ca. 30 Menschen vor mir dran kamen, hätte ich eigentlich aus Zeitgründen gehen müssen. Da machte ich den Versuch und schaute der Bedienung, die mir den Rücken zugewandt hatte, ganz intensiv auf den Hinterkopf und gab ihr den hypnotischen Befehl, mir die nächste Portion zu bringen. Ein paar Sekunden darauf drehte sie sich um, kam auf mich zu und sagte: „Sie bekommen die nächste Portion". Als ich es am nächsten Tag meinem geistlichen Freund, Eugen Vinnai, erzählte, erschrak er und sagte, dies sei Magie. Im Lauf des Gesprächs berichtete ich ihm auch von meinen Hypnoseversuchen, von einer merkwürdigen inneren Starre und Gefühllosigkeit in den letzten Monaten, die sicher auch an dem Versagen meiner Frau gegenüber schuld war und an der Unfähigkeit zu intensiven geistlichen Kontakten. Eine Beichte und Lossprechung waren nötig zur Beseitigung dieses „Bannes" und einer wirklichen inneren Reinigung. Ich glaube heute noch, daß das ein entscheidender Punkt war, um mich innerlich so zu reinigen und für Gottes Stimme zu sensibilisieren, daß die Wunder, die dann in den letzten 3 1/2 Monaten des Krieges geschahen, möglich wurden. Darum möchte ich diese Erfahrung hier nicht unterschlagen.

In Amstetten, einem traditionsreichen militärischen Standort der alten K und K schweren Mörser - Abteilungen, traf ich die bereits zusammengestellte Artillerieabteilung unter dem Kommando von Hauptmann Roland Graser, einem aktiven Offizier und Sohn eines alten K und K Generals. Die Offiziere für diese „Volks-Artillerieabteilung", in der teilweise ältere Soldaten dienten, waren fast alle Österreicher und mußten damals noch alle das Abitur haben. Die Abteilung hatte die schwersten deutschen Geschütze (21 cm Granaten) und einige 15 cm Geschütze und war natürlich voll motorisiert. Sie benötigte für diese komplizierten, technisch damals höchstentwickelten Geschütze natürlich vielerlei technisches Zusatzgerät und Instrumente, die zum Teil wegen der zahlreichen Fliegerangriffe auf die Bahnlinien, Straßen und Züge nicht rechtzeitig bei der Abteilung eingetroffen waren, so daß der ursprüngliche Befehl einer Abstellung der Einheit an die Ostfront nicht eingehalten werden konnte und die Abteilung abwartend weiter in Amstetten lag. Als nach 14 Tagen noch nicht abzusehen war, wann die Einheit verladen werden könnte, bekamen wir plötzlich noch einmal über ein verlängertes Wochenende einen sog. „Einsatzurlaub", und ich konnte zur Überraschung meiner Frau noch einmal nach Ulm fahren. Wir hatten Zeit, auch die letzten kleinen Schwierigkeiten, die zwischen uns standen, zu bereinigen und gemeinsam wieder unser Leben und unsere Beziehung zu „durchleuchten". Aber nach der Rückkehr war die Abteilung immer noch nicht einsatzfähig Inzwischen machten im Westen die Amerikaner und Engländer mit ihrer Offensive schneller Fortschritte und überschritten an der Eifel die Westgrenze Deutschlands. Ich selbst versuchte die Zeit zu nützen, um mir bei den Sanitätsmaterialdepots in Wien und Salzburg meine ärztliche Ausrüstung zu vervollständigen. Ende Februar und am 1. März erfolgten wieder zwei schwere Luftangriffe auf Ulm. Lebten meine Angehörigen noch? - Waren unsere Häuser in Schutt und Asche gelegt? Die Fragen ließen mich nicht los und so beschloß ich, eine Dienstfahrt zum Sanitätspark in Salzburg zu wagen und von dort aus den Versuch zu machen, „schwarz" nach Ulm zu fahren. Inzwischen war auch der Bahnhof in Salzburg zerbombt worden. Täglich fuhren nur noch ein D-Zug Richtung München und zurück. Fahrmöglichkeiten innerhalb Salzburgs gab es keine mehr. Ich hatte mein Gepäck aber bei Freunden in Salzburg deponiert und wollte außerdem noch meine Cousine abholen, die ebenfalls nach Ulm fahren wollte.

Wenn ich nicht in den nächsten Minuten ein Fahrzeug vom Bahnhof nach Salzburg hinein bekommen würde bestand keine Chance mehr, den Zug rechtzeitig zu erreichen. Da sah ich, wie ca. 70 Meter weg von mir ein Omnibus sich in Bewegung setzte. Ich machte nur eine schüchterne Handbewegung, und schon hielt der Busfahrer an und winkte mir, ob ich einsteigen wolle. Wir erreichten dann den Zug nach München gerade noch, schauten uns genau um, ob irgendwo eine Wehrmachtstreife sei, die die Papiere kontrollieren würde. Als wir keine sahen, setzten wir uns beruhigt in ein Abteil, und der Zug fuhr ab Richtung München.

Zwischen Freilassing und Rosenheim ging plötzlich die Türe auf und ein Mann in Zivil kam herein, zeigte seine Gestapomarke mit den Worten: „Geheime Staatspolizei! Bitte ihre Ausweispapiere!" Dies konnte für mich jederzeit Aburteilung durch ein Kriegsgericht wegen unerlaubter Entfernung von der Truppe bedeuten, da ich zwar einen Fahrschein von Amstetten nach Salzburg und zurück hatte, aber keinen von Salzburg nach München bzw. erst recht nicht nach Ulm. So sah ich mein Schicksal an einem Faden hängen, als der Gestapomann meine Papiere musterte. Denn auf unerlaubter Entfernung von der Truppe stand damals Todesstrafe, und bei mir war dies angesichts meiner vorhergehenden Strafversetzungen nicht ungefährlich. Mein Herz schlug schneller, auch wenn ich nach außen die Ruhe zu bewahren suchte. Der Mann schaute rein und gab mir dann die Ausweise zurück ohne Beanstandung. („Seine Augen waren gehalten!" würde die Bibel sagen). Nun aber war mir klar, daß ich diese Fahrt unter höherem Schutz machen durfte. Als wir in Augsburg auf einem der östlichen Vorortbahnhöfe ankamen, war es Nacht, und wir mußten in einem Rotkreuzheim ein paar Stunden schlafen und dann zu Fuß durch das brennende Augsburg, um von einem der westlichen Vorstadtbahnhöfe weiter Richtung Ulm zu fahren. Inzwischen hatte sich uns noch eine Rotkreuzschwester und ein Oberveterinär der Wehrmacht angeschlossen. Als wir um die Mittagszeit 13 km vor Neu Ulm in Nersingen halt machten, sahen wir gerade den nächsten schweren Bombenangriff auf Neu Ulm und Ulm. Der Zug fuhr nicht weiter, und wir mußten aussteigen, um zu Fuß weiterzukommen. Oberdischingen liegt 17 km westlich von Ulm, Nersingen 13 km östlich, dazu noch die Durchquerung einer brennenden Stadt! Wie sollten wir dies schaffen, um dann wieder rechtzeitig für den Rückzug hier zu sein? Zu Fuß war es unmöglich. Fahrzeuge konnten in Neu-Ulm - Ulm nicht durchfahren. Es blieb uns also nichts anderes übrig als zu versuchen, ein Wehrmachtsauto anzuhalten und per Auto-Stop weiterzukommen. Als wir dem ersten Lastwagen winkten, fuhr er weiter, obwohl wir zwei Offiziere im Oberleutnantsrang waren. Als auch der 2. Wagen uns einfach stehen ließ, bekam ich wegen der „Befehlsverweigerung" des Fahrers einen Zorn und sagte zu dem uns begleitenden Oberveterinär, weil ich selbst nur den sog. „Ehrendolch" - auch Zahnstocher genannt - trug: „Geben Sie mir Ihre Pistole! Dem nächsten schieße ich in den Reifen, wenn er nicht anhält!" Er gab mir die Pistole. Als der nächste Wehrmachtswagen wieder ohne anzuhalten an uns vorüberfuhr, zielte ich mit der Pistole auf einen Hinterreifen und drückte ab. Bei dieser Pistole mußte man aber im Gegensatz zu meiner eigenen den Sicherungsflügel um 180 Grad und nicht nur um 90 Grad herumlegen. Und so ging der Schuß nicht los! Zu meinem Glück, denn ich hatte im Zorn gar nicht überlegt, daß ich ja anschließend meine Papiere hätte vorzeigen müssen und dann die heimliche Entfernung von der Truppe offenbar geworden wäre, mit allen Konsequenzen! Wir gingen weiter, und es wurde mir klar, daß dies der falsche Weg war und keinesfalls Gottes Plan für unsere Reise sein konnte. Ich gab dem Oberveterinär die Pistole wieder zurück. Er fragte: „So verzichten Sie also auf die Gewalt?" - Ich sagte „Ja". Nach ein paar Minuten kam ein Lastwagen mit Anhänger, der auf unser Haltezeichen anhielt. Er mußte nach Laupheim im Südwesten von Ulm und deshalb südlich um Neu Ulm herumfahren. Wir stiegen ein. Er fuhr durch bis nach Delmensingen, 4 km entfernt von Oberdischingen, so daß ich nur noch diese 4 km gehen mußte, um dann meine Frau, meine kleine Tochter, meine Eltern und Geschwister anzutreffen. Mein Elternhaus und das meiner Frau waren beide bewahrt geblieben. Nach einem wunderschönen gemeinsamen Tag nahm mich wieder ein Lastwagen an der alten Kreuzigungsgruppe am Ostausgang von Oberdischingen mit.

Abschied

Am Wegkreuz vor Oberdischingen
am 5.3.1945

Am Kreuz, das, alt und verwittert,
verlassen am Wegrande stand,
hat leise das Herz mir gezittert,
als still Du gedrückt meine Hand.

Ein Wagen kam näher gefahren,
Du botst mir noch einmal den Mund:
„Mög Gott Dich behüten, bewahren
an Leib und Seele gesund!"

Du siehst mich nach Osten entschwinden,
es starrt auf die Straße Dein Blick.
Du möchtest mich halten und binden
und bleibst doch so hilflos zurück!

Das Leid will Dich jäh überfallen,
des Krieges Drohen und Pein,
hörst Du in der Ferne verhallen
des Motors Knattern - allein! -

Die Tränen fließen Dir nieder
und lindern doch nicht Deinen Schmerz:
Wann, Liebster, sehn wir uns wieder?
Drückst Du mich noch einmal ans Herz?

Die Einsamkeit möchte Dich fassen,
so sinnlos schmerzlich und stumm!
Du wendest verlorn und verlassen
zum Gehen nach Hause Dich um!

Nur zögernd und müd sind die Schritte,
da - siehst Du den Christus am Pfahl!
Es bricht aus dem Herzen die Bitte
zum Schmerzensmann in seiner Qual!

Da weißt Du: Wir sind nicht verlassen!
Er bleibt bei uns beiden zurück.
Er möchte uns führen und fassen
zu einem viel tieferen Glück!

Im Wagen sitze ich drinnen
von schmerzlicher Freude erfüllt,
und mit den Tränen, die rinnen,
der Dank aus dem Herzen mir quillt!

Und ich singe dem König der Ehren,
auch wenn es im Inneren weint,
ein jubelndes: Lobe den Herren,
der uns für immer vereint!

Und klingt unser Loblied zusammen,
sind wir noch so ferne und weit,
Dann spricht Jesus Christus sein Amen,
Er führt bis ans Ende der Zeit!

Geschrieben in Amstetten am 10.3.1945 vor der letzten Ausfahrt ins Feld mit
der schweren Artillerieabteilung 409 am 11.3.1945.

244

Ich erreichte rechtzeitig noch einen D-Zug nach München-Salzburg und kam ganz ohne weitere Kompliktionen wieder bei meiner Einheit an. Dort hatten sie schon versucht, mich telegraphisch zurückzurufen, weil es losgehen sollte. Aber das Telegramm hatte mich nicht erreicht. Es war inzwischen der 5. oder 6. März geworden. Wegen der Bedrohung des Ruhrgebietes änderte das Oberkommando der Wehrmacht den Einsatzbefehl für unsere Artillerieabteilung, und wir wurden statt in den Osten nun in den Westen in Richtung Eifel in Marsch gesetzt. Am 11. März fuhren wir mit zwei riesigen Güterzügen mit je 28 Waggons von Amstetten ab, obwohl die für den Munitionstransport nötigen Lastwagen immer noch nicht eingetroffen waren, so daß die schweren Granaten einfach direkt in die Güterwagen eingeladen werden mußten. Allein an unserem Zuge hingen 7 Waggons mit der schweren 21 cm Mörsermunition. Die Amerikaner und Engländer hatten inzwischen ihre Taktik geändert und flogen mit ihren Flugzeugen jeden Tag jede Eisenbahnlinie ab, zerstörten jede Brücke täglich neu und schossen alle Züge zusammen, so daß der gesamte Nachschub für die Front zusammenbrach. Die Züge und Bahnhöfe vor und hinter uns flogen in die Luft. Flugabwehr gab es bei uns praktisch nicht mehr. So war es bei solchen Riesenzügen wie den unseren nur eine Frage der Zeit, wann sie entdeckt und zusammengeschossen würden. Und ein paar Schuß in unsere sieben Waggons voll 21 Zentimeter Granaten, und wir würden alle mit in die Luft fliegen. Unsere Züge fuhren über Hanau nach Groß Gerau auf die Rheinbrücke bei Mainz zu. Aber es war schon zu spät. Wir konnten nicht mehr rüberfahren und mußten nach Norden umgeleitet werden. In einer Waldschneise zwischen Idstein und Eppstein entdeckten dann ein paar amerikanische Jagdbomber unseren zweiten Zug und griffen ihn an. Aber außer zwei zusammengeschossenen Wagen passierte niemandem etwas. So ging es weiter tagelang hinauf bis nach Göttingen und dann wieder zurück. Die ersten drei Tage meinten die Landser, wenn uns die Flieger nicht erwischten, immer wieder: „Schwein gehabt". Aber mit der Zeit wurde den meisten die Sache unheimlich. Denn 18 Tage im Westen hinter der Front in solchen Zügen immer hin und her geschoben zu werden, ohne daß etwas passierte (ja daß die Flieger ein paar Mal direkt über uns wegflogen) das ging über unser Verständnis hinaus in einer Zeit, wo fast jeder Zug beschossen und angegriffen wurde, der sich irgendwo sehen ließ. Als wir am 14. oder 15. Tag langsam auf den Bahnhof von Alsfeld zufuhren, da fuhr im selben langsamen Tempo ein Güterzug auf dem Parallelgeleise in derselben Richtung. Er war voll geladen mit Tarnnetzen, die für Fabriken im Ruhrgebiet bestimmt waren. Unsere Landser kapierten die große Chance schnell, und sprangen von unseren Wagen auf die offenen Güterwagen des anderen Zuges. Sie faßten die Netze, immer je einer an einem Ende, und schaukelten sie dann mit „Horuck" auf unsere Waggons hinüber. Wir hatten so genügend für die Tarnung unserer eigenen Geschütze und Fahrzeuge. Was dann nach der Ausladung eine entscheidende Hilfe für uns war. Schließlich landeten wir südwestlich von Bad Hersfeld auf dem Abstellgeleise einer kleinen Seitenbahn in Niederaula. Nach zwei Tagen kam der Befehl zum Entladen. Am Abend dieses Tages machte ich mit meinem Freund, Leutnant Ewald Kaiser aus Wien, einen Spaziergang ins benachbarte Dorf Niederjossa. Wir kehrten dort in einer Wirtschaft ein und tranken ein Glas

Dünnbier. Ewald Kaiser war einer jener jungen österreichischen Idealisten gewesen, die an Hitler und den Nationalsozialismus zunächst geglaubt hatten. Er war Träger des goldenen Hitlerjugendabzeichens. Aber wie bei den meisten war sein Glaube an den „Führer" schrecklich enttäuscht worden. Und so saßen wir an unserem Tisch und machten unserem Zorn über Hitler und den Nationalsozialismus Luft. Wir achteten nicht darauf, daß an einem anderen Tisch die dortigen Zivilisten uns zuhörten. Als wir weggingen, grüßten wir mit „Guten Abend", worauf ein scharfes „Heil Hitler" als Antwort kam. Es war schon dunkel geworden, als uns zwei Männer etwa hundert Meter weg von dem Gasthaus einholten und ansprachen: „Wohin gehen Sie?" „Zu unserem Transportzug nach Niederaula!". „Der ist ja seit gestern schon wieder weg!" behauptete einer von beiden! „Das müssen wir ja besser wissen!" erwiderte ich ärgerlich. „Zeigen Sie Ihre Ausweise!" erklärte einer, der eine Luckymütze auf dem Kopf hatte. „Da könnte jeder mit so einer komischen Mütze kommen und von uns Offizieren die Ausweise verlangen!" war meine Antwort! „Was, der sagt zu unserem Bürgermeister „Mann mit einer komischen Mütze!" empörte sich der andere von beiden. (Die Bürgermeister hatten damals das Recht, auch Offiziere zu kontrollieren. „Dann beweisen Sie erst einmal, daß Sie Bürgermeister sind!" gab ich zur Antwort. „Komm, sagte mein Freund Ewald, „die können uns doch sonst was! Wir gehen!" Fast hätte ich ihm gefolgt, aber dann kam mir ein Gedanke, und ich sagte: „Gut, ich werde mit Ihnen noch einmal in die Wirtschaft zurückgehen, und wenn die Leute dort bestätigen, daß Sie der Bürgermeister sind, dann zeigen wir Ihnen unsere Ausweise!" erklärte ich, und wir gingen zurück in das Lokal, wo dann die anderen bestätigten, daß dies der Bürgermeister sei. Hintendrein erfuhren wir, daß die beiden entsicherte Pistolen in der Tasche hatten und außerdem einige mit Gewehren bewaffnete Hitlerjungen links und rechts im Graben lagen, die uns von hinten niedergeschossen hätten, wenn wir einfach unseren Weg fortgesetzt hätten! Wir erlebten auch sonst in Hessen, daß selbst in dieser Zeit dort die fanatischten Nationalsozialisten waren, die damals noch zu allem fähig und bereit waren.

Nach der Entladung fuhren wir mit unserer Abteilung in Richtung Bad Hersfeld auf der Autobahn nach Norden und kamen nach Melsungen, wo es bei der Fa. Braun Transfusionsmaterial für Operationen und Nahtmaterial gab. Dann kam es zur ersten Gefechtsberührung mit den nach Osten vorstoßenden Panzerkeilen der Amerikaner. Hinter einem großen Bogen, den die Fulda südlich Melsungen nach Westen macht, lag mein Freund Leutnant Kaiser mutterseelenallein etwa vierhundert Meter vom Fluß weg in Deckung mit seinem Feldtelefon, mit dem er mit dem 10 km weiter hinten aufgebauten Geschütz verbunden war. Da kamen jenseits der Fulda etwa 30 amerikanische Panzer und ebensoviele Mannschaftswagen mit Infanterie aus dem Wald, um über die dort nicht zu tiefe Fulda vorwärts zu stoßen. Mein Freund Ewald bestellte den ersten Schuß, der zu weit ging und dann den zweiten, der mitten zwischen den Panzern einschlug. Sie stoppten sofort und fuhren auseinander, zurück in den Wald, ebenso die Mannschaftstransportwagen. Dann kamen Jagdbomber, um das Geschütz auszumachen und auszuschalten. Die Geschützmannschaft hatte aber gut vorgesorgt, und die Tarnnetze machten das Geschütz tatsächlich unsichtbar. Die Flugzeuge griffen dann eine Scheinstellung, die unsere Leute aus Bäumen als

Geschützattrappe gemacht hatten, an und flogen mit Erfolgsmeldung zurück. Die Panzer und Wagen erschienen wieder aus dem Wald mit Richtung Fulda. Und Ewald Kaiser bestellte den nächsten Schuß. Das Ergebnis war dasselbe. Die Amerikaner verschwanden blitzartig und die Flugzeuge bombardierten erneut die Baumstammstellung. Dieses Katz und Maus Spiel ging dann den Rest des Tages immer so weiter, bis dann offensichtlich die Amerikaner beschlossen, links und rechts von diesem Hindernis am nächsten Morgen vorzustoßen. Natürlich war dies vorauszusehen, da kaum noch eine wirkliche Front vorhanden war und wir ohne Infanterie immer die letzten deutschen Truppen in unserem Abschnitt waren. Nachdem unser Kommandeur, ebenso wie ein Teil der Offiziere, davon überzeugt waren, daß der Krieg verloren und es im Endeffekt nur die Frage sei, wieweit die Rote Armee Deutschland und Mitteleuropa überschwemmen würde, leisteten wir gegen die Angloamerikaner nur noch einen pro forma Widerstand, um ihnen die Möglichkeit zu geben, möglichst schnell voran zu kommen. Wir wußten ja nicht, daß Herr Roosevelt einen großen Teil Europas und Deutschlands an Stalin verkauft und damit die Voraussetzung für die nächsten schweren Auseinandersetzungen geschaffen hatte. Schon beim Abmarschappell hatte unser Kommandeur, Hauptmann Graser, der Abteilung erklärt, daß es sein Hauptziel sein werde, alle wieder gesund nach Hause zu bringen. Da die überwiegende Zahl der Mannschaften und Offiziere aus Österreich stammte, war unsere taktische Hauptaufgabe, um den von Frankfurt und Remagen vorstoßenden Panzerkeil der Amerikaner, der Süddeutschland und den Norden trennen sollte, nach Süden herumzukommen und bei jedem Stellungswechsel nach rückwärts nach Südosten auszuweichen. So bewegten wir uns von der Höhe von Kassel über Melsungen und Spangenberg, Eschwege, (wo wir in einen massiven Flugzeugangriff gerieten, der aber niemanden verletzte) und Mühlhausen an Erfurt und Weimar vorbei, über Bad Blankenburg nach Plauen und von dort durch das Erzgebirge nach Joachimstal im Sudetenland bis in den Raum südlich der Straße Eger-Karlsbad. Fast überall waren wir die letzten deutschen Truppen und mußten mit ansehen, wie ein Dorf und eine Stadt nach der anderen in die Hand der feindlichen Truppen fiel und damit aufhörte, Teil des alten Deutschen Reiches zu sein. Was uns bei diesem Rückmarsch mitten im Frühling bewegte, ist vielleicht am besten in Versen ausgedrückt, die mir in den Sinn kamen, als ich von einem kleinen Berg im Vogtland auf ein kleines deutsches Dorf herabsah (angesichts der immer näher rückenden Front)

Das Kriegsende - Die Rückkehr

Kriegsende 1945 - Befreiung?

Das Geschrei um das Kriegsende als „Befreiung" vom „Faschismus" durch die Rote Armee, das Herr Pfarrer Albertz neulich sogar in einem Fernsehinterview den Kommunisten nachplapperte, war in Wirklichkeit das Ende jenes Deutschlands, das wir als unser Vaterland liebten.

Und dort, wo die Rote Armee mordend und vergewaltigend mit allen Schrecken einbrach, von „Befreiung" zu schwätzen, kann eigentlich nur jemandem einfallen, dem das Schicksal jener Millionen, die im Osten elend zu grunde gingen, völlig gleichgültig ist.

Die Wahrheit ist doch, daß der deutsche Soldat im Osten vor den Massenmördern Stalins stand und im Rücken die Massenmörder Himmler und Hitler hatte. Aber weil wir wußten, was mit Deutschland geschehen würde, wenn erst die Sturmflut der Roten Armee darüber hinweg gehen würde, darum kämpften die deutschen Truppen im Osten noch Tage nach der Kapitulation, als sie im Westen und Süden längst kapituliert hatten.

Von einer „Befreiung", wie sie Herr Albertz sieht, konnte wahrhaftig keine Rede sein. Selbst bei der Befreiung des Konzentrationslagers Auschwitz warteten die davor stehenden sowjetischen Truppen zunächst 10 Tage auf höheren Befehl, so daß noch zusätzlich Tausende am Hunger elendiglich zu Grunde gingen, als die SS Bewacher längst abgezogen waren. Wenn man das nüchtern feststellt, dann heißt man noch lange nicht, den Präventivschlag Hitlers auf die Sowjetunion gut mit all den schrecklichen Verlusten, die dort dem russischen und ukrainischen Volk angetan wurden.

Aber man sollte niemals vergessen, daß Polen, die Baltischen Staaten, Rumänien, Ostkarelien und Finnland vorher bereits von der Roten Armee überfallen und vergewaltigt worden waren. Herr Pfarrer Albertz sagt die Unwahrheit, wenn er so tut, als ob nur die Deutschen Verbrechen begangen hätten und an diesem Krieg schuld waren, der in Moskau in den letzten Augusttagen zwischen Stalin und Hitler ausgehandelt worden war und den Stalin als Weg zur Weltrevolution ebenso wollte wie Hitler, der im Osten Land erobern wollte.

Da ich selbst, wenn Hitler den Krieg gewonnen hätte, keine Überlebenschance gehabt hätte, weil ich auf der Abschußliste Himmlers stand und seit 1943 dreimal zu bestimmten Fronttruppenteilen strafversetzt worden war, so war der 8. Mai für mich persönlich eine Erlösung von dieser Bedrohung. Aber die Zerstörung Deutschlands war nicht der Preis, den ich dafür hätte zahlen wollen, wenn ich hätte wählen können. Und deshalb halte ich das Geschwätz von der „Befreiung durch die Rote Armee" für eine widerwärtige Geschichtsfälschung.

Ich habe die nachfolgenden Verse, die als letzte Post vor dem Kriegsende von mir nach Hause kamen, wieder herausgeholt, weil ich glaube, daß sie ein wenig das vermitteln, was ich selbst und Millionen von Deutschen in diesen letzten Wochen des Krieges wirklich empfanden.

248

Heimaterde
Gedanken bei einer Artillerieabteilung in Vogtland Ende März 1945

Atmende Heimaterden,
Dein Duften hüllt mich ein.
Ich saug des Frühlings Werden
tief in die Brust hinein.

Die hellen Wolken gleiten
im blauen Himmelslicht,
wie tausend Schöpfungsfreuden
es aus dem Boden bricht.

Fröhliche Finken schmettern,
ein Falter schaukelt hin,
und zwischen dürren Blättern
drängt sich das erste Grün!

Voll sammetweißer Perlen
am Bach die Weide hängt,
und saftig an den Erlen
sich Knosp an Knospe drängt.

Als wär's in tiefstem Frieden,
seh unten in dem Tal
ein Dorf ich in den Blüten, -
und doch - ich leide Qual

im Leben ohne Grenze,
das um mich neu ersteht, -
was ist es, das im Lenze
Leid in die Seele weht? -

Daß mir des Frühlings Schwingen
mit seinem hellen Gruß
und frohem Vogelsingen
nur Schmerz bereiten muß?! -

Von West wie Donner-rollen
des Krieges grausiges Lied
mit seinem Todesgrollen
näher und näher zieht!

Oh Land, Du wirst versinken
bald in des Mordens Wut
und mußt im Frühling trinken
der eignen Kinder Blut!

Ja, wenn der Heimat Schöne
sie lebensfroh umgibt,
hat mancher Deiner Söhne
dich bis zum Tod geliebt!

Dann rinnt in Deine Poren
der Besten Blut und Glück,
Du holst, die Du geboren,
in Deinen Schoß zurück!

Die Städte stehn in Flammen,
aus der Ruinen Schutt
will Dich der Haß verdammen
in der Verzweiflung Glut!

O Deutschland, Deine Wunden
rissen das Herz mir wund!
In Deinen schwersten Stunden
schließt mir der Schmerz den Mund!

Herr Gott, Du mögst uns hören!
Hab noch einmal Geduld
und wehre dem Zerstören!
Vergib uns unsere Schuld!

Errett' uns vom Verderben
aus unsrer Feinde Hand,
laß nicht im Frühling sterben,
O Gott, das Vaterland!

Ich versuchte so gut als möglich jeden Morgen eine stille Zeit zu haben und dabei zu fragen und zu horchen, was wir tun sollten. Ich besprach dann manches
mit meinem Kommandeur und stimmte mich mit ihm ab. Es sprach sich natürlich langsam herum, daß der Doktor hier an einen besonderen „Draht" glaubte.
Nur einmal in Thüringen folgten die Leute vom Troß meinem Ratschlag nicht
und übernachteten in einem kleinen Wald. Ich sagte ihnen: Ihr müßt morgen
wieder heraus und dann bekommt Ihr Fliegerbeschuß! Geht deshalb nicht hinein!" So kam es denn auch. Am nächsten Morgen griffen Flieger den Troß an,
als sie heraus mußten. Dabei wurden zwei Wagen zerschossen und zwei Mann
verwundet. Einer von ihnen so schwer, daß ich ihm das Bein über dem Knie
amputieren mußte. Ein Mann kam später bei einem Unfall ums Leben. Aber
sonst hatte die Abteilung bis Ende April keinerlei Verluste, obwohl wir dauernd
„Front" waren.
Aus der stillen Zeit ergaben sich viele einzelne Fügungen, die manchmal auch
für das Schicksal der Abteilung entscheidend waren. Ein Problem (neben dem
Munitionsnachschub, den wir uns mit Lastwagen bis von Jüterbog bei Berlin

besorgten) war, daß es keinerlei Landkarten von den Gegenden gab, durch die unser Rückzug führte. Ohne Karten 1 : 100 000 aber ist eine schwere Artillerieabteilung nicht funktionsfähig. So wurden denn auch zahlreiche Artillerieabteilungen einfach in den Städten zurückgelassen und zu „Festungsartillerie" verwandelt. Das bedeutete natürlich dann Einschließung und Gefangenschaft oder Vernichtung. Aber woher solche Karten bekommen? Die Armee selbst hatte keine guten Karten mehr. Da kam mir der Gedanke, als ich einen Kranken der Abteilung ins Lazarett nach Erfurt brachte, dort auf der Ortskommandantur vorbeizuschauen und zu fragen, ob sie keine Karten hätten. Man erklärte mir, sie hätten selbst keine Karten. Als ich gerade wieder gehen wollte, traf ich einen Gefreiten unter der Türe und fragte noch einmal. „O", sagte er, „da fällt mir ein, wir haben auf der Bühne oben eine ganze Menge alte ausrangierte Manöverkarten liegen. Wir gingen hinauf, und ich fand eine große Zahl von Karten 1 : 100 000 auf einem Haufen liegen, nicht nur vom Raum Erfurt, sondern bis nach Sachsen hinein und noch bis in die Gegend von Eger und Karlsbad.

Der Rote Sekt des Gauleiters

Wir waren gerettet und konnten dazuhin den Armeestab auch noch mit Karten versehen. Wir durften unseren Weg fortsetzen.
Zwischen Erfurt und Weimar machten wir einmal an einem kleinen Landgasthof halt. Da stand ein mit einer Plane bedeckter LKW. Er gehörte, wie unsere Leute rausbrachten, einem Fahrer, der eine Fuhre roten Sekt für den thüringischen Gauleiter Saukel und seine Bonzen transportieren mußte. Solange der Fahrer sein Bier im Gasthaus trank, öffneten ein paar findige Landser die Motorhaube und zogen die Zündkabel heraus. Als der Fahrer wieder weiterfahren wollte, sprang natürlich der Motor nicht mehr an. Während eine Traube von unseren Leuten sich um den Motor drängte, um dem Fahrer die Sicht nach hinten zu nehmen und ihm mit allen möglichen guten Ratschlägen „half", wurde hinten von anderen die Plane geöffnet und eine Kiste Sekt nach der anderen herausgeholt. Denn wir waren der ehrlichen Meinung, daß wir dem thüringischen Gauleiter helfen sollten, das Ende des Krieges in einigermaßen nüchternem Zustand zu erleben. Als schließlich die „Panne" entdeckt und behoben war, war es gelungen, den halben Wagen abzuräumen, ohne daß der Fahrer dies bemerkte, und die Flaschen wurden einem edleren Zweck zugeführt. Ob der Gauleiter den Verlust feststellte, wissen wir nicht. Aber hier war die Schadenfreude eine besonders schöne Freude, die dann auch noch ein wenig begossen wurde.
Ein anderes Mal bekamen wir von einer Volkssturmeinheit, deren Leute wieder nach Hause gegangen waren oder erst gar nicht antraten, die ausgezeichneten neuen Schnellfeuergewehre mit 15- Schuß Magazinen, mit denen wir dann unsere Unteroffiziere und Mannschaften ausrüsten konnten. Das kam dem Hauptteil unserer Batterie sehr zu gute, als sie am 7. und 8. Mai auf dem Weg nach Pilsen die Sperren tschechischer Partisanen durchbrechen mußten, um nicht in tschechische und sowjetische Kriegsgefangenschaft zu geraten. Da wir die letzten deutschen Truppen an unserem Frontbereich waren, kamen wir natürlich auch immer dazu, wenn die Wehrmachtsmagazine vor den anrückenden Amerikanern geräumt wurden und konnten uns mit manchem eindecken, etwa an Be-

kleidung, Hemden, Unterwäsche usw. oder im Heeresbetreuungslager Weimar mit Akkordeons, Violinen, Grammophon, Schallplatten, usw..

KZ Buchenwald

Es gab aber auch sehr einschneidende negative Erfahrungen und Erlebnisse: In der Gegend von Weimar standen wir plötzlich vor einem großen Lagerkomplex mit Stacheldraht, Wachtürmen und vielen Tausenden von Konzentrationslagerhäftlingen. Ich hatte den Namen „Konzentrationslager Buchenwald" bis dahin noch nie gehört. Und ich wollte genau wissen, was hier los war. So ging ich in Begleitung eines zu uns kommandierten Unterarztes hinein und sah die vom Hunger völlig ausgemergelten Häftlinge mit den verschiedenen roten, violetten gelben usw. Dreiecken an ihren KZ-Kleidern. Wir fragten die Wachmannschaften: „Wieviele Häftlinge sind hier?" Der eine sagte 20 000, der andere 80 000, der Dritte 60 000. Keiner wußte wirklich Bescheid. Wir gingen zum Arzt des KZ's. Er erklärte uns, er werde sich umbringen, wenn sein Glaube an den Führer nun möglicherweise Schiffbruch erleide. Dann gingen wir in das Verwaltungsgebäude. Dort saßen in einem größeren Raum die ganzen Führer des KZ's beisammen. Teilweise waren es richtige Schlächterstypen, die für ihre Tätigkeit den Krieg über silberne Kriegsverdienstkreuze 1. Klasse trugen und eine Zigarette des franz. Roten Kreuzes nach der anderen rauchten. „Wir sind die letzten deutschen Soldaten, ehe die Amerikaner kommen," sagten wir, „Was ist hier eigentlich los?!" Einer meinte, sie seien froh, daß es hier keine Verbrennungsöfen wie im KZ Lublin gäbe, denn dort hätten die Sowjets sofort die ganzen SS Führer bei lebendigem Leib hineingeworfen. Während wir dort waren, trafen neue Kolonnen von Häftlingen in üblem Zustand von anderen KZ's im Westen oder Osten ein. Offensichtlich war in den letzten 3 Kriegsmonaten die gesamte Nahrungsmittelversorgung von Zehntausenden von Häftlingen zusammengebrochen. So fanden die Amerikaner Tausende von verhungernden oder schon verhungerten Gefangenen. Der Anblick dieses Lagers und das Elend der Menschen darin war für uns ein ungeheurer Schock! Auf mich hatte es eine zweifache Wirkung. Erst packte mich ein schrecklicher Zorn und Haß auf diese SS Leute und gleichzeitig eine große Angst, was mit uns allen geschehen werde, wenn diese Greuel in der Welt bekannt würden.
So fuhr es mir heraus: „Wir können uns nach dem nirgends mehr in der Welt sehen lassen! Ja, für uns wäre es besser, wenn keiner von denen das erzählen könnte, was hier geschehen ist!" Es war Mitte April, und ich hielt sofort vor ca. hundert unserer Soldaten und Unteroffiziere eine wütende Ansprache gegen Hitler und die SS. Aber erst 1953 wurde mir voll bewußt, was dieser, mein momentaner Angstgedanke, in Wirklichkeit bedeutete. Als ich als erster deutscher Arzt zu einem Ärztekongreß der Moralischen Aufrüstung nach Paris eingeladen wurde, da traf ich vorher einen norwegischen Freund in Stuttgart, der mir sagte: „Die Franzosen schätzten einen Deutschen, der sich mit der deutschen Vergangenheit identifiziert und nicht davor davon läuft!" „Dann müßt Ihr einen anderen schicken als mich, denn ich habe mein ganzes Leben nie einen Franzosen gehaßt, und mein Vater und meine Familie haben gerade für die gefangenen Franzosen in Ulm während des Krieges mehr getan als irgend je-

mand sonst! Sie bekamen z.B. immer große Mengen Kartoffeln schwarz und unentgeltlich ins Gefangenenlager und vieles andere!" Als wir uns eine Viertelstunde gestritten hatten, beschlossen wir, eine gemeinsame Stille Zeit zu machen und auf Gott zu horchen. Da kam mir plötzlich das Bild in den Sinn, wie ich mit meinem Unterarzt vor dem Stacheldraht in Buchenwald stand und diesen Satz sagte. Damals saßen viele Franzosen im Buchenwald gefangen u.a. auch Leon Blum. Ich tauschte das mit meinem Freund Jens aus und sagte: „Jetzt weiß ich, wofür ich mich in Paris zu entschuldigen habe." Ich bat dann auf dieser Ärztetagung die Franzosen deshalb um Verzeihung. Denn die Angst davor, daß eine schwere Schuld ans Tageslicht kommt, führt immer zum Versuch, sie zu verdrängen und schließlich sogar zum Wunsch, daß der, an dem man schuldig wurde, dies nie und nirgends erzählen kann, also zu seiner Liquidierung, zum Mord. Als ich in Paris ankam, nahmen mich meine französischen, schweizer, holländischen und englischen Arztfreunde sofort mit zu einem Empfang beim Präsidenten der franz. Ärzteschaft. Er wußte nicht, daß ein deutscher Arzt dabei war. Als er es bei der Vorstellung erfuhr, würdigte er mich keines Blikkes, und als alle von den anderen Ländern gesprochen hatten, redete er ununterbrochen, damit ich nicht zu Wort kommen sollte. Schließlich unterbrach ihn einer meiner jungen holländischen Kollegen und sagte: „Entschuldigen Sie, Herr Präsident, könnte nicht unser deutscher Kollege auch noch ein paar Worte sagen!" Ich hatte Herzklopfen wegen der enormen Spannung, sagte aber dann: „Herr Präsident, ich bin gekommen, um mich für den Teil an Nationalismus in meinem eigenen Leben zu entschuldigen und mich dafür einzusetzen, daß es nie mehr in der Geschichte zu solch schrecklichen Auseinandersetzungen zwischen unseren Völkern kommt. Ich soll Ihnen die Grüße des Präsidenten der Deutschen Ärzteschaft, Professor Hans Neuffer, überbringen. Der Präsident bekam Tränen in den Augen und sagte zum Schluß: „Sagen Sie Ihrem Präsidenten, daß ich mich auf die Zusammenarbeit freue." Bei der Verabschiedung sagte er auf deutsch: „Auf Wiedersehen!" Er stellte uns dann für eine Tagung sechs Wochen später den Saal des Hauses der Medizin in Paris zur Verfügung, wo wir zusammen mit anderen Deutschen zur Pariser Ärzteschaft sprechen konnten, u.a. der spätere Präsident der Bundes-Kassenärztlichen Vereinigungen, Prof. Dr. Siegfried Häußler, und auch der Betriebsratsvorsitzende der Wielandwerke Ulm, Hans Strohmeier, der als Marxist 1933 nach Frankreich geflohen war und dort ein Jahr lang lebte. Seine Rede brachte bei den Pariser Ärzten einen wirklichen Durchbruch zur Versöhnung. Allein zwölf Ärzte kamen nachher auf ihn zu und sagten: „So wie Sie hat noch kein Deutscher in Paris gesprochen!" Wir waren erst um 22.20 Uhr, zwar angesagt und erwartet, auf dieser Tagung angekommen. Denn mein Freund Hans Strohmeier war um keinen Preis bereit gewesen, mit dem Zug nach Paris zu fahren, weil er sich von niemandem Geld geben lassen wollte und selbst keines besaß. Ich hatte das bestimmte Gefühl, daß wir einen Unfall haben würden, wenn wir mit dem Wagen fahren. Ich sagte es ihm, meiner Frau und einer Bekannten. Aber er hielt solche Ahnungen für Blödsinn und bestand darauf, mit dem Auto zu fahren. Als wir dann nachts um 23.30 Uhr über die damals noch einspurige Autobahnbrücke vor Leonberg fuhren, regnete es leicht, und wir fuhren ganz langsam hinter einer Kolonne. Vor uns ein Traktor in ca. 5 Meter Abstand. Plötzlich machte es einen Riesenkrach.

Mein Wagen sauste nach vorne auf den Traktor zu. Ich ging sofort auf die Bremse, aber das half nichts, und dann ging ich blitzartig auf Vollgas und riß das Steuer nach links, so daß der Wagen einen Satz nach links machte und der amerikanische Wagen, der in uns mit großer Geschwindigkeit von hinten rein gefahren war, mit dem zweiten Aufpraller auf den Traktor sauste. Ich hatte keinerlei Schrecksekunde, weil ich ständig mit einem Unfall rechnete, und das ersparte uns hier sicher Verletzungen. Nur mein Freund Strohmeier hatte eine leichte Gehirnerschütterung. Die Amerikaner mußten uns dann am nächsten Tag den Flug nach Paris bezahlen, weil dies die einzige Möglichkeit war, noch zu der Abendveranstaltung zu kommen. Aber auch er verlief wegen der schweren Stürme, die damals über Deutschland wegzogen, abenteuerlich. Im Gefolge unserer beiden Besuche in Paris kamen dann zwei führende französische Ärzte, unter ihnen der Präsident der franz. Chirurgen, Dr.Bergouignan, der im Widerstand gegen die Deutschen seine rechte Hand und sein rechtes Auge verloren hatte, auf den Deutschen Ärztetag nach Lindau und entschuldigten sich dort öffentlich für ihren Haß gegen Deutschland. Als ich meinem Präsidenten die Grüße des französischen Präsidenten überbrachte, sagte er: „Was der! Der ignorierte mich bisher auf allen internationalen Tagungen vollständig!" So begann die neue Zusammenarbeit zwischen Franzosen und Deutschen im Bereich der Ärzteschaft.

Ich bitte um Entschuldigung für diesen Exkurs in die Nachkriegszeit. Er hing aber eng zusammen mit dem Erlebnis von Buchenwald. Es ist eines der vielen Beispiele, wie Gott oft die vergebene Schuld zu der stärksten Waffe für den Kampf um seine Herrschaft auch in den Völkern macht.

Ein paar Tage später wurde ein SS Untersturmführer zu uns versetzt, als Verbindungsoffizier zur benachbarten Waffen SS Division. Ich sprach mit ihm über das, was ich im Buchenwald gesehen hatte und griff ihn und die gesamte SS scharf an und sagte: „Wegen Eurem Größenwahn haben wir diesen Krieg begonnen, und wegen Eurem Verhalten gegen die Zivilbevölkerung im Osten verlieren wir ihn und können uns wegen den Greueln in den Konzentrationslagern nirgends mehr in der Welt sehen lassen! Er schwieg eine längere Zeit, dann erzählte er mir seine Geschichte. „Als junger Sudetendeutscher war ich begeistert vom Gedanken des Großdeutschen Reiches. Und ich dachte, ich könne dem in der Waffen SS am besten dienen. Als ich nach einem Einsatz schwer verwundet war, wurde ich, weil noch nicht wieder feldverwendungsfähig, ein halbes Jahr zu den Wachmannschaften im Buchenwald abkommandiert. Sie haben recht, es war eine Menschenschlächterei mit allen Schikanen. Zigtausende kamen dort um. Auch viele jüdischen Kinder, die einfach in eine Grube geworfen und mit Benzin übergossen und angezündet wurden." All sein ehemaliger Idealismus war an diesen Erlebnissen zerbrochen.

Die Ernte
(Herbst 1944)
Soll das Morden gar nicht enden?
Will kein neuer Morgen tagen? _
Will kein Gott den Wahnsinn wenden?
Sind noch nicht genug erschlagen? -

Statt wie einst, - der Ehrfurcht Zeichen -
Dome Gott, dem Herrn, zu türmen,
türmt der Haß sich auf den Leichen,
will die Heiligtümer stürmen!

Wo sonst Fried und Frohsinn wohnen
brechen aller Ordnung Bande,
rasen Furien und Dämonen
durch die gottverstoßenen Lande! -

Über Frankreichs Flurn und Wälder,
über Rußlands fernen Weiten,
durch Europas Gräberfelder
hin die Todesengel schreiten.

Tausende, Millionen starben
vor des Schnitters Sensenschlägen,
Erntezeit! - Der Völker Garben
will der Herr der Ernte wägen! -

Angst will unser Herz verzehren,
Engel das Gericht verkünden!
Wird der Herr in unsren Ähren
Spreu nur - oder Früchte finden? -

Sonderkommandos Reichsführer SS Himmler

In der zweiten Aprilhälfte, als die Ostfront und die Westfront sich immer näher rückten, waren viele „Sonderkommandos SS Himmler" unterwegs, um alle hinter der Front zusammenzutreiben oder als evtl. Deserteure aufzuhängen. Auch mich hielten sie an, als ich gerade auf Rückfahrt zu unserer Einheit war und einen Kranken ins Krankenhaus gebracht hatte! „Sonderkommando Reichsführer SS Himmler! Steigen Sie aus! Zeigen Sie ihre Papiere!" „Schauen Sie erst einmal, mit wem Sie reden!" antwortete ich ihm. „Halten Sie den Mund! Ich kann Sie sofort an die Front schicken!" lautete sein Geschrei. Nach dem Krieg sah ich dann auf einem Pressefoto jene Führer des KZ Buchenwald auf der Anklagebank beim Nürnberger Prozeß, wo sie zum Tod verurteilt wurden. Als wir immer wieder junge, ca. 16 Jahre alte Flakhelfer, die zu ihrer Mutter nach Hause gewollt hatten, an den Bäumen hängen sahen mit einem Schnellurteil darunter angenagelt: „Ich bin ein fahnenflüchtiger Verräter und wurde deshalb aufgehängt!", da gaben wir unseren Vorauskommandos, die etwa zum Quartier machen weggeschickt wurden, den Befehl, auf jede SS Streife, die sie anhalten wolle, sofort das Feuer zu eröffnen und sie niederzuschießen. Ich selbst bekam am Schluß direkt eine Art Brechreiz, wenn ich diese Uniformen sah.
Bei unserer Nachbardivision, als wir im Sudentenland zwischen Karlsbad und

Eger lagen, wurden noch durch den General der Infanterie Ostermann am 26. April ein Generalmajor und ein Major aufgehängt, weil sie erklärten „Der Krieg sei verloren!" Ostermann selbst erschoß sich bei der Kapitulation.

Zwei Tage darauf wurde der Buchenwald von den Amerikanern eingenommen. Letztes Jahr traf ich einen Franzosen, der damals befreit wurde und der mir als ehemaliger Häftling bestätigte, was wir von außen erlebten.
Sicherlich kann man die Westalliierten von einer gewissen Mitschuld an der schrecklichen Eskalation des Krieges, vor allem in den beiden letzten Kriegsjahren nicht frei sprechen. Denn sie lehnten jeden Friedensfühler der innerdeutschen Opposition ab und forderten die totale Kapitulation, auch vor der Roten Armee. Vergeblich versuchte der Schweizer Philippe Mottu, einer der späteren Gründer des Zentrums für Moralische Aufrüstung in Caux am Genfersee, Kontakte zwischen der deutschen Widerstandsbewegung und den westlichen Alliierten herzustellen. Er unternahm deshalb 1943 die durch den U-Bootkrieg gefährliche Fahrt nach USA, stieß aber nur auf radikale Ablehnung Rooseveldts. Anhänger und Gegner des Nationalsozialismus, also wir alle, wußten, daß die bedingungslose Kapitulation gegenüber der Roten Armee eine ungeheure Katastrophe nicht nur für Ostdeutschland, sondern für ganz Europa bedeuten würde. Bedingungslose Kapitulation bedeutete für Hunderttausende, ja Millionen Tod, Massenvergewaltigtungen, Verschleppung usw. und für den Rest den Verlust der Freiheit und Menschenwürde. Darum kämpfte die deutsche Wehrmacht im Osten noch zwei bis drei Tage nach der Kapitulation, während sie im Westen schon vorher kapitulierte. Die Alternative, die an die Hauswände geschrieben war: „Sieg oder Sibirien!" war in Wirklichkeit realistisch für Millionen. Darum führte die Forderung auf bedingungslose Kapitulation der Herren Roosevelt und Churchill in Wirklichkeit auch mit zu jener brutalen Eskalation im inneren Deutschlands. Denn welche Alternative verblieb für die keineswegs nationalsozialistischen Deutschen, wenn sie ihr Vaterland liebten? Was half unser nur hinhaltender Widerstand im Westen? Denn die Engländer und Amerikaner machten ja keinen Gebrauch davon, sondern blieben vier Wochen vor Sachsen und dem Sudetenland stehen, anstatt Prag einzunehmen und Dresden, Berlin usw. nicht der Roten Armee zu überlassen! Die innere Opposition in Deutschland hatte keinerlei Chance, das Schlimmste zu vermeiden. Wir konnten auch nicht ahnen, daß Roosevelt und Churchill das Verbrechen begangen hatten, halb Europa den Sowjets zu übereignen, und daß sie damit auch ihren angeblichen Kriegsgrund, den Kampf um die Freiheit Polens, zur Lüge machten, indem sie die Freiheit Polens ohne mit der Wimper zu zucken, ebenso wie die Freiheit der anderen Osteuropäischen Völker, der Diktatur Stalins opferten und die Anexion Ostpolens, des Baltikums usw. selbstverständlich den Sowjets nicht streitig machten.
Und es fehlte im Gegensatz zu 1918 jedes überlegene ideologische Konzept gegenüber dem Nationalsozialismus von Seiten der Gegner Deutschlands. Ihr einziges Ziel war ja die Vernichtung dieses Reiches. Die Ziele „Freiheit und Demokratie" wurden von Roosevelt und Churchill auch verraten, als sie das Versprechen brachen und alle Ukrainer, Russen, Kosaken usw., die unter General Wlassow, einem der Generäle, der im Winter 1941 die Eroberung Moskaus

durch die Deutschen verhindert hatte, nach der Kapitulation Stalin zur restlosen Abschlachtung auslieferten, nur weil sie für ein freies und demokratisches Rußland gekämpft hatten, aber keineswegs für den Nationalsozialismus. Für uns war dies alles völlig irrational und unverständlich. Darum mußten wir bis zum Schluß als Soldaten aushalten, weil man uns keine andere Lebenschance für unser Volk und für einen großen Teil Europas anbot. Das sollte man heute nicht vergessen. Denn Gorbatschow und Jelzin sind nicht Stalin, jener größte Massenmörder der Weltgeschichte.

Was blieb uns als Hoffnung? Nur Jesus Christus und sein Reich, das durch alle Katastrophen der Geschichte hindurch weiter geht und unserem Leben einen ewigen Sinn gibt. Der letzte Brief, der meine Frau aus dem Feld erreichte, enthielt ein Gedicht für unseren Freund und Paten unseres ältesten Sohnes, Graf Kraft Henckel von Donnersmarck aus Repten in Oberschlesien, der nur mit einem Rucksack aus Oberschlesien hatte zu seinem Bruder an den Tegernsee fliehen können und in Oberschlesien alles verloren hatte.
Es knüpft an an den Wahlspruch der Fürsten von Donnersmarck in ihrem Wappenschild:

Memento Vivere!

Letzte Zeilen aus dem Feld
geschrieben für unseren Freund Graf Kraft Henckel von Donnersmarck, im Feld 24. März 1945. Auf dem Rückmarsch quer durch Mitteldeutschland. Nach dem Verlust Oberschlesiens.

Sollen wir denn nicht dem Grauen
mutig in die Augen sehen,
wenn in tiefem Schmerz wir schauen:
Alles um uns muß vergehen!

Sollen wir uns in die Stätten,
in die wir hineingeboren,
trauernd stets im Heimweh retten,
wenn die Heimat wir verloren? -

Einmal müssen wir doch scheiden
aus der eng gewordnen Erde,
müssen doch den Tod erleiden,
daß das Größre in uns werde!

Stets sind wir vom Tod umgeben,
sein Gespenst kann nie entschwinden,
nichts, wofür wir kämpfend leben,
wird hier ewige Dauer finden.

Sollen wir uns feig verstecken,

Gottes Willen deshalb schelten? -
Nein - , der Tod mit seinen Schrecken
treibt uns ja zum Herrn der Welten!

Nur der Tod erzwingt das Leben,
drängt uns, Grosses zu gestalten,
läßt mit Leidenschaft uns streben,
Gottes Führung festzuhalten!

Zwingt uns, auf der schönen Erde
nach dem Schöneren zu schauen
und zerbricht die falschen Werte,
denen wir so leicht vertrauen!

Ständig neu uns vorwärts treibend
will er uns das eine sagen;
Deine Stätte ist nicht bleibend!
Laß das Jammern und das Klagen!

Denk zu leben! Laß dahinten!
Mag Verlornes noch so schmerzen!
Nur so kannst Du Heimat finden
ewig einst an Gottes Herzen!

Memento Vivere!

Als ich ihn im Juni 1945 zum ersten Mal nach dem Kriege dort in Egern besuchte, (vor dem 1. Weltkrieg waren die Fürsten von Donnersmarck die reichs-
ten Leute von Deutschland) und ihm einen Sack Kartoffeln brachte (er hatte in
Oberschlesien allein 10 000 ha. Ackerland!), war er ganz besonders dankbar. Er
verlor niemals in den kommenden Jahren ein Wort der Trauer über den Verlust
der Heimat. Aber er war allen Oberschlesiern Mittelpunkt und Hilfe. Als dieser
letzte große Vertreter des deutschen Oberschlesien starb, schrieb ich ihm für
das schlesische Heimatblatt das beiliegende Gedicht.

Der Tod des Grafen

Aus unsrer Welt geschieden
ruht still im schlichten Sarg,
in Gottes letztem Frieden,
Kraft Graf von Donnersmarck.

Es liegt ein heller Schimmer
auf Antlitz und Gestalt,
Sieg über Leid und Trümmer,
Vertreibung und Gewalt.

Ein Hauch von deutscher Sendung,
die kein Tyrann zerbricht,
von Hoffnung und Vollendung
schwebt um das Angesicht.

Als rauschten alte Eichen
im Reptner Parke heut,
ein letztes Liebeszeichen
aus der vergangnen Zeit.

Wie Frieden und Versöhnung,
in Dank und stillem Glück,
strahlt aus des Herbstwalds Tönung
der Farbenglanz zurück.

Als schlängen Heimatlieder
ihr unzerreißbar Band,
in Treue glaubend wieder
ums ganze Vaterland.

Als würde er nur schlafen
bevor er aufersteht,
bekrönt das Haupt des Grafen
des Todes Majestät.

Als öffnet seine Pforten
der Himmel heute weit,
und er sei uns geworden
ein Stück der Ewigkeit. -

Ende April 1991 veranstalteten wir von der Pro-Lebensbewegung und unserer Ärzteaktion einen Kongreß in Kattowitz, und ich konnte einen kurzen Besuch in Tarnowitz und in Repten machen.

Von den Nonnen, die damals in so hervorragender Weise das Lazarett „Johanneshaus" und die anderen Lazarette versorgten, lebte keine mehr. Und der Orden selbst hatte nur noch zwei Schwestern.

Am Park von Repten stand noch das alte Pförtnerhaus, und dort, wo das herrliche Schloß gestanden hatte, war nun ein in primitivstem „sozialistischen" Baustil errichtetes Rehabilitationszentrum.

Lediglich Teile des Marstalles und seine Türme standen noch. Alles andere war einige Zeit, nachdem die Rote Armee Oberschlesien erobert hatte, von Polen im blinden Haß gegen alles Deutsche niedergebrannt worden. Die Bilder mögen einen Eindruck davon vermitteln. Mein Sohn Siegfried-Kraft, der uns fuhr, konnte so wenigstens ein wenig von der Heimat seines verehrten Patenonkels sehen. (Bild Nr. 87)

Ende März 1945 auf dem Rückzug durch den Thüringer Wald.

O Frühlingsduft
im Tale hier,
Dein Strömen ruft
die Sehnsucht mir.
O Sonnenschein,
so hell und lind,
o Birkenhain
im Frühlingswind.
Dein zartes Grün
im warmen Licht
und erstes Blühn
von Heimat spricht,
von meinem Lieb,
so fern und weit!
O Windhauch gib
den Kuß ihr heut!
O Sonne bring
Gold ins Gemüt!
O Vöglein sing
Dein schönstes Lied.
O Frühling weh
die Freude hin,
daß schnell vergeh
ihr trüber Sinn,
daß sie befreit
von Sorg und Schmerz
Dir öffnet weit
ihr ganzes Herz,
daß lautres Glück
strömt in sie ein!
Laß sie zurück
doch nicht allein!
O weh geschwind
und grüß sie heut,
Du Frühlingswind
zur Frühlingszeit!

Das Kofferradio und die absolute Ehrlichkeit

Wir setzten unseren Rückmarsch fort über Auerbach im Erzgebirge und fuhren
dann ins Sudetenland nach Joachimstal und von dort in unsere neue Stellung
südlich der Straße Karlsbad - Eger. Je näher das Kriegsende kam und je mehr
wir vor den Amerikanern völlige Ruhe hatten (die einfach bei Eger stehen geblieben waren) desto mehr besannen wir uns, wie wir nach Kriegsende nach
Hause kommen sollten. Vom Schulunterricht war uns bekannt, daß der Böh-

260

merwald noch urwaldähnliche Zonen hatte. Und es gab viel Wild in der Gegend, so daß wir uns vornahmen, uns im Böhmerwald solange zu verstecken, bis eine Fahrt nach Hause möglich wäre. Aber dazu brauchte man eine Verbindung mit der Außenwelt, also ein Kofferradio mit Batterie. „Woher nehmen und nicht stehlen?", fragten wir uns. Da kamen plötzlich zwei von unseren Feldwebeln von einer Fahrt Richtung Eger nach dem Städtchen Ellbogen zurück und brachten ein Kofferradio von einem dortigen Depot der Luftwaffe mit. Ein paar Tage später war ich auch auf der Fahrt dorthin mit unserem kleinen Fiat Kastenwagen, meinem San. Unteroffizier Morgenthaler und meinem Fahrer Reichle. In der Schreibstube des Luftwaffendepots trafen wir einen Oberst, der uns auf unsere Frage nach einem Batterieempfänger erklärte, er habe zwar noch 8 Stück, die er jedoch für die Luftwaffe aufheben müsse (die ja Ende April in dieser Gegend gar nicht mehr existierte). Aber er könne uns einen Philippsradio für Netzanschluß geben. Wir fuhren zum Auslieferungslager und trafen dort einen Unteroffizier, der uns das Philippsradio gab.

Da fragte ich ihn, ob sie denn auch noch Batterieempfänger hätten und ob er mir nicht einmal einen zeigen könne. Er brachte gleich ein schönes Nora Radio und zeigte es uns. Da schickte ich meinen Fahrer hinaus ans Auto und ließ ihn eine Flasche Whisky holen. Der Unteroffizier bekam Stielaugen und ich fragte ihn, ob er mir das Radio gegen die Flasche Whisky lassen würde. Der besann sich nicht lange und wir zogen mit dem Radio ab. Aber schon unter der Tür kamen mir Bedenken, ob ich das tun dürfe. Denn eine Bestechung vertrug sich nicht mit dem Grundsatz der absoluten Ehrlichkeit, den ich bisher stur durchgehalten hatte. Wohlgemerkt, nicht wegen des „Prinzips" der Ehrlichkeit oder der „Moral", sondern weil ich wußte, daß jede Lüge und Unehrlichkeit, ebenso wie jede Unreinheit oder Selbstsucht, Geiz, Haß und Lieblosigkeit sofort zu einer „Unterbrechung" der „Leitung" führt und daß, um es mit einem modernen Bild zu sagen, die Ton- und Bildröhre für den Sender der Welle Unendlich dadurch gestört wird und kein exakter Empfang der Führung und Inspiration Gottes mehr möglich ist, bis die Störung wieder ausgeräumt ist. Moralische Maßstäbe sind deshalb wie die Prüfgeräte des Radiospezialisten für die elektrischen Leitungen und Kontakte und die Funktionsfähigkeit der Röhren. Moralische Normen um ihrer selbst willen sind Moralismus und Pharisäertum.

So kamen mir beim Hinausgehen deshalb Bedenken, ob ich nicht einen großen Fehler gemacht hatte! „Ich glaube, ich gebe das Radio doch besser wieder zurück!" sagte ich zu meinem Unteroffizier. „Wollen Sie das Radio den Amerikanern überlassen, die doch mit Sicherheit in den nächsten Tagen das ganze Lager kassieren werden!? Das ist doch wirklich zu skrupelhaft!" antwortete mein San. Unteroffizier. Und ich gab nach. Wir fuhren los, um unsere Einheit wieder zu suchen, die inzwischen die Stellung wechseln mußte. Mein schlechtes Gefühl im Magen wurde ich allerdings nicht los. Denn es war das erste Mal, daß ich einen Menschen direkt bestochen und ihn veranlaßt hatte, falsche Eintragungen zu machen.

Seit ich im Stephansdom mich in Gedanken um Fürbitte an die Mutter Gottes gewandt hatte, schienen die Führungen und Bewahrungen, die ich ja den ganzen Krieg über immer wieder in der oft drastischten und unglaublichsten Weise erfahren hatte, sich noch zu häufen. Und sie betrafen nun nicht nur mich selbst, sondern die ganze Einheit stand unter einem fast unheimlichen Schutz.

Das Wartenmüssen auf die Ausrüstung in Amstetten, die plötzliche Änderung des Einsatzbefehls von der Ostfront in den Westen. Die Bewahrung vor den Fliegern auf dem Transport hinter der Front, 18 Tage lang und während des ganzen Rückmarsches durch Deutschland, immer als letzte deutsche Truppe in unserem jeweiligen Abschnitt. Nie war uns etwas abgegangen, was wir wirklich gebraucht hatten. Ich hatte deshalb keinen Grund, mir etwas durch Bestechung zu verschaffen.

Wir waren etwa 30 km gefahren, als uns der Weg hinter Bad Königswart einen steilen Waldweg hinaufführte. Bei dem Fiatwagen mußte man beim Rückwärtsschalten vom 2. in den 1. Gang Zwischengas geben. Mein Fahrer, der ziemlich nervös war, vergaß das und riß beim Zurückschalten das Getriebe kaputt. Ein Zahn brach ab und verklemmte sich. Der Wagen stand ruckartig und war nicht mehr vor oder zurück zu bewegen. Ich ging nach Bad Königswart zurück, um nachzusehen, ob uns nicht ein Mechaniker helfen könnte. Ich fand aber niemanden und machte mich unverrichteter Dinge wieder auf den Rückweg. Es war unsere erste Panne seit Amstetten. Das Radio ging mir darum wie ein mitfahrender böser Geist im Kopfe herum und ich beschloß, es so bald wie möglich jemand anderem zu geben.

Inzwischen hatten meine beiden Mitfahrer versucht, den Wagen doch wieder flott zu bekommen. Sie hatten beim Rückwärtsschieben Erfolg. Der Zahn löste sich ganz plötzlich, aber der Wagen rollte los und fuhr über die rechtsseitige Böschung hinunter und drohte, den 30 Meter tiefen Abhang hinunterzustürzen. Er blieb aber zum Glück an einem Baumstumpf hängen. Wir versuchten, ihn zu erleichtern, indem wir seinen kostbaren Inhalt auspackten und dann ein Kommando russischer Kriegsgefangener, die unten arbeiteten, baten, den Wagen hochzuheben. Die mimten angestrengtes Heben, rührten aber in Wirklichkeit den Wagen nicht an, sondern ließen lediglich von unseren Kostbarkeiten einiges mitlaufen. Es blieb uns nichts anderes übrig als zu warten, bis schließlich ein Lastwagen unserer Einheit kam, der uns mit einem Drahtseil wieder auf den Weg hinaufzog.

Als wir glücklich bei unserem Troß angekommen waren, ging ich zu meinem Kommandeur und schenkte ihm das Kofferradio. Ob so viel Freigebigkeit war dieser sehr erstaunt und verehrte mir zwei Flaschen Cognac. Aber die Sache war damit ganz offensichtlich nicht ausgestanden.

Zwei Tage darauf schlug eine „Bombe" bei uns ein: Um 11 Uhr erreichte uns ein Befehl des Oberkommandos der Wehrmacht, daß wir nachmittags 16.30 Uhr an die Ostfront abrücken sollten. Nachdem wir bisher so ein Riesenglück gehabt hatten, sollte nun ein paar Tage vor Kriegsende noch das „Aus" kommen. Denn das war natürlich Ende April jedem von uns klar, daß dieser Einsatz höchstens den Krieg verlängern, aber niemals mehr eine positive Wende bringen könnte. Es gab eine Revolution. Der Abmarschbefehl war mit Drohungen betr.: „Aufhängen" usw. verbunden. Als ich selbst um 12 Uhr davon erfuhr, setzte ich mich abseits im Wald auf einen Baumstumpf und versuchte, in der Stille zu horchen. Es kam mir dabei immer nur ein einziger Gedanke: Geh zu Deinem Kommandeur und laß Dir das Radio wiedergeben und das für die Fahrt nach Ellbogen nötige Benzin und bring das Radio dorthin zurück, wo Du es Dir

angeeignet hast!"
Ich entschloß mich, diesem „Befehl" zu gehorchen und mit dem nächsten Wagen vom Troß zu unserem Kommandeur mitzufahren. Um 14.30 Uhr war ich dann bei ihm. Er stand mit einer Reihe von Offizieren zusammen, als ich ihm mein Ansinnen vortrug, das Radio dorthin zurückzubringen, wo ich es mir durch Bestechung angeeignet hatte. „Sie wissen selbst, Herr Hauptmann", sagte ich, „welch unwahrscheinliches Glück wir bisher hatten! Ich möchte nicht schuld sein, wenn das anders wird, weil ich etwas machte, was nicht recht war!" „Der Doktor spinnt!" rief einer, „Der Doktor ist schuld, daß wir zu den Russen müssen, weil er das Radio gestohlen hat!" meinte der Kommandeur sarkastisch!" „Gib mir das Radio!" sagte ein Wiener Leutnant, Apotheker aus dem 1. Bezirk. Als ich aber darauf bestand, das Radio zurückzubringen, gab es der Kommandeur wieder heraus und sagte: „Ich verstehe Sie, ich gehe auch immer nur bis an die Grenze des Erlaubten, aber nicht darüber hinaus!" „Ich werde auch mit Ihnen an die Ostfront gehen, denn solange Hitler noch nicht tot ist, gilt mein Fahneneid noch und ich will ihn nicht brechen! Ich habe nie in mein Schicksal eingegriffen und will dies auch am Schluß nicht tun!" „Du hast doch immer über diesen Verbrecher am meisten geschimpft und jetzt willst du noch so einem blödsinnigen Befehl gehorchen! Wir hauen ab und gehen in amerikanische Gefangenschaft!" erklärten andere. Wir waren noch mitten in der Diskussion, da teilten sich plötzlich die Büsche neben uns und ein Major vom Armeestab erschien: „Gott sei Dank, daß ich Sie gefunden habe!" sagte er," „Befehl zurück! Die Amerikaner greifen auf der Straße Eger-Karlsbad an! Abteilung sofort Feuer eröffnen!" Es war inzwischen 15.15 Uhr geworden und wir hätten um 16.30 Uhr fahren sollen. Als der Major wieder verschwunden war, warf der Hauptmann sein Kartenbrett in die Luft und rief mir zu: „Doktor, nimm Dein Radio und hau ab!"
Wir fuhren los und trafen dann in dem Luftwaffendepot einen Hauptmann, der große Augen machte, als ich ihm sagte, ich wolle dieses Kofferradio zurückbringen, weil es ich mir unrechtmäßig vor ein paar Tagen angeeignet hätte! So etwas war ihm offensichtlich schon während seiner ganzen Militärzeit noch nie vorgekommen und nun am Schluß des Krieges natürlich erst recht nicht, wo alle Grenzen zwischen Mein und Dein ins Rutschen geraten waren. Er sagte darauf: „Mir fehlt keines, ich brauche das Radio nicht mehr!" „Wenn Sie es uns offiziell geben, wären wir natürlich froh, denn wir können es sehr gut gebrauchen!" „Sie können noch zwei andere dazu bekommen!" So zogen wir mit drei Kofferradios ab und fuhren die 50 km. zurück zu unserem „Haufen": Vielleicht können Sie sich das Hallo vorstellen, das entstand, als wir mit drei Radios zurückkamen und dann natürlich gleich dem Kommandeur eines verehrten.
Aber was war in Wirklichkeit geschehen?
Um 12.15 Uhr hatte ich mich entschlossen, das Radio zurückzubringen. Um 13 Uhr machten 4 amerikanische Panzer einen Erkundungsvorstoß auf der Straße Eger-Karlsbad. Zwei wurden mit Panzerfäusten in Brand geschossen, und die beiden anderen kehrten darauf wieder um. Aber beim Armeestab war offensichtlich der kommandierende General Ostermann im Glauben, jetzt beginne endlich der amerikanische Angriff und nahm den unter sämtlichen Drohungen ausgesprochenen Befehl des Führerhauptquartiers wieder zurück. Ein echter

Grund bestand nicht, wie sich ja dann herausstellte, weil die Amerikaner die ganze Tschechei den Russen überließen und gar nicht daran dachten, noch eine große Offensive zu starten. Zwei Tage darauf mußte dann eine unserer drei Batterien trotzdem unter unserem Leutnant Körner an die nahe gekommene Ostfront abrücken. Sie wurden leider von den übermächtigen Panzermassen der Sowjets völlig aufgerieben.

Alles nur blinde Zufälle? Von uns glaubte keiner mehr an den „Zufall!"

Das inspirierte Motorrad

Ich weiß nicht, ob jemand von meinen Lesern jemals ein DKW 250 ccm Motorrad besaß, das ihm sieben mal weggenommen, beschlagnahmt oder gestohlen wurde und immer wieder zu ihm zurückkam? (Bild Nr. 90)

Dieses erstaunliche Motorrad fand ich in den letzten Apriltagen, abends 22 Uhr, im Straßengraben der Straße Eger Karlsbad beim Städtchen Ellbogen. Der Motorradfahrer lag mit gebrochenem Oberschenkel daneben. Er gehörte zur 11. Panzerdivision, die sich 2 Tage später den Amerikanern ergab. Ich schiente den Bruch und gab den Verletzten einem Omnibus zur Ablieferung im Lazarett in Karlsbad mit. Das Motorrad hoben wir aus dem Graben, stellten es in der benachbarten Polizeistation ab und sagten, daß wir es in ein paar Tagen wieder abholen würden. Am 3. Mai fuhr ich mit einem Fahrer dorthin, um das Motorrad zu holen. Denn wir sagten uns, so ein schnelles Motorrad kann uns große Dienste leisten, wenn wir uns nach Hause aus der Tschechei durchschlagen wollen. Der Polizeihauptmann, den wir dann trafen, erklärte rund heraus, er brauche das Motorrad selbst und werde es nicht mehr herausgeben, außerdem sei es gerade wegen eines Rahmenbruches in einer benachbarten Werkstatt. Wir zogen erbost ab, waren aber nicht bereit, den Kampf um das Motorrad aufzugeben. Inzwischen war unsere Abteilung vor den Amerikanern bis an die deutschtschechische Sprachgrenze zwischen Karlsbad und Prag zurückgewichen und wir beschlossen, uns am 7. Mai aufzulösen und den Versuch zu machen, nach Hause zu kommen.

Punkt sieben Uhr morgens stand die Abteilung zum letzten Appell. Unser Kommandeur, Hauptmann Graser, hielt eine Ansprache und dankte den Männern für die Treue auch zu unserer Einheit, denn kein einziger war desertiert, obwohl wir manchesmal durch Gegenden oder Dörfer kamen, wo einige Leute zu Hause gewesen wären. Da für uns damals klar schien, daß der Krieg zwischen Stalin und den Amerikanern und Engländern nur eine Frage von Monaten sein werde (was dann durch den Abwurf der ersten Atombomben im August 1945 durch die Amerikaner verhindert wurde), gab er die offizielle Parole aus: „Sobald dieser Kampf losgeht, treffen wir uns in Landsberg am Lech, um dann gemeinsam mit den Amerikanern gegen die Sowjets zu kämpfen!" Dann kam der Abschied. Das Gros der Abteilung, das aus Österreichern bestand, beschloß, sich mit Hauptmann Graser zusammen Richtung Pilsen zu den Amerikanern durchzuschlagen und sie bedrängten mich, doch auch dorthin mitzufahren. Obwohl ich wußte, daß dies in meinem Fall ein Unsinn war, weil ich dann nach Ulm donauaufwärts über die gut bewachten Brücken aller Nebenflüsse fahren mußte, ließ ich mich beinahe breitschlagen. Da protestierte mein San. Unteroffizier, cand. med. Anton Morgenthaler, der aus Baden war, energisch: „Sie wissen doch so gut wie ich, Herr Oberarzt, daß das Unsinn ist. Jetzt ist es aber wirklich an der Zeit, daß Sie auch einmal an sich selbst und die eigene Familie denken! Wenn wir über Nürnberg-Nördlingen nach Ulm fahren, müssen wir praktisch keine großen Flüsse überqueren und haben eine echte Chance, heimzukommen!" Ich konnte mich diesen Argumenten nicht entziehen und verabschiedete mich von meinen Kameraden. „Warum fahren wir nicht auch dorthin, wohin der Doktor fährt?" fragte der Küchenunteroffizier des Stabes, denn einige von den Geschichten hatten sich natürlich herumgesprochen. Und für manchen bedeutete wohl die Tatsache, daß sie wußten, daß ich immer wieder versuchte, mich in der Stille führen zu lassen, auch so eine Art persönlicher Lebensversicherung.

Außer meinem San. Uffz. und meinem Fahrer Reichle, der aus Lenzkirch im Schwarzwald stammte, wollte noch der Gefreite Hans Weber aus Weigensdorf bei Lauf-Nürnberg mitfahren, außerdem noch ein Gefreiter unseres Stabes aus Altrohlau bei Karlsbad, und dann kam noch der Gefreite Ludwig Brack auf mich zu mit den Worten: „Herr Oberarzt, bitte nehmen Sie mich mit, ich bin aus Kempten und habe fünf Kinder!" „Steigen Sie ein," sagte ich zu ihm, und er verschwand in unserem Mercedes Diesel 1,5 Tonnen Kastenwagen. (Bild Nr. 91) Wir beschlossen, zuerst nach Karlsbad und Altrolau zu fahren, denn ich dachte, in einem der zahlreichen Reservelazarette dort unterkommen zu können und mitzuarbeiten, bis die Amerikaner Karlsbad eingenommen haben würden und wir dann nach Hause verschwinden könnten. So fuhren wir los, um zuerst auf der Polizeistation bei Ellbogen nach dem Motorrad zu sehen und es evtl. zu holen.

Als wir ankamen, wurde uns gesagt: „Der Polizeihauptmann wurde heute Nacht um 12 Uhr nach Prag abgerufen, weil dort ein Aufstand ausgebrochen ist. Das Motorrad steht noch in der Reperaturwerkstätte in Ellbogen. In der Werkstätte trafen wir einen Unteroffizier, der sich dann, gewonnen durch eine halbe Flasche Cognac, bewegen ließ, das Motorrad vollends zu reparieren. Er kam dann schließlich, sagte aber, er müsse schnell noch damit wegfahren, um etwas zu erledigen.

Während wir standen und warteten, krachte es am Westende des kleinen Städtchens, denn die amerikanischen Panzer fuhren ein. Meine Leute wurden immer nervöser! „Kommen Sie, wir fahren los! und lassen sie das Drecksmotorrad da!" „Ich fahre nicht ohne das Motorrad!" erklärte ich. Im letzten Augenblick kam der Unteroffizier angefahren und händigte uns das Motorrad aus, und wir fuhren zum Ostausgang des Städtchens hinaus und sahen über die Flußschleife hinweg die amerikanischen Panzer zum anderen Ende hineinfahren.

Karlsbad Altrohlau vom 7.5. - 10.5.45

In Karlsbad ging ich sofort zum Standortarzt, einem Oberstarzt, meldete mich und erklärte, daß sich unsere Abteilung heute morgen aufgelöst habe und ich gern in einem der hiesigen Reservelazarette arbeiten würde. „Wir brauchen keine weiteren Ärzte! Setzen Sie sich sofort in Marsch an die Ostfront! Dort werden Ärzte gebraucht!" war seine Antwort! Ich sagte nur: „Jawohl, Herr Oberstarzt!", und machte kehrt und verschwand.

Denn schließlich war Hitler seit dem 1. Mai tot gemeldet und unser Fahneneid bestand deshalb nicht mehr. Es war ein wirkliches Glück, daß er mich wegschickte, denn ich konnte ja nicht wissen, daß Karlsbad am 10. Mai von den Sowjets übernommen würde und ich dadurch mit Sicherheit in sowjetische Kriegsgefangenschaft geraten wäre.

So fuhren wir mit unserem sudetendeutschen Gefreiten nach dem nahegelegenen Altrolau und kampierten in seinem Bauernhof. Von dort aus bereiteten wir systematisch unsere Flucht nach Hause vor. Zunächst strichen wir unseren Mercedes Dieselwagen weiß an und malten große rote Kreuze darauf. Dann fuhr ich nach Karlsbad, wo ich eine Luftabwehrstelle der Luftwaffe gesehen hatte, weil mir der Gedanke kam, daß die Luftwaffe evtl. Landkarten haben könnte, die wir ja dringend für die Heimfahrt brauchten. Als ich eintrat, war gerade ein Luftwaffenoberleutnant damit beschäftigt, Landkarten zu verbrennen! Ich sagte: „Stop, da brauche ich erst noch einige!" Und dann konnte ich mir Karten von der ganzen Westtschechei und vom ganzen Süddeutschland bis nach Basel, Maßstab 1 : 300 000 besorgen, die natürlich lebenswichtig für uns waren. Woher aber sollten wir den Kraftstoff bekommen, um nach Hause zu fahren? Auf dem Hof in Altrolau hatte auch ein Unteroffizier einer anderen Einheit seinen Lastwagen eingestellt. Er war aus Wien, wollte aber wegen den Sowjets nicht nach Wien fahren und fragte, ob wir ihn nicht nach Ulm mitnehmen könnten. Er würde uns dann zeigen, wo es Benzin gäbe, denn der Oberbürgermeister von Karlsbad habe zwei Fässer Benzin im Walde vergraben! Wir sagten dem Unteroffizier Vogel zu, daß er mitfahren könne, und er nahm uns mit in den Wald, wo tatsächlich zwei Faß Benzin mit je 200 Litern oberflächlich eingegraben lagen. In der sicher berechtigten Überzeugung, daß der Oberbürgermeister an einem Faß genug habe, nahmen wir eines davon mit und hatten nun den Sprit. Denn es war leicht, das Benzin gegen Diesel einzutauschen. In Kommotau im Sudetenland, nicht zu weit weg von uns, war ein SS Bekleidungslager. Wir fuhren hin und holten uns dort noch zivile Hemden und Pelzmäntel. Außerdem gab es olivfarbigen Stoff für Arbeitsdienstuniformen und eine rote Krawatte, dazu ein olives französisches Soldatenhemd, olive Pullover usw. Die Schwestern unseres Altrolauer Gefreiten nähten mir nun aus dem oliven Stoff eine Hose, so daß ich zusammen mit dem franz. Hemd aussah wie ein franz. Kriegsgefangener. Aus einem anderen Lager bekamen wir Fliegerverpflegung, obwohl wir kurz vorher im Böhmerwald einen Hirsch geschossen und deshalb auch genügend Fleisch hatten.

Frau Dr. med. Christel Austerer

Unteroffizier Vogel erzählte mir, sie hätten eine Truppenärztin, die aus Paris stamme und im Lager Bergen Belsen und in Auschwitz gewesen sei. Mir kam das Ganze unglaublich vor und ich sagte, er solle sie doch herbringen. Da erschien dann tatsächlich eine 41-jährige Ärztin, mit Namen Christel Austerer, die aus Wien stammte, als Chirurgin in Paris gearbeitet hatte und von dort nach Auschwitz geschickt worden war. Sie erzählte mir am 8. Mai acht Stunden von Auschwitz und Bergen-Belsen, daß sich mir die Haare sträubten. Ich hatte zu diesem Zeitpunkt überhaupt zum ersten mal gehört, daß diese beiden Konzentrationslager existierten. Auf dem rechten Unterarm hatte sie die Nummer eintätowiert: A.....

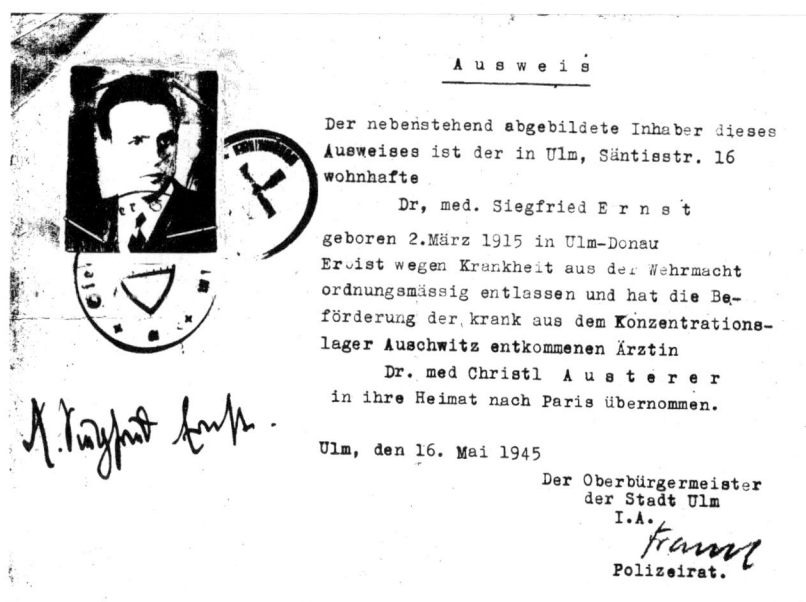

A u s w e i s

Der nebenstehend abgebildete Inhaber dieses Ausweises ist der in Ulm, Säntisstr. 16 wohnhafte

Dr. med. Siegfried E r n s t

geboren 2.März 1915 in Ulm-Donau
Er ist wegen Krankheit aus der Wehrmacht ordnungsmässig entlassen und hat die Beförderung der, krank aus dem Konzentrationslager Auschwitz entkommenen Ärztin

Dr. med Christl A u s t e r e r

in ihre Heimat nach Paris übernommen.

Ulm, den 16. Mai 1945

Der Oberbürgermeister
der Stadt Ulm
I.A.

Polizeirat.

Sie erklärte mir, das „A" heiße „Arier" und verleugnete, daß sie selbst Jüdin war. So tief saß die Angst noch in ihr. Sie wollte nach Paris, wo sie hoffte, ihre Tochter und ihren Schwiegersohn zu finden. Wir luden sie ein, wenn sie wolle, mit uns erst nach Ulm zu fahren, und sie sagte gleich zu.

Fünf Stunden Kriegsgefangener

Wir hörten von anderen Landsern, daß das Reservelazarett Karlsbad eine Entlassungsstelle habe, wo Verwundete eine Bescheinigung bekommen könnten, daß sie nicht mehr kriegsverwendungsfähig seien, und dann einen Schein zum Nachhausefahren bekämen. Aber man müßte dazu erst in ein amerikanisches Gefangenenlager in Altrolau. Ich sagte zu meinen Leuten am morgen des 9.5.:

„Ich werde versuchen, solch eine Bescheinigung zu bekommen! Ihr bleibt hier auf dem Hof mit unserem Lastwagen und ich fahre mit dem Motorrad einmal in dieses Lager." Dort wurde mir natürlich sofort das Motorrad abgenommen. Ich konnte mir bei der deutschen Entlassungsstelle tatsächlich ein (solches bei den Amerikanern ungültiges) Papier besorgen. Aber man wollte mich natürlich nicht mehr aus dem Lager herauslassen. Es wurde Nachmittag, und ich hatte mich inzwischen eineinhalb Stunden mit einem der englischen Soldaten unterhalten, der als Wachposten eingeteilt war, und erzählte ihm über meinen Aufenthalt in England 1936, wo ich als Student die Oxford Gruppe (später Moralische Aufrüstung) und ihren Gründer, Dr. Frank Buchman, getroffen hatte und anschließend dann in Deutschland für diese Bewegung arbeitete, bestraft und überwacht wurde. Schließlich erklärte ich ihm, ich habe Hunger und werde nun nach Hause fahren, um etwas zu essen, denn hier bekomme man ja doch nichts. Da meinte er, ich dürfe das Lager nicht mehr verlassen. „Der Krieg ist seit gestern zu Ende!" erwiderte ich ihm, „Ich bin freiwillig hereingekommen, Ihr habt kein Recht, mich festzuhalten!" „Go ahead!" war seine Antwort. Aber einen seiner Kameraden solle ich mitnehmen, der geschwind weg müsse. Ich holte mein Motorrad, legte grüßend die Hand an die Mütze, ließ den anderen Engländer auf den Rücksitz aufsteigen und wir fuhren in höchstem dienstlichen Auftrag los. Das Lager wurde dann 4 Tage später den Sowjets übergeben (wie mir ein Freund, Leutnant Georg Schweda, den ich im Reservelazarett Tarnowitz 1944 kennengelernt hatte und der, ohne daß wir voneinander wußten, auch in dem Lager war, einige Jahre später erzählte). Ich fuhr mit dem deutschen Entlassungspapier zu unserem gastlichen Bauernhof und der festen Entscheidung, nie mehr freiwillig hinter Stacheldraht zu gehen!

Heimfahrt

Wir packten sorgfältig unseren Kastenwagen für die Heimfahrt. Im vorderen Drittel hinterm Führerhaus wurden unsere Kostbarkeiten verstaut. Drei Violinen, ein Akkordeon, drei Radios, darunter zwei Kofferradios, Plattenspieler mit Schallplatten aus dem Heeresbetreuungslager in Weimar und dann noch ca. 30 Flaschen mit Cognac, Sekt usw. Eine Menge Packungen mit Fliegernahrung und andere Lebensmittel. Dann kamen die Hemden, Schafspelzmäntel und Zivilkleider und dann das ganze ärztliche Gerät, eine perfekte Praxisausrüstung. Der restliche Platz war vorgesehen für drei Soldaten. Natürlich mußte auch das Fass Dieselöl mit 2 Kanistern Benzin fürs Motorrad hinten rein. Wenn wir irgendwo kontrolliert würden, sollte jedenfalls der Eindruck entstehen, daß wir ein nur mit ärztlichen Geräten und Sanitätsmaterial beladenes Fahrzeug hätten. Der Gefreite Weber, der eine kleine Verletzung an der linken Hand hatte, erhielt eine mächtige Oberarmschiene mit Verband, so daß er als Schwerverletzter fungierte und später auf dem rechten Schutzblech des Wagens sitzen mußte. Meine Leute wurden immer unruhiger, da es inzwischen schon der 10. Mai geworden war und wir immer noch in Altrolau saßen. Die Frage, wie wir nach Hause fahren sollten, war völlig ungeklärt, und Karlsbad und die Tschechoslowakei verwandelte sich immer mehr in ein Chaos. Entlassene Kriegsgefangene, Bombenflüchtlinge, deutsche Soldaten usw., alles ging durcheinander und nie-

268

mand wußte, was um uns herum geschah.

Alle rieten mir, den kürzesten Weg über die tschechische Grenze nach Joachimstal zu nehmen. Es war die Straße, auf der wir hereingekommen waren und die ich deshalb kannte. Ich setzte mich wieder einmal in den Wald auf einen Baumstumpf, nahm meine Karte von der Westtschechei und dem Sudetenland aufs Knie und begann in der Stille zu fragen. „Welchen Weg soll ich fahren?" Mit dem Zeigefinger ging ich an der Grenze nach Sachsen am Erzgebirge entlang und fragte bei jeder Straße und jedem Weg über die Grenze, soll ich den nehmen? Dann um die Ecke Eger herum zum Böhmerwald und zur bayerischen Grenze hin. Da sah ich auf der Höhe von Marienbad bei Ulrichsgrün und Neumugel einen kleinen Waldweg über die Grenze und es fuhr in mich hinein: „Diesen Weg mußt Du fahren!"

Aber trotz des Drängens meiner Kameraden hatte ich zunächst noch keine „Führung", aufzubrechen. Um 16.30 Uhr nachmittags wurde mir klar: Jetzt mußt Du fahren! Wir stiegen ein und fuhren los. Unsere Ärztin saß zunächst auf dem Beifahrersitz mit Unteroffizier Morgenthaler auf dem Motorrad. Wir kamen ungehindert noch bis nach Chodau westlich Karlsbad, dann mußten wir, gestoppt von amerikanischen Soldaten, halten und im Freien übernachten. Es war dunkel, als wir östlich von Karlsbad auf der Straße nach Karlsbad hinein von den Höhen herunter lange Autokolonnen fahren sahen. Es waren, wie sich später herausstellte, sowjetische Truppen, in die wir mit Sicherheit hineingefahren wären, wenn wir den Weg nach Joachimstal genommen hätten. Am anderen Morgen konnten wir weiterfahren. Lange Schlangen von deutschen Autos unserer geschlagenen Armee wurden von den Amerikanern auf der Straße in Richtung Eger geschleußt in eine „Conzentration-Aerea", also ein großes Gefangenenlager. An jeder Wegkreuzung standen Posten, und die Jeeps der US Armee begleiteten die deutschen Fahrzeuge, so daß ein Ausbrechen kaum möglich schien, wenn man nach Süden wollte. Als der Weg kam, auf dem wir von der Hauptstraße weg nach Süden mußten, wenn wir nach Marienbad wollten, war mein Unteroffizier mit dem Motorrad vorausgefahren und schon über die Kreuzung weg. Beim Rückblicken sah ich dann aber hinter einem Haus an der Kreuzung einen amerikanischen Panzer, der uns natürlich gestoppt hätte. Ich fuhr vor und übernahm die Führung. An der nächsten Straßenkreuzung nach Süden bog ich links ab. Der amerikanische Posten war gerade mit dem Austreten beschäftigt und konnte uns nicht anhalten, so daß wir nach Süden durchbrechen konnten. Von Marienbad ging's wieder auf die Hauptstraße Marienbad-Eger, die genauso bewacht wurde und auf der die deutschen Fahrzeuge ebenfalls in Richtung „Concentration-Aerea" Eger geschleußt wurden. Kurz vor der Wegkreuzung, auf der ich wieder nach links ausbrechen mußte, um den Waldweg bei Neumugel zu erreichen, fuhr ein amerikanischer Jeep an uns vorbei, und an dieser Kreuzung stand zum ersten Mal kein Posten. Kurz vor der Grenze fragten wir einen Einheimischen, ob der Weg über die Grenze frei sei? Er meinte: „Seit heute morgen 8 Uhr steht ein tschechischer Posten dort!" Es war inzwischen 11. Mai 13.30 Uhr geworden. Auf dem schmalen Waldweg, der steil auf die Höhe des Böhmerwaldes führte, mußte unser Lastwagen teilweise mit den Rädern auf der Böschung fahren. Als wir oben ankamen, war kein Posten da. Vermutlich war er gerade beim Mittagessen. Dann ging es abwärts bis zu einer kleinen Querstraße, die parallel zur Grenze lief und von der dann sowohl ein paar Kilometer links als auch rechts von uns je eine Straße sternförmig nach Tirschenreuth hineinführte. Aber nun streikte unser Motorrad, weil die Lichtmaschine einen Defekt hatte. Während zwei von unseren Gefreiten versuchten, das Fahrzeug wieder in Gang zu bringen, saß ich am Wegrand und studierte wieder meine Karte. Ich hatte erst vorgehabt, nach Neu Albertsreuth dicht hinter der Grenze zu fahren und die Straße von dort aus zu benützen. Dann sah ich plötzlich, daß die weiter südliche Straße nach Tirschenreuth hinter dem Grenzort in unsere Querstraße einmündete und nicht im Ort selbst. Da die Amerikaner die ganze Grenze auch auf der deutschen Seite durch Posten abgeriegelt hatten, soweit die Grenzübergänge nicht vorher von deutschen Truppen durch Baumsperren oder Minen unpassierbar gemacht worden waren, weil man eine Festung „Böhmen" machen wollte, mußte ich annehmen, daß die Posten in der Ortschaft selbst standen, also dahinter die Möglichkeit bestand, an ihnen vorbeizukommen. So änderte ich in der Pause unseren Plan, und wir kamen unbehindert an den Posten vorbei Richtung Tirschenreuth. Von dort gings weiter auf der Landstraße nach Weiden. An einem Gasthof in Weiden machten wir halt, und ich beendete meine Tätigkeit als Offizier der Deutschen Wehrmacht. Ich zog meine französische Bekleidung mit roter Krawatte an und verstaute meine Offiziersuniform im Kastenwagen. Die schöne 7,65 Walter Pistole hatte ich mit großem Bedauern vorher ins Buschwerk weggeworfen, weil ich nicht wollte, daß man uns möglicherweise „bewaffnet" erwischt hätte. Als wir weiterfuhren, hatte ich zunächst mir einen Plan ausgedacht, mich auf vielen kleinen Nebenstraßen durchzuschlagen und sie alle auf meinen Karten eingezeichnet. Doch kaum waren wir auf solch einer kleinen Straße, als schon ein amerikanischer Polizeijeep vor uns fuhr und die GI's sich weit herausbeugten, um zu sehen, was das für ein merkwürdiges Fahrzeug sei, das ca. 80 m hinter ihnen war. Es wurde mir klar, daß wir auf diesen kleinen Straßen viel mehr auffallen würden, als etwa inmitten einer amerikanischen Lastwagenkolonne auf der Hauptstraße, und wir kaum Chancen haben würden, so durchzukommen. So paßten wir eine solche Kolonne ab, die von Weiden nach Sulzbach-Rosenberg und von dort Richtung Nürnberg fuhr und ordneten uns ein, als ob wir dazu gehörten. Ich hatte ganz richtig kalkuliert, daß die amerikanischen Lastwagenfahrer genau so stur in ihren Fahrerkabinen sitzen bleiben würden wie unsere, und daß keiner aussteigen und uns fragen würde, wer uns erlaubt habe, mitzufahren. Zumal ich selbst ja als eine Art heimkehrender Kriegsgefangener neben meinem ebenfalls oliv gekleideten Fahrer saß und jedem Posten laut mit „Hallo!" begrüßte. Wir kamen bis nach Lauf, östlich von Nürnberg, und verkrochen uns in eine Scheune bis zum Morgen des 12. Mai. Dann gings weiter nach Weigensdorf, wo unser Kamerad Weber seinen Bauernhof hatte. Natürlich war es eine Riesenüberraschung und Freude, als die Eltern ihren Sohn wieder in die Arme schließen konnten. Es gab ein für damalige Zeit feudales Mittagessen für uns alle, ehe wir wieder nach Nürnberg zurückfuhren und uns erneut in eine amerikanische Lastwagenkolonne einschleußten, mit der wir unbehindert durch Nürnberg durchfahren konnten, um dann in Richtung Süden nach Schwabach weiterzufahren. Die unerwartet problemlose Fahrt bis hierher hatte meinen San. Uffz. Morgenthaler leichtsinnig werden lassen. Er fuhr kühn voraus und wurde dann auch prompt von einer amerikanischen Streife in Schwabach festgesetzt und eingesperrt. Das Motorrad war zum dritten Mal beschlagnahmt. Als wir in Schwabach mit dem Wagen ankamen, suchten wir den verloren gegangen Motorradfahrer. Nun wurde uns unsere Ärztin zur entscheidenden Hilfe. Da sie sehr gut englisch sprach und durch die eintätowierte KZ Nummer an ihrem linken Unterarm glaubwürdig nachweisen konnte, daß sie im KZ war, ging sie auf die örtliche Kommandantur und erzählte dem dortigen Offizier, wir hätten sie aus den Klauen der SS gerettet und sie müssten unbedingt den Unteroffizier mit seinem Motorrad wieder freilassen. Der Offizier machte einen roten Kringel auf unser an sich ungültiges Entlassungspapier, und seine Untergebenen gaben unseren Freund Morgenthaler mitsamt dem Motorrad wieder frei.

An diesem Samstag kamen wir nach den verschiedenen Abenteuern noch bis nach Gunzenhausen. Es war zum Glück eine warme Nacht, so daß wir im Freien nächtigen konnten. Als wir am Sonntag morgen wieder weiter fahren wollten, sahen wir eine große Wasserlache unter dem Kühler unseres Mercedes Lastwagens. Der Kühler hatte ein Loch, und wir hatten großes Glück gehabt, daß er nicht während der Fahrt ausgelaufen war und wir dann einen Motorschaden bekommen hätten. Wer kann uns am Sonntag morgen den Kühler reparieren? - Als wir uns umschauten, fanden wir dicht dabei eine Reparaturwerkstatt, und der Inhaber war so nett und flickte uns den Kühler. In der Zwischenzeit ging ich in die Kirche, die in der Nähe war. Eine Diakonissin hielt dort Kindergottesdienst. Ich setzte mich in eine hintere Bank und hörte zu, wie sie sich abmühte den Kindern zu erklären, was der Heilige Geist sei. „Eine Taube" sagte eines von den Kindern, und so kamen die verschiedensten Antworten. Da ging ich vor und fragte die Schwester, ob ich etwas dazu sagen dürfe: „Kinder wißt Ihr, was der unheilige Geist, der böse Geist ist?" - Das war allen sofort klar, der Geist der einen verleitet, etwas Böses zu tun! „Ja, sagte ich und der Heilige Geist ist das Gegenteil. Er kann Euch immer den richtigen Weg führen, wenn Ihr Euch von den bösen Dingen in Eurem Herzen und Euren Gedanken reinigen laßt und dann auf den Heiligen Geist hört. Und ich erzählte Ihnen dann einiges aus unseren Erfahrungen in den letzten Wochen. Nach einem Mittagspicknick ging es weiter in Richtung Nördlingen. Wir mußten wegen kaputter Brücken einige Umwege fahren und kamen erst abends nach 17 Uhr nach Nördlingen. Als wir gerade in Richtung Giengen weiterfahren wollten, platzte uns an der Westausfahrt von Nördlingen der Schlauch des Hinterrades an unserem Motorrad. Der Riß war ca. 15 cm lang. Flicken war unmöglich, und einen neuen Schlauch gab es natürlich nirgends. Wir wollten das Motorrad nicht einfach aufgeben und so ging ich in ein benachbartes Haus, das im Hof einen Holzschuppen hatte, und fragte die Leute dort, ob wir das Motorrad für vier Wochen einstellen dürften. Dann würden wir es wieder abholen. Wir schraubten vorsichtshalber den Vergaser ab und nahmen ihn mit. Doch als wir wieder auf die Straße kamen, standen zwei amerikanische Militärpolizisten vor unserem Wagen und verlangten unsere „Papiere". „Nix gutt Papier!" lautete ihre Meinung zu unserem deutschen Entlassungsschein mit dem roten Kringel aus Schwabach. „Auspacken!" hieß der Befehl und wir mußten die Türen hinten aufmachen und fingen an, das Sanitätsmaterial auf die Straße zu stellen. Da half uns unsere jüdische Ärztin wieder. Sie zeigte ihre KZ Nummer auf dem Arm und verlangte, daß man sie zum Kommandanten in Nördlingen bringen solle. Nach einigem hin und her setzten die Polizisten sie in ihren Jeep, erklärten uns, daß wir hier warten sollen, und fuhren ab Richtung Kommandantur. Nach einer halben Stunde kamen sie mit unserer Frau Dr. Austerer wieder zurück. Auf dem Entlassungspapier stand der Vermerk: „O.K. to pass Leutnant..." Was war geschehen? Auf der Kommandantur war abends um 17.15 kein Offizier mehr, sondern nur ein Feldwebel. Als sie mit ihm sprach, dachte sie plötzlich: „Der hat einen merkwürdigen weichen Akzent", und fragte ihn: „Sagens mal, san sia aus Wean?" Es stellte sich heraus, daß er ebenfalls ein Wiener Jude war, der in die USA emigriert und nun als Feldwebel bei der amerikanischen Armee mit zurückgekommen war. Natürlich waren die beiden sich auf „Weanerisch" schnell einig, während die 2 Soldaten dabei standen und kein Wort verstanden. Der Feldwebel nahm sie darauf mit und suchte den verantwortlichen Offizier in seinem Quartier auf, der dann anstandslos unterschrieb und uns gute Fahrt wünschte. Wir packten alles wieder ein und fuhren grüßend weiter die letzten 75 km nach Ulm. Denn mit diesem „OK to pass" des Offiziers konnte uns trotz der Sperrstunde, die wir nicht beachteten, nichts mehr passieren.

13. Mai 1945 - Heimkehr aus dem Krieg

Es war der Sonntag, der 13. Mai, abends 22.30 Uhr, als ich in der Hermann Göringstr. 4 in Ulm im ersten Stock des elterlichen Hauses klingelte. (Bild Nr. 92) Zu meiner großen Überraschung kamen zwei französische Soldaten heraus. Die waren natürlich ebenso erstaunt, uns zu sehen, und normalerweise wären wir ja noch unter der eigenen Haustüre festgenommen und ins Gefangenenlager abtransportiert worden. Da sprang meine jüngere Schwester Gretel die Treppe herunter und fiel mir mit einem Schrei um den Hals, und die beiden zogen sich diskret in ihr Zimmer im Parterre des Hauses zurück.

Die Story, weshalb die beiden im Haus waren, geht auf die Bitte einiger französischer Kriegsgefangener zurück, doch für unsere Familie eine spezielle Wache in das Haus zu legen. Denn mein Vater hatte in das franz. Kriegsgefangenenlager in Ulm während des Krieges immer schwarz Kartoffeln geschickt, weil er selbst in seinen Lehrjahren als Kaufmann 8 Jahre in Paris und Grenoble zugebracht hatte. Und die drei franz. Kriegsgefangenen, die im Geschäft meines Vaters arbeiteten, hatten nach der Ausbombung bei uns im Haus gelebt. Sie waren behandelt worden, wie Familienangehörige. Bevor sie nach der Befreiung wieder nach Paris abfuhren, waren sie noch auf die französische Kommandantur gegangen - zumal in der Nachbarschaft Frauen von Marokkanern vergewaltigt und Leute von ihnen erschossen worden waren - und hatten um diesen speziellen Schutz für unser Haus gebeten.

Am nächsten Tag ging's hinaus nach Oberdischingen zu Frau und Kind Dorothee, und wir holten sie zurück nach Ulm.

Der 13. Mai - Der Tag der Marienerscheinung von Fatima

Ich hatte damals keine Ahnung, daß der 13. Mai der Tag der Marienerscheinung von Fatima war. War das alles „Zufall"? - Wir hatten alles, was wir besaßen nach Hause gebracht. Den eineinhalb Tonnen Mercedes Diesel Kastenwagen konnten sie natürlich im Saatkartoffelgeschäft meines Vaters ganz dringend brauchen. Mein Chauffeur blieb gleich im Geschäft. Und der Vater von den fünf Kindern aus Kempten kehrte an den nächsten Tagen ebenfalls heil zu seiner Familie zurück. Unsere Ärztin blieb noch 10 Tage in Ulm und fuhr dann mit unserem San. Unteroffizier in Richtung Baden-Baden weiter, nachdem sie erst noch am 17. Mai mit mir an die Schweizer Grenze nach Konstanz gefahren war, wo ich meinen besten Freund, Dr. Erich Peyer aus Zürich durch den Stacheldraht hindurch nach einer neuen abenteuerlichen Fahrt - ohne Entlassungsschein von der deutschen Wehrmacht! - sprechen konnte. Unsere Ärztin heiratete wieder und lebte zum Schluß in einem englischen Altersheim. Und unser Unteroffizier Vogel versuchte sich nach einigen Tagen ebenfalls nach Österreich durchzuschlagen. Von ihm habe ich nichts mehr gehört. Dagegen passierte mir 30 Jahre später (als ich in Markt-Oberdorf einen Vortrag hielt, den der Drogist Mertens und die katholische Pfarrei zum Thema Pornographie und Abtreibung veranstalteten) ein für alle Beteiligten bewegendes Erlebnis. Unter den ca. 350 - 400 Zuhörern waren auch 30 Jungsozialisten, die speziell von Kempten gekommen waren, um die Versammlung zu stören. Sie setzten sich um mich herum und schnitten mich damit sozusagen vom Publikum ab, was eine der üblichen Taktiken war, die in der Diskussion gegen Andersgläubige von ihnen ständig angewandt wurden. Wie sollte ich diesen jungen Leuten klar machen, warum sexuelle Reinheit nicht eine moralistische Erfindung der Kirche und eine blödsinnige „Repression" sei, sondern ein Lebensgrundgesetz? Ja, daß ohne „Reinheit" vom Kristall bis hin zur Biologie, zum menschlichen Körper und bis ins geistige Leben hinein kein Leben höherer Art sich entwickeln und bestehen kann. Wie sollte ich ihnen begreiflich machen, daß diese Frage etwas mit dem Sinn unseres Lebens zu tun hat, ja daß davon für den Einzelnen, die Familie und Ehe bis ins Volksganze hinein Leben und Zukunft abhängt!

Da benützte ich das Bild wieder von den Ton- und Bildröhren, über die jeder von uns verfügt, wenn er nur völlig will und bereit ist, sie „reinigen" und wiederherstellen zu lassen. Denn ohne ständige Reinigung und Bereinigung gibt es keinen reinen Empfang und keine echte Inspiration. Und in kritischen Lagen unseres Lebens (wie es das Chaos eines Krieges eine ist) sind wir ohne höhere Führung so verloren, wie die Leute auf dem Mond, wenn ihr Empfänger für die Bodenstation auf der Erde nicht mehr funktioniert.

Da kam mir der Gedanke, ihnen als konkretes Beispiel die Geschichte unserer Heimfahrt aus der Tschechoslowakei 1945 zu erzählen.

Die Jugendlichen saßen da mit ungläubigen Gesichtern, denn so etwas kann ja jeder behaupten, aber glauben braucht man es deshalb noch lange nicht. Als ich geendet hatte, kam ein Mann nach vorne, den ich nicht mehr kannte, und sagte: „Hier muß ich auch etwas dazu sagen: Was der Doktor eben erzählt hat, stimmt Wort für Wort. Ich war einer von den 5 Soldaten, die er mitnahm. Ich fragte ihn damals, ob er bereit wäre, mich mitzunehmen zu meinen fünf Kindern, und er sagte: „Steigen Sie ein!" Und deshalb fiel ich nicht den Russen in die Hände und bin heute noch hier. Und alle Einzelheiten, die er erzählte, sind wahr, das kann ich bezeugen!" Es war der Gefreite Ludwig Brack, den ich damals mitgenommen hatte, und jetzt war er Steuerberater in Marktoberdorf.

Ich weiß nicht, wer mehr erstaunt war, die Versammlung und die Jungsozialisten oder ich selbst! „Zufall"?

Er ist leider gestorben, während ich mit meinem inzwischen Arztkollege gewordenen ehem. Unteroffizier Dr. Anton Morgenthaler und meinem verehrten damaligen Kommandeur, Mag. Dr. jur. Roland Graser in Wien, noch Verbindung habe. Mit Hans Weber in Weigensdorf und mit einigen der Offiziere hatte ich weiter Kontakt.

Im April 1946 war dann der Besitz des Motorrads eine entscheidende Voraussetzung dafür, daß ich in der Osterwoche 1946 in einer abenteuerlichen Fahrt nach Friedrichshafen-Erzingen bei Schaffhausen (dann nach Baden Baden auf das Schweizer Konsulat und zur Franz. Sureté und zurück nach Ulm) die damals praktisch unmögliche Ausreise zur ersten internationalen Tagung der Moralischen Aufrüstung nach dem Kriege in Interlaken erreichte (wirklich in der letzten Sekunde), was dann einige Auswirkungen auf diese ganze Arbeit bei uns in Deutschland hatte. Wir konnten so an jener historischen stillen Zeit teilnehmen, in der unsere Schweizer Freunde sich entschlossen, das Palace-Hotel in Caux zu kaufen und zum Konferenzzentrum für den geistigen und moralischen

Wiederaufbau Europas zu machen.

Zwei Monate darauf nahmen die Franzosen bei Stühlingen mir das Krad weg, als ich wieder meine Freunde in Erzingen besucht hatte, um für eine große Delegation von Deutschen die Ausreise zur 1. Weltkonferenz in Caux im Sommer 1946 durchzukämpfen. Aber weil mir vorher mein Schweizer Freund, Dr. Erich Peyer, eine Bescheinigung des franz. Feldbischofs Sturm in Baden Baden zugesteckt hatte, daß ich „bien connu", also gut bekannt, beim Feldbischof sei, gaben sie es mir schließlich wieder zurück.

Dann wurde es uns gestohlen und wir glaubten schon, es für immer verloren zu haben, als es die Polizei nach 6 Monaten in alle Einzelteile zerlegt in Waschkörben wieder brachte, die sie auf der Bühne eines Mannes im Lehrertal in Ulm gefunden hatten.

Inzwischen brauchten wir es aber nicht mehr, und ich verkaufte das Motorrad nach der Währungsreform um vierhundert DM und schenkte das Geld der Moralischen Aufrüstung für Ihre Arbeit. **Soll das alles nur Zufall gewesen sein?**

Das Motiv, das mich bei der Heimfahrt beherrschte, war damals nicht nur, daß ich natürlich persönlich nach Hause wollte. Ich war vielmehr besessen von dem Gedanken: Du mußt auf dem schnellsten Wege mit Dr. Frank Buchman und der internationalen Mannschaft der Moralischen Aufrüstung zusammenkommen, denn das Schicksal Deutschlands und Europas hängt davon ab, ob eine geistig-moralische Erneuerung dieses totalen deutschen Trümmerhaufens als Voraussetzung jedes materiellen Wiederaufbaus möglich ist und ob es gelingt, den Wettlauf mit der Zeit gegen die bolschewistische Überflutung noch zu gewinnen.

Daß dieses Wunder der Heimkehr möglich wurde, hatte deshalb sicher nichts damit zu tun, daß ich evtl „moralischer" und besser gewesen wäre als viele, die nicht mehr heim kamen. Aber vielleicht hatte es ein wenig damit zu tun, daß ich mit allen Fasern meines Herzens an den lebenswichtigen Auftrag glaubte, daß der Kampf um eine Rechristianisierung Europas jede weitere Zukunft entscheiden würde - auch heute! - und daß die Voraussetzung dafür eine neue Erfahrung der realen Existenz Gottes und der Vergebung und Führung durch Christus ist, die wir konkret den Menschen unserer Zeit in Deutschland und Europa zu verkündigen und zu vermitteln haben. Im Zeitalter der Berechnungen mit Computern kann ja jeder, der Lust hat, einmal ausrechnen, wieviele „Zufälle" in dieser Geschichte stecken. Denn wenn nur ein einziges Glied in dieser Zufallskette ausgefallen wäre, so wären wir eben nicht nach Hause gekommen und alles wäre anders gelaufen. Es war meine feste Überzeugung, daß niemand mehr das Recht habe, mich aufzuhalten oder in ein Lager zu sperren, weil ich als einer der ganz wenigen Menschen in Deutschland damals noch den Kontakt zu Dr. Frank Buchman und seiner internationalen Mannschaft auch während des Krieges hatte, und daß es für uns jetzt das Wichtigste sei, diese Kontakte so schnell wie möglich zu erweitern, um die Voraussetzungen zu schaffen, daß wir Deutsche uns wieder in die Gemeinschaft der freien Völker eingliedern konnten. Mancher wird ebenso wie ich selbst fragen: „Warum sind wir so bewahrt geblieben? Warum passierte uns mit unserer Abteilung praktisch dasselbe wie dem Apostel Paulus im Sturm auf dem Mittelmeer mit der Verheißung, daß keiner von denen, die mit ihm auf dem Schiff seien, umkommen werde. Es hatte sicher damit zu tun, weil Paulus den Auftrag hatte, die Botschaft von Jesus Christus auch dem römischen Kaiser zu bringen.

Das alles geschah doch sicher nicht, weil wir besser oder würdiger als andere gewesen wären. Aber vielleicht hatte es doch etwas damit zu tun, daß ich immer wieder bereit war, mich innerlich reinigen zu lassen, auf Gott zu hören und zu gehorchen. Und es hatte vielleicht etwas damit zu tun, daß ich die Erfahrung machen durfte, daß die Mutter Jesu Christi tatsächlich nicht nur die Funktion eines Leitbildes der Reinheit und Fraulichkeit für uns alle hat, sondern heute noch in unsere Welt über ihre Fürbitten hineinwirken kann.

In Ravensburg ist eine wunderschöne gotische Schutzmantelmadonna. Ich glaube, daß meine Rückkehr nicht zufällig am 13. Mai erfolgte und daß mir dadurch ein Zeichen gegeben wurde, mich für eine echte Neubewertung der Aufgabe der Mutter Jesu für die Kirche und unser eigenes Leben einzusetzen. Darum möchte ich diese Geschichte schließen mit einem Gedicht, das ich zu einem Glasfenster im Ulmer Münster machte. Zur Begegnung von Maria und Elisabeth, den beiden schwangeren Frauen, und mit dem tiefen Dank an Jesus Christus, unseren Herrn, und auch für die Begleitung durch seine Mutter, die so ganz offensichtlich auch heute noch mithilft, ihre Kinder unter ihrem Mantel zu bergen, mitten in Chaos und Katastrophen der Zeiten.

Ave Maria!

Wunder der Schöpfung, das leise erwacht,
Geheimnis, den Weisen verborgen.
Unter den Herzen der Mütter so sacht
erwächst Gottes Wille von Morgen.
Wächst seine weltenverwandelnde Kraft,
Sehnsucht und Heil von Millionen.
Herrschaft, die neu diese Erde erschafft
über Völker Tyrannen und Kronen.
Wächst wie der Sproß, der Felsen verdrängt.
aufwärts zum Licht zu gelangen,
der unsre Mauern und Fesseln zersprengt,
aus der Vollmacht des Geistes empfangen.
Keimenden Lebens sanfte Gewalt,
geborgen in reinen Gefäßen,
Ebenbild Gottes wird Menschengestalt,
Wesen aus ewigem Wesen!
Mutter der Mütter, halt mit uns die Wacht,
wahrend das werdende Leben,
wandelnd die Nächte zur Heiligen Nacht,
die des Schöpfers Engel durchschweben.

Ave Maria!

Anmerkung: Ich habe seither viele Menschen aus dem Sudetenland oder Heimkehrer aus der Tschechei gefragt. Sie bestätigten mir ausnahmslos, daß der Weg, den wir gefahren waren, der einzige nicht blockierte und nicht bewachte Weg am 11.5.1945 über die Grenze war, den man noch fahren konnte. Und zeitlich gesehen war es der erste Augenblick, als wir wegfuhren, daß man dies konnte und auch sicher der letzte Moment, wo man es noch tun konnte.

Vom Heißen in den Kalten Krieg - die MRA in Europa

Der Wettlauf mit der Zeit um Deutschland, als der Heiße Krieg zum Kalten Krieg wurde

Der Krieg war weder am 8.Mai 1945 zu Ende noch mit dem Abwurf der ersten Atombomben auf Hiroschima und Nagasaki im August 1945. Er ging als „Kalter Krieg" weiter und drohte ständig in den heißen Krieg zwischen den Sowjets und dem Westen umzuschlagen.

Mir und manchen meiner Freunde war klar, daß Stalin in der Beherrschung Deutschlands und Europas nicht auf halbem Weg stehen bleiben würde, sondern daß nun der ideologische Krieg erst richtig beginnen und daß dies ein Rennen mit der Zeit werden würde. Bereits am 17. Mai machte ich mich deshalb ohne Entlassungspapiere von der Wehrmacht auf den Weg nach Konstanz mit unserem 1,5 Tonner Mercedes Diesel, mit dem wir am 13. Mai 1945 aus der Tschechei in einer abenteuerlichen Fahrt nach Ulm gekommen waren. Ich war entschlossen, notfalls schwarz über die Grenze in die Schweiz zu gehen und auf jeden Fall meinen Freund Dr. Erich Peyer durch den Stacheldraht hindurch sprechen zu können. Frau Dr. Austerer, die jüdische Ärztin, die in Auschwitz gewesen war, begleitete uns. Ein freundlicher Schweizer telephonierte meinem Freund nach Zürich, und er kam sofort an die Grenze, so daß wir uns nach all den Jahren durch den Stacheldraht wiedersehen und sprechen konnten. Wir fuhren dann wieder zurück nach Ulm. Da ich meine ganze Sanitätseinrichtung als Sanitätsoffizier in unserem Lastwagen mit nach Ulm gebracht hatte, konnte ich sofort eine Praxis eröffnen, und am 28. Mai bat mich der Chef der Wielandwerke, Herr Eychmüller, die werksärztliche Betreuung der Wielandbelegschaft zu übernehmen. Bald kamen drei weitere Freunde, die sich ebenfalls ohne Gefangenschaft und Entlassungspapiere nach Hause durchgeschlagen hatten. Die amerikanischen Besatzer warfen uns aus unserem Haus und richteten dort eine Entlassungsstelle für deutsche Kriegsgefangene ein. Als sie nach sechs Wochen wieder gingen, ließen sie eine Kiste mit Formularen in unserem Schlafzimmer zurück. Darunter waren drei gestempelte Blanko Entlassungsscheine. Da wir den Text und die Unterschrift dieser Entlassungsstelle kannten, wäre es ein Leichtes gewesen, die Scheine für uns auszufüllen. Aber die Unterschrift hätten wir doch fälschen müssen, und das verstieß gegen unseren Maßstab der „absoluten Ehrlichkeit". Es wurde zur größten Versuchung für uns, als mein Freund Dr. Winter von der amerikanischen Militärpolizei mit dem Motorrad aufgegriffen wurde und kein Entlassungspapier hatte. Wir entschieden uns damals in einer gemeinsamen Stille, daß wir die Scheine nicht fälschen sollten, sondern Gott vertrauen, daß er uns einen anderen Ausweg zeigen würde, nachdem unser Freund mit seinem ungültigen deutschen Papier im Gefängnis landete. Und dieser Weg öffnete sich auf unglaubliche Weise, so daß unser Freund Erich mit Hilfe eines deutschen Amtsgerichtsrates nachts um 1 Uhr wieder frei wurde. Mitte Juli fuhren wir mit dem einigermaßen wiederhergestellten Opel Kadett meines noch in Gefangenschaft befindlichen Schwiegervaters nach Nördlingen, wo unser nach einer Reifenpanne auf der Heimfahrt zurückgelassenes Motorrad DKW 250 ccm immer noch in dem Hühnerstall stand, in dem wir es nach Ausbau des Vergasers 8 Wochen vorher abgestellt hatten. Wir hatten einen neuen Schlauch dabei und schleppten dann das Motorrad nach Ulm, wo es uns nach der offiziellen Zulassung für die kommenden Aufgaben entscheidende Dienste leistete.

Nach der Neuordnung der Situation in Ulm machten wir zu zweit die ärztliche Allgemeinpraxis, so daß ich immer wieder wegfahren konnte, um all die alten Freunde der Moralischen Aufrüstung aufzusuchen und die erste Tagung in Bad Boll vorzubereiten. Unserem Freund Dr.med. Paul Tournier gelang es dann, mit seiner Frau nach Deutschland zu kommen und mit uns diese erste Tagung abzuhalten. Da man sich über die Zonengrenzen hinweg nicht frei bewegen konnte, ließ ich mir vom Tübinger Studentenpfarrer Hans Stroh einen Wohnsitz auch in der französischen Zone geben mit entsprechendem Personalausweis für die französische Zone. Den amerikanischen Personalausweis aus Ulm hatte ich dann jeweils in der anderen Rocktasche, und wenn ich mit dem Motorrad schwarz über die Zonengrenze fuhr, mußte ich nur den jeweils richtigen Ausweis vorzeigen.

Durchbruch zur Moralischen Aufrüstung nach Interlaken

In der Woche vor Palmsonntag 1946 erhielt ich plötzlich aus der französischen Zone einen Brief mit Absender Paul Suter, Erzingen, Baden, in dem die Kopie einer Einladung zur ersten europäischen Konferenz der Moralischen Aufrüstung an Ostern in Interlaken war, (Die Orginaleinladung landete im Papierkorb der Besatzungsmächte und erreichte mich nie). Ich wußte nicht, daß Paul Suter der Direktor einer Textilfabrik in Erzingen bei Waldshut war, der selbst als Schweizer auf der schweizer Seite wohnte, deshalb jeder Zeit über die Schweizer Grenze konnte und den Brief unzensiert über die Grenze nehmen konnte. Ich ging mit der Einladung auf die amerikanische Militärregierung, die die Zustimmung zur Ausreise hätte geben müssen. Der Amerikanische Capitain schaute mich nur an und drehte sich mit einem heftigen „No!" auf dem Absatz herum und warf mich raus. Da ich gelernt hatte, die Stimme Gottes auch von der einer amerikanischen Militärregierung zu unterscheiden, war ich entschlossen, notfalls auch schwarz über die Grenze zu gehen.

In einer gemeinsamen Stille mit meinem Freund Pfarrer Stroh in Bad Boll kam uns aber der Gedanke, daß ich einfach auf gut Glück mit dem Motorrad nach Waldshut-Erzingen fahren sollte, vielleicht könnte mir dieser Paul Suter weiterhelfen. So fuhr ich am Dienstag in der Karwoche mit 20 Liter Benzin auf dem Rücksitz über Friedrichshafen nach Erzingen, wo ich am Abend eintraf. Ich fand Paul Suter, der mich sofort zum Grenzposten mitnahm, welcher mich nach Interlaken telephonieren ließ. Und mein Freund Dr. Peyer sagte: Fahr sofort weiter nach Baden Baden und melde Dich beim französischen Feldbischof Sturm in der Aumonerie General und auf dem Schweizer Konsulat, der hilft Dir weiter! Ich übernachtete in der Textilfabrik auf einem Tisch und fuhr am anderen Morgen los nach Baden Baden. Paul Suter hatte mir die Motorradtaschen gefüllt mit Zigaretten, Schokolade usw. Als ich mich nach manchen Umwegen abends um 17 Uhr in Baden Baden beim Feldbischof meldete, meinte sein Adjutant, es sei vermutlich schon zu spät, weil die französische Surete um 17 Uhr schloß und am Gründonnerstag alle Ämter (Landratsamt, Schweizer Konsulat, Surete usw.) um 12 Uhr in Osterurlaub gehen würden. Trotzdem gab er mir noch ein Schreiben mit, daß ich „bien connu" beim Feldbischof sei und man mir zu den Ausreisepapieren verhelfen solle. Ich raste sofort weiter zur französischen Sicherheitspolizei und gab meine Ausreiseanträge für meine Frau, meine Freunde Eberhard Stammler und Dr. Erich Winter und mich selbst dort im letzten Augenblick noch ab. Am anderen Morgen machte mir der Landrat kurz nach 8 Uhr einen Reisepaß aus dem Dritten Reich gültig, obwohl er dies eigentlich hätte gar nicht tun dürfen. Weiter auf's französische Sicherheitsamt, wo ich eine „vorläufige" Ausreisegenehmigung zur Erteilung des Schweizer Visums erhielt. Dann auf's Schweizer Konsulat, um das nur ebenfalls „vorläufige" Visum zu bekommen. Die Genehmigung für das Visum war gerade erst telegraphisch aus Bern gekommen und die Schweizer stellten uns ein ebenfalls „vorläufiges" Visum für die französische Surete aus. Der Sekretärin des Konsuls gab ich noch Schokolade und Zigaretten und raste weiter zu den Franzosen und gab die Papiere dort ab. Unterwegs rutschte ich mit dem Motorrad auf der glatten Straße und stürzte. Aber ich selbst und das Motorrad blieben bei dem Sturz heil. Dann mußte ich fast zwei Stunden bei den Franzosen auf das endgültige Ausreisepapier warten und wurde schließlich um Viertel vor 12 hereingerufen. Aber die Franzosen hatten nur drei Ausweise ausgestellt. Der meiner Frau war nicht dabei! Trotz der späten Zeit bat ich die Sekretärin, mir doch auch noch einen Ausweis für meine Frau auszustellen, und sie tat dies dann auch ohne weiteres. Als ich für das endgültige Visum auf dem Schweizer Konsulat eintraf, war es 12.20 Uhr und die Sekretärin dachte schon, daß es zu spät sei, weil der Konsul normalerweise am 12 Uhr wegging. Sie schrieb aber die vier Visas noch aus und rannte sofort zum Konsul, der bereits in Hut und Mantel unter der Türe stand und gehen wollte und noch rasch in letzter Sekunde seine Unterschrift gab. Ich fuhr sofort weiter nach Ulm und kam am Spätnachmittag zu Hause an. Am anderen morgen wollte ich meinen Freund Eberhard Stammler in Blaubeuren abholen. Inzwischen hatten aber die Nummernschilder gewechselt und die Polizei wollte mir den Wagen wegen der alten Nummernschilder wegnehmen. Aber schließlich war es soweit und wir fuhren mit unserem Mercedes Diesel Lastwagen in Richtung Konstanz. An der Grenze fragten sie uns, ob wir Juden seien, weil andere Deutsche nicht über die Grenze durften. Ein junger Schweizer Sanitätsoffizier wollte uns noch entlausen lassen. Dr. Winter und ich selbst überzeugten ihn dann aber, daß wir von Läusen nach dem Russlandkrieg mehr verstanden als ein biederer Schweizer. Wir meldeten uns in Kreuzlingen am Fahrkartenschalter und bekamen gleich 150.- sFr., die unsere Freunde dort für uns deponiert hatten, mit Lebensmittelmarken ausgehändigt. Das Abendessen im Bahnhofsrestaurant am weiß gedeckten Tisch, ehe wir uns in den Zug nach Interlaken setzten, werde ich nicht vergessen. Wir waren nach all dem Kriegs- und Bombenelend in einer anderen Welt angekommen. Nachts um 1 Uhr am beginnenden Karsamstag empfingen uns die Freunde auf dem Bahnsteig in Interlaken. Der unmöglich scheinende Durchbruch durch die Mauern von Haß und Vernichtungswillen war trotz dem amerikanischen „No!" gelungen. Wieder eine unglaubliche Kette von Führungen bis zur letzten Sekunde!. Auf dem Kongreß wurden wir mit Jubel auch von den französischen

Freunden begrüßt. Meine Frau und ich konnten nach der Konferenz noch ein paar Tage bleiben und so an jener gemeinsamen Stillen Zeit teilnehmen, nach der die drei Schweizer Ehepaare Mottu, Hahnloser und Peyer ihre in Mackinac (USA) gefaßte Entscheidung verwirklichten, ein Zentrum für den geistigen und moralischen Wiederaufbau von Europa in der Schweiz zu schaffen und dazu das durch Flüchtlinge abgewirtschaftete Palasthotel in Caux kauften.

Wir fuhren zurück nach Ulm und versuchten, eine deutsche Mannschaft für die Sommerkonferenz 1946 in Caux zusammenzustellen und um ihre Ausreise zu kämpfen, die dieses Mal wesentlich schwieriger war und ein volles Vierteljahr in Anspruch nahm, und dann doch für 14 Freunde aus der französischen Zone möglich wurde. Ich selbst durfte nicht mitfahren, was eine schwere Enttäuschung für mich war. Das und die Anstrengungen des ständigen Motorradfahrens waren die Ursache, daß ich ein Infiltrat auf der Lunge mit Schwellung der Hilusdrüsen bekam und mir der Ulmer Radiologe die Wahl ließ zwischen einem Lymphosarkom, einer erheblichen Tbc-Infektion und einem Boeckschen Sarkoid.

Bei der Eröffnung der Weltkonferenz fragte Dr. Frank Buchman, der Begründer der Moralischen Aufrüstung: „Wo sind die Deutschen?" Und als beim Einzug in den Saal noch kein Deutscher da war, trug er selbst die deutsche Fahne in den Konferenzsaal. Es gelang uns, wie schon gesagt, eine Gruppe von 14 Deutschen auf die Konferenz zu bringen. Dies war die größte Gruppe, die damals überhaupt aus dem „Gefängnis Deutschland" auf eine internationale Konferenz ins Ausland durfte. Als sie erfüllt vom Heiligen Geist auf eine Tagung in Bad Boll zurückkamen, fuhr ich gegen ärztlichen Rat auch dorthin. (Bild Nr. 93) Fünf der Freunde legten mir die Hand gemeinsam auf und beteten für meine Gesundung. Von dem Augenblick ab schlug das Krankheitsbild um, und als der Schweizer Lungenspezialist Dr. Behrens in Zürich im März die Röntgenbilder verglich, sagte er: „Wenn ich das nicht schwarz auf weiß sehen würde, daß alle Symptome verschwunden sind, würde ich es nicht glauben!" Wegen der Erkrankung hatte ich ein Visum bekommen, um mich in Caux vollends auszukurieren. Es gelang dann mit Hilfe der amerikanischen und britischen Militärregierung, hundertfünfzig deutsche Teilnehmer auf die Weltkonferenz 1947 nach Caux zu bekommen, darunter viele Politiker. In Caux trafen sich zum ersten Mal maßgebliche amerikanische Politiker aus Senat und Kongress unter Führung des US- Vizepräsidenten Barkley mit Deutschen, und es entstand ein neues Vertrauen zwischen ihnen. (Bild Nr. 94) Bei seiner Schlußansprache erklärte damals der US- Vizepräsident: „Was wir hier in Caux gesehen und erlebt haben, ist das einzige, was uns für Europa Hoffnung gegeben hat." Das neue Vertrauen führte dazu, daß der Morgenthauplan endgültig beseitigt wurde zu Gunsten des Marshalplanes, der dann statt der Zerstörung der deutschen Industrie ihren Wiederaufbau und die Eingliederung Westdeutschlands in die westliche Staatengemeinschaft ermöglichte. 1948 waren es schon 450 deutsche Konferenzteilnehmer, unter ihnen Konrad Adenauer, der dabei auch Robert Schuman begegnete. All diese geistig-moralischen Kämpfe um die Grundlagen eines neuen Europa liefen parallel zu den Versuchen Stalins, Berlin und Deutschland völlig seinem Herrschaftsbereich einzuverleiben. Entsprechend seinen Zielen, die Bedingungen für eine kommunistische Revolution zu schaffen, wurden 12 Millionen Deutsche aus dem Osten vertrieben und in das völlig zerstörte, übervölkerte Westdeutschland hineingepfercht. Der Nationalismus der Polen, Tschechen und Jugoslawen kam ihm dabei zu Hilfe, die er durch die Furcht vor einer deutschen Rache für den Landraub und die Vertreibung für immer psychologisch von der Sowjetunion abhängig machen wollte.

Als dies nicht zum erwünschten Chaos im Westen führte, versuchte er es mit der Blockade Berlins.

Die westlichen Alliierten antworteten darauf mit ihren „Rosinenbombern", und es gelang ihnen, Berlin aus der Luft zu versorgen, so daß Stalin die Blockade schließlich abbrach.

Wie der Wissenschaftler Manfred von Ardenne anläßlich seines 90. Geburtstages jetzt im Fernsehen bekannte, verhalfen er selbst und einige andere deutsche Wissenschaftler Stalin zum Bau der Atombombe zwei Jahre früher als erwartet, so daß 1949 und 1950 das atomare Patt eintrat und Stalin eine neue ideologische und militärische Offensive ermöglichte. Am 17.Dezember 1949 feierte Stalin inmitten der Führer des Weltkommunismus seinen 70. Geburtstag in Moskau. Dabei wurde beschlossen, an Pfingsten 1950 Berlin und Westdeutschland zu besetzen. Entsprechend dem kommunistischen Ritual durfte Ulbricht rechts von Stalin auf der Tribüne stehen, weil das Hauptgewicht der Politik auf Deutschland lag, und Mao Tse Tung stand auf der linken Seite. Die west- und mitteldeutschen Kommunisten arbeiteten nun mit größter Energie für diesen Tag X des Einmarsches, und für Pfingsten 1950 wurde eine große Weltjugendtagung der FDJ in Berlin vorbereitet, zu der dann auch ca 250 000 Jugendliche erschienen. „FDJ stürmt Berlin" hieß ihr Kampflied. Einer ihrer süddeutschen Führer drohte uns vor der Abfahrt mit der Eroberung Berlins. Im April 1950 sagte ein führender UNO-Politiker zu Dr. Frank Buchman: „An Pfingsten wird es Krieg geben!" „Meine Führung ist: Es wird keinen geben!" antwortete Buchman. Die SPD Führung setzte für Pfingsten für ihre Führer mit ihren Frauen eine Konferenz in Ludwigshafen auf dem linken Rheinufer an, vermutlich auch aus diesem Grund, und die Amerikaner bewaffneten die Studenten der Freien Universität Berlin, damit sie den Flugplatz Tempelhof schützen und den Amerikanern den Abzug möglich machen sollten. Adenauer und der Ministerpräsident von Nordrhein-Westfalen Karl Arnold luden Frank Buchman und die Moralische Aufrüstung zu einer alternativen Großkundgebung in Gelsenkirchen an Pfingsten ein, die dann unter dem Motto stattfand: „Die Bestimmung für Ost und West" und bei der allein 7 ehemalige führende kommunistische Funktionäre aus dem Ruhrgebiet sprachen und berichteten, daß sie in der Moralischen Aufrüstung die überlegene Ideologie gefunden hätten. Die Rede von Dr. Frank Buchman wurde über alle westdeutschen Sender und über Rias Berlin ausgestrahlt und auch im Osten an manchen Stellen plakatiert.

Entgegen allen Erwartungen passierte nichts in Berlin, und der Chefredakteur der „Essener Zeitung" faßte die Ereignisse mit der Überschrift auf der Titelseite zusammen: „FDJ Aktion verpufft!" „Moralische Aufrüstung, die Antwort!" Aber vier Wochen später wurde Ulbricht nach Moskau befohlen und übergab bei der Rückkehr der deutschen Presse eine Erklärung Stalins: „Die westdeutsche kommunistische Partei ist die schlechteste der ganzen Welt, weil sie dem Eindringen bürgerlicher Ideologien nicht genügend Wachsamkeit entge-

gengesetzt hat!" Sechs Wochen nach Pfingsten wurde der Krieg von West nach Fernost verlagert und der Koreakrieg begonnen.
Was hatte Stalin bewogen, das politisch ideologische Schwergewicht umzupolen und Ulbricht und die Deutschen nun nach Mao Tse Tung und den Chinesen auf Platz 2 zu verweisen?
Es war der Einbruch der Moralischen Aufrüstung in die kommunistische Partei des Ruhrgebiets, der 1949 und 1950 erfolgte.

Die Paralysierung der wichtigsten kommunistischen Kader

Im Anschluß an die Weltkonferenz in Caux 1948 fuhr eine internationale Mannschaft der Moralischen Aufrüstung bestehend aus 250 Menschen aus 25 Nationen, nach Deutschland. Es war wieder die bis dahin größte Gruppe, die nach dem Krieg Deutschland besuchte. (Bild Nr. 95+96)
Ihre erste Stadt, die sie betraten, war Ulm. Die alte Schwörglocke des Münsters kündigte den Besuch an und über dem Hauptportal bliesen die Posaunen, als die Busse durch die Trümmer der zerstörten Stadt zum Münster fuhren. Im Münster standen noch die Baugerüste, nachdem eine amerikanische bewußt gezielte Bombe den Chor und das Chorgestühl teilweise zerstört hatte. Ein junger Schweizer, Jörg Widmer, hatte ein Lied gedichtet, das ein Norweger, Waldemar Smith, und ein Engländer, George Fraser, vertont hatten und ein französischer Chor im Münster sang: „...Land der großen alten Meister, Bachs Musik und Dürers Hand! Große Denker, große Geister, Deutschland Gott-geliebtes Land! Einmal mehr ruft Dich Dein Meister, Vater Himmels und der Erden, Leere Hände, leere Herzen, es muß alles anders werden! Gestern traurig und geschlagen. Heute wachsen aus Beschwerden Neue Herzen, neue Menschen! Es kann alles anders werden!"
Es war ein Augenblick, den man sich heute kaum noch vorstellen kann. Der Fall der ersten Mauer, der uns Deutschen den Weg zurück in die Welt öffnete.
Frank Buchman war so bewegt, daß er das Münster verlassen mußte. Anschließend war ein Empfang im Ulmer Rathaus, ehe die Gruppe mit ihrem Theaterstück „Der Gute Weg" weiterfuhr nach München, Stuttgart, Frankfurt ins Ruhrgebiet.
Ministerpräsident Arnold lud dann eine Theatergruppe mit dem Stück „Der vergessene Faktor" ins Ruhrgebiet ein. Sie wußten nicht, als sie gemeinsam in der Stille und im Gebet Führung suchten, wohin sie gehen sollten und daß 1949, als sie nach Moers kamen, dort das kommunistische Schattenkabinett für die kommende Machtübernahme war. Sie wohnten teilweise bei kommunistischen Familien (z.B. Jens Wilhelmsen aus Oslo bei Familie Bladeck), und es kam zu heftigen Diskussionen und Gesprächen, die dann dazu führten, daß zwei führende Funktionäre und Betriebsratsvositzende von großen Zechen, Max Bladeck und Paul Kurowski, zur Sommerkonferenz nach Caux fuhren, um dort gegen die Moralische Aufrüstung Material zu sammeln. (Bild Nr. 97) Als sie unter dem Eindruck dieser Weltkonferenz positive Berichte nach Hause schickten, wurde der Kreisschulungsleiter W. B. nach Caux gesandt, um die beiden zurückzuholen. Aber ihm ging es genauso. Nach ein paar Tagen bekannte auch er, daß er hier in Caux die überlegene Ideologie gefunden habe. Am Abend vorher

hatten auch meine Frau und ich ein langes Gespräch mit den drei Funktionären, in dem es um die wissenschaftlichen Grundlagen des historischen und dialektischen Materialismus ging. Die drei Funktionäre waren weit besser auf diesem Gebiet geschult als bei uns die Durchschnittsakademiker; und sie verstanden, daß das Weltbild ihrer Ideologie nicht mehr den modernen wissenschaftlichen Erkenntnissen entsprach. Sie fuhren zurück und berichteten in einer Funktionärsversammlung über ihre Erlebnisse. Ein Antrag, sie aus der Partei auszuschließen, wurde von den Funktionären mehrheitlich abgelehnt. Schließlich wurde der Landesvorsitzende Paul, der KP Nordrhein- Westfalen, abgesetzt und 45 Funktionäre wegen ideologischer Besudelung der Partei ausgeschlossen. Jeder weitere Kontakt mit der MRA wurde mit Ausschluß bestraft.

Die verpuffte Pfingstaktion Stalins

Parallel zu diesen Vorgängen gingen die Vorbereitungen für den Einmarsch weiter. Es ist klar, daß Walter Ulbricht diesen Einmarsch wollte, wie auch Reimann, der Führer der westdeutschen KPD.
Für Stalin als mißtrauischen Georgier war natürlich die Frage, wieweit er der damaligen ostdeutschen Volkspolizei und den deutschen Kommunisten trauen könne: Würden sie nicht, wenn sie bewaffnet waren, die Gewehre umdrehen und mit den Amerikanern gemeinsame Sache machen?
Als er von dem ideologischen Einbruch in seine wichtigsten ideologischen Kader im Ruhrgebiet durch seinen Geheimdienst erfuhr, schien ihm offensichtlich die ganze Aktion zu riskant, und er ließ dann all die westlichen Kommunisten über die Presse erfahren, warum er die letzte Chance, Westdeutschland vor der Entstehung der NATO zu besetzen, ungenutzt vorbeigehen ließ.
Genaueres über diese Pläne berichtete der Chef der Volkspolizei, General Vinzenz Müller, dreien seiner alten Kriegskameraden, die er vier Wochen nach Pfingsten in Ulm besuchte, um sie für einen kommenden Einmarsch der Sowjets zu gewinnen.
Einer von ihnen, Oberstarzt Dr. Dominik, vertrat mich damals gerade in der Praxis und erzählte mir von diesem Abend am darauffolgenden Morgen. Ein anderer, Oberst Teske, war mir auch namentlich bekannt, während ich den dritten Oberst nicht kannte.
Ihnen hatte Vinzenz Müller genau berichtet, daß an Pfingsten alles bis zum letzten Detail geplant war. Er selbst hätte mit seiner Division, die mit neuen Uniformen und Panzern bereit stand, Schleswig Holstein besetzen sollen. Die FDJ hätte vorausmarschieren sollen, dahinter die Volkspolizei und hinter ihr die Rote Armee. Aber drei Stunden vor Abmarsch habe Stalin den Befehl zurückgenommen. Doch das bedeute nur eine Vertagung und die Besetzung werde in Bälde erfolgen. „Die Russen werden wir wieder los, aber die Amerikaner machen uns als Volk kaputt!" sei seine Argumentation gewesen.
Als dann Gustav Heinemann seinen Feldzug gegen die Wiederbewaffnung gegen Adenauer durchführte, sprach er auch in Ulm in der vollen Käßbohrerkantine und behauptete, die Russen würden nie von sich aus militärisch angreifen. Darauf stand ich auf und berichtete die Geschichte mit Vinzenz Müller. Ein paar Wochen danach ging durch die Presse die Meldung, daß er abgesetzt wor-

den sei. Ob wegen dieser Indiskretion oder aus anderem Grund, weiß ich natürlich nicht. Der einzige Deutsche, der vermutlich unter dem Siegel strengster Verschwiegenheit von der amerikanischen CIC über die drohende Gefahr informiert war, war wahrscheinlich Konrad Adenauer. Er gab nach Pfingsten seine bis dahin pazifistische Linie plötzlich auf und machte in einer englischen Zeitung den Vorschlag einer Wiederbewaffnung der Bundesrepublik, ohne seine Ministerkollegen vorher zu informieren, denn er durfte ihnen ja wohl den eigentlichen Hintergrund seines Vorschlages gar nicht sagen. Das Kabinett wollte aus Protest geschlossen zurücktreten. Aber als es zur Entscheidung kam, blieb nur noch Innenminister Heinemann übrig, und Adenauer sagte ihm dann: „Herr Heinemann, Ministersessel sind mit Pech beschmiert!" Ich hatte dann mit Gustav Heinemann eine zweieinhalbstündige Aussprache, wo wir im Hof der Kaserne, in der sich damals das Innenministerium befand, hin und hergingen. Leider kam es trotzdem zum Bruch mit Adenauer, und Heinemann und Adolf Scheu, Johannes Rau, Eppler, usw. landeten schließlich über ihre „Gesamtdeutsche Volkspartei" in der SPD, nachdem vorher der verkrachte Wahlkampf zur Hälfte von der DDR bezahlt worden war.

Sie gaben dann ihre früheren Prinzipien und politischen Vorstellungen - auch punkto Bundeswehr - der SPD Parteidoktrin zugunsten auf, wurden linientreue Sozialdemokraten und stimmten auch bei der Abtreibungs- und Pornographiefreigabe (§ 218 und § 184 StGB) und bei der Aufweichung des Blasphemiegesetzes (§ 166 StGB) mit den Atheisten.

In den folgenden Jahren gab es immer wieder gefährliche Situationen, weil Stalins Nachfolger seine Pläne weiterverfolgten. Die Niederschlagung des Aufstandes vom 17. Juni 1953 in Berlin, der Einmarsch der sowjetischen Panzer 1957 in Budapest, die Kubakrise 1962, der Einmarsch der roten Truppen 1968 in Prag, ja selbst noch kurz vor der Wende wurden Pläne gemacht, um die Bundesrepublik und Westeuropa zu besetzen. 1968 war es vermutlich das Manöver „Schwarzer Löwe" bei Ulm, in dem General Thilo zum ersten Mal die neuen Leopardpanzer vorführte, die den damaligen sowjetischen Panzern überlegen waren und die sie deshalb letzten Endes vom Marsch über die Grenzen abhielten.

Aber die kritischste Situation war zweifellos Pfingsten 1950. Und ich vermute, daß die Kenntnis dieser Vorgänge Konrad Adenauer und den Direktor des Osteuropainstituts Professor Koch veranlaßten zu sagen: „Die Moralische Aufrüstung hat Deutschland vor dem Kommunismus gerettet!" Es ist sicher keine Übertreibung, wenn man hier von einem europäischen Pfingstwunder spricht.

Aber was haben wir daraus gelernt? -

Für mich hatte allerdings der fünfjährige intensive Einsatz in diesen Auseinandersetzungen bedeutet, daß ich meinen größten beruflichen Wunsch fahren lassen mußte, an meiner alten Klinik in München die chirurgische Universitätslaufbahn weiter zu machen, weil ich nach dem Krieg einer der ganz wenigen Deutschen war, der noch die Beziehungen zu den ausländischen Freunden hatte und die großen Möglichkeiten kannte, die in der Moralischen Aufrüstung für den Wiederaufbau und die Rettung vor der Bolschewisierung Deutschlands lagen. War alles umsonst? Muß man sich das heute fragen, wenn man sieht, mit welcher Planmäßigkeit nun bestimmte Kräfte erneut die Entchristlichung und innere Bolschewisierung unseres Vaterlandes betreiben und damit letzten Endes denselben verhängnisvollen Weg des Abfalls von unserer eigentlichen Bestimmung nun „demokratisch" beschreiten, in den wir diktatorisch im Dritten Reich hineingezwungen wurden. Man muß sich angesichts der jetzigen Lage fragen: Haben die Anglikaner und andere Theologen, wie z.B. Professor Haag, den Teufel zu früh für abgeschafft erklärt, ohne dessen Existenz die jetzige Entwicklung genauso wenig verstanden werden kann wie die Entwicklung im Dritten Reich und im Krieg mit Auschwitz oder Dresden.

Anhang:

Dr.med. Hans Hesse
München
28.10.47

Eidesstattliche Erklärung

Herr Dr.med. Siegfried Ernst aus Ulm ist mir seit Februar 1943 bekannt. Damals wurde er zum Feldlazarett 771 versetzt, dem ich auch angehörte. Vom ersten Tage unseres Beisammenseins an erwies sich Der. Ernst als ein evangelischer Christ, der es mit den Forderungen Christi sehr ernst nahm infolgedessen er ein scharfer Gegner des Nationalsozialismus war und sich am Kampf gegen den Nationalsozialismus aktiv beteiligte. Wegen seiner einwandfreien antinationalsozialistischen Haltung war er nicht nur bei der ganzen Einheit, sondern auch bei anderen Soldaten bekannt. Wenn er zu anderen Einheiten kommandiert war, nahm er auch dort gegen den Nationalsozialismus Stellung, so daß er überall als schwerer „Meckerer" galt, der starken Anfeindungen ausgesetzt war. Seine häufigen Versetzungen standen mit seinem politischen Verhalten im Zusammenhang. Über seinen aktiven Kampf gegen den Nationalsozialismus erinnere ich mich folgender Einzelheiten:
Von Dr. Ernst erhielt ich wiederholt Bücher, die von der Gestapo ausdrücklich verboten waren und zur illegalen Literatur gehörten. Es handelte sich in erster Linie um Werke der Oxford-Gruppe. Damals war sowohl Ernst wie mir bekannt, daß derjenige, der im Besitz solcher Bücher angetroffen wurde, schwerste Strafen zu erwarten hatte. Wenn Dr. Ernst derartige Werke verbreitete, so tat er es, weil er in ihnen nicht nur ein wirksames Mittel zur Verbreitung christlicher Gedankengänge sah, sondern auch ein wichtiges Instrument des politischen Kampfes. Da Dr. Ernst die Ideen der Oxford-Gruppe überdies in zahlreichen Gesprächen verbreitete, mußte er im Fall einer Anzeige damit rechnen, seinen Kopf zu verlieren.
Diese mutige Haltung in Gesprächen kann ich mit folgendem Beispiel belegen: Im September 1943 saßen wir mit mehreren San.-Offizieren zusammen. Unter ihnen der Ber. Chirurg der Armee, ein Oberfeldarzt. Das Gespräch nahm auch diesmal alsbald eine Wendung ins Weltanschauliche und Politische. Insbesondere wurde die Frage diskutiert, ob Christentum und Nationalsoz. vereinbar seien. Während der Oberfeldarzt und ein anderer Offizier beide für vereinbar hielt, stellten sich Dr. Ernst, Dr. Kusche und ich auf den gegenteiligen Standpunkt. In weiteren Verlauf des Gespräches erklärte ich, Hitler sei ein Verbrecher, der es trotz aller gegenteiligen Versicherungen auf die Vernichtung des Christentums abgesehen habe. Dr. Ernst und Dr. Kusche gaben eindeutig zu verstehen, daß sie der gleichen Meinung seien wie ich. Daraufhin geriet der Oberfeldarzt in schwere Erregung und rief schließlich: „Bin ich unter deutschen Offizieren oder unter Hochverrätern?!" - Dieser Oberfeldarzt war es auch, der später ein Verbleiben des Dr. Ernst beim Feldlazarett unmöglich machte. Er erreichte seine Versetzung, die sachlich unbegründet war.
Wiederholt, zeitweise regelmäßig, hörte ich mit Dr. Ernst zusammen ausländi-

sche Sender ab. Hier empfing Dr. Ernst wichtiges Material, daß er im Kampf gegen den Nationalsozialismus verwertete.

Einmal griff Dr. Ernst die teils schamlosen, teils unkünstlerischen Darbietungen einer KdF - Truppe in einem Gedicht an, das er einem Mitglied der Truppe gab. Das Gedicht ging durch weite Kreise der Armee, und schließlich wurde Dr. Ernst von dem kommandieren General, der sich unter den Zuschauern befunden hatte, offiziell bestraft, obwohl er mit seiner Kritik völlig im Recht war.

Wenn Dr. Ernst irgendeiner nationals. Organisation angehört hat, so handelte es sich nach meiner absolut sicheren Überzeugung um eine rein formelle Zugehörigkeit. Wer am Kampf gegen den Nationalsozialismus teilnehmen wollte, mußte sich durch äußerliche Zugehörigkeit ein politisches Existenzminimum verschaffen und sich auf diese Weise tarnen. Die Zugehörigkeit zu einer nationalsoz. Organisation war für Dr. Ernst nur ein taktisches Manöver.

Ich bin jederzeit bereit, diese Angaben zu beschwören.

Unterschrift: Dr. Hans Hesse

Dr.med. Hanns Kusche
Seehausen-Murnau
27.10.47

Eidesstattliche Erklärung

Herrn Dr. med. Siegfried Ernst aus Ulm habe ich im Sommer 1943 kennengelernt. Er wurde damals als Chirurg an das Feldlazarett versetzt, bei dem ich als Internist tätig war. In dieser Einheit bestand eine kleine Gruppe von Sanitäts-Offizieren, zu der auch ich gehörte, die völlig gegen Hitler und den Nationalsozialismus eingestellt war. Es wurde von uns auch versucht, einen aktiven Widerstand zu organisieren, so weit dies bei den damaligen Verhältnissen möglich war.

Nachdem wir uns mit Dr. Ernst näher bekannt gemacht hatten, stellten wir fest, daß er gut in unseren Kreis hineinpaßte, so daß wir einander Vertrauen entgegenbrachten. E. stand der Oxford-Bewegung nahe, warb dafür und verbreitete entsprechende Literatur, obwohl dies streng verboten war. Ich selbst habe damals ein Herrn E. gehörendes Buch gelesen, das von einem Angehörigen der Oxford-Bewegung verfaßt war.

Wenige Wochen nach dem Eintritt des Herrn Dr. E. in unser Feldlazarett besuchte er die Vorstellung der KDF-Truppe. Die Darbietungen dieser Gesellschaft waren nicht allein in der Leistung minderwertig, sondern bestanden zu einem großen Teil auch noch aus Zoten. E. hat in der Vorstellung öffentlich dagegen protestiert und sich deswegen ein Verfahren wegen Beleidigung zugezogen, wobei sich unsere vorgesetzten Dienststellen reichlich merkwürdig benahmen.

Im Herbst 1943 erhielt unser Feldlazarett den Besuch des beratenden Chirur-

288

gen, eines ausgesprochenen Militaristen und Nationalisten. An einem Abend saß ein Kreis von etwa sechs Personen zusammen, dem dieser Chirurg, Ernst und auch ich angehörten. Das Gespräch kam sehr bald vom Ärztlichen ins Politische, wobei unsere Gruppe einmütig gegen Hitler und den Nationalsozialismus Stellung nahm, und zwar nicht in Form von Meckereien, sondern mit grundsätzlicher Ablehnung. Die Unterhaltung nahm an Heftigkeit zu, bis der beratende Chirurg schließlich aufsprang und schrie: „Bin ich hier unter deutschen Offizieren oder Hochverrätern?" Wären wir nicht verbissene Gegner des Naziregiemes gewesen, so wäre es hier höchste Zeit gewesen, die Diskussion abzubrechen. So ging sie jedoch weiter, bis der beratende Chirurg an uns die Frage richtete: „Halten Sie Hitler für einen Verbrecher?" Was von uns laut bejaht wurde. Daß diese ganze Sache nicht weiter verfolgt wurde und wir nicht vor ein Kriegsgericht gekommen sind, ist lediglich der turbulenten Kriegslage zuzuschreiben, die damals an unserem Abschnitt herrschte.

Kurze Zeit danach erhielt Dr. Ernst seine Versetzung zu einer Fronttruppe. Das war ein ungewöhnlicher Vorgang, weil er als Chirurg eines Feldlazarettes nicht mehr Truppenarzt an der Front werden konnte. Dieser Austausch kann nur mit Wissen bzw. auf Vorschlag des beratenden Chirurgen erfolgt sein. Ich kann mich an Unterhaltungen mit dem damaligen Chefarzt des Feldlazarettes und anderen beratenden Ärzten erinnern, aus denen deutlich hervorging, daß für die Versetzung des Dr. E. auf ein Himmelfahrtskommando seine religiöse und politische Einstellung maßgebend war.

In monatelangem Zusammensein, oft unter schwierigsten Bedingungen habe ich Herrn Dr. E. als einen Menschen kennengelernt, der erfüllt von seinem Glauben war. Auch der, welcher seine religiösen Überzeugungen nicht teilen konnte, mußte davor größte Achtung empfinden. In den Charakter des Dr. E. lag es nicht, seine Meinung zu verbergen oder Stillschweigen zu bewahren, wo er Unrecht sah. Durch seine Offenheit hat er sich oft Schikanen und Gefahren ausgesetzt. Nationalsozialistische Gedankengänge hat er weder geglaubt noch jemals vertreten.

Ich bin bereit, vorstehende Ausführungen jederzeit zu beschwören.

Unterschrift: Dr. Kusche.

Michael Pfurtscheller, Mag. der Pharmazie

Russisches Erlebnis
Prolog
War Student der Pharmazie in Innsbruck. Mitten im Studium wurde ich im Dezember 1940 zur Deutschen Wehrmacht eingezogen, in Reichenhall bei einer bespannten Infanteriegeschütz - Kompanie ausgebildet und später dem Infanterie - Regiment 339 zugeteilt. Mit dem machte ich den Ost - Feldzug vom ersten Tage an mit und auch die Winterschlacht im Osten bis Ostern 1942.

Mit Mann und Roß und Wagen hat sie der Herr geschlagen! Dieser Satz aus dem Alten Testament erfüllte sich buchstäblich an dem deutschen Infanterie Regiment 339. Dessen Reste wurden nach der mörderischen Winterschlacht in Rußland zu Ostern 1942 im Raume Orel zusammengezogen. Was noch übrig war von Männern, Pferden, Wagen und Waffen wurde aus den Kämpfen herausgenommen. Das kleine Häuflein wurde in der alten, russischen Stadt Orel in einen langen Zug verladen und fuhr am 10. April 1942 nach Holland ab.

Ich war dabei und hatte aus dem ganzen Fegefeuer nichts gerettet als meine Gesundheit, einen eroberten Kosakensäbel und einen Haufen Geld, mit dem man nichts kaufen konnte. Die Reise ging von Orel über Warschau, Berlin und Hannover nach Holland. In Bussum war Endstation. Wir wurden ausgeladen und in Vorschoten in der Nähe von Den Haag in Quartiere verteilt. Nach dem russischen Winter mit allen seinen Kämpfen und Strapazen war für mich und meine Kameraden der Frühling in Holland ein Paradies. Ein ganzes Jahr blieb das Regiment nun im Raume Den Haag. Es wurde ergänzt, neu aufgefüllt und bewaffnet. Die Mannschaft erholte sich, bekam Urlaub und leichten Dienst. Auch ich brachte damals meinen Säbel und einen Reitersack voll Delikatessen und Likören zu meinen Lieben in die Heimat nach Innsbruck.

Aber die herrlichen Zeiten vergingen im Fluge und es nahte die Zeit neuen Einsatzes. Zum zweitenmal wurde das Regiment 339 nach Rußland verlegt. Im Frühling 1943 wurde in Rotterdam ein endlos langer Zug zusammengestellt. In Viehwaggons auf dickem Stroh und warmen Decken lagen die Soldaten. Die Offiziere hatten bequeme Liegewagen. Und aus Wagen mit Marketenderwaren wurden alle bestens versorgt.

Die Reise ging damals quer durch Europa von Rotterdam bis nach Poltawa in der Ukraine. Dauerte 12 Tage und Nächte. Das Regiment wurde in den Raum von Bjelgorod geworfen. Und dort beginnt auch die Erzählung der Begebnisse rund um meine Verwundung.

Die Verwundung
Mein Regiment, mein Heimatland! Dieses Heimatland lag im Frühsommer 1943 im Raume Kursk - Bjelgorod in der Ukraine. Meine Kompanie, - die 13. Infanteriegeschütz -Kompanie des Regiments 339, war in einem idyllischen Bauerndörfchen namens Jamnoje einquartiert. Es lag geschützt am Rande eines kleinen Plateaus, an dessen anderem Ende, ungefähr 5 Kilometer entfernt, die russische Front verlief. Nachdem die Geschütze in Stellung gebracht und ein vorgeschobener Gefechtsposten eingerichtet worden war, begannen dort einige friedliche Wochen. Die Front war zum Stillstand gekommen und die Russen holten Atem. Die Russen schossen nicht, wir schossen nicht! Nur hie und da schlug plötzlich eine Granate ein oder es zwitscherte ein Geller durch das Zwitschern der Vögel. Ich hatte mir eine Ecke im Wohnraum eines Bauernhauses als Wohnung eingerichtet. Sozusagen im Herrgottswinkel neben dem riesigen Ofen. Sechs billige Ikone hingen da trotz 40jährigem atheistischem System. 20 Ansichtskarten verschönten die Holzwand, die mit Zeitungspapier beklebt war. Hatte sogar ein Tischtuch, und der kleine Sohn des Hauses mußte mir während

des Essens mit einem Strohwisch die Fliegen vertreiben. Deshalb bekam ich in meiner Kompanie den Spitznamen „Der Graf".

Das Schwere dieser Zeit versank, aber viele kleine lustige Szenen und Bilder blitzen in der Erinnerung auf. Übermütig, wie Soldaten sind, wenn sie ein bißchen schnaufen können. Eines Tages fingen wir den schwarzen Pudel des Obersten, schoren ihn und malten ihm weiße Lackstreifen auf sein Fell, so daß er als Zebra jaulend zu seinem Herrn zurückfloh. Leider kam niemals auf, wer das getan hatte. Ein langer, nicht sehr beliebter Feldwebel wurde zum Leutnant befördert. Als er sich in neuer Uniform stolz beim Hauptmann melden wollte, riß ihm plötzlich der scharfe Wolfshund des Kompaniechefs den ledernen Hosenboden herunter. Verhaltene Freude belebte die Mannschaft. Hatte damals außer meinem Humor und Optimismus noch zwei Eigenschaften. Einen äußerst tiefen Schlaf, so daß ich immer eine halbe Stunde vor Wachantritt geweckt werden mußte. Und einen miserablen Orientierungssinn. Verirrte mich einmal in der Nacht und saß zwischen den Fronten auf einem Acker, so daß ich in der Frühe fast von den Eigenen erschossen worden wäre, weil sie glaubten, ein Russe käme dahergeschlichen. Der Dienst war leicht, die Verpflegung gut, die Bauern nett. Das ging so den Mai und Juni lang. Bis eines Tages mit einem furchtbaren Donnerschlag die Idylle zu Ende war! Nach einem Granatenhagel griffen die Russen an und trieben uns erst einmal zehn Kilometer zurück. Wir konnten die Geschütze retten, aber nicht mehr in Stellung bringen. Während einer Verschnaufpause saß ich auf einer Wiese in der Nähe eines Birkenwäldchens. Da gerade nichts zu tun war, gähnte ich herzhaft. Und dieses Gähnen rettete wahrscheinlich mein Leben! Denn plötzlich donnerten 12 Granaten einer Stalinorgel durch die Luft und zerbarsten im weiten Umkreis um mich und meine Kameraden. Und da geschah es! Bekam einen furchtbaren Schlag gegen meine linke Wange und auf die linke Hand. Ein Granatsplitter durchschlug mit ungeheurer Wucht Wange und Zunge. Hätte ich in dem Augenblicke nicht gegähnt, wäre das ganze Kinn weggerissen worden. Glaube nicht, daß ich das überlebt hätte!

Wie ich so erstarrt und blutüberströmt dalag, war mein erster Gedanke: „Mein Gott, in meinem Kochgeschirr habe ich noch eine Knackwurst mit Kartoffelsalat. Das kann ich jetzt nicht mehr essen!" Dann stand ich auf und suchte dem Inferno zu entkommen. Einen Kameraden neben mir hatte es am Fuß erwischt. Zusammen wankten wir, so schnell es ging, zum schützenden Wäldchen. Da erlebte ich zum erstenmal in meinem Leben tödliche Angst. Denn auf dem Weg zurück schlugen immer noch vor, hinter und neben uns die russischen Geschosse ein. Der Gedanke, jetzt auf der Flucht noch einmal getroffen zu werden, war furchtbar. Aber ein gütiger Schutzengel half uns beiden. Die Einschläge wurden seltener und nach einer halben Stunde trafen wir, schon sehr geschwächt, auf einen vorgeschobenen Verbandsplatz. Dort wurde ich notverbunden. Ein gütiger Sani hängte mir eine rote Karte um: Schwerverwundet, Kopfschußbruch! Durch den Schrecken, den Blutverlust und die Angst erlebte ich alles wie durch einen Nebel. Wurde auf einen Leiterwagen gelegt. Der fuhr, beladen mit Schwerverwundeten, gezogen von zwei mageren Panjepferdchen, mit Hü und Hott über Stock und Stein Richtung Hauptverbandsplatz. Ewig dauerte das Gerumpel! Endlich hielten wir vor einer halbverfallenen Kate. Wurde abgeladen. Ein Mann im weißen Kittel beugte sich über mich und fragte, ob ich den kleinen Finger der linken Hand behalten wolle. Ich nickte. Der Mann, ein Arzt im Offiziersrang, operierte mir nun Gesicht und Hand. Ich lag wie in Trance, dachte mir aber immer wieder: „Du bist gerettet, du bist gerettet!" Nach langer Zeit brachte mich ein Sani zu einem Flugzeug. Es war ein sogenannter Fieseler Storch. Wie im Traum dröhnten die Propeller, der Vogel hob sich und flog ab. Welche Erlösung! Der Storch flog nach Charkow!

Dort wurde ich mit vielen anderen Verwundeten in einem großen Zelt auf eine Matratze gelegt. Es war ein glühend heißer Tag. Ich lag mit meinem Kopf etwas nach unten, hatte brennenden Durst, konnte aber nicht rufen. Mein Mund war eine große Wunde. Zunge geschwollen wie ein Knödel, viele Zähne zerschlagen. Bald versank ich im wohltätigen Erschöpfungsschlaf.

Die nächsten sechs Wochen kam ich in gute Hände! Zuerst fuhr ein Zug mit den Zerschlagenen von Charkow nach Kiew. Viehwagen mit Stroh und Decken. Die Zitadelle von Kiew, der Hauptstadt der Ukraine, war als Klinik eingerichtet. Wurde in der Zahn- und Kieferstation bestens behandelt. Bekam nach zehn Tagen ein Löffelchen Kamillentee und ein Löffelchen Rührei. Eine russische Ärztin, hübsch, geschminkt und zigarettenrauchend, betreute mich.

Dann kam eine schöne Weiterfahrt. In Kiew wurde ein Lazarettzug zusammengestellt. Ein sogenannter Propagandazug! Pullmanwagen mit nur zehn Betten für die armen Krieger, Küche, Bibliothek, ein Stab von Ärzten, Musiksendungen. Der Zug fuhr tagelang von Kiew nach Lemberg, und ich hatte das Glück, mitfahren zu dürfen. War zwar bettelarm, hatte nur ein Hemdchen an und ein grünes Mückennetz mit Soldbuch und meinen Orden im Bett. War aber überglücklich, der Hölle entronnen zu sein. Hatte da ein köstliches Erlebnis. Jeder Soldat durfte sich ein Musikstück wünschen: „Also, Kamerad Pfurtscheller, was möchtest du gern hören?" tönte es aus dem Lautsprecher. „Oh, bitte, sagte ich, „die Dritte Ungarische Rhapsodie von Liszt!" Nach einer Weile sagte die Stimme wieder: „Leider haben wir dieses Stück nicht in der Sammlung, aber wir spielen dir etwas Ähnliches. Doch was spielten dann die Himmelshunde? „Auf der grünen Wiese steht ein kleines Haus, und da schaut die Liese bei dem Fenster raus!" Fast weinend saß ich auf meinem Schmerzenslager. Nach einer Weile aber tönte der Lautsprecher: „Ich sehe vor mir das betrübte Gesicht meines lieben Kameraden und will ihn trösten!" Und dann erklang doch die herrliche Melodie der Dritten Ungarischen!

Nach drei Wochen Weiterfahrt zur Universitätsklinik nach Lemberg. Dort überkamen mich schon die ersten heimatlichen Gefühle. Denn diese Stadt war ja seit 1772 österreichisch und bis 1918 Hauptstadt des Kronlandes Galizien. Bestes Krankenhaus, Krankenschwestern, großartige Betreuung. überstand schmerzhafte, kolikartige Opstipation. Mein Humor und mein Optimismus aber waren wieder da.
Zwei Wochen später Verlegung zum Luftwaffen-Lazarett Glatz in Schlesien.

Diese Grafschaft war bis 1763 bei Österreich. Vieles in der Stadt erinnerte noch daran. Doch im Kriege war für die Luftwaffe im Dritten Reich das Beste gerade gut genug. Vier Männer lagen in einem Zimmer zusammen. Die stammten aus den vier Ecken des Reiches. Einer aus Kiel, einer aus Pommern, ein Innsbrukker und ein Wiener. Der von Pommern bekam von zu Hause Pakete mit wunderbaren Delikatessen. Gänseleber, Aal in Aspik, Schinken und Blutwurst. Das teilte er mit uns. Jeden Tag gab es eine Visite. Vom Chefarzt bis zum Besteckträger ein langer Zug. Letzterer aber war ein Epileptiker. Jeden zweiten Tag warf es ihn um, und klirrend flogen Tasse und Geräte im Zimmer umher. In diesem Kranken - Paradies wurde ich bestens ausgeheilt. Die Zunge war wieder normal, nur beim Sprechen schlug etwas Hartes gegen ein paar verbliebene Zähne. Und eines Tages kam ein Stück Metall zum Vorschein. Der Granatsplitter, der die ganze Zunge durchwandert hatte! Ich konnte ihn selbst entfernen!

Nach den vielen Wochen des Schmerzes, der Schwäche und Hilflosigkeit war ich nun wieder ein gesunder und kräftiger Bestandteil der Deutschen Wehrmacht geworden. So fuhr ich denn von Glatz in Schlesien nach Lenggries in Bayern, wo mein „Ersatzhaufen" war. Von dort aus richtete ich ein Gesuch an das 18. Armeekommando in Salzburg mit der Bitte, nach der schweren Verwundung mein Pharmaziestudium in Innsbruck vollenden zu dürfen. Der Himmel war gnädig. Das Gesuch wurde bewilligt! Überglücklich fuhr ich diese letzte Etappe von Lenggries nach der Heimatstadt Innsbruck. Vom Juli in Jamnoje in Rußland bis zum Oktober in Innsbruck hatte ich unendlich viel Schweres, aber auch Großartiges erlebt.

So tragisch meine Verwundung auch anfangs erschien, so schicksalhaft stellte sie sich später dar. Genau im richtigen Moment hatte es mich erwischt. Denn von Juli 1943 an drangen die Russen langsam, aber unaufhaltsam nach Westen vor. Ich konnte mein Studium vollenden und nach Kriegsende, das ich trotz einer nochmaligen Verwundung nach einem Bombenangriff gesund erlebte, begannen Jahre des Glücks! Ein geliebter Beruf, eine geliebte Frau und tüchtige Kinder erfüllten mein Leben. Wer weiß, was mit mir passiert wäre, wenn ich in diesem Juli 1943 nicht verwundet worden wäre. Der Herrgott und mein Schutzengel wissen es!

Epilog

An einem sonnigen Sommertag des Jahres 1991 saß ich mit meiner lieben Frau und einem guten, alten Freund in einem Gasthaus am Seefelder Plateau. Seit den geschilderten Ereignissen waren 48 Jahre vergangen. Ich war in Pension und hatte ein erfolgreiches Berufsleben hinter mir. Auch meine zwei Kinder waren schon lange verheiratet und hatten uns sieben Enkel geschenkt. Und dieser gute Freund, mit dem wir da in der Sonne saßen, war ein angesehener Arzt aus Ulm und der Vater des Mannes meiner jüngsten Tochter, der auch Arzt war. Also der Schwiegervater meines Töchterchens. Wir waren in Freundschaft verbunden und hatten uns da und dort immer wieder einmal getroffen und geplaudert. Heute aber kamen wir auch auf den vergangenen Krieg zu sprechen. Jeder erzählte, wo und wann er im Verlauf der Kämpfe überall war. Und dabei stellte sich heraus, daß der Vater meines Schwiegersohnes im Sommer 1943 als junger Chirurg im Raume Bjelgorod in Rußland eingesetzt war. Im weiteren Gepräch entdeckten wir zu unserer großen Überraschung, daß wir in derselben Division gewesen waren. Gemeinsam hatten wir also den Vor- und Rückmarsch um Moskau 1941/42 mitgemacht und beide ganz ähnliche Erfahrungen durchstehen müssen, bis hin zum Feldlazarett Großdeutschland vor Kursk.

Brief zum 78. Geburtstag:

Zum 78. Geburtstag erhielt Herr Dr. Ernst folgendes Schreiben aus Weißrussland, das nachfolgend im Original und als Übersetzung dargestellt ist:

Шаноўны доктар Эрнст!

Мы рады віншаваць Вас у гэты ясны вясенні дзень з днём нараджэння і пажадаць Вам моцнага здароўя, добрага настрою і новых поспехаў у літаратурна-творчай і грамадскай дзейнасці.

Ваш нядаўні візіт у Мінск і Гродна пакінуў самыя цёплыя ўражанні і надзею на новыя сустрэчы на зямлі Беларусі. Нам асабліва прыемна было б прыняць Вас і Вашу сям'ю ў тых мясцінах, дзе Вы, будучы вайсковым доктарам, 50 гадоў таму назад так шчыра і бескарысна дапамагалі нашым людзям, ратавалі іх ад смерці і хвароб. У мястэчку Бытэнь Брэсцкай вобласці і цяпер жывуць людзі, якія ўдзячны маладому нямецкаму доктару, які лячыў іх і надзвычай эфектыўна і ўмела. (М.Юркевіч, В.Грынчык, Л.Петручэня, В.Макарэвіч і інш.).

Нашы людзі помняць і многія іншыя факты Вашай гуманнасці, калі насуперак палітыцы акупацыйных уладаў Вы маральна падтрымлівалі людзей розных нацыянальнасцей, у тым ліку прадстаўнікоў польскай (сем'і Кавальчукоў, Фіхнераў, Суліцкіх, Юшкевічаў і інш.) і яўрэйскай інтэлігенцыі (перасяленцы з цэнтральнай Польшчы дактары Воднік, Зайдэнгарт, загадчык мясцовай аптэкі Г.Каралідкі і інш.).

Актам сапраўднай грамадзянскай мужнасці былі Вашы гуманныя адносіны да мясцовых людзей, бескарысная медыцынская дапамога і маральная падтрымка. Мы і цяпер часта ўспамінаем Вашы адкрытыя выказванні адносна непазбежнасці краху гітлерызма і перамозе дабра і справядлівасці на ўсёй зямлі.

Гэтыя прагрэсіўныя ідэі Вы пераканаўча абараняеце ў сваіх літаратурных і сацыяльна-філасофскіх творах, а таму яны знаходзяць шырокую падтрымку сярод многіх чэсных людзей, у тым ліку і ў сучаснай Беларусі.

Хочацца пажадаць Вам новых творчых поспехаў на гэтай удзячнай і свяшчэннай ніве.

Прафесар Мінскага інстытута
культуры, член Саюза пісьменнікаў
Беларусі, ветэран Айчыннай вайны   М.Грынчык

Мінск, 2.Ш.1993 г.

Адрас. 220134, Мінск - 134,
вул.Якубоўскага 19, кв. 16
Грынчык Мікалай Міхайлавіч

Sehr geehrter Herr Dr. Ernst!
Wir sind froh Ihnen an diesem hellen Frühlingstag zum Geburtstag zu gratulieren und Ihnen gute Gesundheit, gute Stimmung und neue Erfolge in Ihrer literarisch-schöpferischen und öffentlichen Tätigkeit zu wünschen.
Ihr neulicher Besuch in Minsk und Grodno hat den wärmsten Eindruck hinterlassen und wir hoffen auf das neue Treffen auf der weißrussischen Erde. Es wäre uns besonders angenehm, Sie und Ihre Familie in jenen Orten zu empfangen, wo Sie als Armeearzt vor 50 Jahren so herzlich und kostenlos unseren Menschen geholfen haben und Sie vor dem Tode und Leiden gerettet haben.
Im Ort Byten, der sich im Brester Gebiet befindet, wohnen bis heute die Leute die dem jungen deutschen Arzt dankbar sind, der sie außerordentlich wirkungsvoll und sachkundig behandelt hat. (Das sind die Familien: M. Jurkewitsch, W. Grintschik, L. Petrutschenja, W. Makarewitsch und andere).
Unsere Gäste erinnern sich auch an andere Tatsachen Ihres Humanismus als Sie der Politik der Okkupationsmacht zuwider die Menschen verschiedener Nationen moralisch unterstützt haben, darunter waren sowohl die Vertreter der polnischen Intelligenz (die Familien: Kowaltschnik, Fichner, Sulizki, Juschkewitsch und andere), als auch der jüdischen Intelligenz: die Ärztefamilien von Wodnik und Saidengardt, die Familie des Leiters der örtlichen Apotheke Karalizki und andere.
Es war eine echte bürgerliche mutige Tat, Ihr menschliches Verhalten zu den hiesigen Leuten, uneigennützige medizinische Hilfe und moralische Unterstüzung zu leisten. Sogar heute erinnern wir uns oft an Ihre offenherzliche Äußerungen über den unvermeidlichen Zusammenbruch des Hitlerismus und über den Sieg der Güte und Gerechtigkeit in der ganzen Welt. Diese fortschrittlichen Ideen verteidigten Sie überzeugend in Ihren literarischen und sozialphilosophischen Werken, und deshalb finden Sie die breite Unterstützung unter vielen ehrlichen Menschen, darunter auch im heutigen Weißrußland!
Wir wollen Ihnen neue schöpferische Erfolge auf dieser dankbaren und heiligen Ebene wünschen.

Nikolaj Grintschik

> Professor der staatlichen
> weißrussischen Kulturhochschule
> Mitglied des Schriftstellerverbandes,
> Veteran des vaterländischen Krieges

Marlene Stroh, Wien, XVIII
Barwikgasse 7

Tübingen, den 27.9.46
Tropengenesungsheim

Eidesstattliche Erklärung

Ich erkläre an Eides statt, daß ich Mitte Februar 1945 den mir bekannten damaligen Wehrkreisarzt XVII, Generalstabsarzt Dr. Henneberg in seiner Dienststelle in Wien aufsuchte, um ihn um Aufklärung zu bitten wegen der am 13.2.1945 erfolgten plötzlichen Versetzung des Oberarztes Dr. Siegfried Ernst zur Truppe. Dr. Ernst war von Professor Dr. Schönbauer an seine Chirurgische Universitätsklinik in Wien angefordert worden und die plötzliche Versetzung zur Truppe erschien allen Beteiligten damals rätselhaft.
In meiner Gegenwart wurden die Akten vom Adjutanten des Generalstabsarztes herbeigeholt und überprüft. Der Adjutant flüsterte zunächst dem Generalstabstarzt etwas ins Ohr, worauf dieser zu mir sagte, es sei in diesem Fall leider nichts zu machen. Auf meine nochmalige Bitte sahen beide nochmals die Akten durch. Der Generalarzt sagte noch mal bedauernd, er könne in diesem Fall leider gar nichts machen, obschon er es mir zuliebe schon gerne gemacht hätte, da die Versetzung auf einen ausdrücklichen persönlichen Befehl Himmlers erfolgte. Er fügte mit einem bedeutsamen Blick hinzu, daß die Russen schon immer auf die Brust gedeutet hätten mit der Bemerkung: „Vogel hier gut!" und dann auf den Oberarm mit der Bemerkung: „Vogel hier nix gut!"
Dieselbe Auskunft hatte nach den Aussagen meines Onkels Professor Karl Lindner, Wien, Havelgasse 2, auch Professor Dr. Schönbauer auf eine Anfrage wegen der Versetzung Dr. Ernsts vom Wehrkreisarzt erhalten.
Ich selbst habe nie der Partei oder einer ihrer Gliederungen angehört und auch nie einen entsprechenden Aufnahmeantrag gestellt.

Marlene Stroh

(Die Richtigkeit der Unterschrift wurde
im Original am 27.Sep. 1946 mit Siegel bestätigt)

Fluren der Heimat von Dr.med. Siegfried Ernst (1946)

1. Flu - ren der Heimat ver - wüstet zer - stört. Du deutsche

Heimat für immer ge - hört Dir doch mein Herz. Du sollst

nicht vergehn. Du deutsche Heimat sollst wie - der- er - stehn.

2. Volk meiner Heimat sieh Gottes Gericht. Hörst Du den Mahnruf
zur Umkehr denn nicht? Der durch Ruinen und Trümmer noch geht!
Volk meiner Heimat es ist nicht zu spät!

3. Menschen zerrissen von Hass und von Neid, Hunger und Ängsten
verfemt und entzweit, finden durch Geben zur Einheit zurück!
Umkehr schafft Leben bringt Freude und Glück!

4. In Deutschlands Städten in Fluren und Auen, sammeln sich
deutsche Männer und Fraun, kämpfen vereint unter Gottes Gebot
heut gegen Untergang Zwietracht und Not!

5. Hoffnung in trostlose Herzen einzieht, Feuer der Freude im Dunkeln
erglüht! Seht Gottes Geist schafft die Herzen uns neu. So deutsche
Heimat wirst Du wieder frei!

Zum Autor:

Siegfried Ernst (geb. 1915, verheiratet, sechs Kinder) studierte von 1934-1939 in Tübingen und Rostock Medizin. Bis 1941 Assistent an der Chirurgischen Universitätsklinik München. Wurde als Arzt zur Wehrmacht eingezogen. 1935 traf er als Student in der Schweiz die „Oxford Gruppe" (die spätere 'Moralische Aufrüstung') und Dr. Frank Buchman. Wegen seines Einsatzes an der Universität für die christliche Erneuerungsbewegung wurde er zweimal bestraft. Nach dem offiziellen Verbot der Oxfordgruppe wurde er 1943, 1944 und 1945 dreimal strafversetzt wegen seines Eintretens gegen die Massenliquidationen von Geisteskranken und Juden und der Behandlung der Zivilbevölkerung im Osten. Er kam „unter Sonderbefehl von Himmler", gelangte aber nach einer abenteuerlichen Flucht aus der Tschechei 1945 nach Kriegsende gesund nach Hause.

Als einer der ersten Deutschen nahm Dr. Siegfried Ernst im Jahre 1946 wieder an internationalen Tagungen im Ausland teil und organisierte den Besuch der deutschen Delegationen auf den Weltkonferenzen für Moralische Aufrüstung in Caux 1946 und 1947. 1953 wurde er als erster deutscher Arzt nach dem Krieg vom Präsidenten der Französischen Ärzteschaft empfangen und erhielt wegen seines Einsatzes für die deutsch-französische Verständigung die Auszeichnung eines "Commandant d'Education Civique en France". Von 1962 bis 1975 war er Stadtrat von Ulm, gewählt mit der höchsten Stimmenzahl. Von 1971 an 18 Jahre lang Mitglied der Evangelischen Landessynode von Württemberg. 1964 wurde er als Initiator der Ulmer Ärztedenkschrift zur Frage der Sexualisierung des öffentlichen Lebens und der Propaganda für Antibabypillen bekannt, die von 400 Ärzten und 45 Universitätsprofessoren unterzeichnet war. Andere Veröffentlichungen sind Denkschriften zur Frage der Pornographie, der Abtreibung, der Sexualethik an die Europäischen Parlamente und die Kirchen. 1975 veröffentlichte er im Martin-Verlag und im Christiana-Verlag das Buch „Das grösste Wunder ist der Mensch" und 1980 im Telos-Verlag den Doppelband „Alarm um die Abtreibung". 1982 erschien im Christiana-Verlag seine Schrift „Evangelische Gedanken zur Frage des Petrusamtes und der 'Unfehlbarkeit in Lehre und Sitte'". 1994 erschien im Säntis-Verlag ein Bildband zum Ulmer Münster: „Sprechende Steine - Lebendiges Glas - Vermächtnis aus Holz."

Als Vizepräsident der 1974 gegründeten World Federation of Doctors Who Respect Human Life und als 1. Vorsitzender der Europäischen Ärzteaktion wurde er durch seine Aktionen, Vorträge und Kongresse in Europa und USA bekannt.

Am 2.7.1996 wurde ihm von der „International Academy of Informational Processes and Technologies" aufgrund seiner ärztlichen Fürsorge für die weißrussische Bevölkerung die Ehrendoktorwürde verliehen.